Von der Linie zur Landschaft

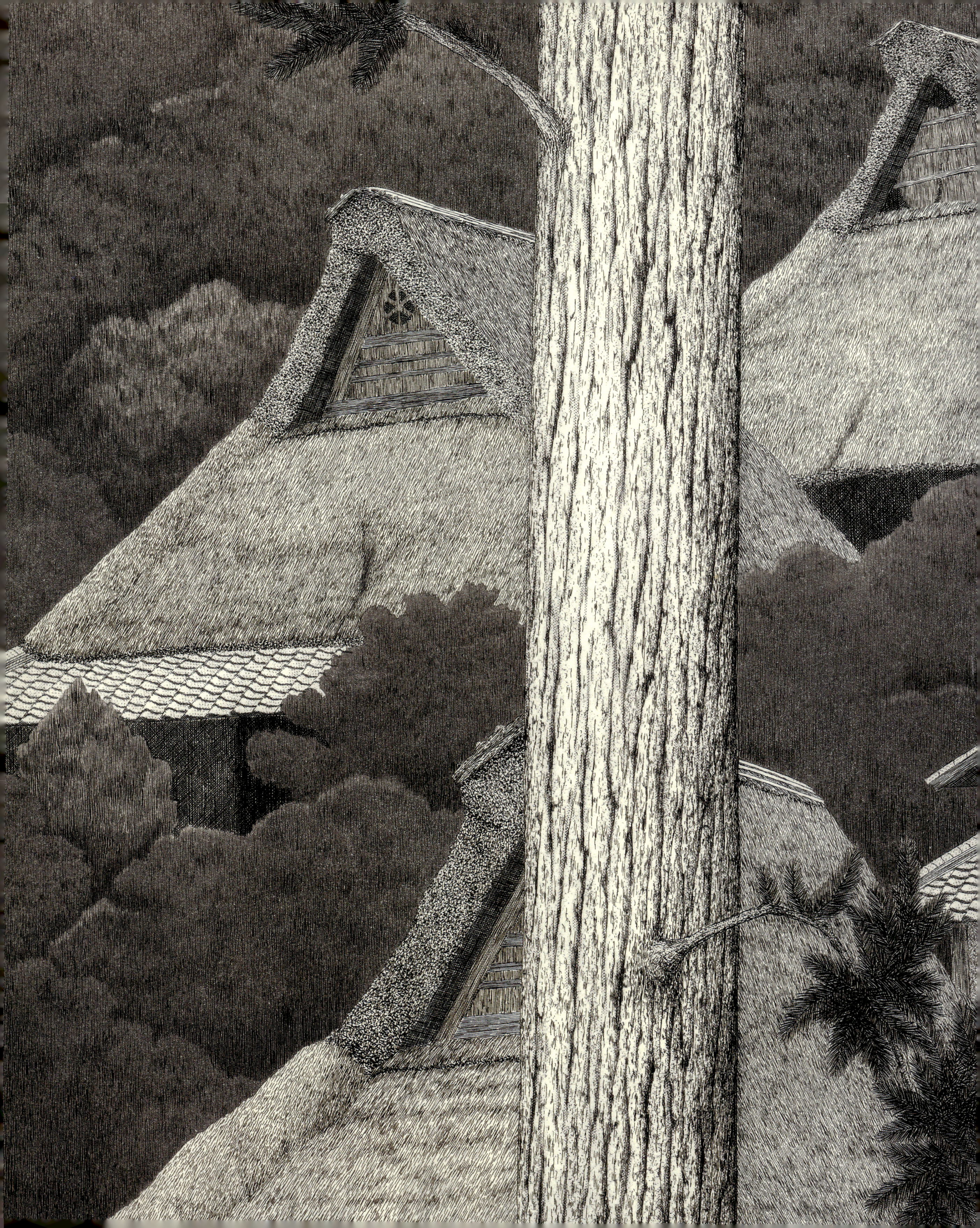

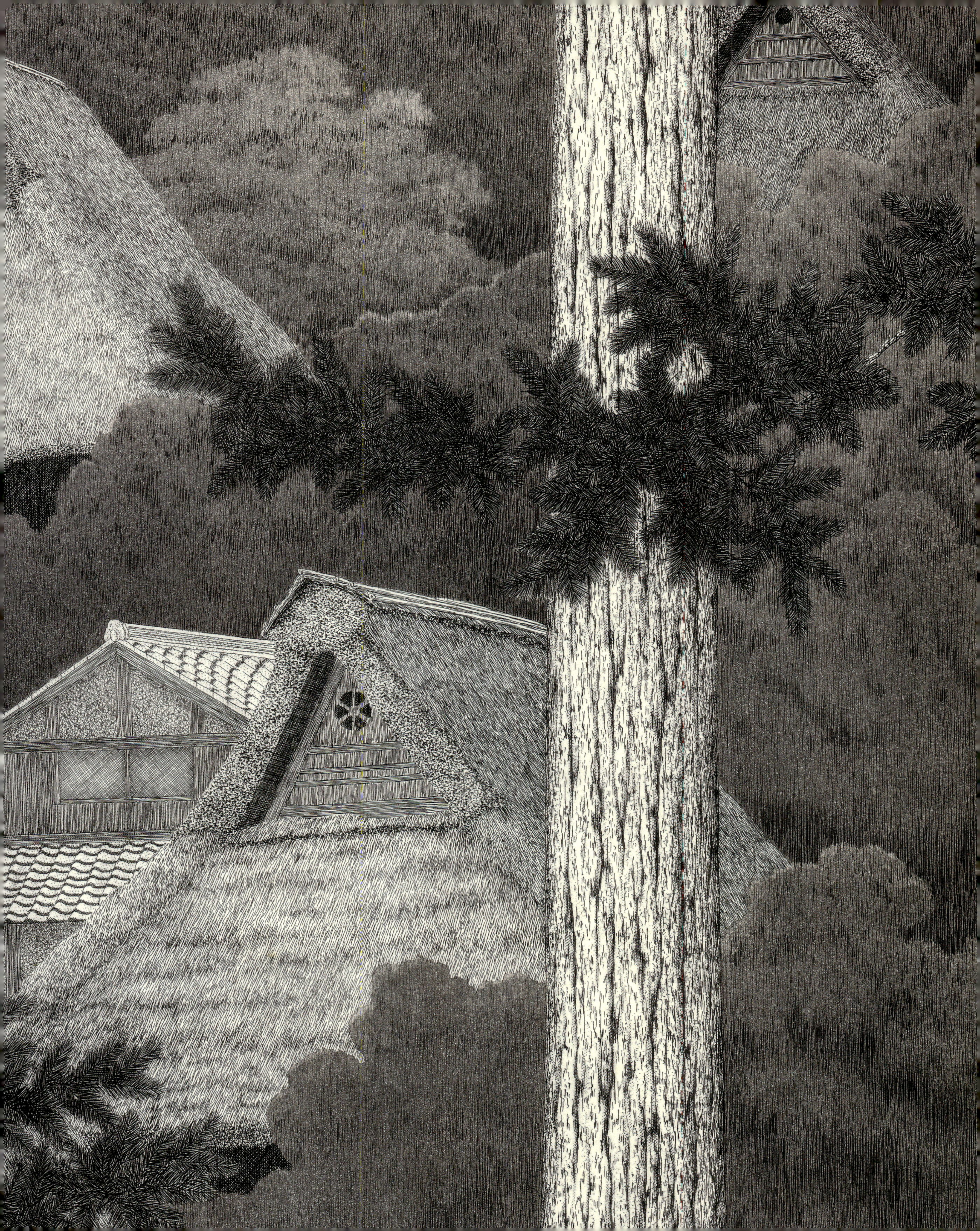

VON DER LINIE ZUR LANDSCHAFT

TANAKA RYŌHEI
RADIERUNGEN JAPANS

Chris van Otterloo

Deutscher
Kunstverlag

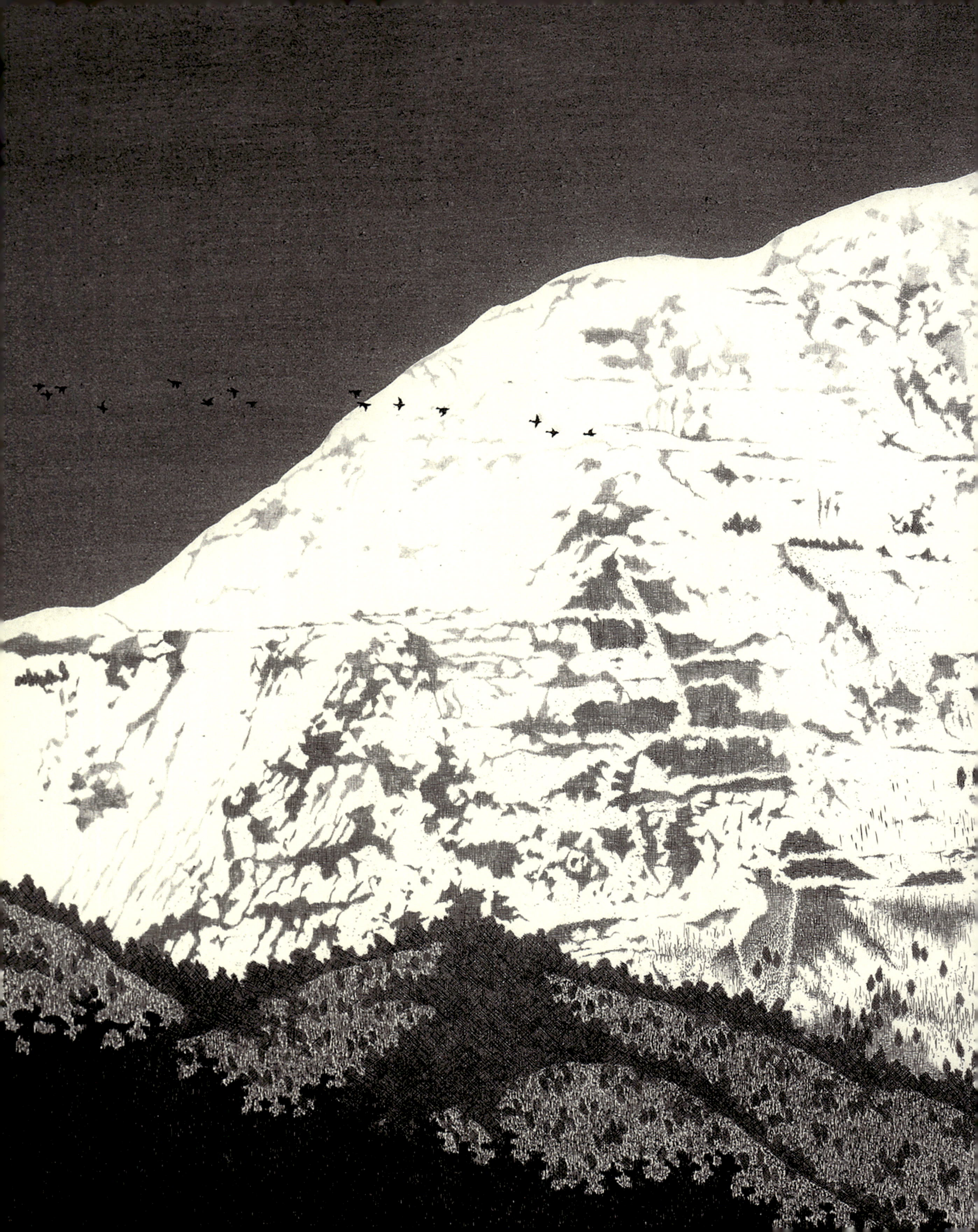

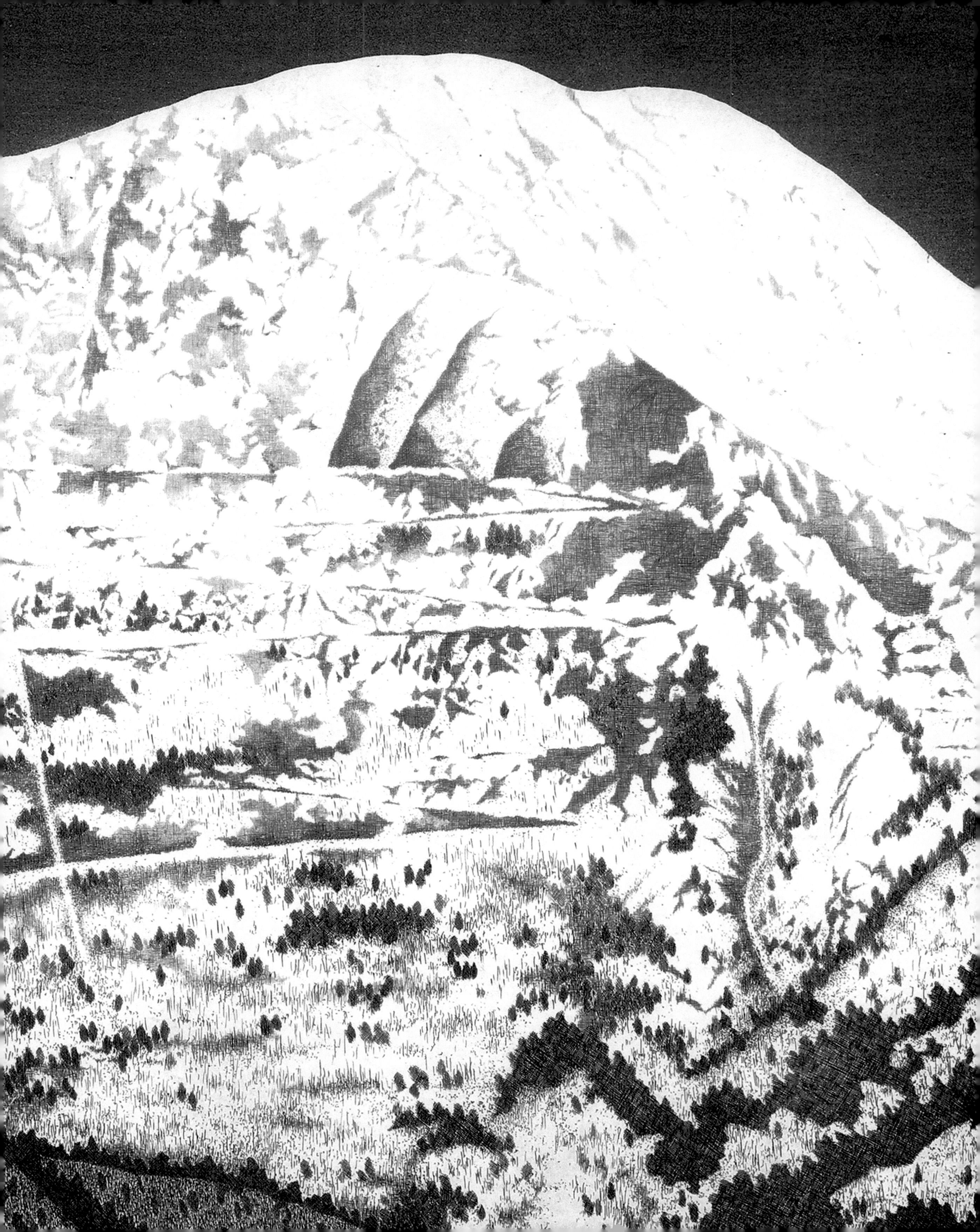

Diese Publikation erscheint anlässlich der Ausstellung „Tanaka Ryōhei. Von Linie zu Landschaft" im Museum für Ostasiatische Kunst in Köln, 30. November 2024 bis 13. April 2025

ISBN 978-3-422-80270-4

Library of Congress Control Number: 2024948511

Bibliografische Information der Deutschen Nationalbibliothek:
Die Deutsche Nationalbibliothek verzeichnet diese Publikation in der Deutschen Nationalbibliografie; detaillierte bibliografische Daten sind im Internet über http://dnb.dnb.de abrufbar.

Einbandabbildung: TR 261, Kat.-Nr. 56
Seite 2/3: TR 495, Kat.-Nr. 119
Seite 6/7: TR 259, Kat.-Nr. 55
Einbandgestaltung und Satz: Stefanie Kruszyk
Projektmanagement Verlag: David Fesser
Lektorat: Michael Konze, Köln
Übersetzung: Alexandra Titze-Grabec, Wien
Übersetzung Bildunterschriften: Susanne Bosch-Abele, Stuttgart
Layout: Aperta, Jan Johan ter Poorten, Hilversum, Niederlande
Druck und Bindung: Grafisches Centrum Cuno GmbH & Co. KG, Calbe

www.deutscherkunstverlag.de
www.degruyter.com

Offizielle Website des Künstlers
www.tanakaryohei.com

INHALTSVERZEICHNIS

GRUSSWORT

Es ist uns eine große Ehre und Freude, mit dieser Ausstellung das außergewöhnliche Werk des japanischen Grafikers Tanaka Ryōhei präsentieren zu können, eines Künstlers, dessen Werke einzigartige Spuren in der Welt der Druckgrafik hinterlassen haben. Tanakas Karriere, die sich über fünf Jahrzehnte erstreckte, zeichnet sich nicht nur durch den schieren Umfang seines Œuvres aus, sondern auch durch die beispiellose Präzision und das poetische Feingefühl seines Vorgehens. Die Schau bietet die seltene Gelegenheit, der Kunstfertigkeit eines Mannes nachzuspüren, der sein Leben der Aufgabe gewidmet hat, die dezente Schönheit von Japans ländlichen Regionen mithilfe des Mediums der Radierung einzufangen.

Tanakas Radierungen nehmen in der japanischen Kunst, in deren Tradition lebendige und farbenprächtige Holzschnitte dominieren, eine Ausnahmeposition ein. Der Künstler entschied sich für die westliche Tiefdrucktechnik der Radierung – ein in Japan kaum verbreitetes Medium, das es ihm ermöglichte, eine außergewöhnliche Vielfalt in Details und Textur zu erreichen. Seine Werke sind fast durchweg monochromatisch und konzentrieren sich auf die feinen Abstufungen von Schwarz und Weiß, um Szenerien mit einer nahezu fotografischen Präzision wiederzugeben. Diese sorgfältige Beachtung der Nuancen von Licht und Schatten lädt den Betrachter zu einer kontemplativen Auseinandersetzung mit jedem einzelnen Druck ein. Sie enthüllt die unaufdringliche Schönheit des ländlichen Japan und bewahrt die im Verschwinden begriffene Architektur seiner reetgedeckten Bauernhäuser.

Im Rahmen des breiteren Narrativs japanischer Druckkunst sind Tanakas Werke den *shin hanga*- und *sōsaku hanga*-Bewegungen verpflichtet. *Shin hanga* mit seinem Schwerpunkt auf traditionellen Themen und der Zusammenarbeit von Künstler, Holzschneider, Drucker und Verleger ist bekannt für romantische und idyllische Darstellungen japanischer Sujets. Im Gegensatz dazu betonte die Bewegung des *sōsaku hanga* die individuelle Schöpferkraft des Künstlers; wie Tanaka übernahmen ihre Vertreter jeden einzelnen Schritt des Druckprozesses selbst, vom Entwurf über das Schneiden bis zum Druck. Tanaka verkörpert den Geist beider Strömungen und verbindet die technischen Qualitäten des *shin hanga* mit der Unabhängigkeit des *sōsaku hanga*. Sein Werk steht sowohl für die Bewahrung der Tradition als auch für den persönlichen künstlerischen Ausdruck.

Diese Ausstellung präsentiert nicht nur Tanaka Ryōheis außergewöhnliches Können, sondern richtet den Blick auch auf seine tiefe emotionale Verbindung mit seinen Themen. Seine Darstellungen von Landschaften und Gebäuden sind nicht bloße Abbildungen; sie sind vielmehr erfüllt von einem Gefühl der Nostalgie und Ehrerbietung für eine rasch verlorengehende Lebensweise. Tanakas Radierungen sind eine Hommage an Japans ländliches Kulturerbe und erinnern uns zugleich daran, dass die Kunst das Wesen eines Ortes und einer Zeit einfangen und bewahren kann.

Mit dieser Ausstellung möchten wir Tanakas Vermächtnis als Meisterradierer würdigen und unserem Publikum ein tieferes Verständnis der besonderen Rolle nahebringen, die er in der japanischen Kunst einnimmt. Seine Werke sind Fenster in eine Welt gelassener Schönheit, und das Niveau des handwerklichen Könnens und der künstlerischen Vision, mit der diese Schönheit eingefangen wurde, ist wahrhaft unvergleichlich. Wir laden Sie ein, in die zeitlose Kunst Tanaka Ryōheis einzutauchen und sie auf sich wirken zu lassen.

Bas Verberk
Kurator für japanische Kunst
Museum für Ostasiatische Kunst Köln

VORWORT

Das Museum für Ostasiatische Kunst Köln ist hocherfreut, in einer deutschlandweit ersten Sonderausstellung Arbeiten des zeitgenössischen japanischen Künstlers Tanaka Ryōhei (1933–2019) zu zeigen. Mit seinen bildlichen Darstellungen des ländlichen Japan gilt Tanaka auch über die Grenzen seines Heimatlandes hinaus als wegweisender Druckgrafiker des 20. und 21. Jahrhunderts. In seiner der japanischen Natur und Architektur entnommenen Motivik ist menschliche Präsenz zwar überall angedeutet, doch verzichtet Tanaka konsequent auf die Darstellung der menschlichen Gestalt selbst – eine kontemplative Melancholie des Abwesenden oder im Verschwinden Begriffenen schwingt hier mit. Wie ausschnitthafte Nahaufnahmen ermöglichen die kleinen Formate fokussierte Einblicke in abgeschiedene Lebensumwelten und schaffen eine unmittelbare Intimität mit der dargestellten Szenerie.

In seinem höchst aufwendigen, mehrstufigen Arbeitsprozess verwendet Tanaka europäische Verfahren der Tiefdrucktechnik. Die mit der Radiernadel akribisch in die Druckplatten eingeritzten Bildmotive bestehen aus unzähligen Linien, die Tanaka zeitversetzt radiert, um bei jeder Linie die von ihm intendierte Tiefe, Breite und Stärke sowie variierende Tonwerte und Farbigkeiten der Tusche zu erzielen. Anders als in der europäischen Tradition des stufenweisen Ätzens nutzt Tanaka weder den Ätzprozess bremsende Isoliermittel noch kontrolliert er dessen Dauer mittels einer Stoppuhr. Im Resultat nehmen die gesättigten Tiefenstrukturen seiner Bilder eine einzigartige organische, nahezu lebensechte Dreidimensionalität an. Sie bezeugen ihren komplexen technischen und künstlerischen Entstehungsprozess, der aus Tanakas Erfahrung und Expertise als Druckmeister über fünf Dekaden hinweg hervorgegangen ist.

Aus der Sicht eines auf ostasiatische Kunst spezialisierten Museums stellt die Sonderausstellung *Tanaka Ryōhei: Von Linie zu Landschaft* eine bemerkenswerte Bereicherung dar. Der westlich geprägte Druckgrafiker eröffnet uns neue Möglichkeiten der Betrachtung sowohl der „Linie" und Liniengestaltung, mithin der elementarste Aspekte der ostasiatischen Tuschekunst, als auch der „Landschaft" als ein Naturereignis, das die Kunsttraditionen Ostasiens durch die als kulturelle Topoi wirkenden Bildmotive fundamental prägt.

Mit dem Selbstverständnis als interkultureller Brückenbauer sieht das Museum seinen Bildungs- und Vermittlungsauftrag auch darin glücklich erfüllt, dass das Vermächtnis Tanaka Ryōheis im Rahmen dieses Ausstellungsprojekts maßgeblich durch das Wirken Chris van Otterloos – dem einzigen Schüler, den Tanaka Zeit seines Lebens je bei sich aufnahm – weitergetragen werden kann.

An dieser Stelle gebührt Herrn van Otterloo großer Dank als Leihgeber und Co-Kurator der insgesamt 170 Exponate umfassenden Ausstellung. Ebenso tief und aufrichtig gedankt sei der Ehefrau Tanaka Ryōheis, Tanaka Takiko, für die 14 Radierungen des vor fünf Jahren verstorbenen Druckgrafikers, die nun als Schenkung in die Museumssammlung eingehen. Überdies dankt das Museum dem Deutschen Kunstverlag und Brill Publishing für die gute Zusammenarbeit bei der Umsetzung der vorliegenden Publikation; weiters dem Sieboldhuis in Leiden für die logistische Unterstützung im Rahmen der Ausstellungsplanung.

Shao-Lan Hertel
Wissenschaftliche Direktorin
Museum für Ostasiatische Kunst Köln

EINLEITUNG

Der vorliegende Katalog zur Ausstellung *Tanaka Ryōhei: Von Linie zu Landschaft* ist die erste umfassende Studie zu diesem Grafikkünstler. Für gewöhnlich handelt es sich bei japanischer Druckgrafik um Holzschnitte – Tanaka Ryōhei jedoch ließ sich schon in jungen Jahren von der ursprünglich westlichen Tiefdruckmethode der Radierung begeistern. In seiner Heimat Japan waren die ersten Experimente mit dieser Technik im 18. Jahrhundert von Experten für Hollandstudien *(rangaku)* wie Shiban Kōkan und Aōdō Denzen ausgeführt worden; diese Künstler hatten Beschreibungen und Stiche aus Büchern benutzt, die ihren Weg bis in die holländische Handelsniederlassung auf der künstlichen Insel Dejima im Hafen von Nagasaki gefunden hatten.

Weitere Verbreitung fand die Kunst der Radierung in Japan zu Beginn des 20. Jahrhunderts; die größten künstlerischen Erfolge auf dem Gebiet des Tiefdrucks hatten japanische Künstler allerdings erst nach dem Zweiten Weltkrieg, nicht nur in der Radierung, sondern auch in der Mezzotinto-Technik. Tanaka Ryōhei war einer der erfolgreichsten und mit Sicherheit der produktivste Nachkriegskünstler in diesem Bereich. Er schuf mehr als 770 Radierungen und verkaufte insgesamt weit mehr als 100 000 Drucke. Seine Arbeiten wurden nicht nur in Japan gesammelt, sondern erfreuten sich außerordentlicher Beliebtheit auch in Übersee, wo sie bald von Privatsammler*innen und Museen entdeckt wurden. Bemerkenswerterweise entwarf, radierte, druckte (mit einigen wenigen Ausnahmen) und verlegte Tanaka all diese Radierungen eigenhändig.

Diese Publikation setzt mit einem knappen Überblick über das Leben des Künstlers ein, gefolgt von einem kurzen historischen Abriss, in dem die Radierung in Japan im Kontext der Druckgrafikherstellung skizziert wird. Ein eigenes Kapitel ist den Materialien und Techniken gewidmet, die der Künstler im Laufe seiner 50 Jahre währenden Karriere verwendete. Den Hauptteil der Publikation bildet eine sorgfältig ausgewählte Zusammenstellung von Tanakas Radierungen, die sein Schaffen in chronologischer Reihenfolge abdeckt. Die hier gezeigten Radierungen sind von Beschreibungen begleitet, in denen die besonderen Merkmale jeder Arbeit erörtert werden.

Der Verfasser hat es sich zum Ziel gesetzt, die Verdienste eines Künstlers und Druckgrafikers aufzuzeigen, der in erster Linie Autodidakt war, der niemals nach Aufmerksamkeit, Auseinandersetzungen oder Ruhm strebte, sondern seiner einzigartigen Kunst nachging, ohne sich den zahlreichen Kunsttrends seiner Zeit zu unterwerfen.

Im Gewirr internationaler zeitgenössischer Kunst des ausgehenden 20. Jahrhunderts sind die wunderschönen und meisterhaft gefertigten Radierungen dieses bescheidenen Künstlers der öffentlichen Aufmerksamkeit zumeist entgangen. Es ist das Ziel des Verfassers – des einzigen Schülers, den dieser Meister jemals angenommen hat – die Arbeiten von Tanaka Ryōhei einem größeren internationalen Publikum bekannt und zugänglich zu machen.

Neben meinem Lehrer gilt mein herzlicher Dank auch Tanaka Takiko, der Witwe des Meisters, für ihre unablässige Unterstützung und Hilfe während der Vorbereitungen zu dieser Monografie.

Chris van Otterloo

Seite 13: TR 634, Kat.-Nr. 141

TANAKA RYŌHEI

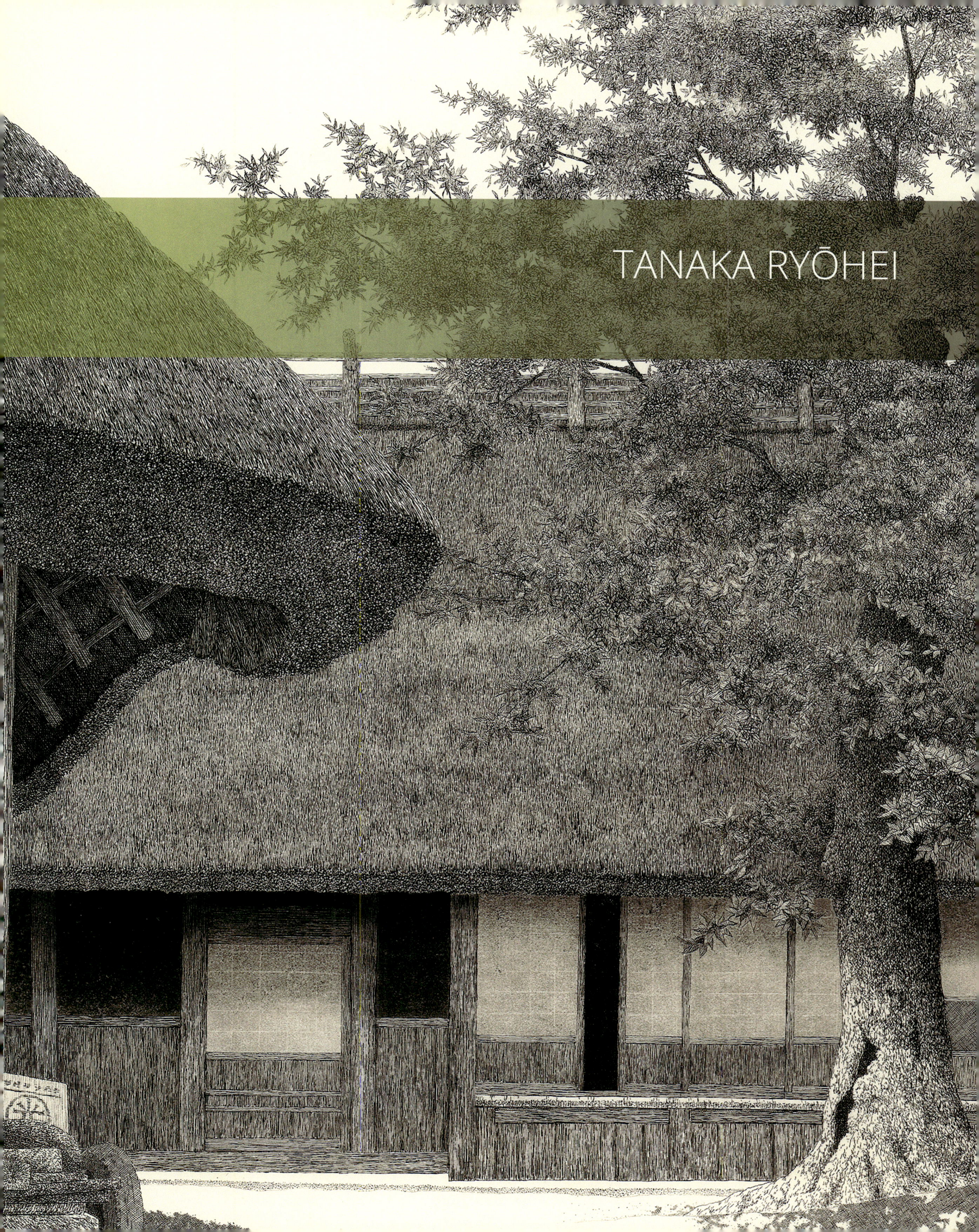

TANAKA RYŌHEI

Tanaka Ryōhei (1933–2019) war ein japanischer Grafikkünstler, der in der westlichen Tiefdrucktechnik der Radierung (jap. *dōban*) gearbeitet hat. In seiner sich über fünf Jahrzehnte erstreckenden Karriere hat er mehr als 770 Radierungen und insgesamt mehr als 100 000 druckgrafische Arbeiten geschaffen. Mit nur einigen wenigen Ausnahmen druckte Tanaka sämtliche Editionen selbst in seinem eigenen Atelier. Er gehörte zu den produktivsten Kunstschaffenden seiner Generation.

Tanaka war einer von vielen japanischen Grafikkünstler*innen, die sich ab der Mitte der 1960er-Jahre auch in Übersee einen guten Ruf erwarben. Seine Bekanntheit, vor allem in den Vereinigten Staaten, ist insofern überraschend, als er nicht in der vertrauteren japanischen Holzdrucktechnik mit ihren mehrfarbigen Drucken tätig war, sondern die eher nüchterne, monochrome Technik der Radierung bevorzugte; mit mehreren Farbplatten arbeitete er nur äußerst selten. Seine Radierungen sind meist recht klein und stets außergewöhnlich detailliert; so laden sie zu zu sorgfältiger Betrachtung und Untersuchung ein. Seine kleinsten Arbeiten erinnern an Exlibris und eignen sich kaum zur Präsentation an der Wand. Thematisch stehen Tanakas Radierungen in Verbindung mit den nostalgischen und romantisierenden Holzschnitten der früheren *shin hanga*-Künstler wie Kawase Hasui (1883–1957).[1] Im Gegensatz zu dessen illustrativen Farbarbeiten, die das Publikum unmittelbar in ihren Bann ziehen, erfordern Tanakas Radierungen den prüfenden Blick und die meditative Herangehensweise, die auch bei ihrer Entstehung eine wichtige Rolle spielten. Diese meditativen Aspekte stellen seine Arbeiten in einen Zusammenhang mit Gemälden vieler seiner berühmten Zeitgenossen der Nachkriegszeit, die im Stil des abstrakten Realismus tätig waren, etwa *nihonga*-Maler wie Higashiyama Kaii (1908–1999), Fukuda Heihachirō (1892–1974) und Okumura Dogyū (auch Togyū, 1889–1990) (Abb. 1, 2 und 3).[2] Trotz des anspruchsvollen Realismus von Tanakas Arbeiten weist sein Schaffen eine große Nähe zur heiter-gelassenen poetischen Welt der *nihonga*-Bewegung der Nachkriegszeit auf.

Schon bald nachdem die Technik der Radierung Tanaka in ihren Bann gezogen hatte, beherrschte er sie meisterlich. Er konzipierte seine Bilder als Radierungen, und durch das Zeichnen mit der Nadel wurden sowohl der Radierungsprozess als auch der darauffolgende Druck jedes einzelnen Abzugs Teil des gleichen kreativen Prozesses und waren damit untrennbar miteinander verbunden. Er machte sich dieses Medium zu eigen, um seinen poetischen Blick auf die traditionellen Bauernhäuser wiederzugeben, die er so gut kannte –

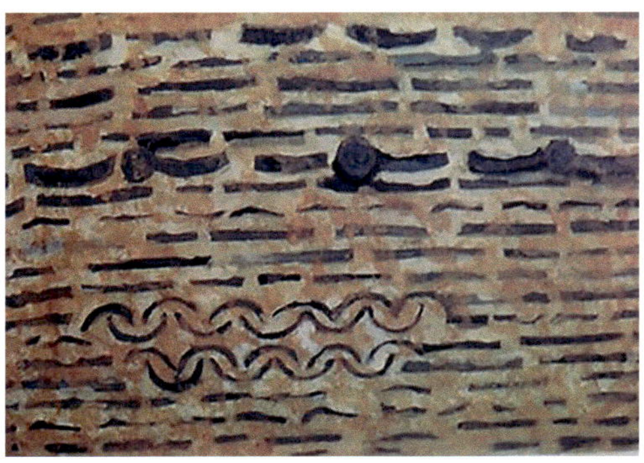

Abb. 1 Higashiyama Kaii (1908–1999)
Erdwall, 1967. Skizze, japanische Pigmente auf Papier, 27,1 × 41 cm
Verbleib unbekannt

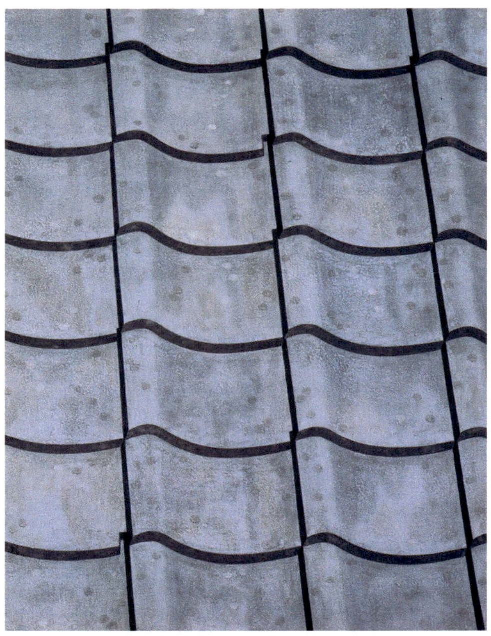

Abb. 2 Fukuda Heihachirō (1892–1974)
Regen, 1953. Japanische Pigmente af Papier, 108 × 86 cm
The National Museum of Modern Art, Tokio

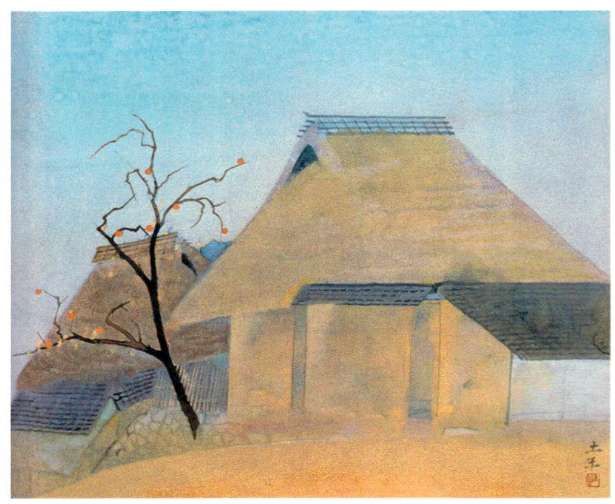

Abb. 3 Okumura Dogyū (1889–1990), *Raku-hoku Haus*, 1972
Japanische Pigmente auf Papier, 38 × 46 cm. Verbleib unbekannt
Quelle: Asahi Gurafu bessatsu bijutsu tokushū (1976), Nr. 59

und das tat er auf höchst detaillierte und realistische Art und Weise. Seine Perspektive erinnert bisweilen an einen fotografischen Blick. Für gewöhnlich basieren seine Radierungen auf Skizzen realer Orte; zuweilen stellen sie jedoch auch seine eigenen, sorgfältig komponierten Erfindungen dar, Kombinationen verinnerlichter Bildsprache und seines kreativen Geistes. Im Laufe seiner langen künstlerischen Karriere wurde Tanaka so vertraut mit dieser besonderen Gruppe von Objekten, dass er, ausgehend von den elementarsten Skizzen, so arbeiten konnte, als sei das fertige Bild in seinem Kopf bereits radiert. Die Welt, die er darstellte, ist zwar von Grund auf japanisch, fand dank seiner poetischen Perspektive und seiner herausragenden grafischen Darstellung jedoch auch bei einem internationalen Publikum großen Anklang.

Tanakas Motive reichen von Bäumen und Landschaften über Wege, Bauernhäuser und Tempel bis hin zu gelegentlichen Stillleben. Am bekanntesten sind seine Darstellungen strohgedeckter Dächer alter japanischer Bauernhäuser, in denen seine Vorliebe für die Struktur von Stroh, Holz und anderen Baumaterialien zum Ausdruck kommt. Tatsächlich weist fast die Hälfte seiner Arbeiten ein strohgedecktes Dach auf, entweder als Hauptmotiv oder als wichtiger Bestandteil der Komposition.[3] Traditionelle strohgedeckte Dächer, die eine Lebensdauer von etwa 30 Jahren haben, verschwanden in der zweiten Hälfte des 20. Jahrhunderts allmählich aus der japanischen Landschaft. Fähige Strohdachdecker waren immer schwieriger zu finden, und auch aufgrund der beständigen Gefahr von Bränden wurden die Häuser verlassen und die Dächer vernachlässigt.

EINE KURZE BIOGRAFIE

Tanaka Ryōheis Vater kam aus Toyosato, einer kleinen, aber in wirtschaftlicher Hinsicht strategisch günstig gelegenen Gemeinde in der Präfektur Shiga, südlich des Biwa-Sees. Sowohl sein Großvater väterlicherseits als auch sein Großvater mütterlicherseits waren in der Textilindustrie als Zulieferer für das mächtige lokale Handelsunternehmen Itochu tätig. Sie trafen einander häufig im beruflichen Kontext und verstanden sich gut, was schließlich zur arrangierten Heirat von Ryōheis Eltern, Tanaka Ryūzō und Itō Tsuneko, führte. Ryūzō und seine Frau ließen sich in Takatsuki, in der Präfektur Osaka nieder, in der Ebene genau zwischen Kyoto und Osaka. Dort wurde Ryōhei am 28. März 1933, einem Sonntag, als ältestes von vier Kindern geboren (Abb. 4).

Durch die Verbindungen seiner Familie zu Itochu fand Tanaka Ryūzō Arbeit beim Handelsunternehmen Marubeni. Noch vor Ausbruch des Zweiten Weltkriegs war er in Myanmar stationiert, wo er als japanischer Staatsbürger 1943 von der japanischen Armee eingezogen wurde und im Kampf fiel.

Tanaka wuchs mit nur wenigen Erinnerungen an seinen Vater auf. Da er mit einem angeborenen Herzleiden zur Welt gekommen war, verbrachte er viel Zeit zu Hause und fand schließlich Gefallen am Zeichnen. Seine früheste Erinnerung daran ist das Kratzen von Bildern in den Frost an den Fensterscheiben an kalten Wintermorgen.

Tanaka war Schüler an der Grundschule und später der Oberschule in Takatsuki, und während des Krieges und danach besuchte er regelmäßig seinen Großvater in Toyosato. Die ländliche Umgebung und die alten Bauernhäuser mit ihren strohgedeckten Dächern und Lehmwänden hinterließen bleibenden Eindruck beim jugendlichen Ryōhei. Selbst in späteren Jahren kehrte er zur Inspiration oft an diese Orte zurück. Anfang der 1950er-Jahre schloss Tanaka die höhere Schule ab (Abb. 5). Als ältester Sohn einer Kriegswitwe fand er Anstellung in einer Druckerei, die vom jüngeren Bruder seines Vaters, Tanaka Kisaku, geleitet wurde. Das Unternehmen ging bald bankrott, doch Tanaka arbeitete auch weiterhin für seinen Onkel, der sich entschlossen hatte, einen Teil des Geschäftes weiterzuführen. Er kümmerte sich unter anderem um Lieferungen seines Onkels, war jedoch auch mit kreativeren Aufgaben betraut wie dem Entwurf von Werbung für Streichholzschachteln. Obwohl Tanaka für seine Arbeit keine Entlohnung erhielt, arbeitete er zehn

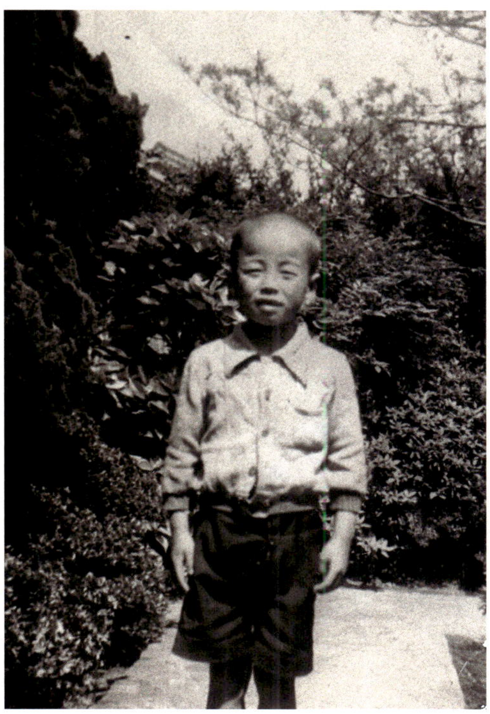

Abb. 4 Tanaka Ryōhei im Garten seines Elternhauses in Takatsuki, Sommer 1940

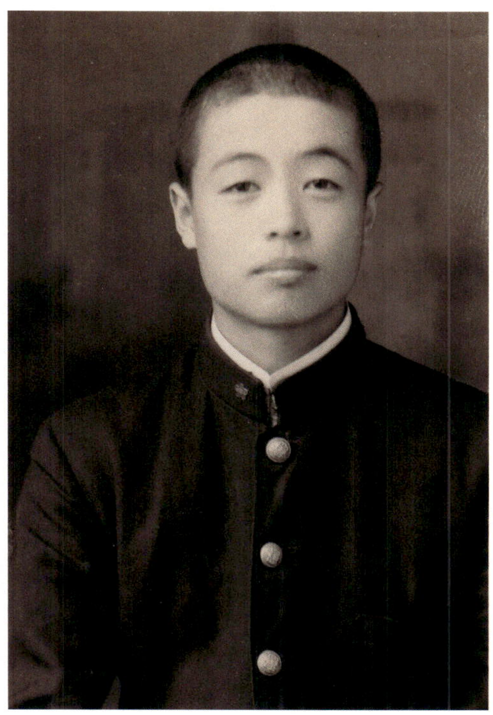

Abb. 5 Tanaka Ryōhei als Schüler der Oberschule im ersten Jahr, 1948

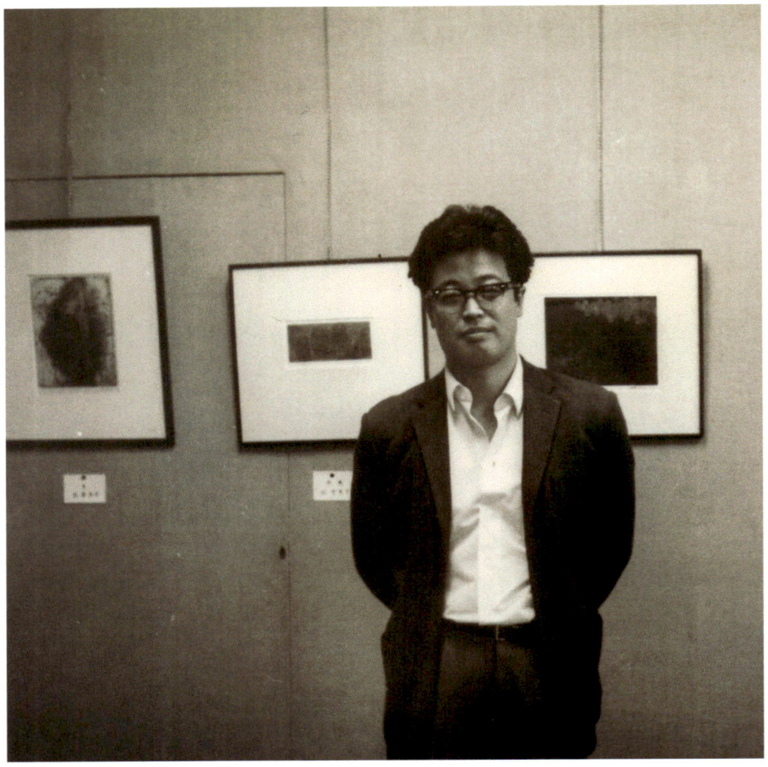

Abb. 6 Tanaka Ryōhei bei der zweiten Ausstellung in der Kyoto Präfektur-Galerie, September 1965. Hinter dem Künstler: links *Steinerner Buddha Nr. 1* (TR 14), rechts *Adashino* (TR 13, Kat.-Nr. 3)

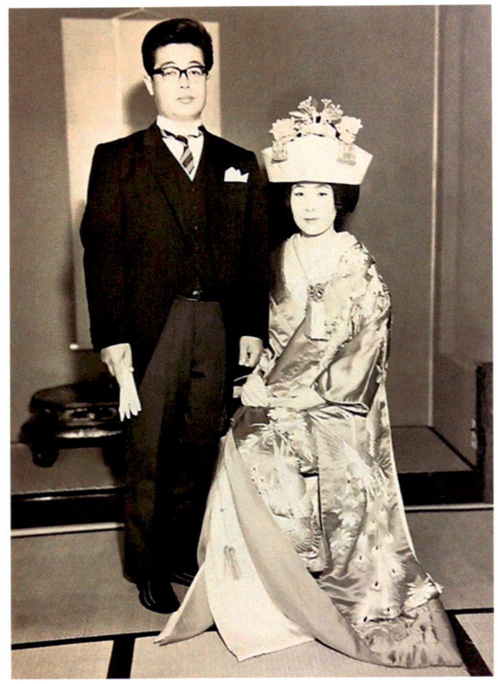

Abb. 7 Tanaka Ryōhei und Hosokawa Takiko an ihrem Hochzeitstag, Kyoto, 1968

Jahre lang für seinen Onkel. Er pendelte täglich nach Kyoto und wieder zurück nach Takatsuki, wo seine Mutter und seine jüngeren Geschwister ein ärmliches Leben führten, das sie mit dem Betrieb eines kleinen, aber beliebten, von zu Hause geführten Take-away-Lokals für Udon-Nudelsuppe finanzierten.
Nach Abschluss der Oberschule erhielt Tanaka keine weitere Ausbildung. Er hatte nicht einmal die Möglichkeit, bei einem etablierten Künstler oder Handwerksmeister zu lernen, was damals in Japan noch durchaus üblich war und wonach er sich gesehnt haben dürfte.
1960 lernte Tanaka durch einen Freund seines Onkels, der auf sein künstlerisches Talent und seine Geschicklichkeit aufmerksam geworden war, Sakakibara Rokurō kennen, den Besitzer des Sakakibara Design Instituts, einem von zahlreichen Ateliers in Kyoto, die sich mit dem Design und Dekoration von Stoffen beschäftigten. Sakakibara nahm ihn als Designer für Kimonomuster auf, und obwohl diese Tätigkeit nicht sehr gut bezahlt war, arbeitete Tanaka beinahe zehn Jahre lang für Sakakibara.
Tanaka war bereits 30 Jahre alt, als er sich 1963, als seine Schwestern und sein Bruder das Zuhause der Mutter in Takatsuki verlassen hatten, im Kyōto Shimin Bijutsu Atorie, dem Atelier für Amateurkünstler in Kyoto, einschrieb, das Wochenend- und Abendkurse anbot. Dort erlernte er die Grundlagen von Bleistift- und Kohlezeichnung. Die Kurse wurden von Furuno Yoshio (1909–1978) gegeben, Kunstlehrer für die Oberschule und Grafikkünstler, der Radierungen im post-surrealistischen Stil fertigte. Furuno stellte bald fest, dass es angesichts von Tanakas Talent nur wenig gab, was er ihm noch beibringen konnte. Tanaka wiederum war von der Technik der Radierung fasziniert, die Furuno bei seltenen Gelegenheiten ebenfalls unterrichtete.
Furuno war der Gründer der Radierer-Vereinigung Kyoto (Kyōto Dōbanga Kyōkai), eines losen Zusammenschlusses lokaler Druckgrafiker, hauptsächlich Amateure. Tanaka fing an, seine Radierungen zusammen mit dieser Gruppe in der Präfektur-Galerie Kyoto (Kyōto Furitsu Garō) auszustellen, einer Galerie, die von der Präfektur-Behörde zur Förderung junger lokaler Kunstschaffender betrieben wurde und die sich in der Nähe der geschäftigen Innenstadtkreuzung der Straßen Shijō und Kawaramachi befand (Abb. 6).
In eben dieser Galerie wurden Tanakas Arbeiten 1964 im Zuge einer Ausstellung der Gruppe von dem Kunsthändler Yamada Tetsuo (1924–1998) entdeckt. 1954 hatte Yamada eine kommerzielle Galerie in Kyoto eröffnet, in der er zeitgenössische Gemälde und Druckgrafiken japanischer Künstlerinnen und Künstler anbot. Fast ein Jahrzehnt lang hatte er sich bereits der Förderung expressionistischer und abstrakter japanischer Nachkriegskunst gewidmet. Tanakas seriöse, unumstrittenen und präzise ausgeführten Radierungen animierten den Händler dazu, die Herausforderung anzunehmen und Tanakas figurative Arbeiten auszustellen und zu fördern.
Ab 1964 war Yamada Tesuo faktisch Tanakas Agent und sein unermüdlicher Fürsprecher, der sich darum kümmerte, dass seine Radierungen zu kommerziellen Galerien, privaten Sammler*innen und in institutionelle Sammlungen sowohl in Japan als auch in Übersee gelangten. Im folgenden Jahr, 1965, erhielt Tanaka – über Yamadas Kontakte – einen Auftrag von der International Graphic Art Society (IGAS) in New York für eine gesamte Edition. Das Ergebnis war *Mais* (TR 6), eine seiner frühesten registrierten Arbeiten. Der Auftrag war eine große Ehre für den Künstler, nicht zuletzt angesichts der Tatsache, dass sich die IGAS für ihre jährliche Auswahl auf bekannte amerikanische Museumskurator*innen verließ.

Yamada Tetsuos Rolle für die nationale und internationale Verbreitung japanischer Grafikkunst sollte nicht unterschätzt werden. Sein Geschäftssinn und seine Bedeutung als Förderer, Agent und Händler kommen jenen des *shin hanga*-Verlegers Watanabe Shōzaburo (1885–1962) in Tokio nahe.
In seinen frühen Jahren hatte Yamada Tetsuo selbst beträchtliches künstlerisches Talent gezeigt und eine Karriere als Künstler und Kunsthändler angestrebt, der sowohl seine eigenen Drucke als auch die seiner Kolleg*innen verkaufen wollte. Schlussendlich war jedoch sein Schwiegervater eingeschritten und hatte ihn gezwungen, entweder Künstler oder Händler zu sein. Er entschied sich für Letzteres.
Wie Abe Yūji, der 1953 die Galerie Yoseido im Bezirk Ginza in Tokio gegründet hatte, erkannte Yamada die Möglichkeiten, die der Kunstmarkt bot, vor allem durch westliche Touristen, aber auch durch Militärpersonal und Auswanderer, die in Japan lebten und großes Interesse an zeitgenössischer japanischer Druckgrafik zeigten. 1968 konnte Yamada jedoch nicht widerstehen und entwarf das Titelblatt für eine bibliophile Edition von 100 Exemplaren einer Anthologie von Gedichten von Cid Corman (1924–2004), mit dem Titel *Hearth,* die drei kleine Original-Radierungen von Tanaka enthielt (siehe Kat.-Nr. 6).
Yamada entwarf auch das Daruma-Logo für die Vereinigung der Läden an der Shinmonzen Straße in Kyoto, zu jener Zeit die wohl berühmteste „Touristenfalle" in Japan. In der günstig gelegenen Straße gab es zahlreiche Antiquitätenläden, wobei die Galerie Yamada das einzige Geschäft war, das zeitgenössische japanische Kunst verkaufte.

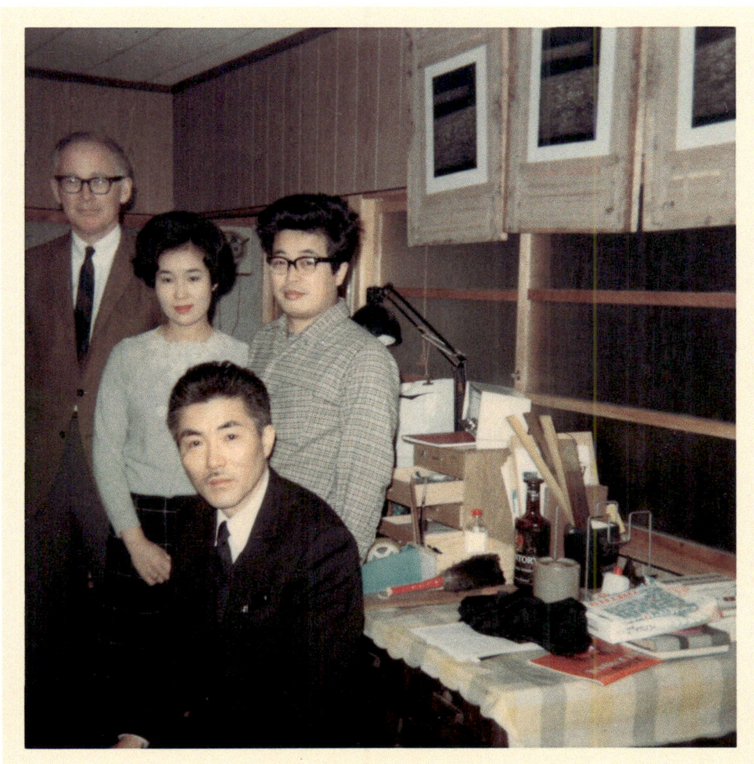

Abb. 8 Der Künstler und seine Frau, Yamada Tetsuo, und ein unbekannter amerikanischer Sammler in Takatsuki, März 1969
Die Drucke, die auf den Tafeln trocknen: *Kiefernstamm* (TR 36, 1967).

Durch Yamada Tetsuo lernte Tanaka auch seine zukünftige Frau, Hosokawa Takiko (geb. 1943), kennen, die jüngere Schwester von Yamadas Ehefrau, geborene Hosokawa Ayako. Tanaka und Takiko heirateten 1968 (Abb. 7). Diese glückliche Verbindung verstärkte die ohnehin bereits äußerst produktive Zusammenarbeit zwischen dem Künstler und seinem Agenten (Abb. 8 und 9). Tanaka und seine Braut ließen sich im Elternhaus des Künstlers in Takatsuki nieder, wo auch seine Mutter immer noch lebte. Die Ehe war glücklich und das Paar hatte drei Kinder, von denen jedoch keines in die Fußstapfen des Vaters trat, obwohl das in künstlerischen Kreisen in Japan immer noch oft der Fall war. Ursprünglich hatte Tanaka in einem der Zimmer im Obergeschoss gearbeitet, 1969 ließ er jedoch ein Atelier an das Haus anbauen (Abb. 10). In diesem Atelier schuf und druckte er eigenhändig jede Edition seines gesamten aus 770 Radierungen bestehenden Kunstschaffens. Das Haus in Takatsuki sollte lebenslang sein Zuhause bleiben.
1970 waren Tanakas Radierungen bereits so beliebt, dass er seine Stelle im Sakakibara Design Institut aufgeben und sich ganz seiner Kunst widmen konnte. Im Gegensatz zur großen Mehrheit seiner Kolleg*innen nahm Tanaka niemals einen Lehrauftrag an einem der zahlreichen Colleges und Kunstschulen in Japan an. Sein künstlerischer Erfolg garantierte ihm ausreichende Mittel, um seine Mutter und seine Familie zu unterstützen und mit zwei, bald drei, und schließlich vier Generationen unter einem Dach zu leben.
1963 und 1964 hatten Tanakas Editionen mit 30 bis 50 Drucken von jeder Platte noch eine bescheidene Auflage. Doch schon 1965 war die internationale Nachfrage so gestiegen, dass er sich entschloss, die Editionen auf 100 Exemplare zu erhöhen, mit zehn zusätzlichen Künstlerexemplaren. Im Laufe der Jahre produzierte Yamada Tetsuo eine Reihe von Katalogen von Tanakas

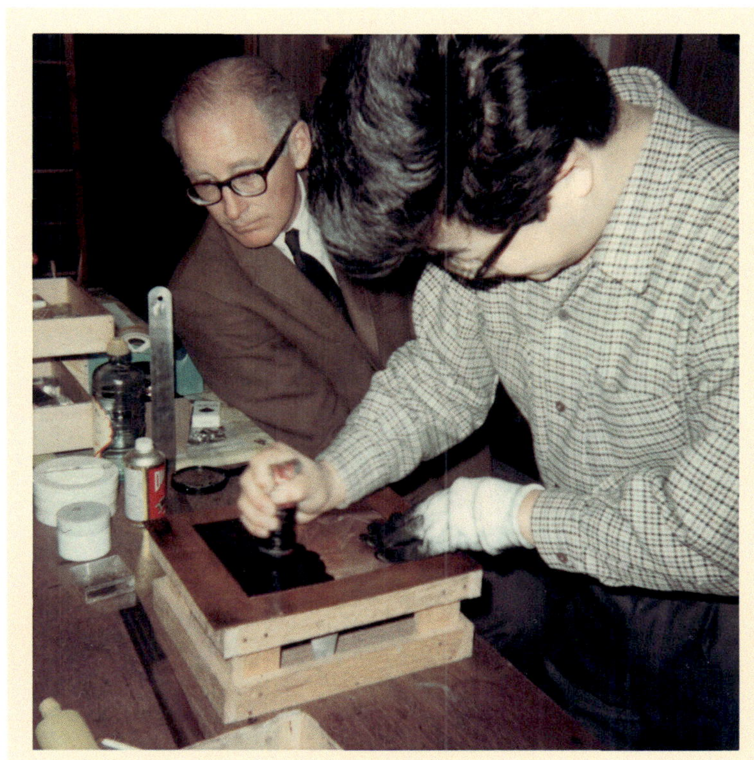

Abb. 9 Tanaka demonstriert, wie die Deckschicht der Kupferplatte durch die Ätzflüssigkeit bearbeitet wird, März 1969.

Arbeiten. Der erste war eine bescheidene Publikation mit einer Auswahl von Arbeiten der Jahre 1964 bis 1971, mit einem von großer Zuneigung zeugenden Vorwort des bereits erwähnten Dichters Cid Corman. 1985 gab Yamada ein Werksverzeichnis auf Englisch und Japanisch heraus, das alle der 350 bis zu diesem Zeitpunkt von Tanaka entworfenen und gedruckten Radierungen umfasst, wieder mit einem Vorwort von Cid Corman. Eine erweiterte Version, mit 460 Radierungen, erschien 1991.

Erfolge in Übersee folgten und wiederholte Einladungen zu internationalen Druckgrafikausstellungen und Biennalen in Italien, im ehemaligen Jugoslawien, in Deutschland, Belgien, den Vereinigten Staaten, Hong Kong, Finnland, China, Mexiko und Bulgarien trugen zu Tanakas Ruf bei. Zudem erfolgten zahlreiche Anfragen von Autor*innen und Verlagen in Japan und den USA für die Nutzung seiner Radierungen als Illustrationen. Etliche amerikanische Universitätsbibliotheken und Museen erwarben seine Arbeiten; japanische Institutionen waren dazu offenbar weniger geneigt. Dennoch gab es auch in Tanakas Heimatland einige leidenschaftliche Sammler*innen. Die Tatsache, dass bereits 1973 das große japanische Pharmazieunternehmen Tanabe Syntex einen kostspielig produzierten Kartenkalender mit Reproduktionen von zwölf seiner Radierungen für dessen einheimischen Kund*innen herausgab,[4] widerspricht der sich hartnäckig haltenden Vorstellung, dass Tanaka, ebenso wie frühere *shin hanga*-Künstler wie Ohara Koson (1877–1945), Kawase Hasui und Yoshida Hiroshi (1876–1950), lediglich ein „Export-Künstler" sei, den man vor allem in den Vereinigten Staaten schätzte.

Tanaka Ryōhei war ein begeisterter Musikliebhaber, dessen Interesse von Barockmusik bis hin zum Jazz reichte. Wenn der Künstler sich der langsamen Kunst des Zeichnens mit der Nadel und der monotonen, zeitaufwendigen Arbeit des Druckens widmete, war sein Atelier mit harmonischen Klängen erfüllt, seien es nun klare Interpretationen von Händel oder die sanften, geradezu einschläfernden Klänge von Paul Desmonds Saxofon. Drang Musik aus dem Atelier, war das im Haus das Zeichen für „Bitte nicht stören". Trotz seines internationalen Erfolgs war Tanaka niemals im Ausland gewesen, bis er 1978 die Gelegenheit erhielt, Sydney zu besuchen (Abb. 11 und 12). Hier lernte der leidenschaftliche Musikfreund den Dirigenten sowie Musiker*innen des Sydney Symphony Orchestra kennen und wurde eingeladen, bei einigen ihrer Proben und Konzerte zuzuschauen, was einen tiefen Eindruck bei ihm hinterließ. Viele Jahre lang zierte ein großes, gerahmtes, wenn auch recht verblasstes Plakat der Luftaufnahme der Oper von Sydney sein Atelier.

Nachdem er seine Angst vor Überseereisen überwunden hatte, reiste Tanaka zu Ausstellungen seiner Arbeiten in Europa, Thailand, China und den Vereinigten Staaten. Dank der Bemühungen von Tanaka Takiko, die englische Sprache zu erlernen, wurden diese Reisen für beide zu angenehmen Erlebnissen (Abb. 13 und 14).

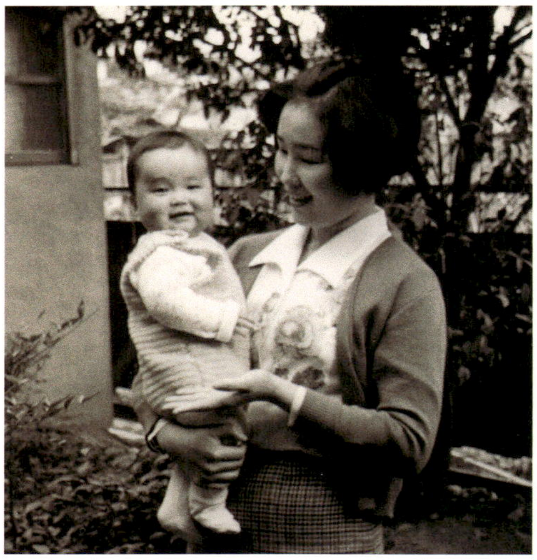

Abb. 10 Tanaka Takiko mit ihrem ältesten Sohn Yōhei im Garten in Takatsuki, 1970. Links, die Feuchträume des erweiterten Ateliers

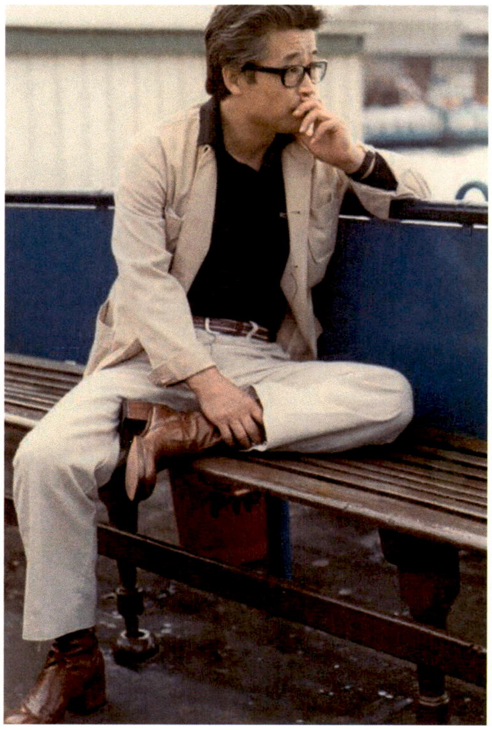

Abb. 11 Tanaka Ryōhei verlässt Circular Key, Sydney, auf der Mosman Ferry, Juli 1978.

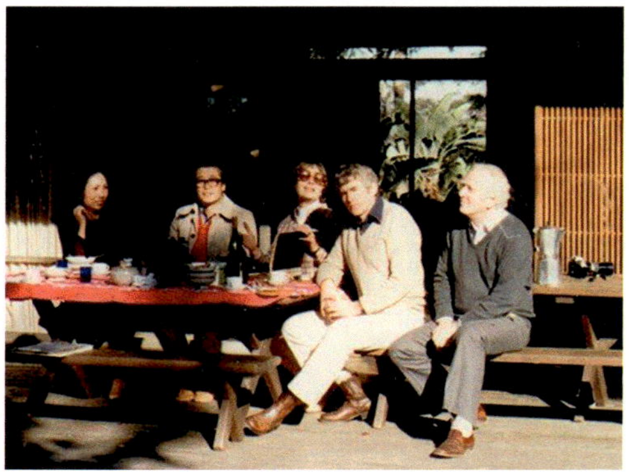

Abb. 12 (von links nach rechts) Yayoi Maloney, Tanaka Ryōhei, die Fotografin und Anthropologin Jutta Malnic, der Diplomat Paul Maloney und der Architekt Sergei Malnic im Haus der Malnics in Wahroonga, New South Wales, Juli 1978

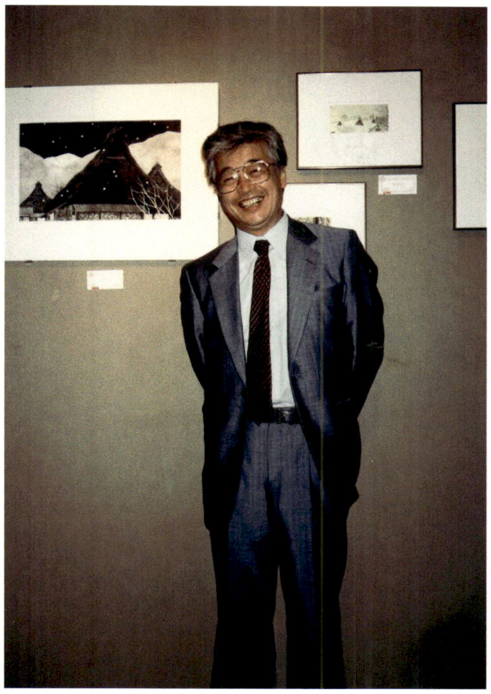

Abb. 13 Tanaka in der Azuma Gallery, Seattle, 13. August 1987

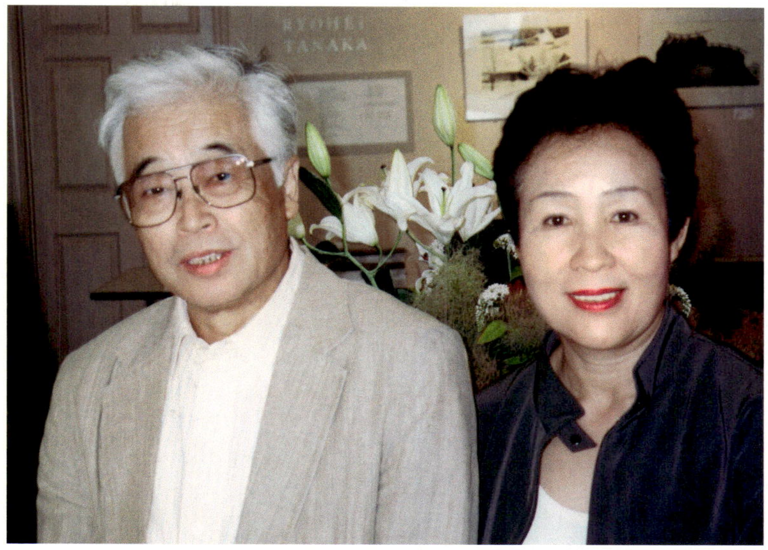

Abb. 14 Tanaka mit seiner Frau Takiko in Oregon, 2006

Trotz seines angeborenen Herzleidens lässt sich Tanakas Gesundheitszustand als stabil, ja sogar robust, bezeichnen. Wie die meisten Japaner seiner Generation hatte er begonnen, Golf zu spielen und spielte regelmäßig mit verschiedenen Gruppen von Künstler*innen und Freund*innen, darunter auch der *nihonga*-Maler Kubo Reiji (geb. 1940) und der Töpfer Banura Shiro (1941–2011).

1993, im Alter von sechzig Jahren, musste sich Tanaka schließlich einer Herzoperation unterziehen. Obwohl er sich rasch erholte und seine Arbeit später im Jahr wieder aufnahm, ging er es bedächtig an und schuf nur eine Reihe kleinerer Radierungen. Im folgenden Jahr, nachdem er vollständig genesen war, begann er mit der Produktion sehr großer und ehrgeiziger Platten: *Scheune und Haus Nr. 4* (TR 532, Kat.-Nr. 106), *Dächer an der Straße nach Kurama* (TR 535, Kat.-Nr. 125) und *Vogelflug Nr. 4* (TR 547), alle vom Künstler selbst gedruckt, in Editionen von 120 Abzügen, plus zwölf Künstlerexemplaren.

Dieses dynamische künstlerische Schaffen setzte sich bis weit ins neue Jahrtausend fort, bis sich Tanakas Gesundheitszustand Ende 2008, womöglich infolge des chirurgischen Eingriffs von 1993, verschlechterte. Er verbrachte beinahe vier Monate, bis April 2009, im Krankenhaus. Nach seiner Entlassung nahm er seine Arbeit nur langsam wieder auf.

Tanaka war nun 76 Jahre alt. Etliche der Arbeiten, die er damals schuf, scheinen einiges an grafischer Dichte, für die er so verehrt wurde, eingebüßt zu haben; andere Werke wiederum sind aufgrund ihrer unverminderten Vitalität und der überragenden Handwerkskunst umso eindrucksvoller.

In den heißen Sommermonaten Juli und August 2013 – Tanaka war 80 Jahre alt – zeichnete sich ab, dass seine Lebenskraft allmählich nachließ und es schien, als würde er sich von der Druckgrafik abwenden. In einem letzten Aufbäumen von Energie schuf er jedoch seine fünf letzten Radierungen, von TR 766 bis zu seiner letzten registrierten Arbeit, *Bauernhaus in der Sonne* (TR 770, Kat.-Nr. 131).

Selbst nach 2013, als Tanaka keine neuen Radierungen mehr anfertigte, fragten sowohl die CWAJ (College Women's Association of Japan) als auch die japanische Druckgrafikvereinigung (Nihon Hanga Kyōkai) immer noch nach Arbeiten für ihre jährlichen Ausstellungen, egal ob neu oder alt, was für beide Organisationen eine Neuheit war.

Bauernhaus in der Sonne war nicht nur die letzte „neue" Arbeit, die Tanaka 2013 im Zuge der Ausstellung der japanischen Druckgrafikvereinigung in Tokio zeigte, sondern auch die letzte Arbeit in seiner Karriere als Grafikkünstler. Im Vergleich zu seinen zumeist dicht radierten Arbeiten früherer Jahre lässt diese letzte Radierung eine leicht verminderte Kraft erkennen. Dennoch nötigen einem die Größe der Arbeit, die grafische Exzellenz der radierten Linien und der in Aquatinta gearbeiteten Bereiche, aber auch die bloße technische und physische Anstrengung des Druckens einer makellosen Edition von 50 großformatigen Blättern befeuchteten we ßen Papiers ohne jegliche Flecken den höchsten Respekt ab.

Tanaka Ryōhei stirbt im Oktober 2019 im Alter von 86 Jahren.

Furuno Yoshio hatte Tanaka lediglich die Grundlagen der Radierung beigebracht, was bedeutete, dass Tanaka von Anfang an seine ganz eigenen Radiertechniken entwickelte. Seine besonderen technischen Fähigkeiten sind beispiellos und unerreicht. Bereits Anfang der 1960er-Jahre zeigte sein Kunstschaffen eine sehr individuelle, unmittelbar wiedererkennbare Bildsprache, die er sich 50 Jahre lang erhalten sollte.

Im Laufe seiner langen Karriere ließ sich Tanaka weder von der experimentellen Avantgarde, die die alten *métiers* herunterspielte, noch von den sich verändernden künstlerischen Trends beeinflussen. Er verfolgte seinen eigenen Weg in entgegengesetzter Richtung. In gewisser Weise war er immer ein *Peintre-graveur* geblieben, der poetische Schönheit mittels technischer Meisterschaft ins Bild setzte.

Anmerkungen

1 Zu *shin hanga*, siehe weiter unten, Kapitel 2, „Druckgrafik in Japan im 20. Jahrhundert".

2 Der Begriff *nihonga* (wörtlich „japanische Malerei") wurde im 19. Jahrhundert geprägt, um die Malerei im japanischen Stil von *yōga* (wörtlich „westliche Malerei", z. B. Ölmalerei) zu unterscheiden. Siehe zum Beispiel John D. Szostak, *Painting Circles, Tsuchida Bakusen and Nihonga Collectives in Early 20th-Century Japan*, Leiden/Boston 2013, S. 2 und passim.

3 Der japanische Begriff für ein strohgedecktes Dach lautet *kayabuki yane*. Obwohl sich *kaya* auf Chinaschilf bezieht, können dafür unterschiedliche Rohr- und Stroharten zum Einsatz kommen.

4 Die betreffenden Radierungen sind: TR 8, TR 17, TR 25, TR 34, TR 40, TR 61, TR 77, TR 80, TR 95, TR 93, TR 94 und TR 105.

Seite 21: TR 196, Kat.-Nr. 44

DRUCKGRAFIK IN JAPAN IM 20. JAHRHUNDERT

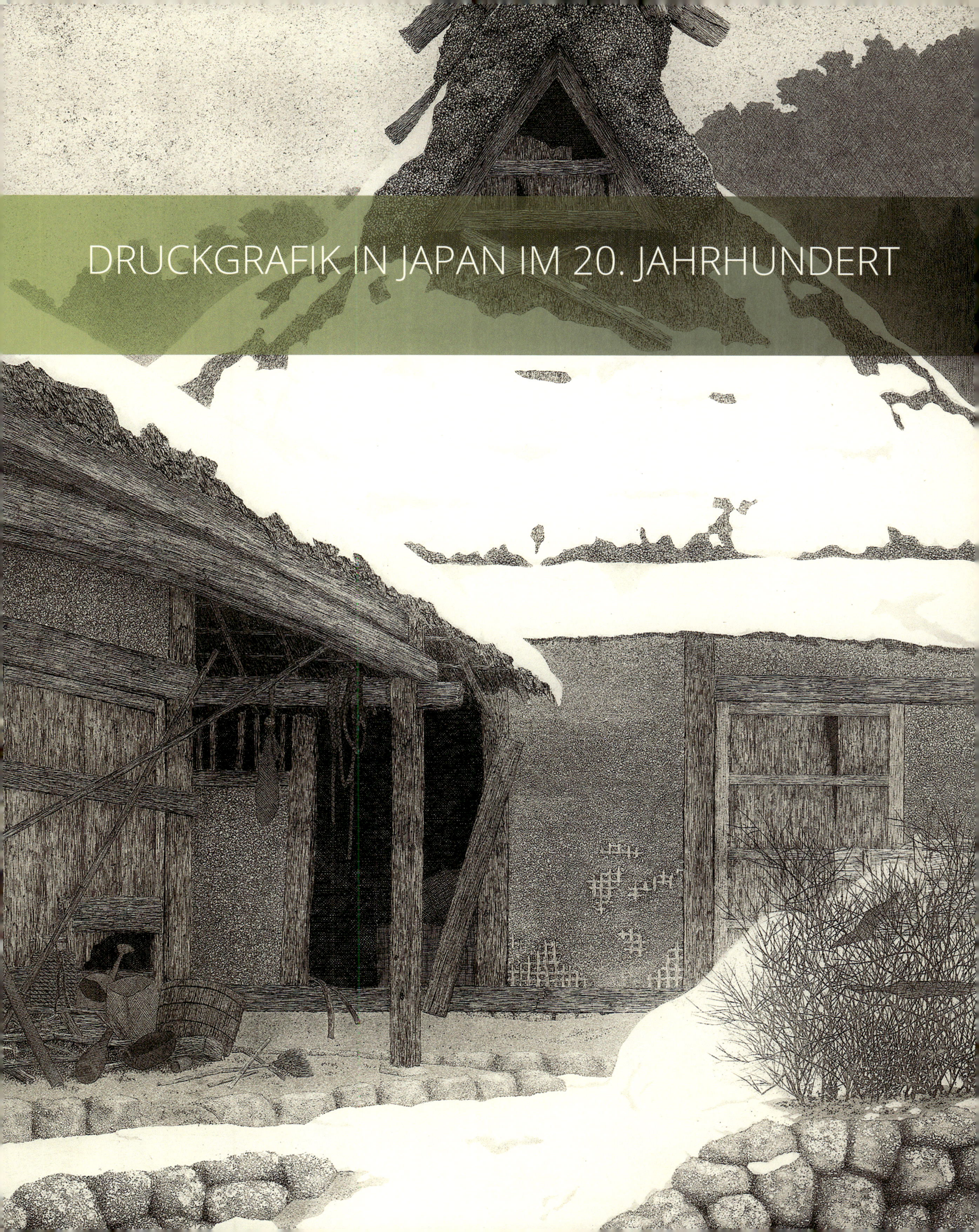

DRUCKGRAFIK IN JAPAN IM 20. JAHRHUNDERT

Die Worte „japanischer Druck“ rufen unvermeidlich die Holzschnitte der Edo-Zeit (1600–1868) ins Gedächtnis, die lange Zeit praktisch synonym mit dem Begriff *ukiyo-e* („Bilder der fließenden Welt“) waren. Wir sollten uns jedoch der Tatsache bewusst sein, dass die Herstellung von *ukiyo-e* kein individueller kreativer Akt war, sondern das Ergebnis eines gemeinschaftlichen Prozesses, der Gestalter, Holzschnittmeister, Drucker und Verleger umfasste.

Eine der zahlreichen Auswirkungen der Modernisierungen in der Meiji-Periode (1868–1912) und der Internationalisierung und sozialen Befreiung der Taishō-Periode (1912–1926) war ein gewisser Rückgang des nationalen und internationalen Interesses an traditionellen Holzschnitten. Als die Wogen westlicher Bildsprache Japan überrollten, traten im Holzschnitt zwei neue Bewegungen hervor: *sōsaku hanga* („kreativer Druck“) und *shin hanga* („neuer Druck“).[1] Die *shin hanga*-Bewegung brachte einen modernen Stil figurativer Bildsprache mit sich, hielt jedoch an dem traditionellen Druckprozess fest, bei dem Künstler, Schnitzer und Verleger zusammenarbeiteten. Die Künstler der *sōsaku hanga*-Bewegung wiederum entwarfen nicht nur das Bild, sondern schnitten und druckten ihre Arbeiten auch selbst; ihr Motto lautete „selbst gezeichnet, selbst geschnitzt, selbst gedruckt“ *(jiga, jikoku, jizuri)*. So hatten sie völlige Kontrolle über die Herstellung ihrer eigenen Entwürfe und integrierten zudem oftmals moderne internationale Trends. *Sōsaku hanga* war ein deutlicher Ausdruck des Anstiegs von Individualismus in der japanischen Kunst und Literatur während der ersten Jahrzehnte des 20. Jahrhunderts und wurde durch zahlreiche Publikationen zu moderner westlicher Philosophie und Kunst noch verstärkt.[2]

Beide Bewegungen setzten das Erbe japanischer Holzschnitte fort, das Ziel von *sōsaku hanga* lag jedoch darin, die Druckgrafik als eigene Kunstform und nicht als Medium für die Massenproduktion zu etablieren. Die offizielle Anerkennung erfolgte 1927, als die von der Regierung finanzierte jährliche Ausstellung mit dem Titel *Teiten* (Teikoku Bijitsuin Tenrankai, Kaiserliche Kunstakademie-Ausstellung) die ersten (Holzschnitt)-Drucke akzeptierte. Die *Teiten* war die Nachfolgerin der *Bunten* (Monbushō Bijutsu Tenrankai; Ausstellung des Kunstministeriums) und die offizielle und einflussreichste Kunstausstellung in Japan. Sowohl *Bunten* als auch *Teiten* verfügten, entsprechend dem Modell des französischen Salons, über eine Jury. Keine der beiden hatte bis dahin Einreichungen aus dem Bereich der Druckgrafik oder der angewandten Kunst angenommen, die als „Handwerk“ galten.

Shin hanga, ein Begriff, der von Watanabe Shōzaburō, einem der bekanntesten Verleger und Händler dieser neuen Art des Holzschnittes, geprägt wurde, zielte in erster Linie auf einen internationalen Markt ab.[3] *Shin hanga*-Künstler wandten die westlichen Regeln der Perspektive an und ihre leicht nostalgischen und romantisierten Bilder von Japan entsprachen dem westlichen Geschmack. Bis zum Ausbruch des Pazifischen Krieges (Dezember 1941 – September 1945) waren *shin hanga*-Arbeiten Objekte eines florierenden japanischen Handels in New York, Boston, Chicago und San Francisco; oftmals hatten die Händler auch *ukiyo-e* des 19. Jahrhunderts im Angebot. Enthusiastische und wohlhabende Förderer, wie der Händler Robert O. Muller (1911–2003), spielten eine wichtige Rolle bei der Verbreitung von *shin hanga*-Drucken in den Vereinigten Staaten.[4] Zudem fanden etliche große Ausstellungen mit *shin hanga*-Arbeiten statt, zum Beispiel jene, die 1930 und 1936 vom Toledo Museum of Art organisiert wurden.[5] *Shin hanga*-Künstler wie Kawase Hasui und der eher unabhängig agierende Weltenbummler Yoshida Hiroshi, der bereits 1899 im Detroit Museum of Art ausgestellt hatte, waren äußerst beliebt. Die Größe und Häufigkeit von *shin hang*-Editionen wurde (und wird noch immer) von der aktuellen Nachfrage bestimmt. Bisweilen wurden sie auch in Farbvarianten gedruckt, um verschiedene Jahres- und Tageszeiten wiederzugeben. Alles in allem war die Produktion von *shin hanga* ein höchst kommerzielles und sehr erfolgreiches Unterfangen.

Während der Kriegsjahre ging die Nachfrage nach *shin hanga* allerdings stark zurück und sollte ihren Vorkriegszenit nie wieder erreichen.[6] Ihre Popularität vor dem Krieg bildete jedoch die Grundlage für das Interesse an japanischen Drucken nach dem Zweiten Weltkrieg, insbesondere unter den amerikanischen Besatzungstruppen und anderen Auswanderergemeinschaften in Japan. Diese schienen jedoch eher von den außergewöhnlich individualistischen *sōsaku hanga* der Nachkriegszeit angesprochen zu werden als von den pittoresken *shin hanga. Sōsaku hanga* waren ein Beleg dafür, dass sich japanische Künstler die aktuellsten westlichen Trends aneigneten.

Gegen Ende der 1940er- und Anfang der 1950er-Jahre dämpfte die niedergeschlagene Stimmung nach der Niederlage und der darauffolgenden alliierten Besatzung, verbunden mit einer andauernden Materialknappheit, die Energie und die Produktionsmengen der *sōsaku hanga*-Künstler.[7] Dennoch nahm die Japan Print Association 1946 ihre jährlichen Ausstellungen wieder auf, und *sōsaku hanga* fanden allmählich auch breitere lokale Unterstützung.[8] 1949 veröffentlichte der *ukiyo-e*-Wissenschaftler Fujikake Shizuya (1881–1958) eine überarbeitete und ins Englische übersetzte Version seines Buches zu japanischen Holzschnitten, die auch ein Kapitel zu zeitgenössischen *sōsaku hanga* und deren Künstlern enthielt.[9]

1946 ersuchte William Hartnett,[10] der Freizeit-Direktor der US-Armee, Onchi Kōshirō (1891–1955), den bekanntesten Vertreter der *sōsaku hanga*-Bewegung der Zeit, eine Auswahl von *sōsaku hanga* im US-Army Education Center in Yokohama auszustellen. Oliver Statler (1915–2002), ein ziviler Steuerverwalter der Armee, war so fasziniert von dem, was er dort sah, dass er sich entschloss, sich ganz dem Studium, der Dokumentation und dem Sammeln von japanischen kreativen Drucken der Nachkriegszeit zu widmen. 1956 veröffentlichte Statler sein Werk *Modern Japanese Prints: An Art Reborn,*[11] das den Verkauf der darin enthaltenen Arbeiten ankurbelte. Das Buch liefert zudem den Anstoß zur ersten Ausstellung von Drucken der College Women's Association of Japan (CWAJ).[12]

Ab 1956 bot diese jährliche Ausstellung japanischen und in Japan lebenden ausländischen Grafikkünstler*innen eine wertvolle Plattform. Mit zunehmender Beliebtheit dieser Ausstellungen weitete die CWAJ die Schau auf eine Reihe internationaler Standorte aus, etwa in den USA, Australien und Neuseeland. 1985 tourte eine umfassende Wanderausstellung an Standorte in Nordamerika, ehe sie im British Museum in London gezeigt wurde, wo in der Folge ein Abzug jedes in der Ausstellung gezeigten Druckes an die permanente Sammlung geschenkt wurde.[13] 2005 veranstaltete man anlässlich des 50. Jahrestags der CWAJ-Ausstellungen eine Schau, die 2007 in der Library of Congress in Washington, D.C., gezeigt wurde. Die dort ausgestellten Drucke wurden anschließend für die permanente Sammlung der Library angekauft. Bemerkenswert ist, dass in den Druckgrafikausstellungen der CWAJ nicht nur Holzschnitte zu sehen waren, sondern die Aufmerksamkeit auch auf verschiedene andere in Japan praktizierte grafische Techniken gelenkt wurde. Die Radierung ist eine davon.

DIE RADIERUNG IN JAPAN

In Europa ist die Kunst der Radierung seit mehr als 500 Jahren bekannt, in Japan besitzt sie allerdings eine relativ kurze Geschichte. Die ältesten bekannten japanischen Radierungen sind *Mimeguri no kei* (Ansichten von Mimeguri, Abb. 15) und *Shichiri ga hama* (Sieben-Meilen -Strand), beide 1783 von Shiba Kōkan (1747–1818) geschaffen. Kōkan war ein Maler und Holzschnitt-Künstler, mit einem schier unstillbaren Interesse an westlicher Kunst und Wissenschaft. Publikationen zu diesen Themen hatten seit Anfang des 18. Jahrhunderts über die Niederländische Ostindienkompanie auf Dejima[14] ihren Weg nach Japan gefunden. Die Komposition von Kōkans *Mimeguri no kei* basiert auf europäischen perspektivischen Drucken, die sich in der zweiten Hälfte des 18. Jahrhunderts großer Beliebtheit in den künstlerischen und intellektuellen Kreisen Japans erfreuten. Nicht nur das Novum von westlicher Perspektive und niedrigem Fluchtpunkt sowie der Schärfe und Detailliertheit der Linien müssen Kōkan sehr angesprochen haben, sondern auch die oftmals handkolorierten Tiefdruckarbeiten. Seine Experimente mit der Technik der Kupferradierung und der Einsatz der Druckpresse beruhen auf den entsprechenden Informationen aus der niederländischen Übersetzung des *Dictionnaire œconomique, contenant divers moyens d'augmenter son bien, et de conserver sa santé* (1709) des Franzosen Noël Chomel, die seinen Weg nach Dejima gefunden hatte.[15] Von anderen Malereien und Zeichnungen Kōkans zu urteilen, könnte er auch eine Ausgabe von *Spiegel van het Menselyk Bedryf* (Spiegel der menschlichen Berufe,

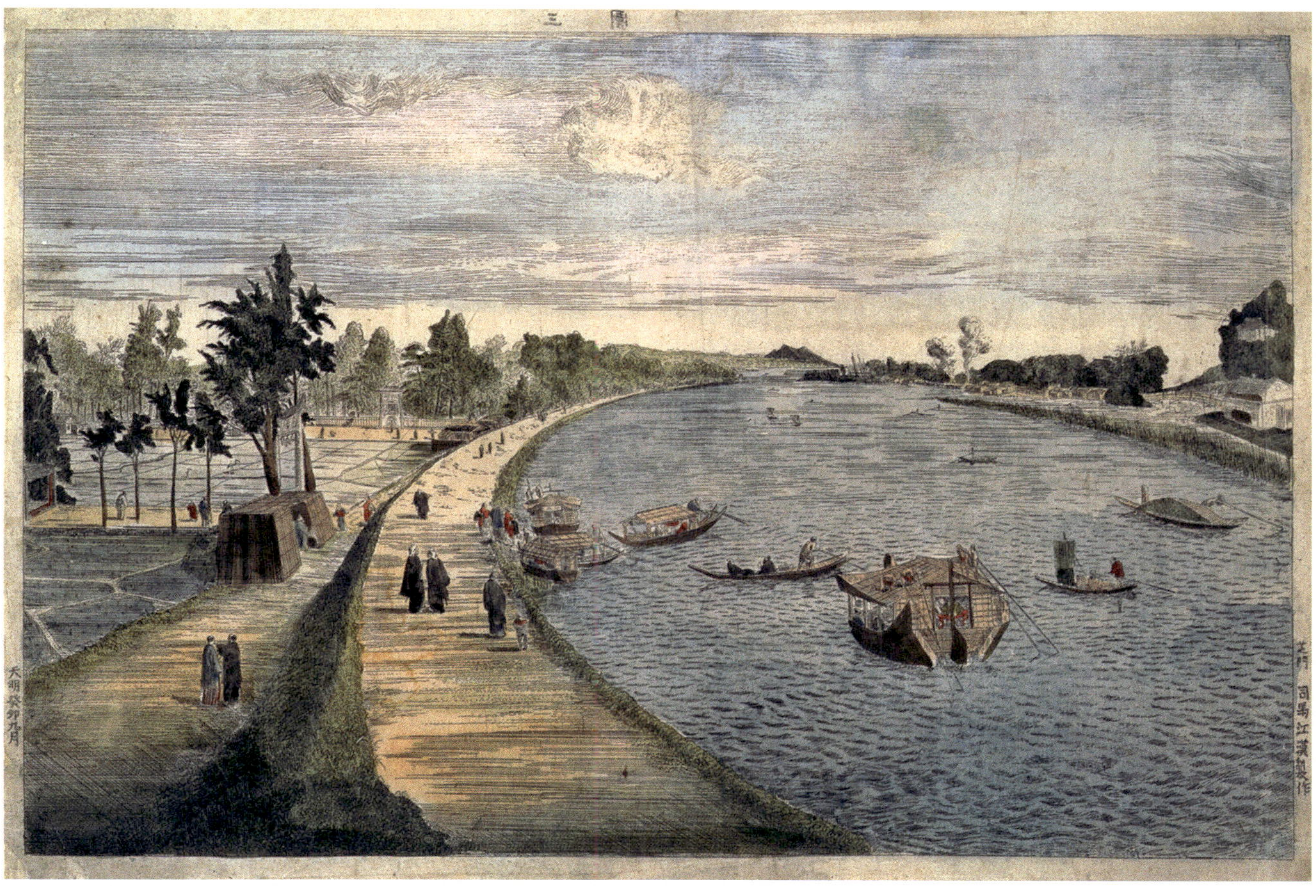

Abb. 15 Shiba Kōkan (1747–1818)
Mimeguri no kei (Ansicht von Mimeguri), 1783
Radierung, Farbe, handkoloriert, auf Papier, 28 × 40,4 cm
Kobe City Museum

1694) des niederländischen Illustrators und Kupferstechers Jan Luyken (1649–1712) gekannt haben. Dieses äußerst beliebte Buch, das häufig neu aufgelegt wurde, enthielt kleine Radierungen von hundert verschiedenen Berufen und Beschäftigungen. Bis mindestens 1796 schuf Kōkan Kupferplatten-Radierungen verschiedener Motive, von Landschaften über Karten bis hin zu astronomischen Darstellungen. Obwohl seine Radierungen eher wie die Arbeiten eines Kunsthandwerkers als eines Künstlers wirken, ist sein *Mimeguri no kei* insofern bemerkenswert, als es sich um das erste Beispiel japanischer Grafikkunst handelt, das von ein und derselben Person gestaltet, gestochen und gedruckt wurde.

Etwa 20 Jahre nach Kōkans *Mimeguri no kei* schuf ein anderer japanischer Künstler, Aōdō Denzen (1748–1822), eine Serie von Radierungen, die acht berühmte Sehenswürdigkeiten Edos (des heutigen Tokio) zeigen (Abb. 16). Diese lassen sowohl in Perspektive und Detail als auch in der Beobachtung von Licht und Schatten Erfindungsreichtum und großes Geschick erkennen.[16] Kōkan und Denzen gehörten zu den ersten japanischen Künstlern, die sich bei der Wiedergabe japanischer Landschaften der westlichen Fluchtpunktperspektive bedienten. Anfang des 19. Jahrhunderts hatte sich diese Perspektive durchgesetzt.

Ende der 1830er-Jahre führte das in Edo basierte Shogunat eine repressive Kampagne gegen all jene durch, die das „niederländische Wissen" anwandten. Das führte zu einem drastischen Rückgang in der Herstellung von Radierungen in Edo und das Zentrum der Kunst verlagerte sich nach Kyoto.

Kyoto konnte bereits auf eine Tradition in der Herstellung radierter Illustrationen in der Übersetzung von niederländischen medizinischen Texten, Arzneibüchern, Landkarten, buddhistischen Kommentaren und Kalendern, aber auch der stets beliebten Darstellung europäischer Schiffe zurückblicken. Ab den 1840er-Jahren entstanden parallel zu lokalen Land- und Stadtlandschaften Werke, die mit einer aus niederländischen Drucken von Seeschlachten und europäischem Stadtleben stammenden Bildsprache arbeiteten. Der Künstler Okada Shuntōsai (aktiv 1840er- bis 1860er-Jahre) schuf Radierungen berühmter Sehenswürdigkeiten in und um Kyoto, die beliebte Souvenirs bei den zahlreichen Besucher*innen der kaiserlichen Stadt waren.[17]

In der Meiji-Zeit (1868–1912) wurden neue Stichtechniken und Druckmethoden importiert, jedoch nicht für künstlerische Aufgaben, sondern zur Massenreproduktion und zur Herstellung illustrierter Lehrbücher sowie für offizielle Zwecke, wie den Druck von Staatsanleihen und Banknoten. Obwohl Shuntōsai sich ein erhebliches Ausmaß an Kunstfertigkeit angeeignet hatte und einige der neuen bildlichen Optionen meisterte, die der Tiefdruck bot, kehrte die Landschaftsradierung gegen Ende des 19. Jahrhunderts wieder zur grafischen Matrix und zur typischen Perspektive der Holzschnitte der Edo-Zeit zurück.

In Europa war die Radierung seit dem 16. Jahrhundert ein beliebtes künstlerisches Medium. Rembrandt van Rijn (1606–1669) schuf, fasziniert von den höchst experimentellen Radierungen des Hercules Segers (um 1589 – um 1638), Radierungen nicht nur weil ihn als herausragender Zeichner die Verbindung zur Tintenzeichnung faszinierte, sondern auch aufgrund der Vermarktbarkeit von Mehrfachabzügen. Die zahlreichen Zustandsdrucke vieler Radierungen Rembrandts, die zu Lebzeiten des Künstlers überarbeitet und neu gedruckt wurden, bescheinigen seine kommerziellen Überlegungen. In Europa wurde bereits im 17. Jahrhundert eine Unterscheidung getroffen

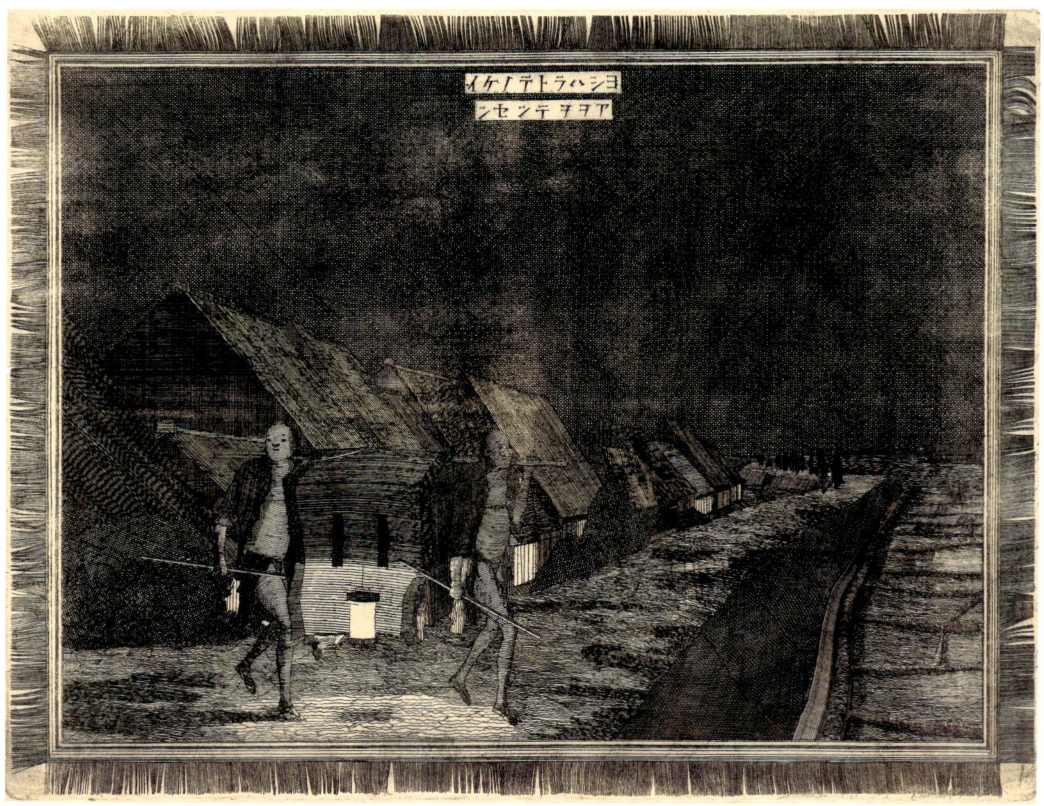

Abb. 16 Aōdō Denzen (1748–1822)

Yoshiwara tote no kei (Ansicht des Ufers von Yoshiwarea), 1805–1810

Radierung, 21,8 × 28,7 cm

Weltmuseum Leiden

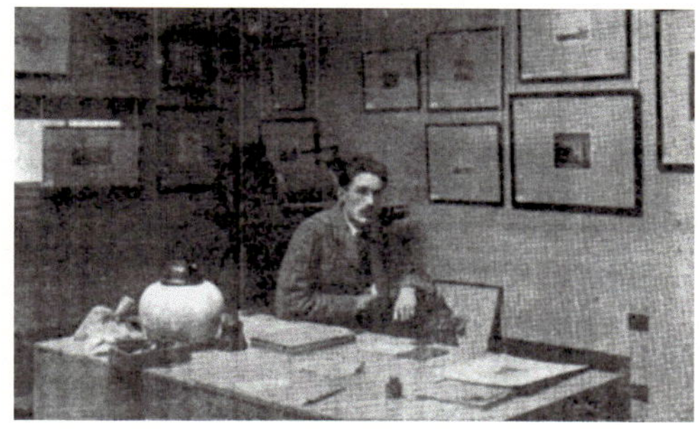

Abb. 17 Bernard Leach (1887–1979) in seinem Atelier, Ueno Sakuragi, Tokio, 1909. Fotografie veröffentlicht in *Bijutsu shinpō* 8-14 (1909). Im Hintergrund ist eine Radierprese erkennbar.

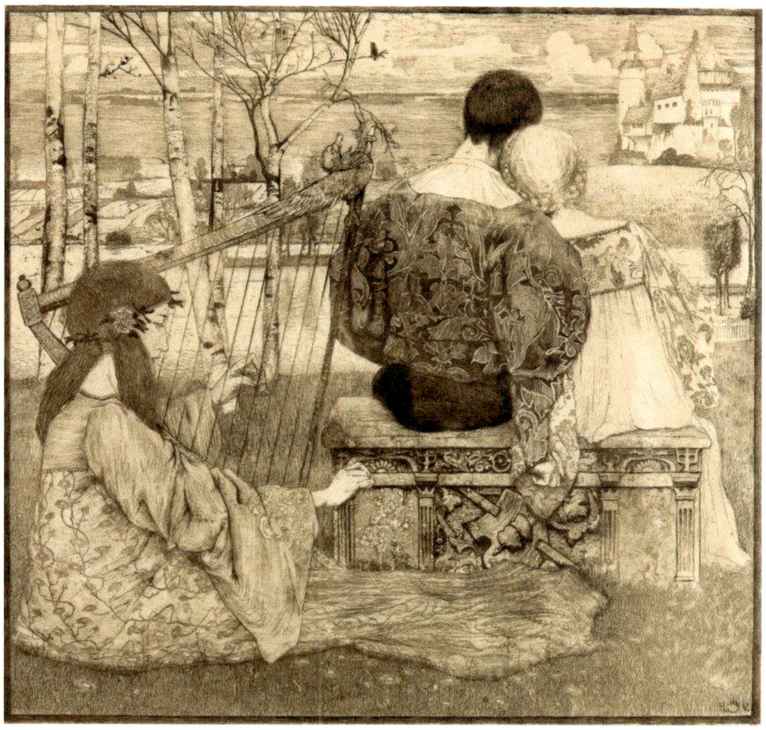

Abb. 18 Heinrich Vogeler (1872–1942)
Liebe, 1896, Radierung, 35 × 37 cm
Privatsammlung

zwischen dem, was später als *Peintre-Graveur*-Druck bekannt werden sollte und dem reproduzierenden Abzug. Der Begriff *Peintre-Graveur* (Maler-Stecher) wurde Ende des 18. Jahrhunderts geprägt, um eine Unterscheidung zwischen Grafikkünstlern zu treffen, die sich mit verschiedenen grafischen Medien um ihrer selbst willen auseinandersetzten, und solchen, die von anderen Künstlern geschaffene Kompositionen zum Zweck der Vervielfältigung kopierten – eine Dichotomie, die der grafischen Kunst zu eigen ist. Das 18. und das 19. Jahrhundert brachten berühmte Künstler-Stecher hervor, etwa Giovanni Battista Piranesi (1720–1778) und Francisco de Goya (1746–1828) sowie etliche Künstler der Schule von Barbizon und der Haager Schule wie James Abbott McNeill Whistler (1834–1903) und Frank Brangwyn (1867–1956).
Die Barbizon-Künstler und zahlreiche Impressionisten, die der neuen Plein-Air-Malerei anhingen, verliehen der Kunst der Radierung Mitte des 19. Jahrhunderts neue Impulse. Die Schule von Barbizon sollte bleibenden Einfluss auf die Malerei in Japan ausüben,[18] wo das Interesse an Radierungen durch sich im Land aufhaltende westliche Künstler neu angefacht wurde, von denen einige in den neuen Kunstschulen und Akademien tätig waren. Einer von ihnen war Bernard Leach (1887–1979, Abb. 17), der im April 1909 in Japan eintraf, ausgestattet mit einer Radierpresse und dem Ziel, die Kunst der Radierung zu lehren. Leach selbst hatte sie unter Frank Brangwyn in England erlernt. Nachdem er einige Zeit an der Tōkyō Bijutsu Gakkō, der Schule für bildende Künste Tokio, unterrichtet hatte, fand er allmählich Kontakt zur Literaturgruppe Shirakaba (Weiße Birke).[19] Ehe Leach den Keramiker Hamada Shōji (1894–1978) kennenlernte und sich ganz der Töpferei widmete, stellte er seine Radierungen 1911 und 1912 im Rahmen von Ausstellungen aus, die von Shirakaba organisiert wurden, zusammen mit Arbeiten von Auguste Rodin, Pierre-Auguste Renoir und dem deutschen Jugendstil-Radierer Heinrich Vogeler (1872–1942). Vogeler war eines der Gründungsmitglieder der sezessionistischen, utopischen Künstler*innen-Enklave in Worpswede bei Bremen. Wie Yanagi Sōetsu (1889–1961), der spirituelle Führer der Shirakaba-Gruppe, in Kontakt mit Vogeler kam, ist nicht bekannt, doch 1912 waren Radierungen, Zeichnungen und Aquarelle von Vogeler Teil einer Shirakaba-Ausstellung. Im gleichen Jahr entwarf Vogeler ein Titelblatt für die Zeitschrift *Shirakaba,* das für die Ausgaben vom Oktober, November und Dezember zum Einsatz kam. In der *Shirakaba*-Ausgabe vom Dezember 1912 wurden Vogelers bekannteste Radierungen *Liebe* (1896; Abb. 18) und *Frühling* (1897) in einem Artikel über seine Arbeit

reproduziert. Bernard Leach entwarf sämtliche Titelblätter von *Shirakaba* des Jahres 1913. 1915 schenkte Yanagi seiner Verlobten Kaneko einen Abdruck von Vogelers *Liebe,* den er vom deutschen Künstler womöglich als Gegengeschenk für die *ukiyo-e*-Arbeit erhalten hatte, die er ihm geschickt hatte.

Es ist offensichtlich, dass japanische Kunstkreise im ersten Viertel des 20. Jahrhunderts gut über aktuelle Entwicklungen in der Kunst der Radierung informiert waren. Dennoch war das Medium bei japanischen Grafikkünstlern bis nach dem Ende des Pazifikkrieges nicht sehr verbreitet, als Papier und andere Materialien wieder verfügbar waren und einige Kunstschaffende sich sogar die Anschaffung einer Radierpresse leisten konnten.

Seit ihrer ersten Ausstellung 1956 zeigte die CWAJ bis 1963 nur Holzschnitte, und sowohl der Titel der Ausstellung als auch jener des Kataloges lautete *Annual Exhibition of Japanese Woodblock Prints.* Der Grund für den Ausschluss von Arbeiten, die mithilfe anderer Druckmethoden hergestellt wurden, mag darin liegen, dass der Begriff „japanischer Druck" immer noch gleichbedeutend mit Holzschnitt war.

Erst 1964, dem Jahr der Olympischen Spiele in Tokio, wurden auch Tiefdruckkünstler wie Hasegawa Kiyoshi (1891–1980, ein Mezzotinto-Künstler und Stecher) und Hamaguchi Yōzō (1909–2000, ein Mezzotinto-Künstler) aufgenommen und die Ausstellung hieß ab nun *Jährliche Ausstellung japanischer Drucke.* Nur zwei Jahre später wurden Tanaka Ryōheis Radierungen erstmals zur Ausstellung zugelassen, und er sollte die folgenden fünfzig Jahre, von 1966 bis 2015, bei der Ausstellung vertreten sein.

ANMERKUNGEN

1 Siehe zum Beispiel Chiaki Ajioka, *Hanga. Japanese Creative Prints*, Ausst.-Kat. Art Gallery of New South Wales, Sydney 2000; Amy Newland, Chris Uhlenbeck und Maureen de Vries (Hrsg.), *Waves of Renewal. Modern Japanese Prints,* Leiden/Boston 2016; Andreas Marks u. a., *Seven Masters: 20th-century Woodblock Prints from the Wells Collection*, Ausst.-Kat. Minneapolis Institute of Arts, Minneapolis 2015; Carolyn M. Putney, Kendall H. Brown, Koyama Shūko und Paul Binnie, *Fresh Impressions: Early Modern Japanese Prints*, Ausst.-Kat. Toledo Museum of Art, Toledo 2013.

2 Einflussreiche Zeitschriften der Zeit sind *Myōjō* (Morgenstern), *Hosun* (Quadratzoll), *Tsukuhae* (Spiegelungen des Mondes), *Shirakaba* (Weiße Birke) und *Subaru* (Plejaden).

3 Für weitere Informationen zu Watanabe Shōzaburō siehe Chris Uhlenbeck, „The *shin hanga* publisher Watanabe Shōzaburō: an interview with Watanabe Shōichirō", in: *Waves of Renewal*, 2016 (wie Anm. 1), S. 33–40; Okamoto Hiromi und Henry D. Smith II, „Ukiyo-e for Modern Japan. The Legacy of Watanabe Shōzaburō", in: Amy Reigle Stephens, *The New Wave. Twentieth-Century Japanese Prints from the Robert O. Muller Collection*, London/Leiden 1993, S. 27–40, und *Yomigaeru ukiyo-e – uruwashiki taishō shin hanga ten / Beautiful Shin hanga – Revitalization of Ukiyo-e*, Ausst.-Kat. Tokyo Metropolitan Edo Tokyo Museum (Hrsg.), Tokio 2009.

4 Siehe Amy Reigle Newland (Hrsg.), *Printed to Perfection: Twentieth-Century Japanese Prints from the Robert O. Muller Collection*, Leiden 2004.

5 Siehe J. Arthur MacLean und Dorothy Blair, *Modern Japanese Prints: The Toledo Museum of Art*, Ausst.-Kat. The Toledo Museum of Art, Toledo 1997. Reprint der Kataloge des Toledo Museum of Art von 1930 und 1936.

6 In den 1990er-Jahren bildete sich jedoch bei Sammler*innen und Museen ein erneutes Interesse an *shin hanga* aus, was etliche Ausstellungen und Publikationen zur Folge hatte, wie *A New Wave* (1993) und aktueller *Fresh Impressions* (2013) sowie *Waves of Renewal* (2016).

7 Für einen Überblick zur japanischen Druckgrafik während der alliierten Besatzung siehe Lawrence Smith, *Japanese Prints During the Allied Occupation 1945–1952,* London 2002.

8 Die japanische Japan Print Association wurde 1931 gegründet. Sie sollte nicht mit der Japan Print Society verwechselt werden, die 1960 gegründet wurde.

9 Shizuya Fujikake, *Japanese wood-block prints*, Tokio 1949.

10 Siehe Lindy Kerr, „Before the Print Show", in: Editorial Team of the College Women's Association of Japan (Hrsg.), *The CWAJ Print Show. A 60-Year Journey 1956–2015,* Tokio 2015, S. 8.

11 Oliver Statler, *Modern Japanese Prints. An Art Reborn,* Tokio 1956, mit einer Einleitung von James A. Michener.

12 Die CWAJ ist eine in Tokio ansässige Non-Profit-Organisation, die 1949 gegründet wurde, um japanische Studierende zu unterstützen, die in den USA studieren wollen. Sie widmet sich der Förderung der Ausbildung von Frauen, multikulturellem Austausch und internationaler Freundschaft im Allgemeinen.

13 Siehe auch Lawrence Smith, *Contemporary Japanese Prints. Symbols of a Society in Transition*, London 1985.

14 Mehr zu diesem Thema findet sich zum Beispiel in Timon Screech, *The Lens within the Heart. The Western Scientific Gaze and Popular Imagery in Later Edo Japan,* Honolulu 2002; John Clark und Timothy Clark, *Japanese Nineteenth-Century Copperplate Prints*, British Museum Occasional Papers 84, London 1994; Shirahara Yukiko (Hrsg.), *Japan envisions the West. 16–19th Century Japanese Art from Kobe City Museum,* Ausst.-Kat. Seattle Art Museum, Seattle 2007; Calvin L. French, *Shiba Kōkan. Artist, Innovator, and Pioneer in the Westernization of Japan*, New York 1974, sowie Robert Parthesius und Kris Schiermeier, *Japanese Amazement. Shiba Kōkan 1747–1818*, Ausst.-Kat. Amsterdams Historisch Museum, Amsterdam 2000.

15 Der Titel der ersten niederländischen Auflage lautete *Huishoudelyk woordboek, vervattende vele middelen om zyn goed te vermeerderen en zyne gezondheid te behouden [...] in 't Nederduits vertaald, in orde geschikt, en vermeerderd met nuttige artikelen door de heeren Jan Lodewyk Schuer [and] A. H. Westerhof* (1743). Die Publikation umfasste 80 Tafeln. Kōkan benutzte vermutlich die die von J. A. Chalmot zusammengestellte Ausgabe, die unter dem Titel *Algemeen huishoudelijk-, natuur-, zedekundig- en konstwoordenboek [...]* erschien und 1778 in sieben Bänden herausgegeben wurde. Diese enthielt 101 Tafeln.

16 Ein umfassender Überblick zu Aōdō Denzens Karriere findet sich in: *Aōdō Denzen no jidai / The Age of Aodo Denzen,* Ausst.-Kat. Fuchu Art Museum (Hrsg.), Tokio 2006.

17 Siehe John Clark, *Modernities of Japanese Art,* Leiden/Boston 2013, S. 41–50.

18 Siehe Alexandra Murphy u. a., *Return to Nature, J. F. Millet, the Barbizon Artists, and the Renewal of the Rural Tradition*, Ausst.-Kat. Yamanashi Prefectural Museum of Art, Yamanashi 1998; Yamanashi Prefectural Museum of Art (Hrsg.), *The Painters of Barbizon and Japan*, Ausst.-Kat. Yamanashi Prefectural Museum of Art, Yamanashi 1993.

19 Zur Shirakaba-Gruppe siehe Erin Schoneveld, *Shirakaba and Japanese Modernism. Art Magazines, Artistic Collectives, and the Early Avant-garde*, Leiden/Boston 2019.

Seite 27: TR 728, Kat.-Nr. 152

DER RADIER- UND DRUCKPROZESS BEI TANAKA RYŌHEI

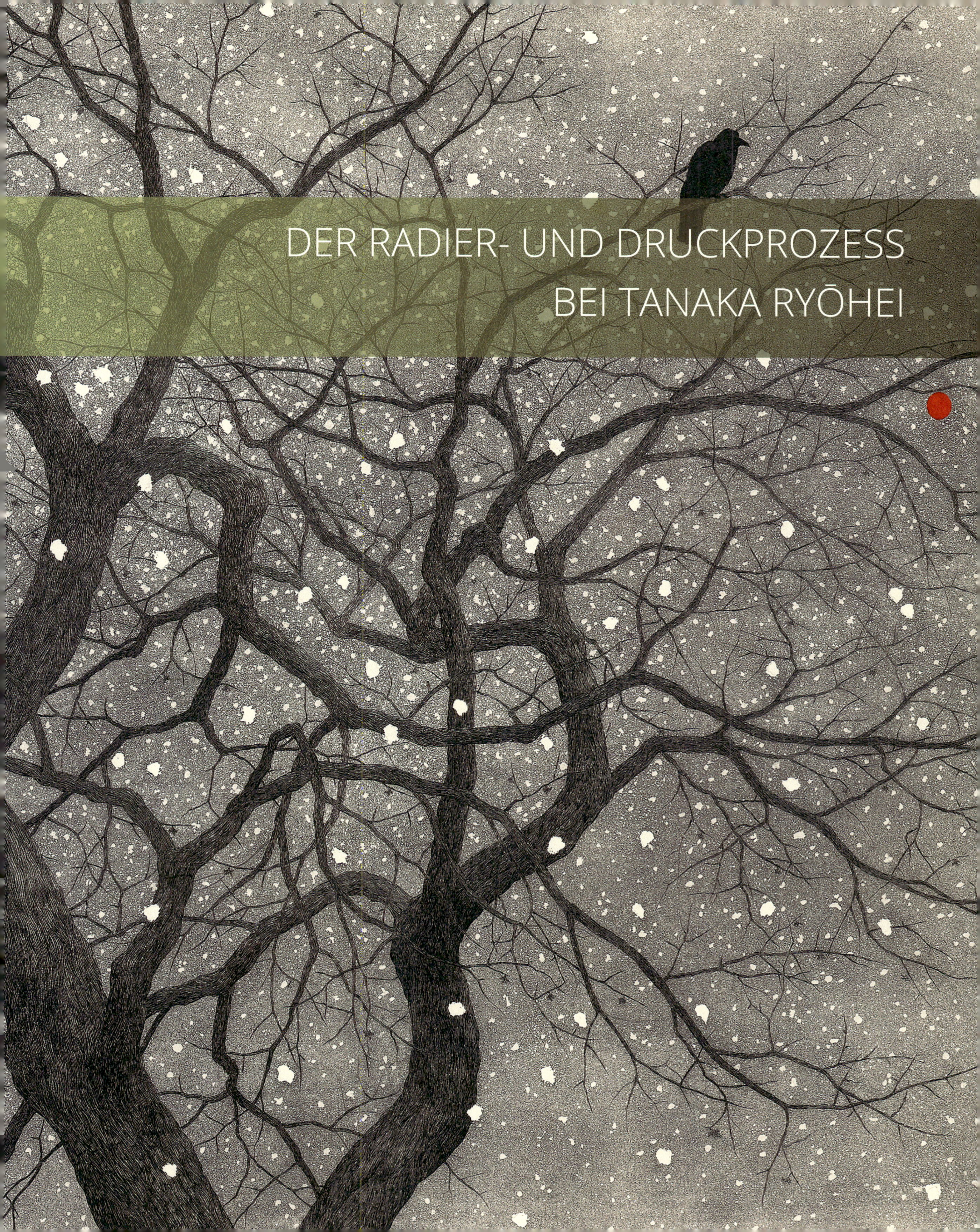

DER RADIER- UND DRUCKPROZESS BEI TANAKA RYŌHEI

Wie bereits im ersten Kapitel erwähnt, schuf Tanaka Ryōhei Kupferplattenradierungen. Der japanische Begriff für diese Tiefdrucktechnik lautet *dōbanga* (Kupferplattendruck).
Traditionell gibt es vier grundlegende Druckprozesse:

1. Hochdruck (凸) (kommt bei allen *ukiyo-e,* bei *shin hanga* und den meisten *sōsaku hanga* zum Einsatz), bei dem der Künstler/Kunsthandwerker in den Block schneidet und erhabene Bereiche auf der Oberfläche hinterlässt, die benutzt werden, um eine Bild auf Papier zu übertragen, indem sie eingefärbt werden, ein Blatt Papier darauf gelegt und die Rückseite des Papiers mit leichtem Druck angerieben wird.
2. Tiefdruck (凹) umfasst Stich, Radierung und Mezzotinto. Bei diesem Prozess wird das Bild in eine Stahl-, Kupfer- oder Zinkplatte geschnitten, entweder direkt mit einem Gravierwerkzeug (wie einem Stichel oder einer Kaltnadel), oder mithilfe eines sauren Ätzwassers (Ätzflüssigkeit). Die Schnitte in der Platte halten die Farbe, während die Oberfläche der Platte sauber gewischt wird. Mit einer Walzenpresse wird auf das weiche angefeuchtete Papier so viel Druck ausgeübt, dass die Farbe aus den Einkerbungen aufgenommen werden kann. Wo die Platte sauber gewischt wurde, nimmt das Papier keine Farbe auf.
3. Flachdruck, etwa Lithografie oder Steindruck. Die Oberfläche des Steins ist glatt, und sowohl das Bild als auch die nicht druckenden Bereiche befinden sich auf der gleichen Höhe oder „Ebene“. Der Druck, mithin die Unterscheidung von druckenden und nichtdruckenden Partien, erfolgt, indem man sich die abstoßende Wirkung von Öl und Wasser zunutze macht. Für die Herstellung von mehrfarbigen Drucken (Chromolithografie) kommt für jede Farbe ein anderer Stein zum Einsatz.
4. Schablonendruck, wie etwa Siebdruck. Ein auf einen Rahmen gespanntes Gewebe ist durch eine auf ihm angebrachte Schablone entweder durchlässig für eine Farbe oder undurchlässig; der so erzeugte Siebfilter lässt also die Farbe auf das Papier oder eine andere darunter liegende Farbe durchdringen – oder nicht.

Ätzradierung oder Strichätzung

Die Radierung wird auf einer Kupferplatte ausgeführt, die mit einem dünnen säurebeständigen „Ätzgrund“ überzogen ist. Die Kupferplatte muss zuvor poliert werden, da noch die kleinsten Kratzer in der Plattenoberfläche im gedruckten Bild zu sehen sind.
Die Platte wird erwärmt und dabei eine dünne Schicht des Ätzgrunds aufgeschmolzen. Dieser besteht aus einer Mischung aus Asphalt, Harz und Bienenwachs. Nachdem die Platte abgekühlt und die Schicht getrocknet ist, zeichnen die Künstler*innen das gewünschte Bild mit einer Stahlnadel in die dünne Schicht, entfernen dabei den Ätzgrund und legen so entsprechende Linien oder Zeichen auf der Kupferplatte frei.
Dann wird die Kupferplatte in das sogenannte Ätzbad oder Ätzwasser gelegt, wobei die Säure dort in die Kupferplatte eindringt, wo das Wachs zuvor weggekratzt wurde und die Kupferoberfläche freiliegt. Je länger diese Stellen der Säure ausgesetzt sind, desto breiter und tiefer werden sie. Die Künstler*innen kontrollieren diesen Prozess, indem sie jedes Eintauchen sorgfältig zeitlich beschränken und indem sie Bereiche aussparen und dafür bereits geätzte Flächen mit einem flüssigen Abdecklack (in Alkohol gelöster Ätzgrund) abdecken, um sie so von einer tieferen Ätzung auszunehmen. Dieser Abdeckgrund hält der Säure stand, sodass die ihr ausgesetzten Bereiche für einen längeren Zeitraum geätzt werden, was tiefere Linien erzeugt, die im tatsächlichen Druck dann als breitere und dunklere Striche erscheinen. Ist das Ätzbad nicht zu stark und erfolgt das Eintauchen nur kurz, lässt sich dieser Vorgang etliche Male wiederholen. Das Abwägen der verschiedenen Tiefen während dieser aufeinanderfolgenden Ätzphasen – was einer Vorhersage der Farbtöne entspricht – erfordert sehr viel Erfahrung. Der gesamte Prozess wird als „Strichätzung“ oder „Ätzradierung“ bezeichnet.
Für ein kontrolliertes, gleichmäßiges Ätzen des Kupfers wird häufig ein sogenanntes „Holländisches Bad“ verwendet (neun Teile Wasser gesättigt mit Kaliumchlorat auf einen Teil Salzsäure). Für eine kräftigere Ätzung auf Zink kommt Salpetersäure (ein Teil auf neun Teile Wasser) zum Einsatz, die Mischung kann jedoch auch auf Kupfer verwendet werden, wo sie, in der richtigen Lösung, auch für eine schöne Ätzung sorgt.[1]
Um die Entwicklung des gedruckten Bildes zu überprüfen, werden die meisten Künstler*innen die Platte während des Ätzprozesses reinigen und nach dem Einfärben und Abwischen einen Probeabzug drucken. Diese Probe wird auch als „Zustand“ (englisch „state“, holländisch „staat“) bezeichnet.
Die frühesten Radierungen entstanden unter Verwendung von Stahlplatten. Zwischen 1515 und 1518 schuf Albrecht Dürer (1471–1528) sechs Radierungen auf Stahl, ließ die Technik jedoch wieder fallen, womöglich, weil die Platten sich als rostanfällig erwiesen. Man nimmt an, dass der niederländische Maler Lucas van Leyden (1494–1533) der Erste war, der Kupferplatten für Radierungen einsetzte. Eine kleine Anzahl seiner Radierungen, mit 1520 datiert, ist erhalten geblieben.[2] Die meisten Radierer folgten mehr oder weniger der gleichen Prozedur des Ätzens und darauffolgenden Abdeckens von Bereichen, die dünnere Linien und hellere Farbabstufungen aufweisen sollten. Jahrhundertelang haben Radierer*innen ihre Platten durch wiederholtes Ätzen und Abdecken

bearbeitet. Auch Tanaka Ryōhei bediente sich dieser Technik, er wandte jedoch einen einzigartigen und fast schon umgekehrten Prozess sorgfältig abgestimmter und kontrollierter Ätzvorgänge an.

Nachdem er die groben Umrisse seiner Entwürfe auf den Ätzgrund der Platte übertragen hatte, begann Tanaka mit dem Zeichnen der Linien und Striche der ersten Ätzung, also derjenigen Elemente, die in der fertigen Radierung am tiefsten und dunkelsten sein sollten. Die unberührte Grundschicht mit den Umrissen des Entwurfes blieb während jeder folgenden Zeichen- und Ätzphase auf der Platte. Nach jedem Eintauchen zeigten sich die geätzten Linien als geplante Kratzer im Kupfer. In Vorbereitung auf den nächsten Ätzvorgang zog der Künstler dann mit der Nadel neue Linien in den Ätzgrund. Diese zeigten sich im Endergebnis als etwas heller als jene, die zuerst geätzt wurden. Bei jedem folgenden Eintauchen wurden die früheren Linien erneut dem Ätzwasser ausgesetzt und gewannen weiter an Tiefe. Tanaka wiederholte diesen Prozess zahlreicher aufeinanderfolgender Ätzungen ohne jegliches Auftragen von Abdeckgrund, bis alle Farbabstufungen, von tiefem Schwarz bis zu den hellsten, dünnsten Linien, in die Platte geätzt waren.

Tanakas „umgekehrter" Prozess, unterstützt durch seine große Erfahrung beim Abwägen von Temperatur und „Frische" oder Sättigung des Ätzwassers, verlieh ihm eine einzigartige Meisterschaft beim „stufenweisen" oder „kumulierten" Ätzen seiner Linien. Dafür bediente er sich niemals einer Stoppuhr. Seine Kontrolle der verschiedenen Tiefen der geätzten Linien und Zeichen basierte auf der Überprüfung der Intensität der winzigen Giftbläschen, die infolge der chemischen Reaktion von Salpetersäure und Kupfer aus dem Säurebad aufsteigen. Mit einer weichen Vogelfeder oder einem dünnen Pinsel strich er diese Bläschen ständig weg, um eine klare und regelmäßige Ätzlinie zu erhalten, anstelle der eher groben Linie, die entsteht, wenn die Bläschen nicht entfernt werden. Tanakas Feingefühl und seine Erfahrung mit dem Ätzprozess verliehen ihm die absolute Kontrolle, die es braucht, um Linien und Bereiche in Aquatinta[3] in unbegrenzten Farbtönen und Abstufungen zu ätzen. Dies erlaubte es ihm, die gesättigten und warmen Schichtungen der organischen Strukturen zu erschaffen, die er in seinen monochromen Drucken wiedergab. Mit erstaunlicher Präzision konnte er vorhersagen, wann das wiederholte Eintauchen die erwünschte, beinahe organische Oberfläche der Kupferplatte erzeugt hatte. Erst dann entfernte er den verbleibenden schützenden Ätzgrund und druckte den ersten Abzug.

Aquatinta

Abgesehen von der Technik der Ätzradierung setzte Tanaka auch das Verfahren der Aquatinta ein. Diese Technik umfasst das Abdecken bestimmter Bereiche und das Bestäuben mit Kolophoniumpulver (ein Baumharz) auf die verbliebenen unbedeckten Stellen der bereits geätzten Kupferplatte, nachdem der Ätzgrund entfernt wurde. Nach dem Erhitzen der Platte schmilzt das Harz auf dem Kupfer und bildet zahllose winzige Tröpfchen, die auf der Plattenoberfläche haften. Durch das Eintauchen der Platte in ein Säurebad oder das Bestreichen der freiliegenden Teile der Platte mit Ätzwasser entsteht auf der Platte anstelle von Linien eine Fläche, eine Art „Ton". Die Tiefe dieser Ätzung bestimmt den Farbton, sobald die Platte eingefärbt, abgewischt und gedruckt wird. Wie bereits weiter oben erläutert, sollten Bereiche, die nicht geätzt werden sollen, vor dem Bestäuben mit Pulver mit einem flüssigen Abdeckgrund geschützt werden.

Im Endergebnis sind die mit Aquatinta behandelten Bereiche der Platte nicht glatt, sondern eher körnig und rau. Leicht geätzte Aquatinta-Bereiche erscheinen im Druck als hellgraue Farbtöne, während stark geätzte Bereiche viel Farbe halten und als dunkles, samtiges Schwarz erscheinen. Letztere lassen sich nur schwer gleichmäßig wischen und drucken. Einer der Vorteile tief geätzter Platten liegt darin, dass die Farbe nicht glänzend bleibt, sondern im trockenen Zustand das Licht absorbiert und als intensives mattes Schwarz erscheint.

Reservage

Beim Reservage-Prozess trägt der Künstler auf die unbehandelte Platte eine sirupartige Flüssigkeit auf, die aus Gummi arabicum, Zucker und einem in Wasser gelösten Färbemittel besteht. Diese Mischung gerinnt für gewöhnlich in Tropfenform. Sobald die Flüssigkeit getrocknet ist, wird die gesamte Platte mit einer dünnen Schicht flüssigen Ätzgrunds überzogen. Ist auch diese Schicht getrocknet, taucht man die Platte in warmes Wasser, wodurch sich die wasserlösliche Mischung aus Gummi arabicum und Zucker aufgrund kleiner Risse im Ätzgrund auflöst und diesen anhebt, wodurch ungeschützte Bereiche auf der Kupferplatte freiliegen, während der Rest der Oberfläche geschützt bleibt. Während des Eintauchens in das Ätzwasser werden nun bestimmte Stellen geätzt. Tanaka setzte die Technik der Reservage nur sehr selten ein. Frühe Beispiele sind die Farbradierung TR 32 (Kat.-Nr. 5), in horizontalen Lavierungen zwischen den Obstbäumen, und eindeutig mit großartigem Effekt im oberen Bereich der Drucke TR 164 und TR 171 (siehe Kat.-Nr. 33 und 37). Im Allgemeinen sind die Effekte des Reservage-Prozesses jedoch recht zufällig und für Tanakas Geschmack vielleicht auch zu unvorhersehbar.

Vernis-mou-Radierung oder Weichgrundätzung

Abgesehen von dem robusten, aber beständigen Ätzgrund, der bei der Ätzradierung zum Einsatz kommt, gibt es noch eine weitere Grundierung, die für Kupfer oder Zink verwendet wird. Sie unterscheidet sich insofern vom üblichen Ätzgrund, als sie weich (und klebrig) bleibt und sehr empfindlich auf Kontakt reagiert. Legt man ein Blatt Papier auf diesen Grund und zeichnet darauf, drückt der Stift die Papiertextur in den Grund, der wiederum auf dem Papier kleben bleibt. Sobald das Blatt entfernt wird, haftet der Grund an den Stellen, an denen der Stift es berührt hat, auf dem Papier und hebt den Grund so an, dass die Art der Zeichnung deutlich wird, was auf der Metallplatte den Eindruck einer Zeichnung von Stift auf Papier erweckt. In das Ätzwasser getaucht und gedruckt wird ähnelt das Endergebnis den Strichen eines Stifts (siehe zum Beispiel den Himmel der kleinen Radierung TR 256, Kat.-Nr. 54). Alternativ lassen sich – aufgrund der Klebrigkeit des weichen Grunds – auch strukturierte Materialien vorsichtig in das Wachs drücken und wieder abheben. Diese Strukturen sind dann nach dem Ätzen im Druck kenntlich (siehe zum Beispiel TR 35).

Kaltnadel und Roulette

Die Technik der Kaltnadelradierung ist gewissermaßen eine Mischung aus Stich und Radierung. Wie der Begriff vermuten lässt, kommen hier keine Flüssigkeiten (Ätzwasser) zum Einsatz. Die Radiernadel wird direkt auf der Kupferplatte angewendet und kratzt Linien oder Kerben in die Platte. So wird das Kupfer eigentlich nicht entfernt, sondern zum äußern Rand der gezeichneten Linie „geschoben", was eine winzige Erhöhung, einen Grat, hinterlässt. Dies erlaubt zarte Linien und „Schatten" von Linien hinter den winzigen Graten, die im gedruckten Bild als feine Grautöne zu erkennen sind. Nach wiederholtem Wischen und Drucken verschwinden diese dünnen Linien und Grate. In den Radierungen von Rembrandt bieten die feinen Grauschattierungen, die aus seinem Einsatz der Kaltnadeltechnik hervorgehen, wichtige Hinweise zur Authentizität eines bestimmten „Zustands".

Die *Roulette* ist eine französische Erfindung aus dem 18. Jahrhundert. Sie erlaubte professionellen Stechern mittels eines kleinen gezahnten Rädchens am Ende eines Griffes die Herstellung gleichmäßiger Linien aus getüpfelten Vertiefungen. *Roulettes* gibt es in unterschiedlichen Formen und Größen, von grob bis fein. Sie lassen sich nicht nur auf dem Ätzgrund anwenden, sondern auch direkt auf der Kupferplatte, wobei jedoch stärkerer Druck erforderlich ist. Tanaka wandte bisweilen beide Methoden an (Beispiele: TR 491, Kat.-Nr. 116; TR 495, Kat.-Nr. 119).

Schaben und Polieren

Durch Schaben und Polieren werden flach geätzte, per Aquatinta oder mit anderen Techniken erzeugte vertiefte Bereiche in der Platte mittels eines Stahlwerkzeugs entfernt oder zurückgeschoben. Schab- und Polierinstrumente bestehen aus Stahl und sollten mit größter Sorgfalt angewandt werden. Um das gewünschte Ergebnis zu erzielen, besonders in Bereichen, in denen mit Aquatinta gearbeitet wurde, glättete und polierte Tanaka bestimmte Linien oder Abschnitte oder setzte manchmal auch nur kleine Glanzlichter. Dieser Prozess ist eng mit der Technik des Mezzotinto verwandt, auf die im Rahmen dieser Publikation nicht eingegangen wird. Auch Tanakas Einsatz der Poliertechnik ist ein Beleg dafür, wie meisterhaft er die geätzte Oberfläche der Platte „lesen" konnte. Durch das Glätten von Oberflächen, egal wie detailliert, wird die Farbe während des Druckprozesses leichter ausgewischt und hinterlässt „hellere" Bereiche oder Linien.

Einzel- und Mehrfarbenradierung

Tanaka schuf nur sehr wenige Farbradierungen. Yamadas Werkverzeichnis von 1963 bis 1984, sein späteres Werkverzeichnis von 1963 bis 1990 und die beiden von Yamao Tsuyoshi veröffentlichten Ergänzungsbände zu den Jahren 1990 bis 2000 sowie 2000 bis 2006 unterscheiden nicht eindeutig zwischen Farbdruck von mehreren Platten, Radierungen, die von einer Platte, aber in unterschiedlichen Farben (zum Beispiel Sepia) gedruckt wurden und Fällen, in denen nur eine Platte geätzt wurde, der Künstler jedoch während des Druckprozesses die Chine collé-Technik angewendet hat.
Eine Farbradierung lässt sich auf zweierlei Art und Weise herstellen. Für gewöhnlich benutzt der Künstler zwei oder mehrere Platten der gleichen Größe, die in unterschiedlichen Bereichen geätzt wurden. Durch das Übereinanderdrucken entsteht das endgültige, mehrfarbige Ergebnis. Eine weitere Möglichkeit ist die Methode *à la Poupée,* bei der bestimmte Bereiche derselben Platte mit verschiedenen Farben eingefärbt werden. Dann wird die Platte abgewischt und alle Farben in einem Durchgang gedruckt. Beide Methoden sind mühsam und zeitaufwendig. Tanaka schuf nur etwas mehr als 50 echte Farbradierungen und kombinierte bisweilen die Radierung von mehreren Platten mit der Färbung *à la Poupée.* Der Druckprozess ist langwierig, da zwei (oder mehrere) Platten erhitzt, eingefärbt und abgewischt werden, und, eine nach der anderen, in entgegengesetzter Richtung durch die Presse laufen müssen. Die überlappenden geätzten Bereiche müssen im Bild auf dem Papier exakt übereinstimmen. Ein weiteres Problem liegt darin, dass das angefeuchtete Papier sich während des ersten Druckvorgangs ausdehnt, was die Anpassung noch schwieriger macht. Tanaka experimentierte bereits Ende der 1960er-Jahre mit der Farbradierung. Er schuf im Laufe seiner Karriere immer wieder Farbradierungen, doch seine Faszination für die Radierung lag darin begründet, die Nuancen des Monochromen in den fein texturierten Reliefs der Kupferplatte auszukosten, dieses Tiefdruckmedium nicht nur zu benutzen, sondern wahrhaftig erschöpfend zu behandeln.

Von Zeit zu Zeit – in etwa 20 Radierungen – verwendete Tanaka nicht sein übliches Schwarz. Als alternative Farbe bevorzugte er Sepia, da es den organischen Strukturen seiner Motive eine andere, wärmere Stimmung verlieh. Typisch für Sepia ist, dass es in Aquatinta bearbeitete Bereiche braun erscheinen lässt, während die in Strichätzung ausgeführten Teile der Platte beinahe schwarz wirken, obwohl die gleiche Farbe zum Einsatz kommt.

Chine collé

Chine collé ist eine Technik, bei der während des tatsächlichen Druckprozesses ein sehr dünnes Papier in Naturfarben zwischen die eingefärbte und abgewischte Platte und das angefeuchtete Druckpapier gelegt wird, was dem Bild innerhalb der Plattenumrisse eine andere Farbe verleiht. Die Anpassung muss exakt und innerhalb der Plattenmarkierungen erfolgen, sodass nur das Bild einen anderen Farbton aufweist und die umgebenden Papierränder weiß bleiben. Tanaka setzte Chine collé gelegentlich ein, manchmal war das bedruckte Papier dabei nur teilweise bedeckt. Beispiele dafür sind sein herausragendes *Dächer in Hida Nr. 4* von 1973 (TR 125, Kat.-Nr. 23), bei dem man den Eindruck hat, durch einen zerrissenen *shōji* (Raumteiler) zu blicken, sowie *Reflexion* von 1997 (TR 601), bei dem Chine collé eingesetzt wurde, um den Spiegelungseffekt zu erzeugen. Tanaka benutzte für Chine collé traditionelles japanisches *gampi-shi,* auch bekannt als *hishi,* ein sehr feines Papier, das aus der Faser der Gampi-Pflanze (Diplomorpha sikokiana) hergestellt wird.
Es ist bemerkenswert, dass die Bildunterschriften zu Tanakas Chine collé-Arbeiten in den zuvor erwähnten Werkverzeichnissen diese Technik nicht erwähnen.

Probeabzug oder Zustand

Während des kreativen Prozesses des eigentlichen Ätzens entscheiden sich Künstler*innen manchmal dafür, ein Bild der geätzten Platte zu drucken, um die im Entstehen befindliche Arbeit zu beurteilen. Ein solcher Testdruck wird als Probeabzug bezeichnet. Sind die Künstler*innen zufrieden, entschließen sie sich vielleicht, eine kleine Edition dieses Zustands zu drucken, ehe sie die Platte weiter bearbeiten und eine weitere Auflage drucken. Diese Probeabzugseditionen sind in der Regel nicht nummeriert (Rembrandts Radierungen sind ein Paradebeispiel dafür) und wurden später als erster, zweiter etc. „Zustand" eines Drucks bezeichnet. Es gibt zahlreiche Editionen von Rembrandts Radierungen, darunter auch viele Nachdrucke, die posthum gedruckt wurden. In jüngerer Zeit setzte der deutsche Radierer Jörg Schmeisser (1942–2012) Farbradierungen von mehreren Platten in Prozessen ein, die jeden vorherigen Einsatz des Mediums der Radierung übertrafen. Indem er seine Platten modifizierte und überarbeitete, bestimmte Bereiche erneut ätzte und veränderte, sogar Platten neu formatierte und mit Farbkombinationen experimentierte, entstanden zahlreiche Einzelabzüge temporärer Zustände, die er nicht nummerierte, sondern eben als „Zustand" bezeichnete und als Kunstwerke sui generis betrachtete.
Im Gegensatz dazu hatte Tanaka eine genaue Vorstellung davon, wie eine fertige Radierung aussehen sollte. Obwohl auch er Probedrucke seiner Arbeiten anfertigte, speziell bevor er Aquatinta anwandte, betrachtete er diese Probeabzüge als unvollendet und nicht geeignet, um ausgestellt oder verkauft zu werden. Er druckte nur die Edition eines vollendeten Zustands jeder Radierung.

Druck, Edition, Nummerierung und Künstlerabzug

Ein erheblicher Vorteil des Tiefdruckverfahrens liegt darin, dass die Druckfarbe eine lichtechte Farbe auf Ölbasis ist. Tiefdrucke können deshalb Jahrhunderte überdauern, ohne zu verblassen. *Ukiyo-e* und *shin hanga*[4] wurden mit verdünnten Aquarellpigmenten gedruckt und sind deshalb äußerst empfindlich für UV-Licht, weshalb sie sich nicht für eine längere Präsentation eignen. Im Gegensatz zu Holzschnitten, bei denen nur wenig Druck nötig ist, um Bild und Farben auf das Papier zu übertragen, werden Radierungen mit hohem Druck und unter Einsatz einer Walzenpresse gedruckt. Die Platte wird eingefärbt und sorgfältig abgewischt, damit nicht zu viel Farbe aus den geschnittenen Linien und den mit Aquatinta behandelten Bereichen entfernt wird, während die nicht geätzten Flächen frei bleiben. Die abgewischte Platte wird dann mit dem Motiv nach oben auf den Drucktisch gelegt, darüber ein gründlich angefeuchtetes (aber nicht nasses) Blatt Papier, darüber wird ein Druckfilz gelegt. Der von der Presse ausgeübte starke Druck presst den Filz auf das Papier, das wiederum in die Rillen der Platte gedrückt wird und die unterschiedlichen Mengen an Farbe aus den Einschnitten in der Kupferplatte aufnimmt (Abb. 19).

Dieser Prozess wird wiederholt, mit dem Ziel, identische Abzüge herzustellen. Der Künstler oder die Künstlerin selbst entscheidet über die Zahl an Abzügen, die von derselben Platte gedruckt werden. Diese Zahl wird als „Edition" oder „Auflage" bezeichnet. Die gedruckte Radierung wird in ein Trockengestell oder, wie bei Tanaka, auf ein Trockenbrett gelegt, damit die Farbe trocknen kann, ohne dass sich das Papier wellt. Wie bereits im ersten Kapitel erwähnt, umfassten Tanakas früheste Editionen 30 oder 50 Abzüge, später dann 100, und ab Ende der 1970er-Jahre dann 120 oder sogar 150. Zusätzliche 10% wurden für eine separat nummerierte Edition sogenannter Künstlerabzüge oder Artist's Proofs (AP) gedruckt.

Diese Gepflogenheit, eine kleine Edition von Künstlerabzügen oder *épreuves d'artistes* (E. A.) herzustellen, gibt es erst seit dem 20. Jahrhundert. 1930 beauftragte der Kunsthändler Ambroise Vollard (1866–1939) Pablo Picasso (1881–1973) mit einer Serie von 100 Radierungen, die in einer Auflage von je 300 Abzügen gedruckt werden sollten. Er erwarb diese sehr günstig und verkaufte sie zu einem hohen Preis weiter. Picasso behielt sich das Recht vor, eine kleine Anzahl an *épreuves* selbst zu behalten. 1964 gründete ein anderer Pariser Händler, Aimé Maeght (1906–1981), sein Druckatelier ARTE, um es seinen Künstler*innen zu ermöglichen, Editionen ihrer Arbeiten von professionellen Druckern reproduzieren zu lassen. Die Techniken reichten von Tiefdruck über Lithografie bis hin zur Fotografie. Gelegentlich führten die Künstler*innen den Druck selbst aus oder beaufsichtigten den Druck der ersten Probeabzüge.

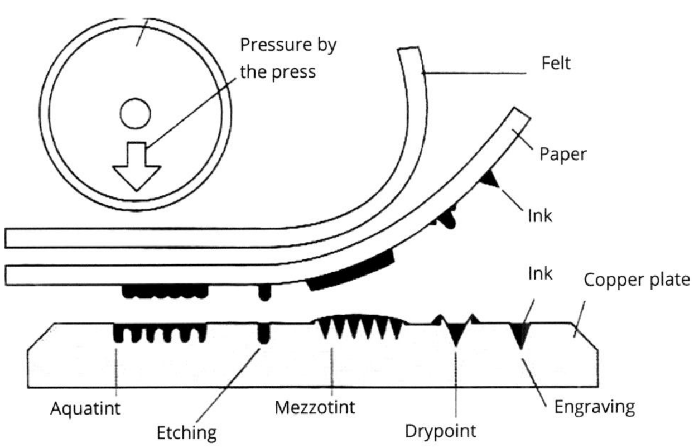

Abb. 19 Eine Radierpresse, wie sie Tanaka Ryōhei benutzt hat. Broschüre der CWAJ Print Show, Introduction to Printmaking, S. 6 (Detail), ohne Datum

ARTE veröffentlichte tausende Editionen der Arbeiten moderner und zeitgenössischer Künstler*innen, die alle eine kleine Anzahl ihrer Auflagen – für gewöhnlich 10% – für sich selbst behalten durften. Diese Abzüge wurden ebenfalls als *épreuves d'artiste* bezeichnet und die Künstler*innen konnten sie als *hors commerce* (nicht für den kommerziellen Verkauf) beanspruchen.

In der japanischen Druckgrafik des 19. und 20. Jahrhunderts waren die Editionen groß und umfassten oft mehrere hundert Abzüge. War ein Block bereits zu abgenutzt, erhielt der Schnitzer einfach den Auftrag zur Herstellung eines neuen. *Shin hanga* nach Entwürfen berühmter Künstler wie Kawase Hasui (1883–1957) und Ohara Koson (1877–1945) wurden neu geschnitzt und jahrzehntelang immer wieder gedruckt.

Im Vergleich zu *shin hanga*-Praktiken waren Tanakas Editionen geradezu bescheiden. Das lässt sich vor allem auf die Tatsache zurückführen, dass das gedruckte Bild infolge des wiederholten Einfärbens und Abwischens der Kupferplatten schwächer wird. Ab Mitte der 1970er-Jahre ließ Tanaka, dessen Beliebtheit stetig wuchs, seine Kupferplatten mit Chrom überziehen, um den Verlust der winzigen Nuancen zu vermeiden, sodass Auflagen von gleichbleibender Qualität entstehen konnten.

Die Nummerierung der Radierungen in Tanakas Editionen hinsichtlich der Druckabfolge ist somit bedeutungslos, wohingegen sie beim Holzschnitt aufgrund der Abnutzung der Blöcke sehr wohl eine Rolle spielt. Es ist wichtig festzuhalten, dass Tanaka nach dem Druck einer Edition seine Platten konsequent „kreuzte", das heißt unbrauchbar machte, und Yamada stets einen Abzug von der gekreuzten Platte übergab. Ein tiefer Kratzer oder Kratzzeichen machen die Kupferplatte unbrauchbar und die Edition wahrhaftig zu einer limitierten. Der japanische Begriff für diese Vorgehensweise lautet *reie* (in Katakana: レイエ). Tatsächlich handelt es sich dabei um eine Transkription des französischen Wortes *rayée* (das Verb *rayer* bedeutet soviel wie „streichen" oder „zerkratzen"). Zu diesem Zweck benutzte Tanaka die Buchstaben RYO (siehe Abb. 20 und 21).

Die Anzahl der Drucke, die von einer Vorlage gedruckt werden können, hängt vom jeweiligen Druckgrafikmedium ab. Der Flachdruck (Lithografie) erlaubt tausende identischer Reproduktionen. Das gleiche gilt, wenngleich mit einigen Einschränkungen, für den Siebdruck (Schablonendruck). Wie bereits erwähnt, leiden hölzerne Druckstöcke unter intensiver Nutzung.

Die Fotolithografie, eine Technik, die in den letzten Jahrzehnten des 19. Jahrhunderts entwickelt wurde, ermöglichte eine nahezu unlimitierte drucktechnische Reproduktion von Kunstwerken. Der Prozess umfasste die Herstellung des fotografischen Bildes eines Kunstwerkes, das dann auf die Oberfläche eines Lithografiesteins oder einer Lithografieplatte übertragen wurde. Diese Reproduktionstechnik hat in den vergangenen Jahren dank der Perfektion digitaler Druckmethoden einen erneuten Aufschwung erfahren. Viele bekannte Künstler*innen haben ihre eigenen Arbeiten ganz bewusst der Technik fotografischer Reproduktion überantwortet. Diese Reproduktionen werden dann als „Drucke in limitierter Auflage" vermarktet und auch entsprechend nummeriert. Man sollte sich jedoch der Tatsache bewusst sein, dass es sich dabei nicht um limitierte Editionen von Originaldrucken handelt, wie etwa *sōsaku hanga*, sondern im besten Fall um limitierte Auflagen der Reproduktion eines bekannten originalen Kunstwerks. Der Begriff „Druck" kann hier missverständlich sein.

Farbe und Papier

Zu Beginn seiner Karriere experimentierte Tanaka mit einer Vielzahl japanischer und ausländischer Papierarten, um optimale Ergebnisse zu erzielen.

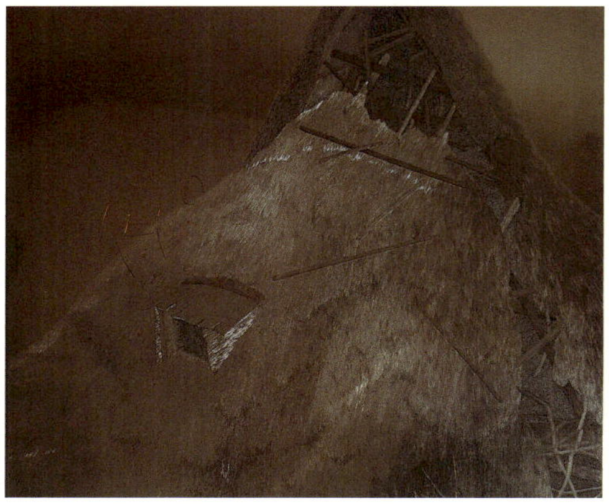

Abb. 20 Detail der gekreuzten Platte von TR 151 (Kat. 29) mit den Buchstaben R Y O, die durch die Chromschicht in das Kupfer gekratzt wurden

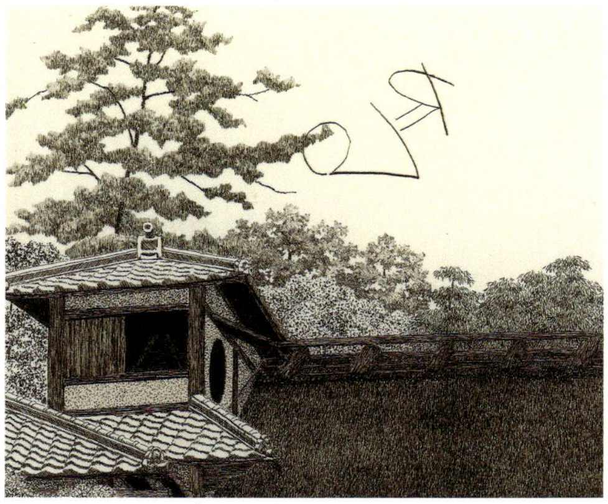

Abb. 21 Detail eines gedruckten Probeabzugs der gekreuzten Platte TR 564

Auch die Kosten spielten natürlich eine Rolle – importiertes Papier konnte ziemlich teuer sein. In seinen Skizzenbüchern finden wir Seiten mit Berechnungen, die belegen, dass er bestrebt war, jedes Blatt Papier so gut wie möglich zu nutzen. Anfang der 1970er-Jahre benutzte Tanaka ein Papier, das von der französischen Papiermühle Arches hergestellt wurde sowie das italienische Papier Rosaspina, hergestellt von Fabriano. Er setzte seine Suche nach dem perfekten Papier fort und gegen Mitte/Ende der 1970er-Jahre bevorzugte er das französische Papier BFK, das ebenfalls von Arches produziert wurde. Einige Jahre später landete er schließlich bei Papier der deutschen Hahnemühle, das er seitdem für die Mehrzahl seiner Editionen benutzt hat.

Die Farben, die er seit Anfang seiner Karriere einsetzte, waren die französische Charbonnel und Lefranc & Bourgeois sowie die japanische Bumpōdō, bisweilen in verschiedenen Kombinationen gemischt. Dabei handelt es sich um farbechte Farben auf Ölbasis. Verdünnungsöl (eine farblose Flüssigkeit, um die zumeist hoch konzentrierte Druckfarbe für Radierungen zu verdünnen beziehungsweise zu „strecken") setzte Tanaka kaum je ein, was den zusätzlichen Vorteil hat, dass selbst die Farbtöne, die aus den am schwächsten geätzten Aquatinta-Bereichen gedruckt werden, nicht verblassen, auch wenn sie längere Zeit natürlichem Licht ausgesetzt sind – dies ist natürlich auch insofern sehr erfreulich, als wir Tanakas Arbeiten hier im Museum für Ostasiatische Kunst über einen längeren Zeitraum der Öffentlichkeit präsentieren können.

ANMERKUNGEN

1 Salpetersäure wurde üblicherweise im 16. und 17. Jahrhundert verwendet. Das Holländische Bad kam während des 19. Jahrhunderts in Gebrauch.

2 Kupferplatten wurden für Stiche mittels Stichel eingesetzt, da das Material viel weicher ist als Stahl.

3 Der Begriff „Aquatinta" wird weiter unten näher erläutert.

4 Zu den beiden Kunstrichtungen siehe den Aufsatz „Druckgrafik in Japan im 20. Jahrhundert" in diesem Band, S. 21.

Seite 33: TR 396, Kat.-Nr. 97

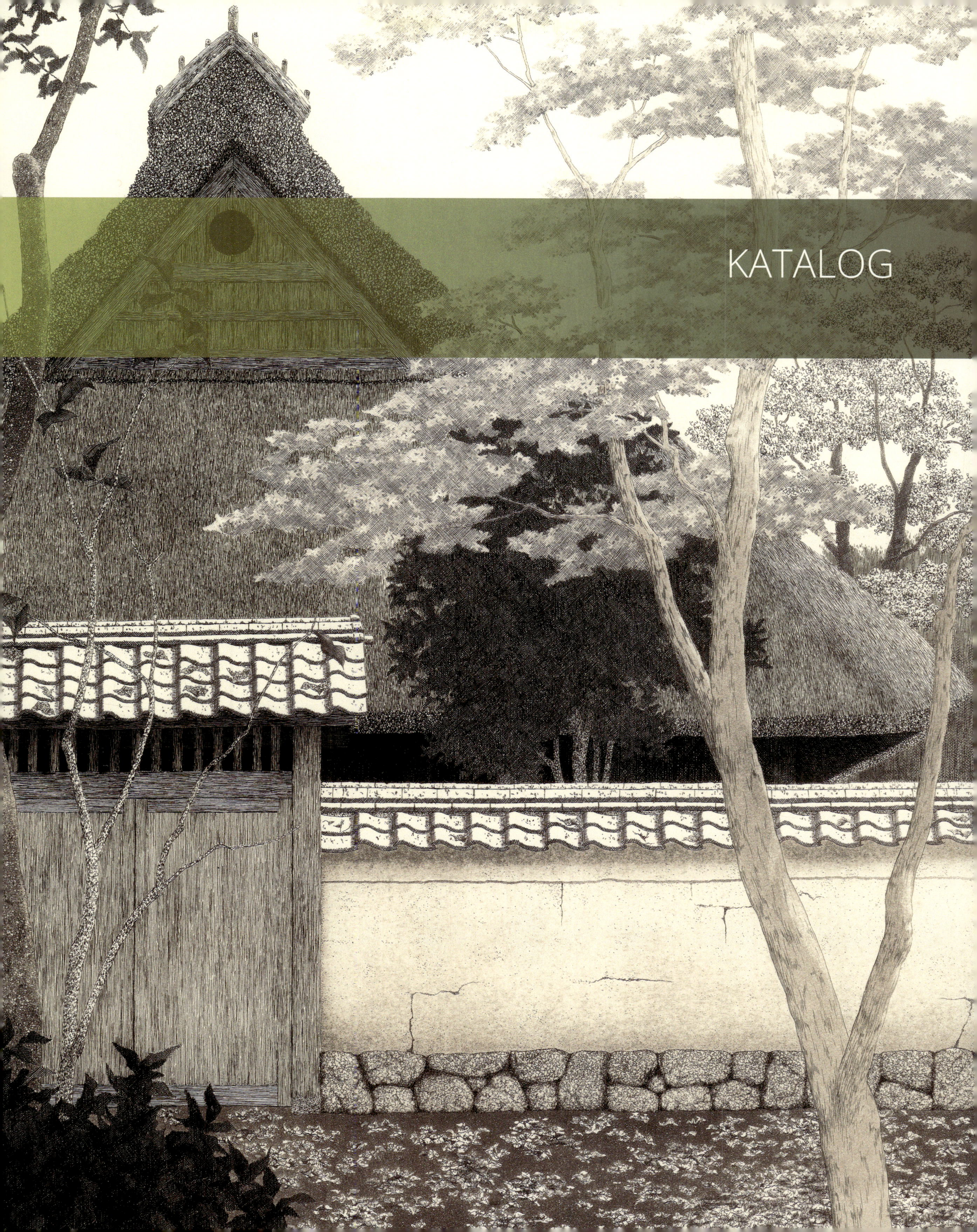

KATALOG

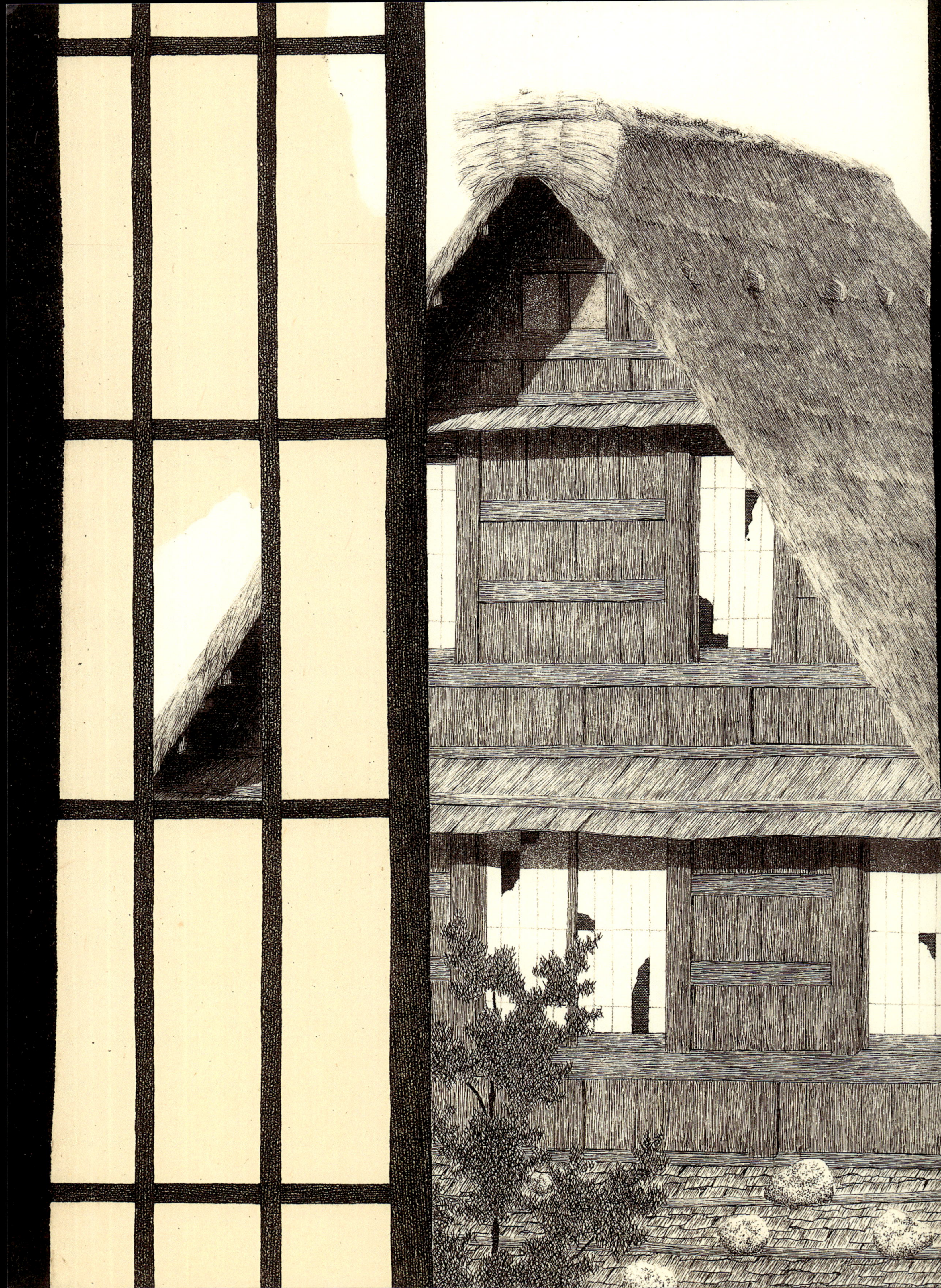

KATALOG

ANMERKUNGEN ZUM KATALOG

In den meisten Fällen folgt der Verfasser den originalen japanischen Titeln, wie sie Yamada Tetsuo in seinen Werksverzeichnissen und Yamao Tsuyoshi in dessen Ergänzungen benutzte. In Absprache mit dem Künstler hat er sich jedoch die Freiheit genommen, Übersetzungen zu verändern, wenn dies angebracht erschien.

Die TR-Nummern in den Bildunterschriften zu den Illustrationen beziehen sich auf die Nummern von Tanakas Drucken in den Werksverzeichnissen.

Die angegebenen Maße der Arbeiten entsprechen der tatsächlichen Größe der Kupferplatten, die der Künstler für jeden Druck verwendete. Diese Maße umfassen die „blinden" abgeschrägten Ränder der Platte und entsprechen damit nicht der aktuellen Größe des radierten Bildes. Es gibt bisweilen minimale Unterschiede, abhängig von der Ausrichtung der Platten auf dem Drucktisch und den Eigenschaften des eingesetzten Papiers.

Seite 34: TR 125, Kat.-Nr. 23

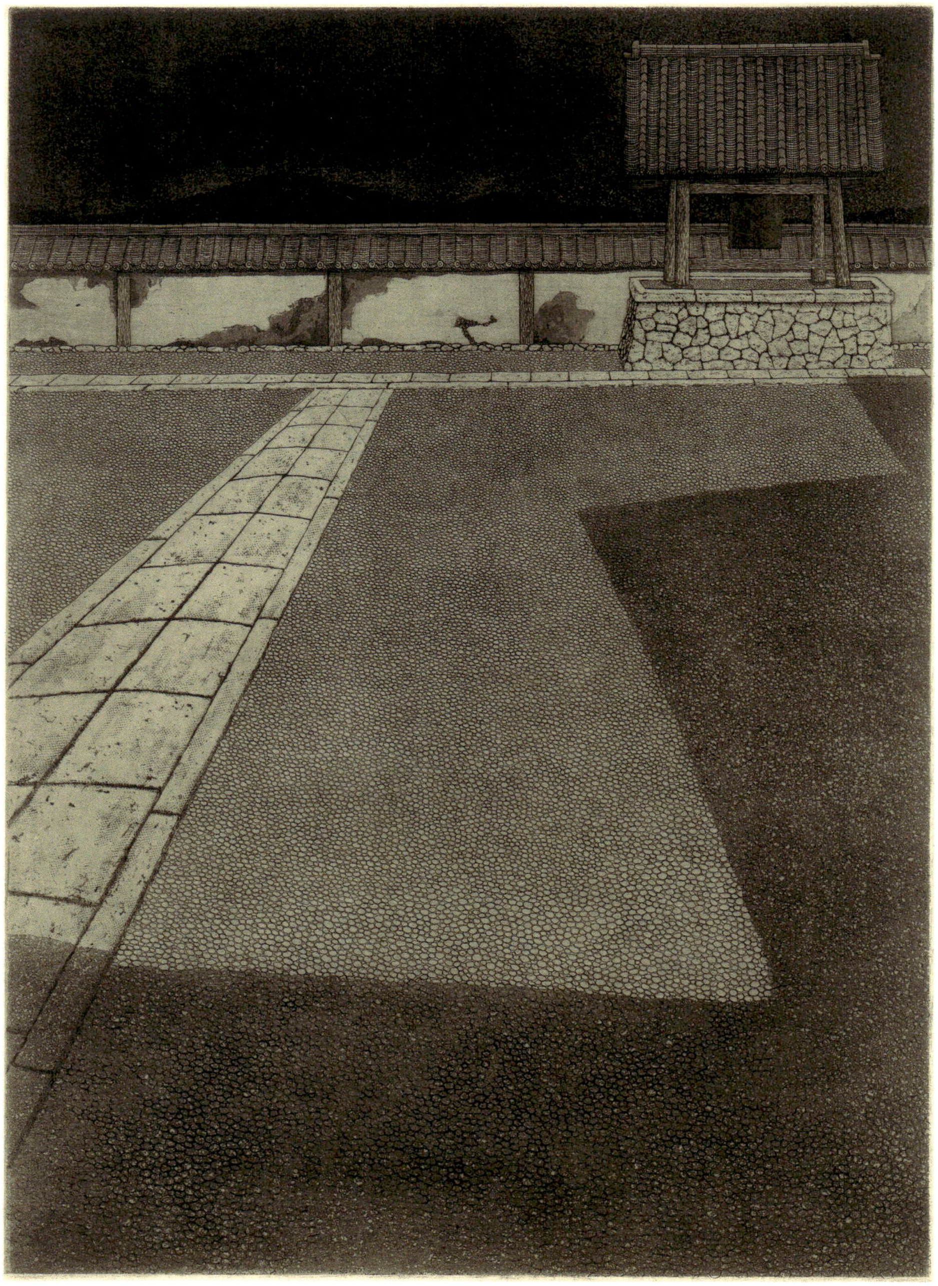

1 < GLOCKENSTUHL EINES TEMPELS (MYŌSHIN-JI)
鐘楼 (妙心寺)
Radierung und Chine Collé / 28,2 × 20,8 cm / 1964
Auflage: 50 / TR 4

Diese Radierung, Nr. 4 im ersten Werkverzeichnis von Tanakas Œuvre, das 1984 von Yamada Tetsuo erstellt wurde, ist ein bedeutender Vorläufer der mehr als 770 Werke, die der Künstler hervorbringen sollte. In einem Vorwort zum Katalog der Retrospektive *Tanaka Ryōhei*, die von Elizabeth und William Spurgeon (1985) gut 20 Jahre nach der Entstehung dieser Radierung zusammengestellt wurde, schrieb Yamada Tetsuo: „Ich entdeckte seine Radierkunst 1964, als er an einer Gruppenausstellung in der Galerie der Präfektur Kyoto teilnahm. Während der 1960er-Jahre dominierte in der ganzen Welt die abstrakte Kunst, Japan war da keine Ausnahme. Die Gruppenausstellung zeigte nur Abstraktes, mit Ausnahme von T. Ryōheis Radierung *Glockenstuhl eines Tempels Myōshinji*. Dieses Werk mit seinen detailgenau dargestellten Kieselsteinen im Garten, dem Mondlicht über dem Glockenstuhl, berührte mich zutiefst. Obwohl ich 1954 der erste Galeriedirektor war, der [in Kyoto] abstrakte Kunst zeigte, habe ich seit meiner Bekanntschaft mit T. Ryōhei mein Vorurteil gegenüber dem Realismus überwunden."

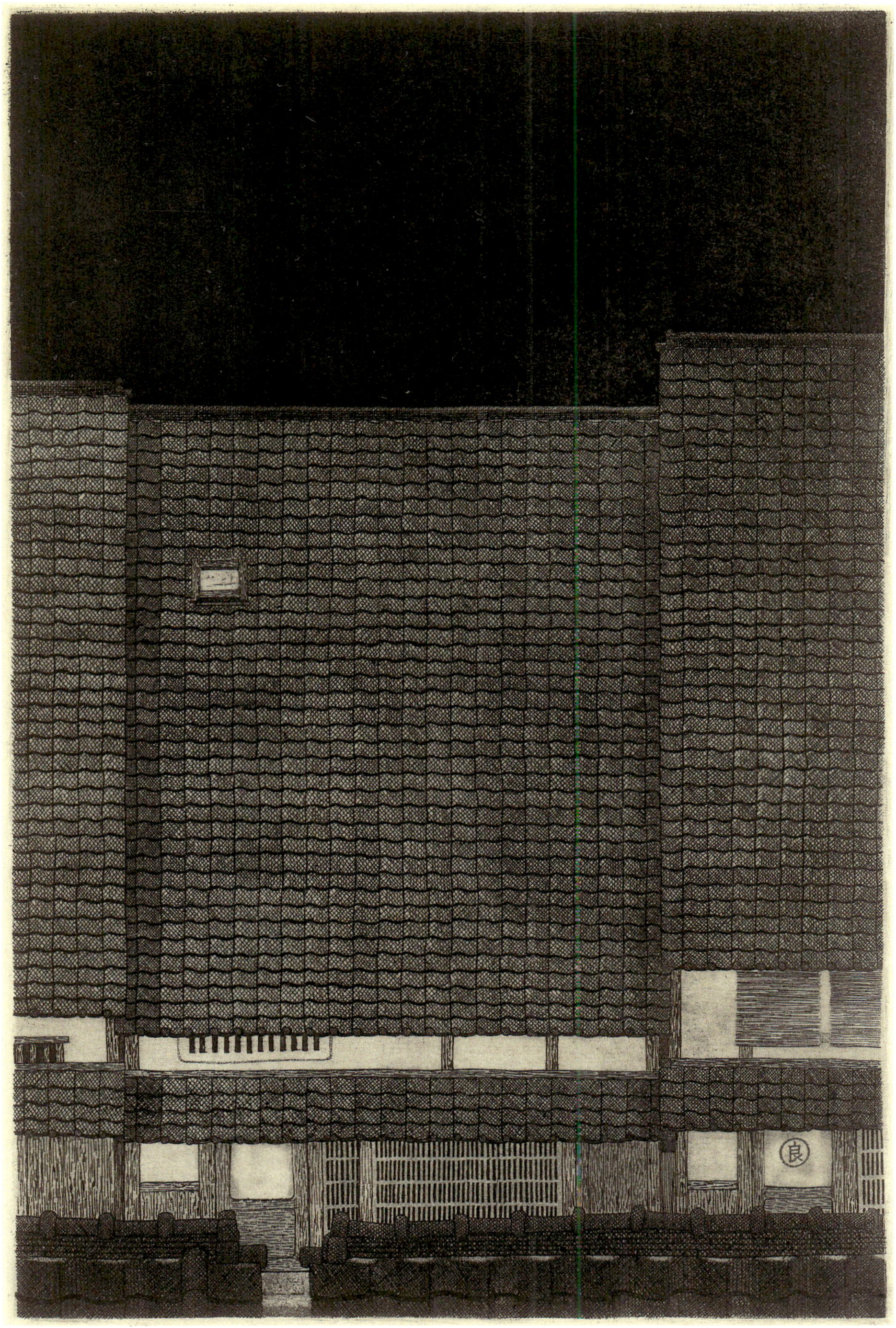

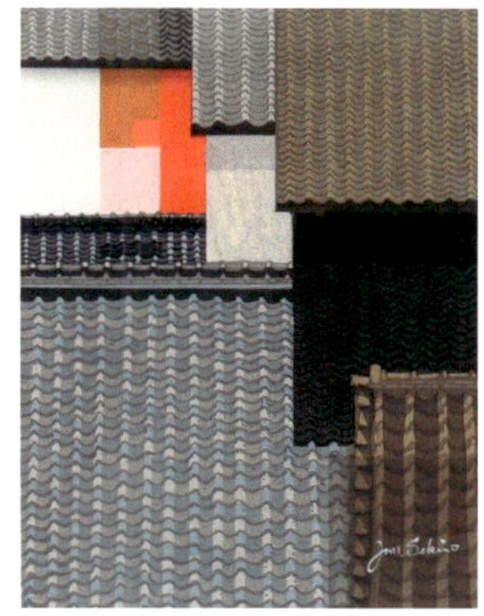

2a Sekino Junichirō (1914–1988)
Dächer in Nagoya, um 1964
Holzschnitt, 60,5 × 45,5 cm
Privatsammlung

2 < DÄCHER 屋根
Radierung und Aquatinta / 23,6 × 16 cm / 1964
Auflage: 30 / TR 7

Dieses Werk, das Tanaka 1964 im Alter von 31 Jahren schuf, ist ein frühes Beispiel für den neuen Stil figurativer Abstraktion, der damals in Japan populär wurde. Es verbindet ihn mit Zeitgenossen, die unterschiedlichen Kunstrichtungen wie dem *nihonga* und dem *sōsaku hanga* angehörten (vgl. Abb. 2a).
Das Motiv ist angeschnitten, als ob es durch ein Teleobjektiv betrachtet würde, das die Ansicht perspektivisch verkürzt und die Dächer grafisch gliedert. Gleichzeitig wird die Abstraktion mittels realistischer Details verschleiert. Die vertikalen Linien des Dachs bleiben vollständig parallel, es gibt keine Konvergenz. Tanaka sollte während seiner gesamten Karriere immer wieder zur abstrakten Bildlichkeit in Aufsicht wahrgenommener, wie mit einem Teleobjektiv herangezoomter Darstellungen von Ziegeldächern zurückkehren (vgl. TR 99, 1972 [Kat.-Nr. 17] und TR 679, 2003). Beim vorliegenden Bild setzte er einen spielerischen Akzent, indem er das erste Schriftzeichen seines Vornamens (良, ryō, mit der Bedeutung ‚gut' oder ‚richtig') auf dem Noren-Vorhang unten rechts anbrachte.

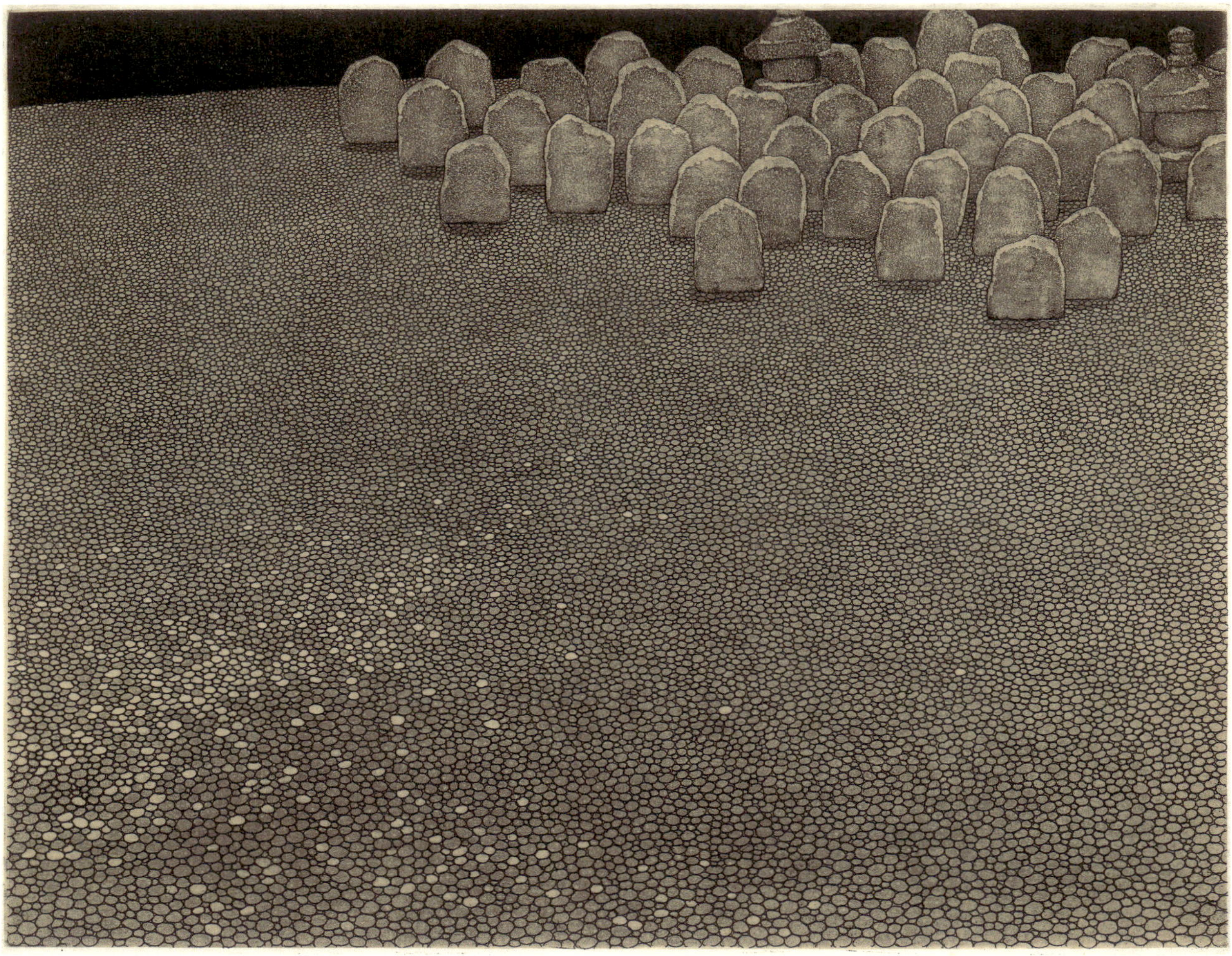

3 ^ ADASHINO 化野
Radierung und Aquatinta / Chine Collé / 20,8 × 26,8 cm / 1965
Auflage: 100 / TR 13

Eine poetisch komponierte Szene vom Gelände des Adashino-Nembutsu-Tempels, der im Nordwesten von Kyoto im Vorgebirge liegt. Im frühen Mittelalter wurden hier die Körper der Verstorbenen den Elementen überlassen. Heute ist der Tempelbereich für etwa 8000 kleine steinerne Statuen von Jizō bekannt, einem in Japan beliebten Bodhisattva, der als Beschützer der Reisenden und der Seelen ungeborener Kinder gilt. Auf die gezielte Naivität in der Darstellung der Kieselsteine sollte Tanaka später noch zurückkommen, wenn es zum Bild passte, vgl.: *Sanjūsangendō* (TR 176, Kat.-Nr. 41), *Glocke des Tōdaiji Tempels* (TR 592, 1997) und *Sanjūsangendō* (TR 638, 1999). Die Wiedergabe in Aufsicht und die schematisch gezeichneten Kieselsteine erinnern an japanische Tuschmalerei *(suiboku-ga)*. Dieses Werk und *Winterlicher Obstgarten Nr. 1* (TR 32, Kat.-Nr. 5) sind in der Publikation *A Fool's Life* von Akutagawa Ryūnosuke (Übersetzung von Will Petersen, New York 1970) abgebildet.

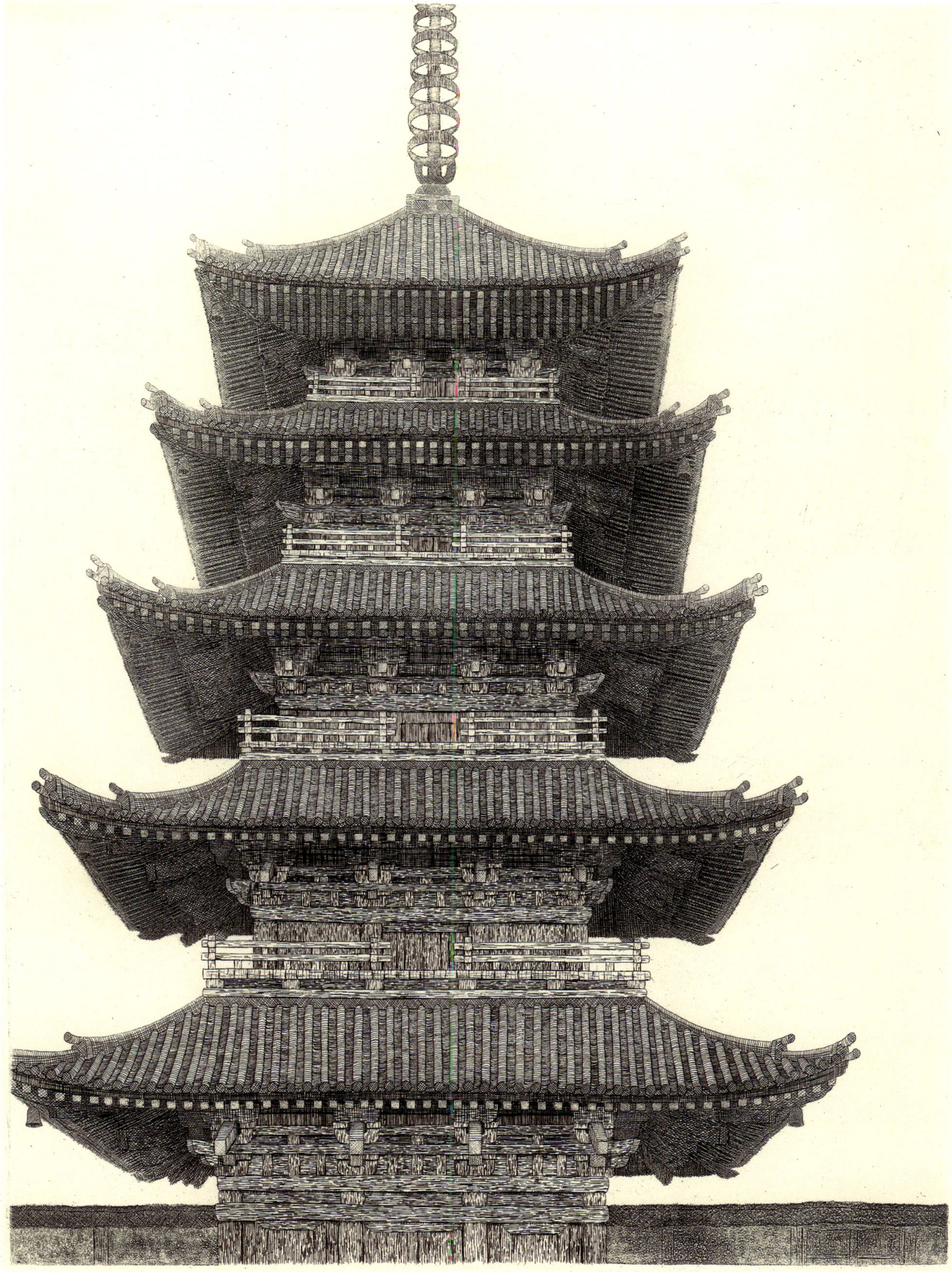

4 ^ PAGODE 塔
Radierung und Aquatinta / 35,7 × 26,6 cm / 1966
Auflage: 100 / TR 29

Diese Pagode befindet sich auf dem Gelände des Tōji-Tempels in Kyoto. Die leicht aus dem Zentrum gerückte Ansicht verleiht der Eleganz des Turms eine gewisse Leichtigkeit. Beachtenswert sind die zart geätzten Linien der vorkragenden Dachkränze der drei oberen Stockwerke, die einen Anschein von Distanz erzeugen und zugleich den Eindruck vermitteln, man blicke zu einem bedeckten Himmel hinauf.

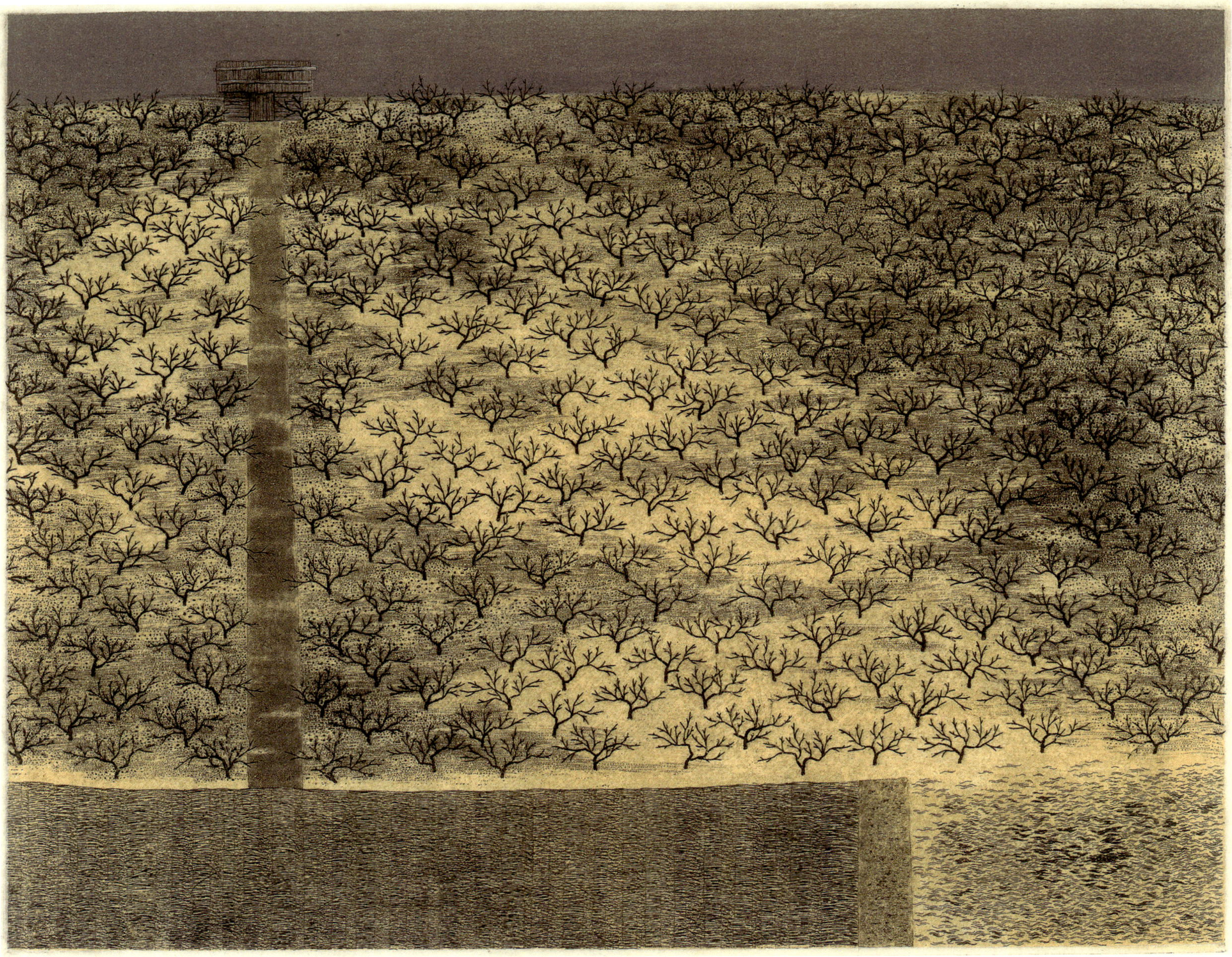

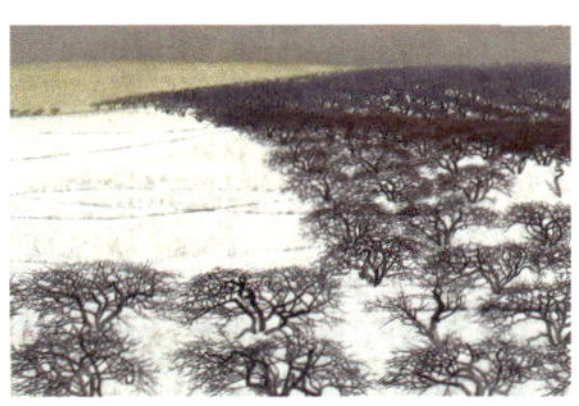

5a Iwahashi Eien (1903–1999)
Winterlicher Obstgarten, 1960
Farbe auf Papier, 66 × 210 cm
Sammlung Nishimura Garō

5 ^ WINTERLICHER OBSTGARTEN NR. 1 冬の果樹園 NO. 1
Farbradierung. Radierung, Aquatinta und Zuckeraussprengverfahren / 30,5 × 39,5 cm / 1967
Auflage: 50 / TR 32

Es handelt sich hierbei um die dritte Radierung in Tanakas relativ kleinem Œuvre von Mehrplattenfarbdrucken und um das Ergebnis eines Experiments. Die Komposition mit ihrem leicht abstrakten Vordergrund zeigt einen an einem Hang gelegenen Obstgarten. Er wird von einer Treppe geteilt, die zu einer oben auf dem Hügel gelegenen Hütte führt. Die kahlen Äste der Obstbäume sind grafisch und detailliert wiedergegeben, dennoch ist die Gesamtkomposition abstrakt. Diese in Aufsicht gegebene Darstellung eines Obstgartens an einem Hang erinnert an ein Werk des *Nihonga*-Malers Iwahashi Eien (1903–1999, vgl. Abb. 5a). In den frühen 1960er-Jahren gewann in Japan nach den Wellen rauer und experimenteller Abstraktion nach westlichem Vorbild ein subtilerer grafisch abstrakter Realismus an Boden.

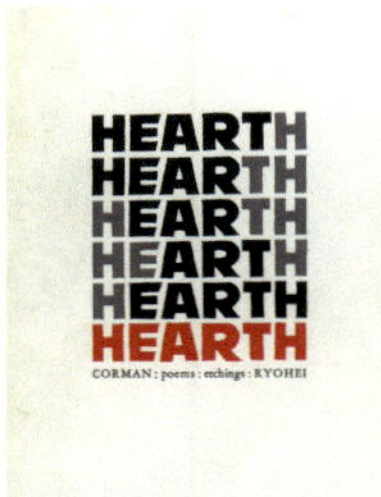

6a Yamada Tetsuo (1924–1998)
Einband von Cid Cormans *Hearth*,
1968. Privatsammlung

6 HÄUSER, BAUM, STEIN 家, 木, 石 FÜR HEARTH

Radierung und Aquatinta / Chine collé / jeweils 10 × 7 cm / 1968
TR 43, TR 44, TR 45

Nachdem er für kurze Zeit mit naiver Bildlichkeit im Stil Henri Rousseaus experimentiert hatte, kehrte Tanaka 1968 zu seinem eigenen Stil zurück und schuf drei kleine Radierungen für eine private Veröffentlichung in englischer Sprache mit an Haikus erinnernden Gedichten des amerikanischen Autors Cid Corman, der damals in Kyoto lebte. Das kleine Buch trug den Titel *Hearth* und die drei Radierungen wurden eigens für die auf 100 Exemplare limitierte Ausgabe hergestellt. Der Kunsthändler Yamada Tetsuo, der indirekt an dem Vorhaben beteiligt war, ließ es sich nicht nehmen, den Einband des Bändchens selbst zu entwerfen. Er ordnete die sechs Buchstaben zu einer akkuraten Abfolge von Worten: Heart, Hear, Ear, Art und Earth (s. Abb. 6a).

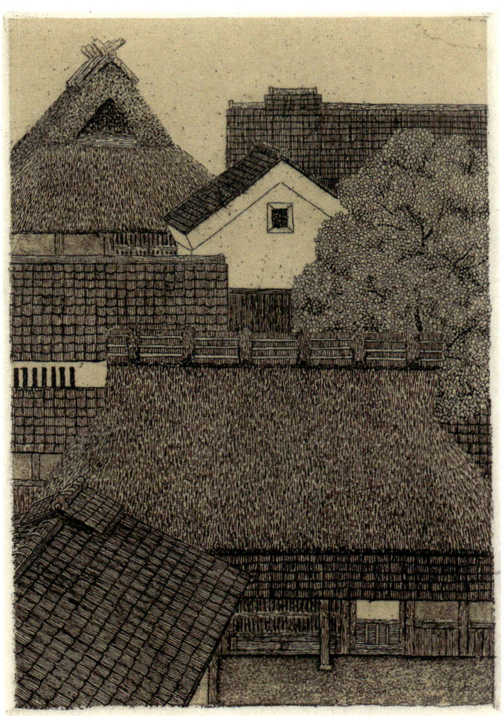

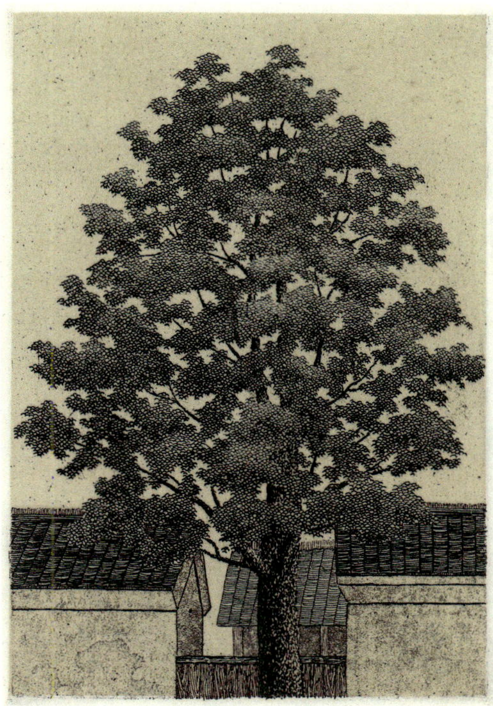

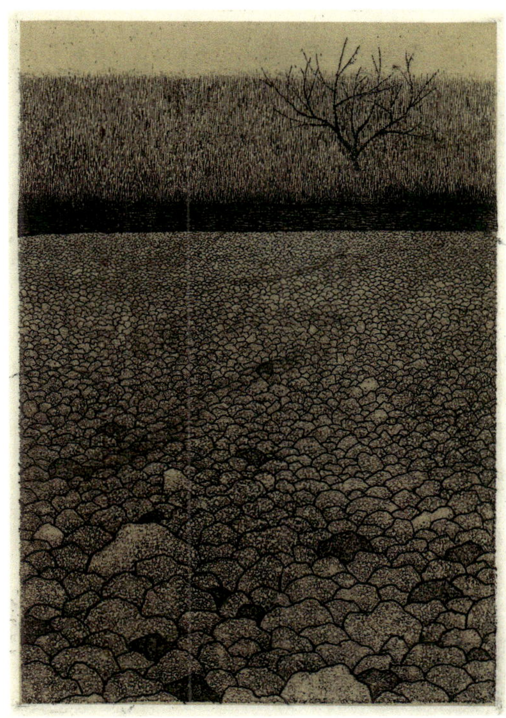

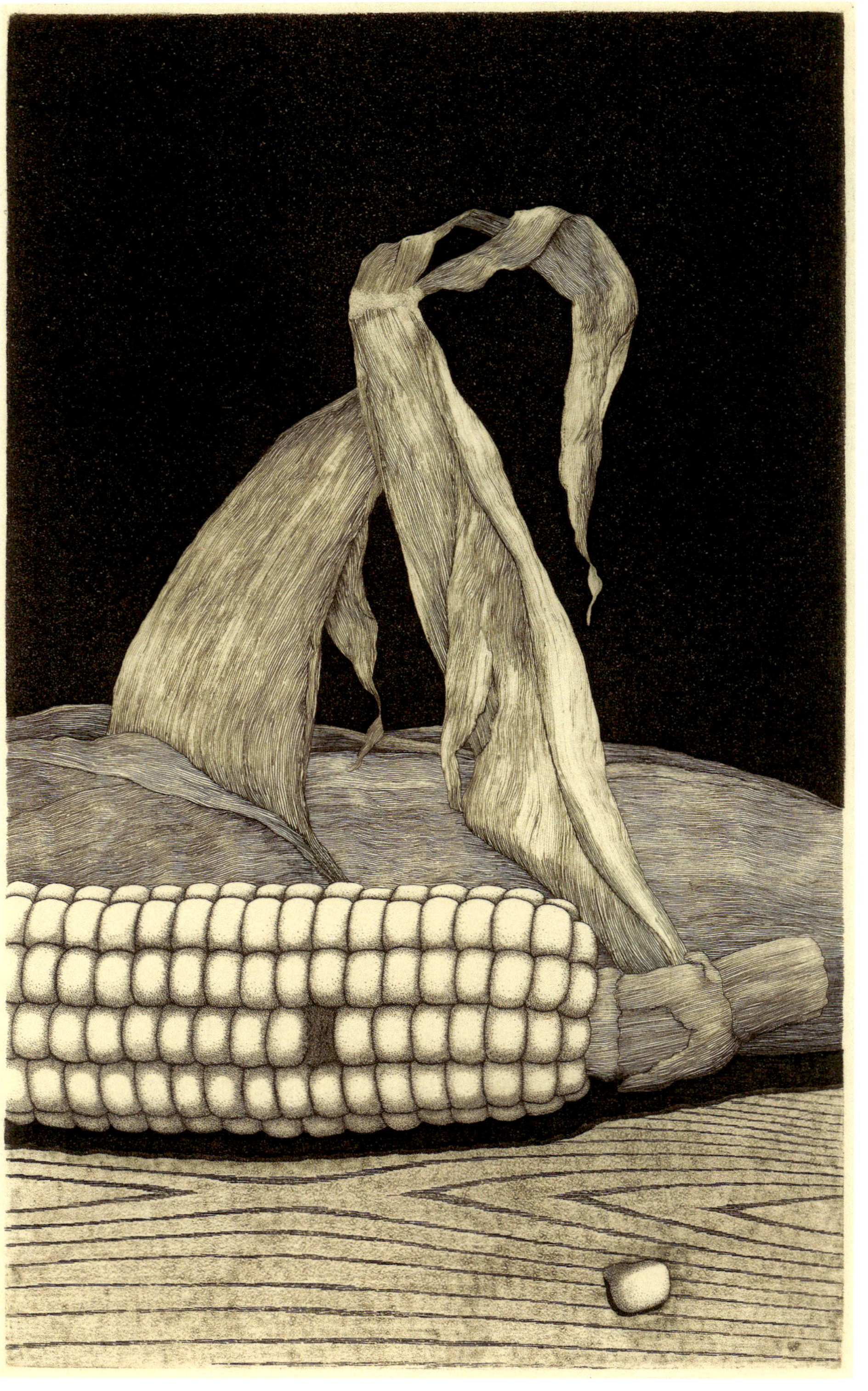

7 > MAIS NR. 2 とうもろこし NO. 2
Radierung und Aquatinta / 24 × 15 cm / 1970
Auflage: 100 / TR 67

In diesem Werk nahm Tanaka das Thema einer seiner früheren Radierungen (TR 6 von 1964) auf, die ähnliche Maße, aber ein längliches Format (15 × 27,7 cm) aufweist. TR 6 war als Sonderausgabe für die IGAS (International Graphic Arts Society) in New York in Auftrag gegeben worden und wurde in einer bis dato nicht dagewesenen Auflage von 110 Exemplaren gedruckt. *Mais* gehört zu einer Gruppe von weniger als 30 radierten Stillleben, die zumeist von bescheidener Größe sind. Obwohl die von Yamada Tetsuo publizierten Werkverzeichnisse in Bezug auf Radierungen, die nicht in Schwarz gedruckt wurden, manchmal inkonsistent sind, wurde *Mais Nr. 2* korrekterweise nicht den Farbradierungen zugeordnet. Das Blatt wurde in Sepia von einer Platte gedruckt.

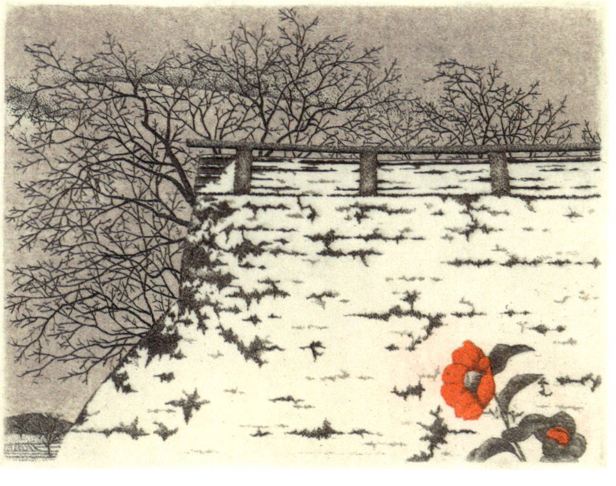

8 < SCHNEERESTE NR. 1 残雪 NO. 1
Farbradierung. Radierung und Aquatinta / 10 × 13 cm / 1971
Auflage: 100 / TR 77

Dieses Blatt gehört zu Tanakas frühesten echten Farbradierungen und wurde von zwei separaten Platten und unter Verwendung der Wischtechnik *à la Poupée* gedruckt. Die Kamelie vor dem Bauernhaus dient als Repoussoir. Der farbige Himmel im Hintergrund wirkt schwer, als drohe baldiger Schneefall. Obwohl der Künstler zwei Platten nutzte, um Farbigkeit zu erzeugen, liegt der Schwerpunkt, wie auch der Titel andeutet, auf dem meisterhaft wiedergegebenem Monochrom (Schwarz und Weiß) des schmelzenden Schnees auf dem Reetdach.

9 V REETDACH (SCHWARZ) 藁屋根 (黒)

Farbradierung. Radierung und Aquatinta

10 × 13 cm / 1971 / Auflage: 100 / TR 80

Für diese Farbradierung wurden zwei Platten verwendet. Sie kann als Vorläufer einer großen Anzahl monochromer Arbeiten (Verwendung nur schwarzer Farbe) angesehen werden, die Tanaka in den folgenden Jahrzehnten schuf: Strukturen verfallener Reetdächer traditioneller japanischer Bauernhäuser; konkrete organische Strukturen, die in Kupfer geätzt wurden. Beige und Violett auf der zweiten, im Aquatintaverfahren hergestellten Platte betonen die unheilvolle Stimmung, scheinen aber die bereits durchhängende 50 cm dicke nasse Reetschicht auf dem Dach noch zusätzlich zu beschweren. Wie in der oben vorgestellten Radierung (TR 77, Kat.-Nr. 8) wurde der Hauptteil des Bildes, das Reetdach, monochrom gehalten und in Schwarz gedruckt.

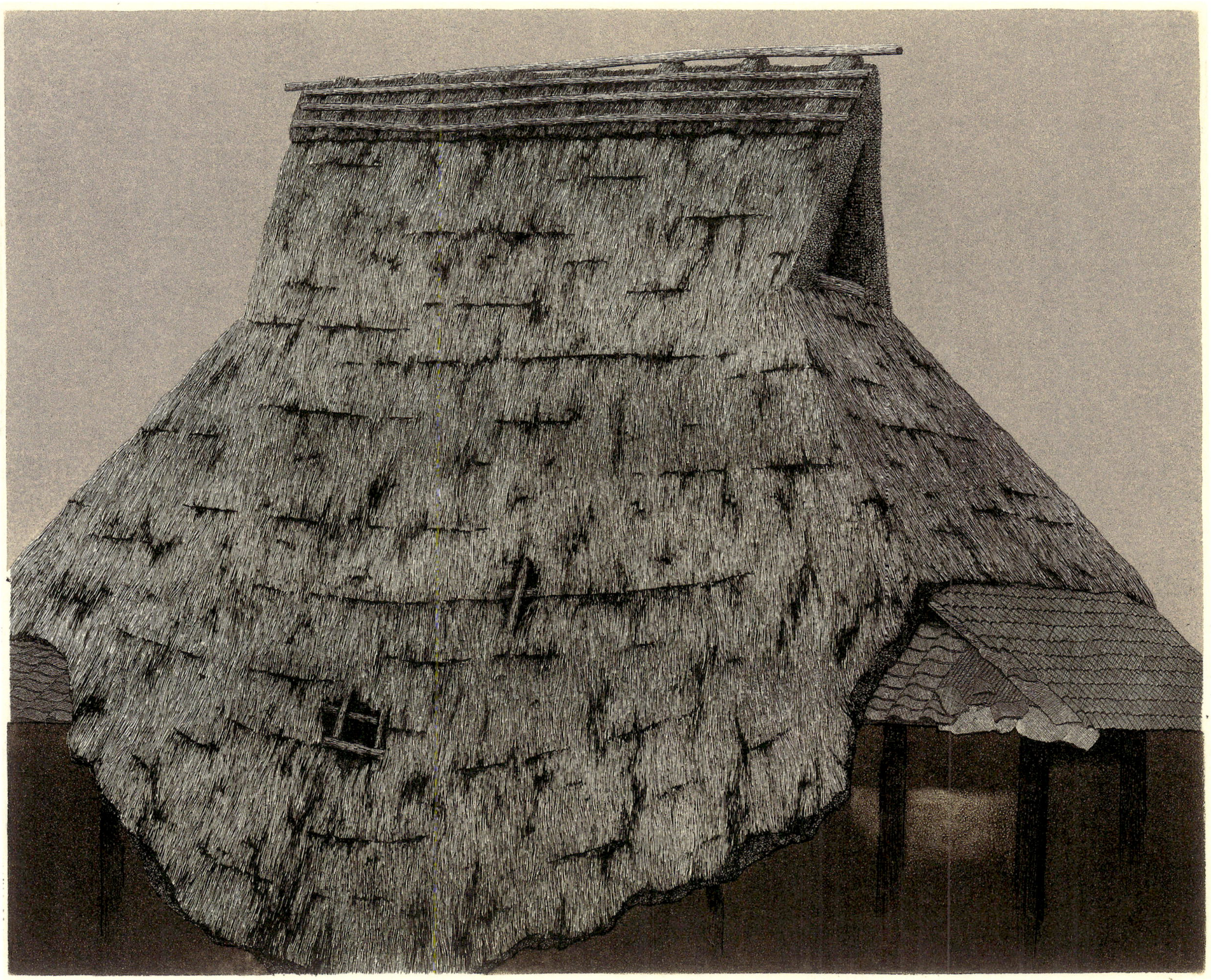

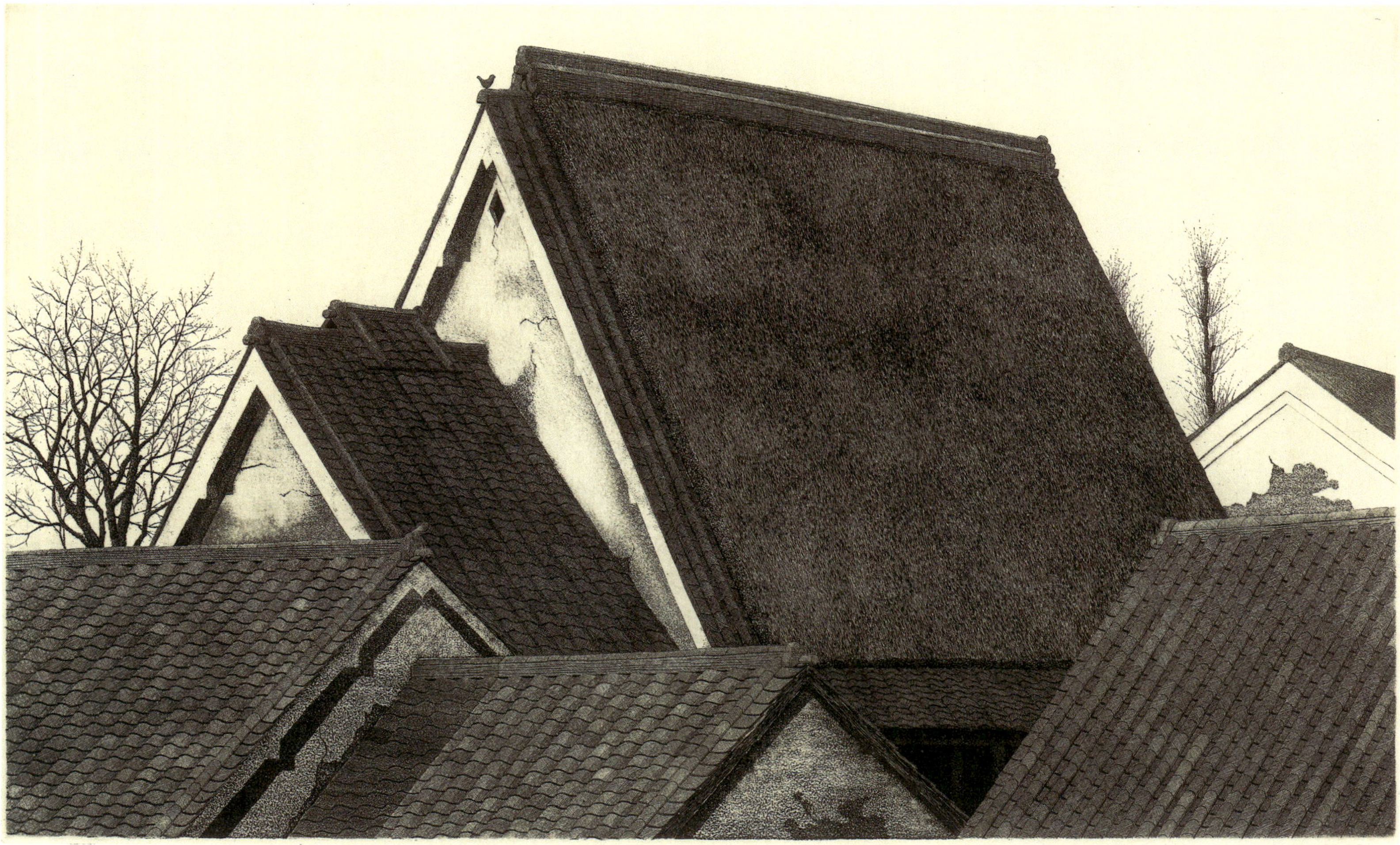

10 ^ DÄCHER IN YAMATO 大和の屋根
Radierung und Aquatinta / 24 × 40 cm / 1971
Auflage: 100 / TR 81

Bis zur Mitte der 1970er-Jahre waren reetgedeckte Bauernhäuser im ländlichen Japan noch recht weit verbreitet. Tanakas technisches Können bei der Erfassung der organischen Strukturen der Dächer und der Erfolg seiner Radierungen veranlassten ihn, durch Japan zu reisen, um die verschiedenen Dachtypen der im Verschwinden begriffenen traditionellen Dorfarchitektur zu erfassen. Die Provinz Yamato im Süden von Kyoto (heute Präfektur Nara) gilt als Wiege der japanischen Kultur. Die traditionellen Reetdächer waren hoch und ziemlich steil. Oft besaßen sie eine aus Ziegeln bestehende Abdeckung, die den aus Reet bestehenden First vor dem heftigen Regen der jährlichen Taifune schützen sollte. Steile, geweißte Lehmgiebel waren ebenfalls typisch für die Region (vgl. z. B. Kat.-Nr. 143, TR 660).

11 KASTANIEN 栗

Strichätzung. Sepia auf Chine collé / 17 × 21 cm / 1971
Auflage: 100 / TR 82

Dieses Werk ist in gewisser Weise mit *Mais Nr. 2* aus dem vorausgegangenen Jahr vergleichbar (Kat.-Nr. 7), zeigt aber, welche großen technischen Fortschritte Tanaka verglichen mit seinen früheren Werken gemacht hatte. Es ist zur Gänze als Strichätzung ausgeführt. Die Ausrichtung der extrem eng geätzten Striche zur Gestaltung der Kastanien, die hier und da durch feine vertikale Linien ergänzt werden, betonen ihr rundes Volumen. Das dichte Gewirr der borstigen Cupula, die die Frucht umhüllt, wurde sehr detailreich geätzt und stellt überzeugend dar, wie eng die unzähligen Stacheln sitzen und wie spitz sie sind. Die Radierung wurde auf Chine collé gedruckt, eine langwierige Prozedur, auf die sich der Künstler zuvor nur gelegentlich eingelassen hatte (vgl. z. B. Kat.-Nr. 3 und 6). Es handelt sich um eines der seltenen Stillleben in Tanakas Œuvre. Sogar die faszinierend exakten und berühmten Stahlstichabbildungen etwa der Castanea vesca von Ignaz Strenzel (1786–1832) werden von Tanakas genauer Beobachtungsgabe und seiner Radiertechnik übertroffen. Die genannte Illustration wurde von Leopold Müller für eine der Platten in dem siebenbändigen *Thesaurus Botanicus* (Wien 1805–1819) des Botanikers Leopeold Trattinnick gestochen, der in der Hochphase der botanisch exakten Stiche publiziert wurde.

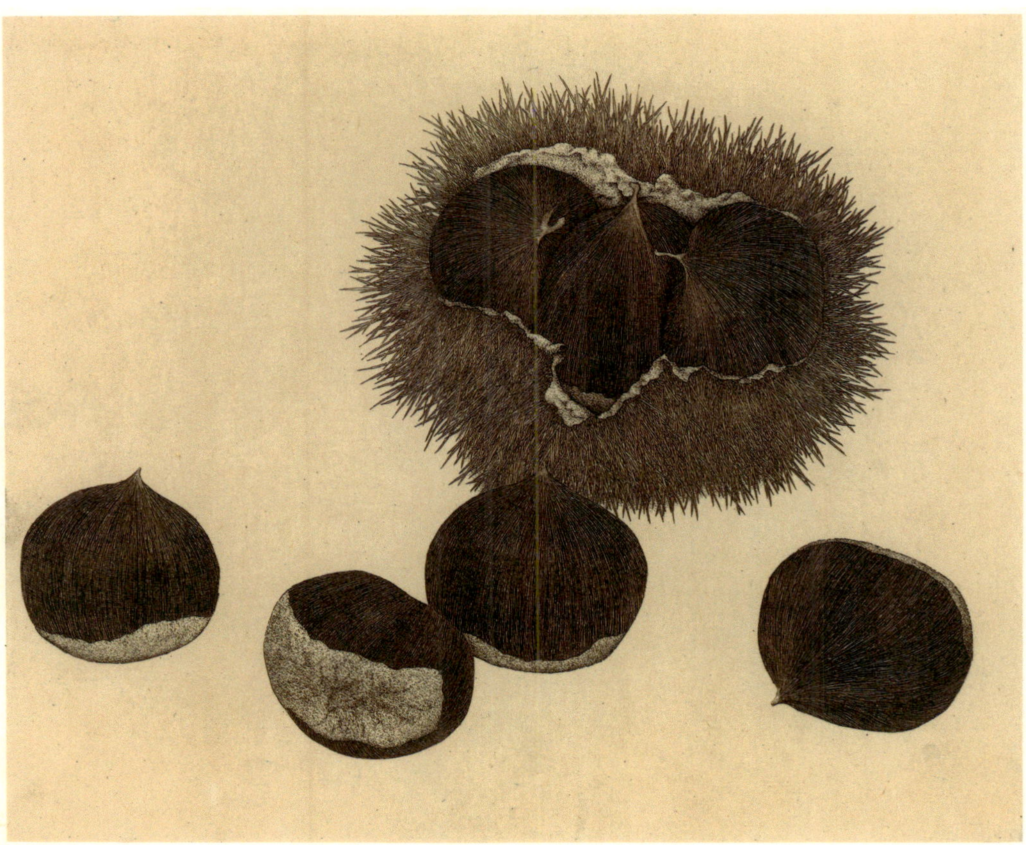

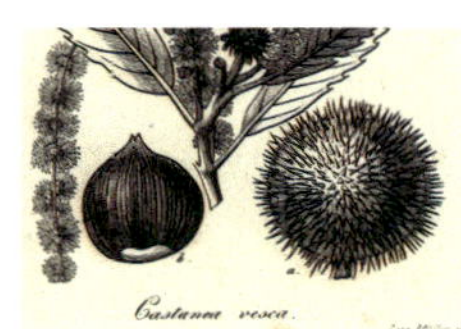

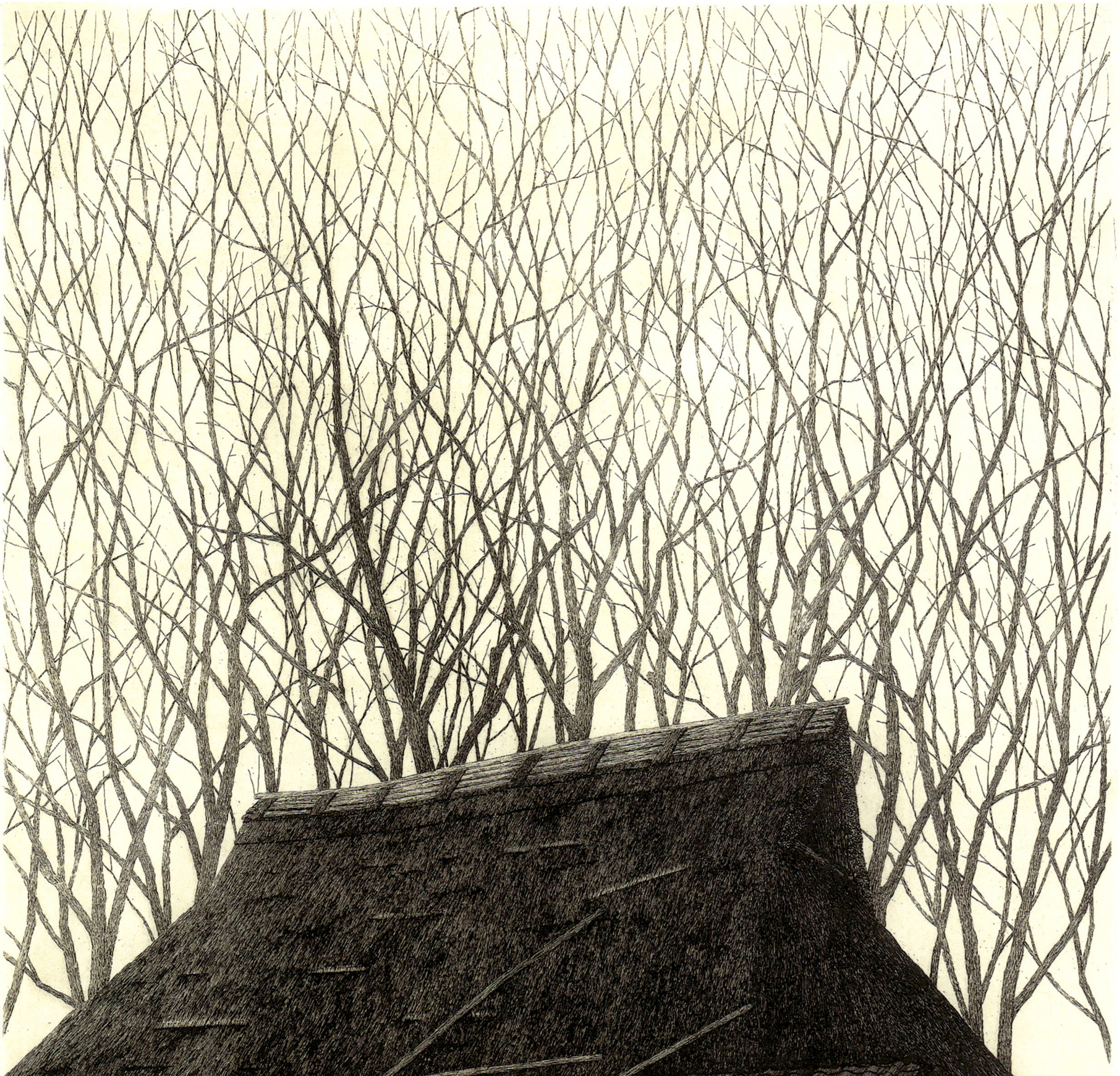

12 < ES WIRD FRÜHLING 春近し

Radierung / 30 × 30 cm / 1971 / Auflage: 100 / TR 83

Ein frühes ikonisches Bild. Es besteht aus geätzten Linien ohne jeglichen Einsatz von Aquatinta. Die Platten dieser frühen Radierungen hatten keine Chrombeschichtung und wurden ausreichend tief geätzt, um 100 Abzüge und zusätzlich zehn Künstlerexemplare drucken zu können. Bei diesem Blatt machte sich der Künstler den Plattenton zunutze, der in der gräulichen Schattierung des Himmels erkennbar ist. Dieser Plattenton ergibt sich aus der Tatsache, dass die Oberfläche einer unbearbeiteten Kupferplatte etwas weicher ist als die einer mit Chrom überzogenen Platte, wodurch es schwieriger wird, die ölhaltige Farbe rückstandsfrei von der Platte abzuwischen.

13 ∨ DÄCHER IN ASUKA 飛鳥の屋根

Radierung und Aquatinta / 20 × 36,5 cm / 1971

Auflage: 100 / TR 85

Asuka ist ein Ort im südlichen Teil der Provinz Yamato, südlich von Kyoto. Die Dächer sind hier anders gestaltet als im Nordteil der Region. Um Bränden vorzubeugen, zieht man Ziegel einer Reetdeckung vor. Wegen der größeren Nähe zum Pazifik sind die Dächer in Asuka zudem im Spätsommer der Gewalt der Taifune ausgesetzt. Üblicherweise haben nur die Hauptdächer der Bauernhäuser eine Kombination aus Ziegel- und Reetdeckung. Die in Aufsicht angelegte Teleobjektiv-Perspektive dieses bäuerlichen Anwesens, die keine Konvergenz in den vertikalen Dachlinien erkennen lässt, ähnelt der Komposition seiner früheren Radierung TR 67 aus dem Jahr 1964 (Kat.-Nr. 7).

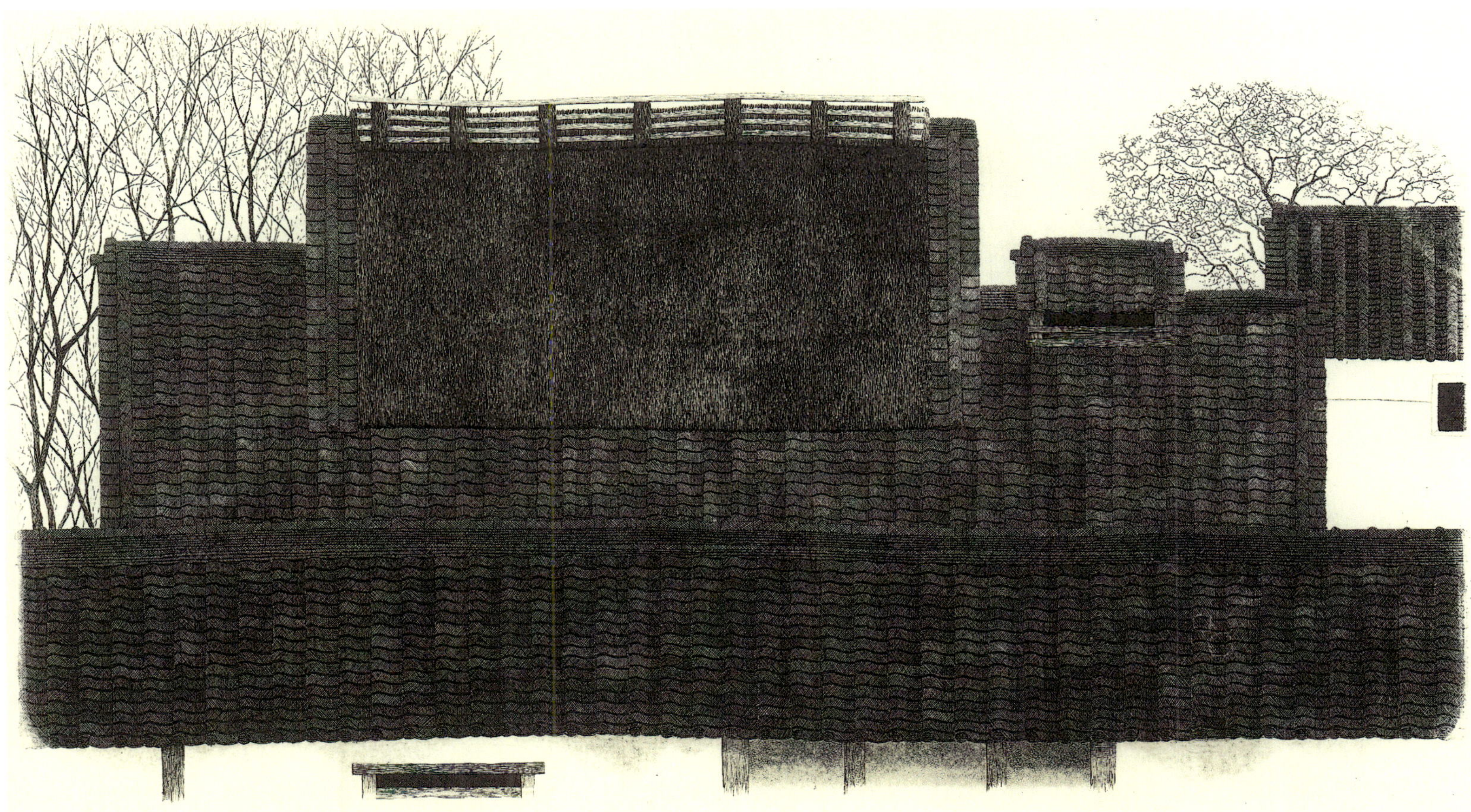

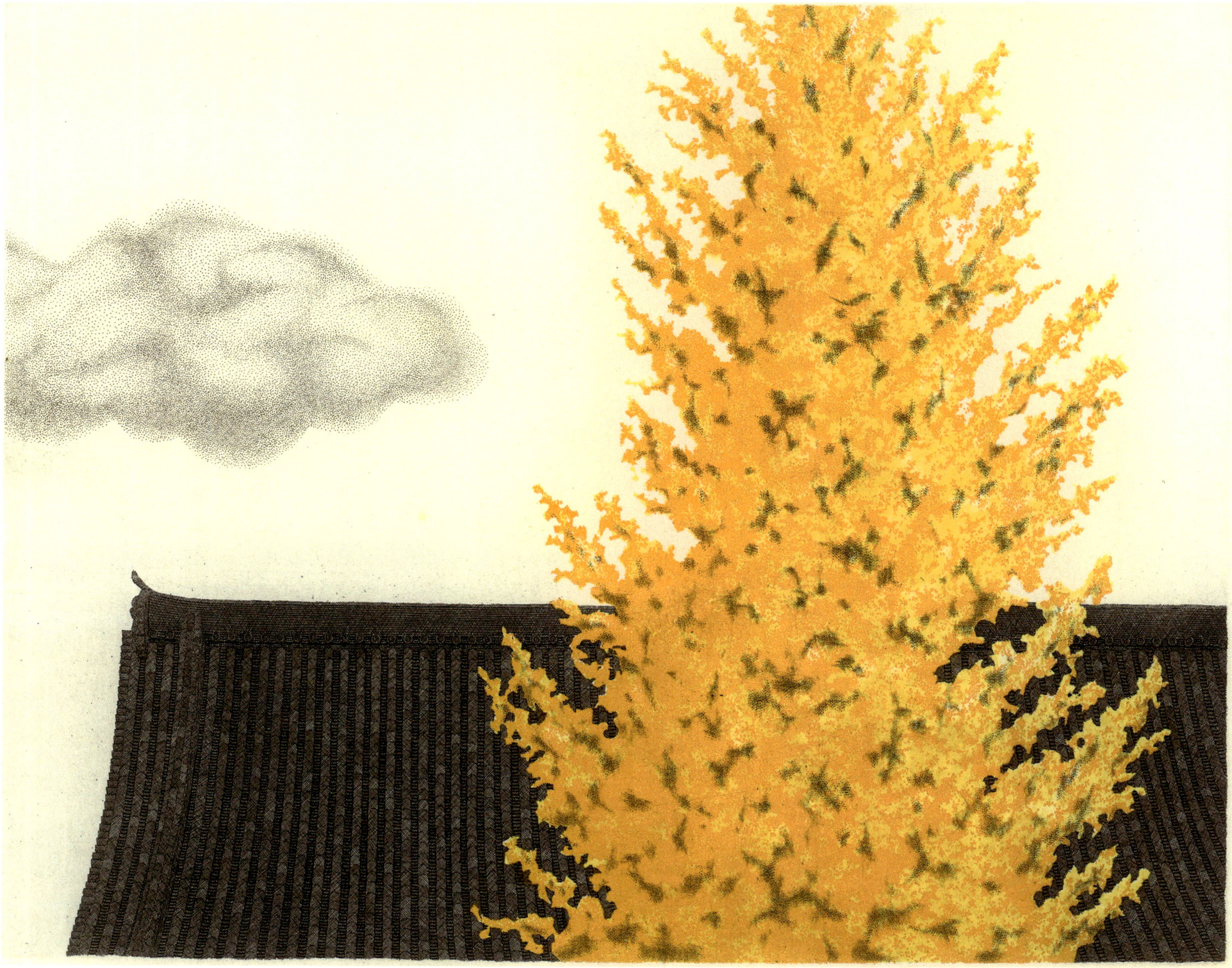

14 ^ GINGKO-BAUM 銀杏
Farbradierung unter Verwendung von zwei Platten
Radierung und Aquatinta / 31 × 40 cm
1972 / Auflage: 100 / TR 94

Das Dach der großen Halle des Higashi-Honganji-Tempels wird hier in einer anderen perspektivisch verkürzten Ansicht gezeigt. Der Künstler ließ die Linien des Ziegeldachs konvergieren, um seine enorme Größe hervorzuheben. Die Konvergenz trägt zu dem Eindruck von Distanz bei, der sowohl durch das „herangezoomte" Repoussoirmotiv des Gingko-Baums als auch durch die Wolke im dahinterliegenden Himmel gesteigert wird. Obwohl außerhalb der östlichen Mauern des riesigen Tempelgeländes Gingko-Bäume stehen, beruht diese Komposition gänzlich auf der Erfindungsgabe des Künstlers.

15 V HOLZGITTER NR. 2 格子 NO. 2

Radierung und Aquatinta / 24 × 40 cm / 1972
Auflage: 100 / TR 95

Blick durch das traditionelle hölzerne Gitterwerk *(kōshi)*, das in der japanischen Architektur unverzichtbar ist, auf eine Reihe von Stadt- und Lagerhäusern auf der gegenüberliegenden Straßenseite. Der Eindruck von Distanz zwischen dem *kōshi*, der unsere Sicht teilweise einschränkt, und den Bauwerken gegenüber wird durch die stark konvergierenden Linien des Ziegeldaches erreicht. Abgebildet ist vermutlich eine Straße im Nishijin-Viertel von Kyoto, das für seine *machiya* (Stadthäuser) berühmt ist. Der Kontrast zwischen der kräftigen dunklen Struktur im Vordergrund und den heller wiedergegebenen Gebäuden dahinter erweckt den Eindruck, als schaute man von innen nach außen. Wie viele andere Elemente der traditionellen japanischen Architektur werden *kōshi* häufig als kompositorischer Kunstgriff eingesetzt.

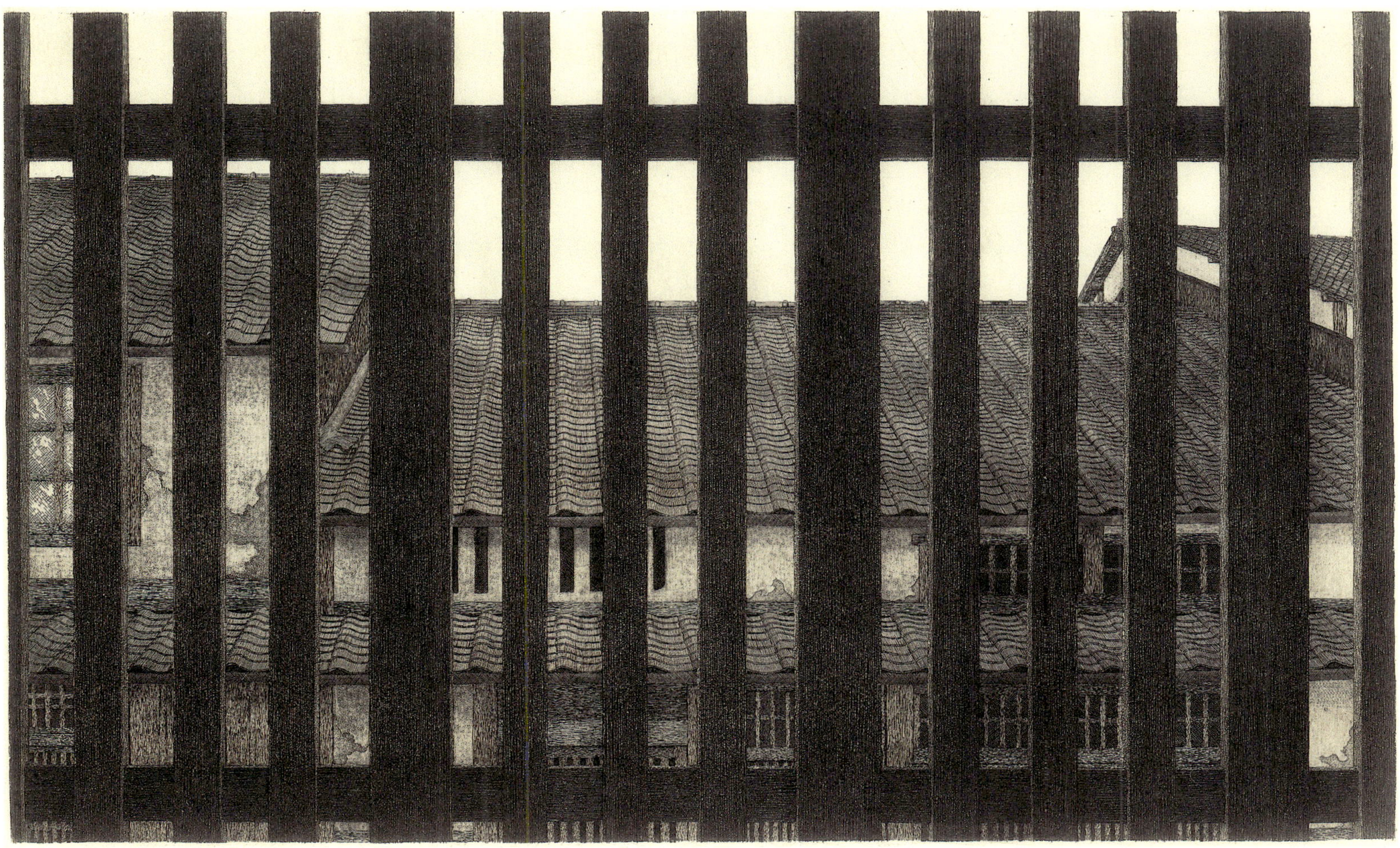

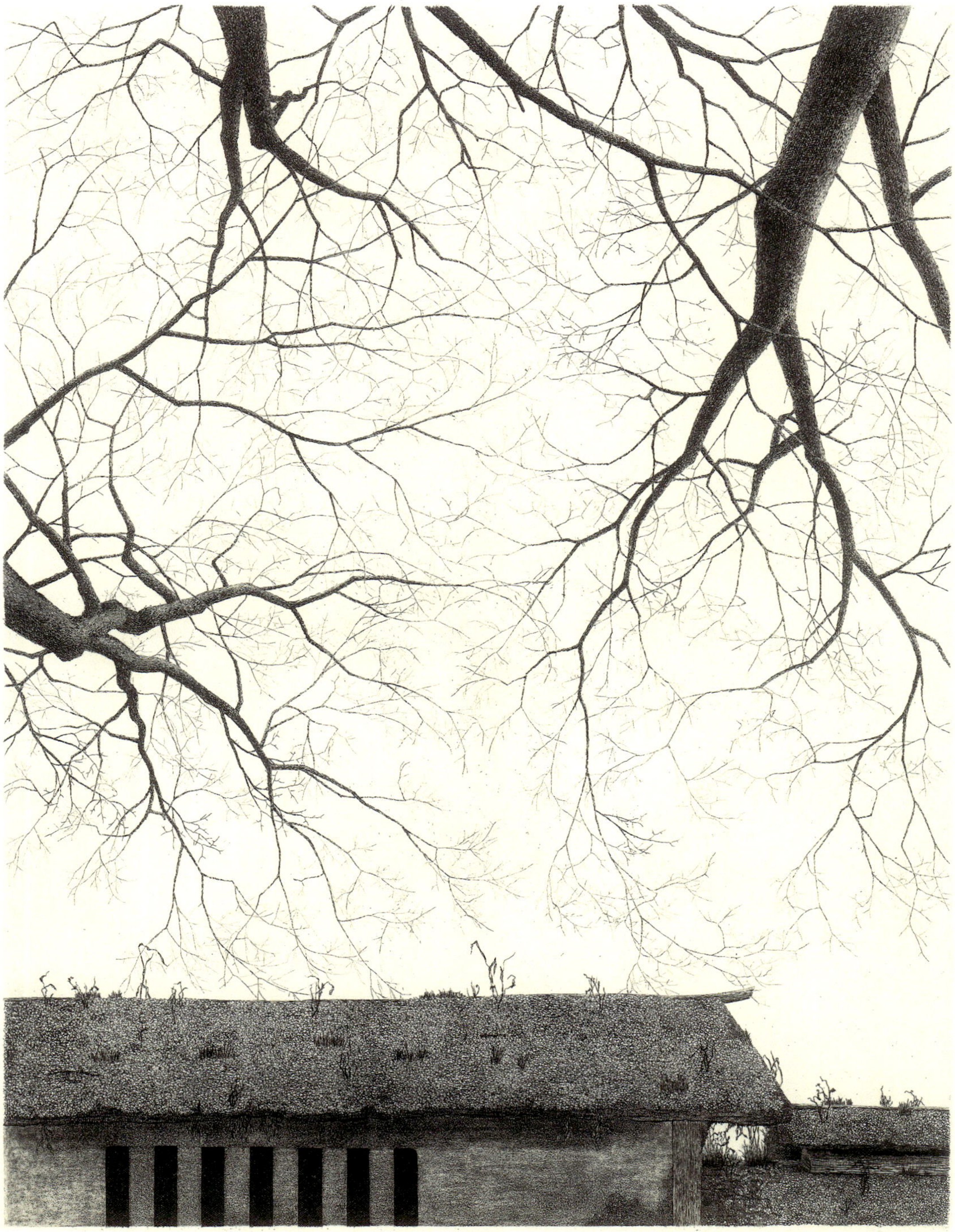

16 ^ ZWEIGE VON BAUMKRONEN IN SANZEN-IN 梢(三千院)
Radierung und Aquatinta / 40 × 31 cm / 1972
Auflage: 100 / TR 96

Diese neuartige und gewagte Komposition trug umgehend zu Tanakas Ansehen und Popularität bei. Der Blick des Betrachters geht wie durch ein Weitwinkel- oder Fischaugenobjektiv nach oben in den Winterhimmel und richtet sich auf die Wipfel einiger Bäume und eines der reetgedeckten Eingangstore des Tempelgeländes. Sanzen-in ist ein berühmter Tempelkomplex, der besonders bekannt ist für seinen dicht mit Bäumen bestandenen Moosgarten mit der auf das 12. Jahrhundert zurückgehenden Ōjōgokuraku-in-Halle, die Amida Buddha zugeeignet ist. Der Tempel befindet sich nordöstlich von Kyoto im Bergdorf Ōhara.

17 > DÄCHER MIT FENSTERN 窓のある屋根
Radierung und Aquatinta / 40 × 24 cm / 1972
Auflage: 100 / TR 99

Obwohl die Dachziegel, die oben im Bild in die Ferne zurückweichen, dort kleiner werden, zeigt diese Aufsicht auf das Motiv keine Konvergenz der vertikalen Linien, was zum abstrakten Eindruck der Komposition beiträgt. Tanaka hat hier ein wahres Mosaik wunderbar nuancierter und schattierter Dachziegel geschaffen. Er erreichte dies durch einfache Kreuzschraffuren und ein umsichtiges Timing bei der stufenweisen Ätzung mit Salpetersäure. 1953 stellte der *nihonga*-Maler Fukuda Heihachirō (1892–1974) in der 9. Nitten-Ausstellung ein großes Gemälde mit dem Titel Regen aus (vgl. Abb. 2 in Kapitel 1). Es zeigt, dass Tanakas abstrakter Naturalismus dem seiner *nihonga*-Zeitgenossen im Hinblick auf ein gemeinsames poetisches Sentiment sehr ähneln kann.

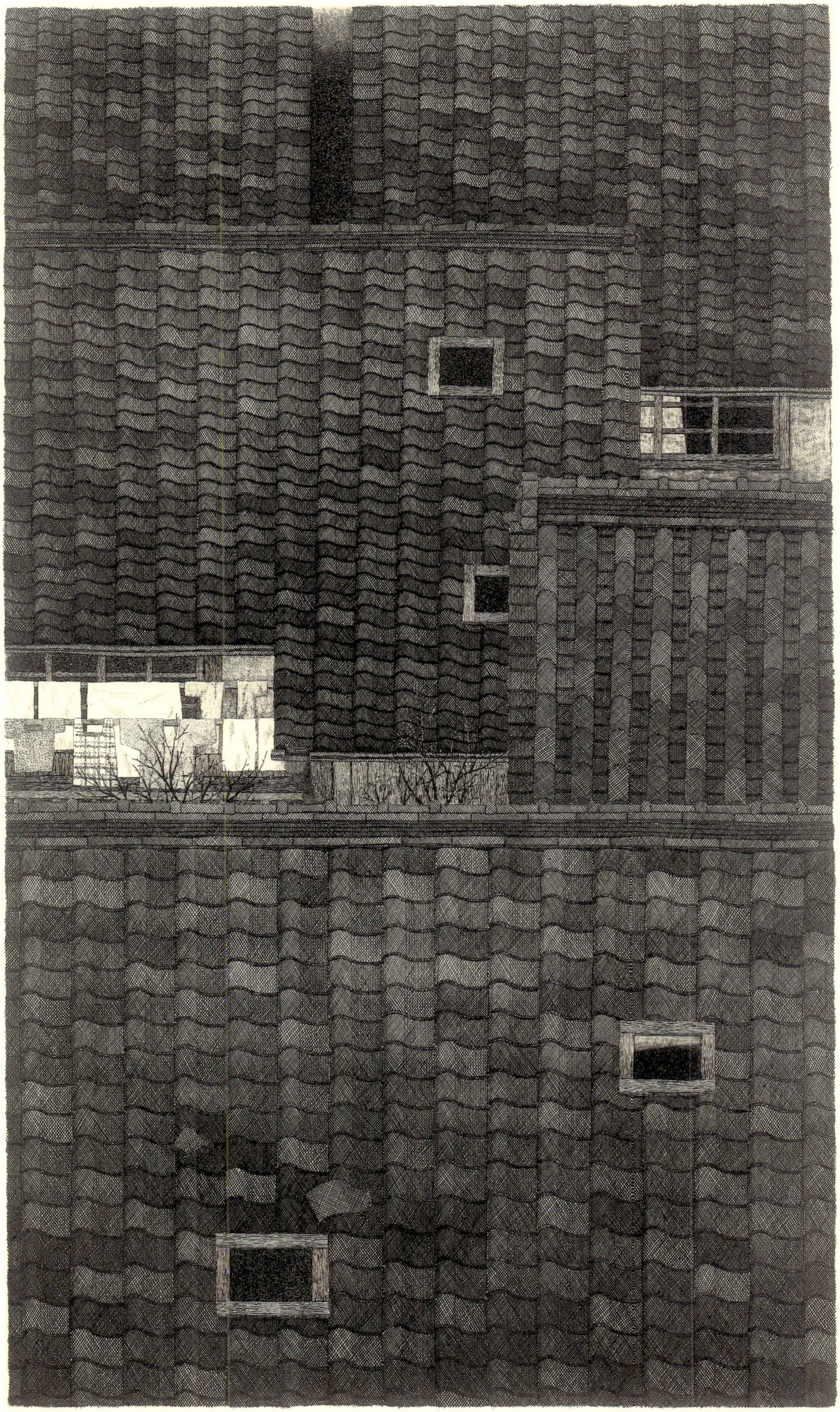

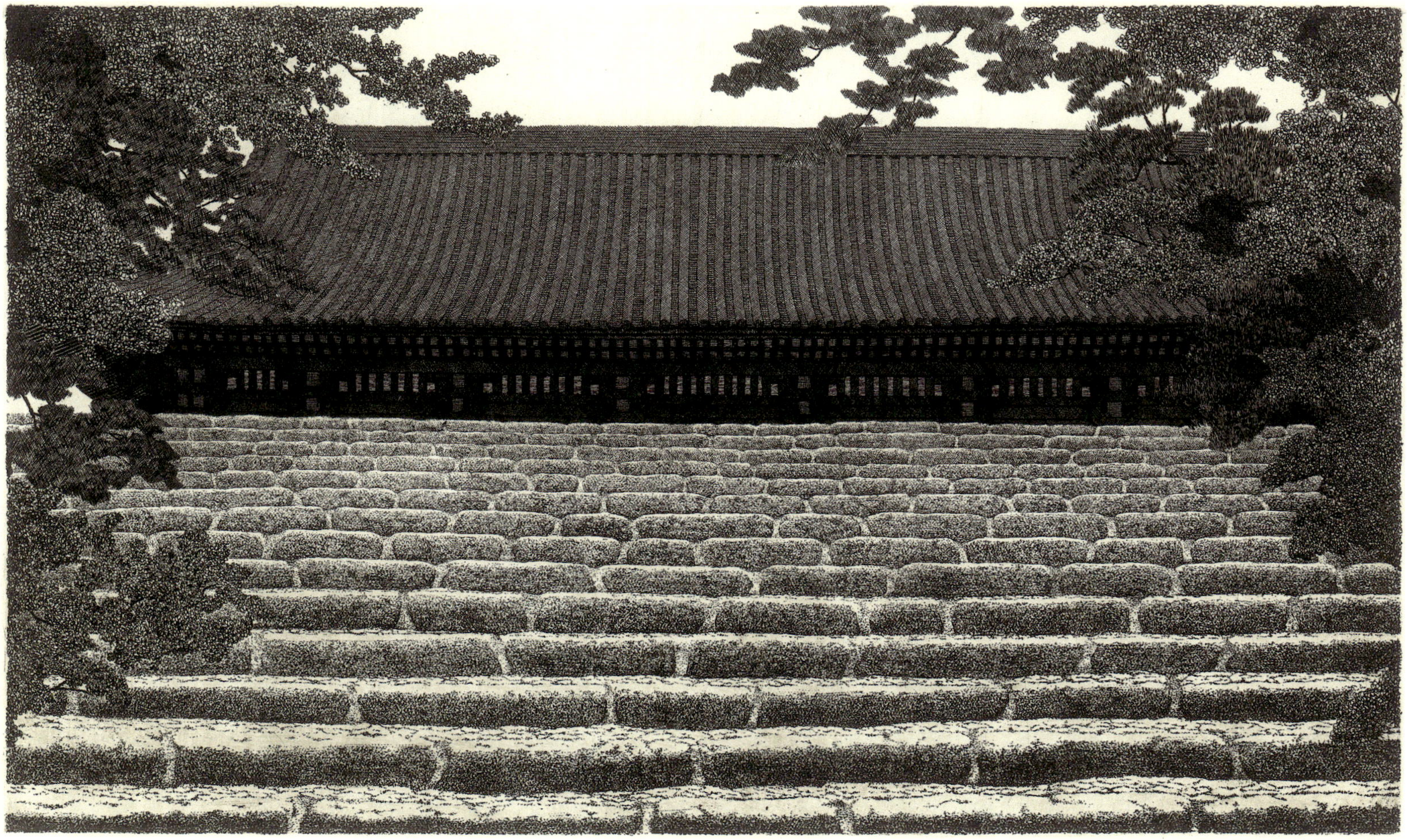

18 ^ JINGO-JI 神護寺
Radierung und Roulette / 24 × 40 cm / 1972
Auflage: 100 / TR 109

Nach dem Erfolg der unkonventionellen Komposition *Zweige von Baumkronen in Sanzen-in* (TR 96, Kat.-Nr. 16) befasste sich Tanaka weiterhin mit neuen Perspektiven, die auf fotografischen Gesichtspunkten basieren. Üblicherweise machte er die ersten Skizzen vor Ort, suchte dabei nach neuen kompositorischen Herausforderungen, legte den Blickwinkel aber sofort fest. Der Blick des Betrachters wird hier auf die Steinstufen gelenkt, die zum Tempeltor hinaufführen. Die Radierung entstand als reine Strichätzung auf hartem Grund; die Steinstufen erhielten ihre Nuancen durch den Einsatz einer Roulette.

19 ᐯ ES WIRD SCHNEIEN NR. 1 雪が来る NO. 1

Radierung und Aquatinta von mehreren Platten / 30 × 30 cm / 1973

Auflage: 100 / TR 112

Diese märchenhaft wirkende Schneeszene ist eines der erfolgreichsten mehrfarbigen Blätter in Tanakas Œuvre. Im Laufe seiner langen Karriere als Radierer konzentrierte sich der Künstler auf monochrome schwarze und manchmal in Sepia wiedergegebene Drucke. Bis zum Ende des Jahres 1973 hatte er jedoch bereits 19 Mehrplattenradierungen geschaffen, von denen die vorliegende die mit Abstand gelungenste ist. Mit ihrem formalen und statischen, jedoch poetischen Realismus erinnert die Komposition an die *nihonga* (日本画 – Malerei im japanischen Stil) der Nachkriegszeit, etwa an Gemälde von Higashiyama Kaii (1908–1999).

Die schwarze Platte bestimmt die Szene. Die in Siena oder einem angemischten Umbraton eingefärbte Platte verströmt die organische Wärme des Reetdaches. Die in Aquatinta vorgenommene Gestaltung des in Stahlblau gedruckten Himmels, die teilweise polierte hellere Partien aufweist, deutet Schneegestöber an und definiert deutlich den Rand des Himmels und des Schnees auf dem fernen Bergrücken. Beim nacheinander erfolgenden Druck der drei Platten mussten die ungeätzten Bereiche genau aufeinander liegen, damit die Schneeflocken auf jedem Abzug absolut weiß erscheinen.

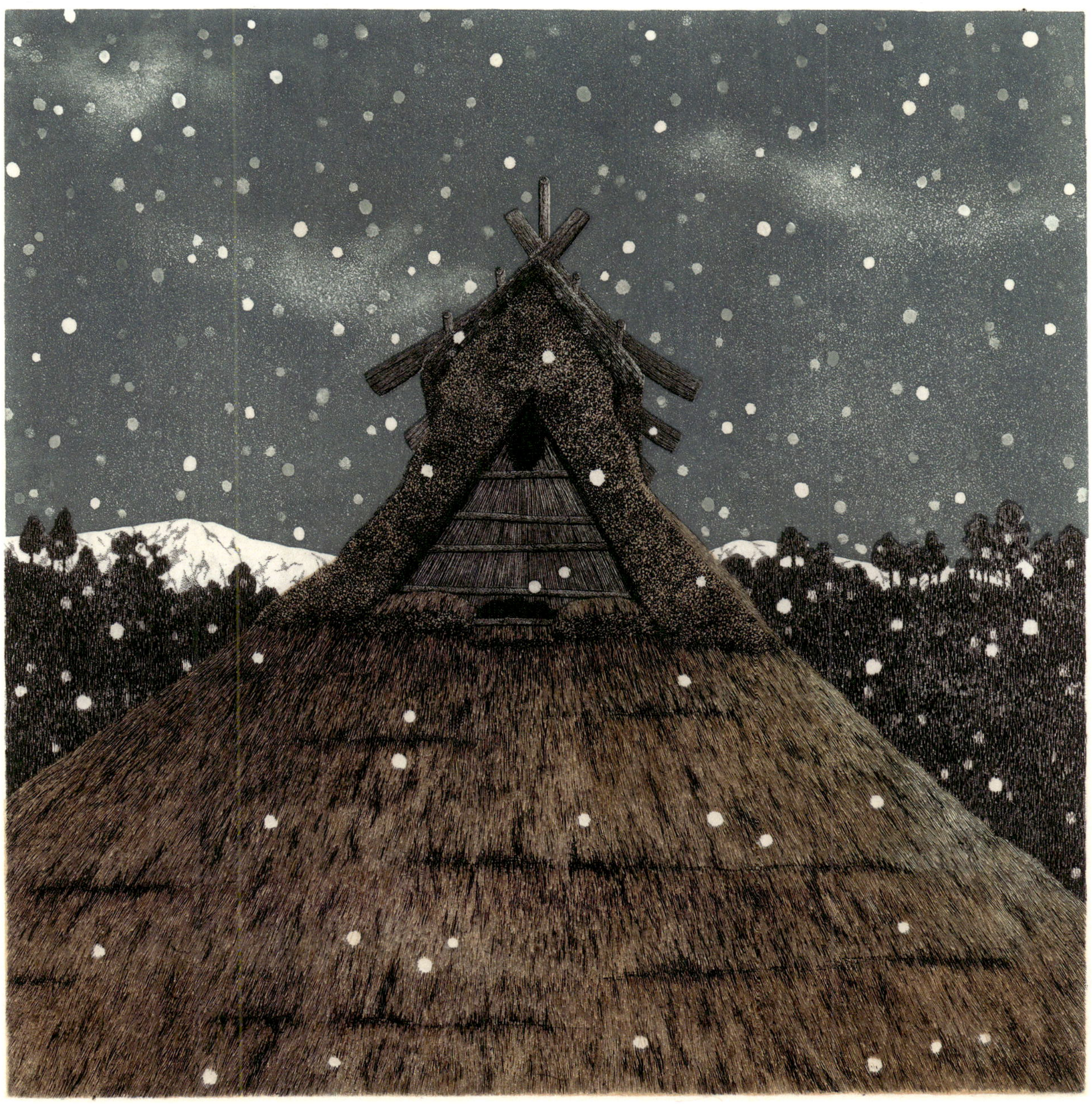

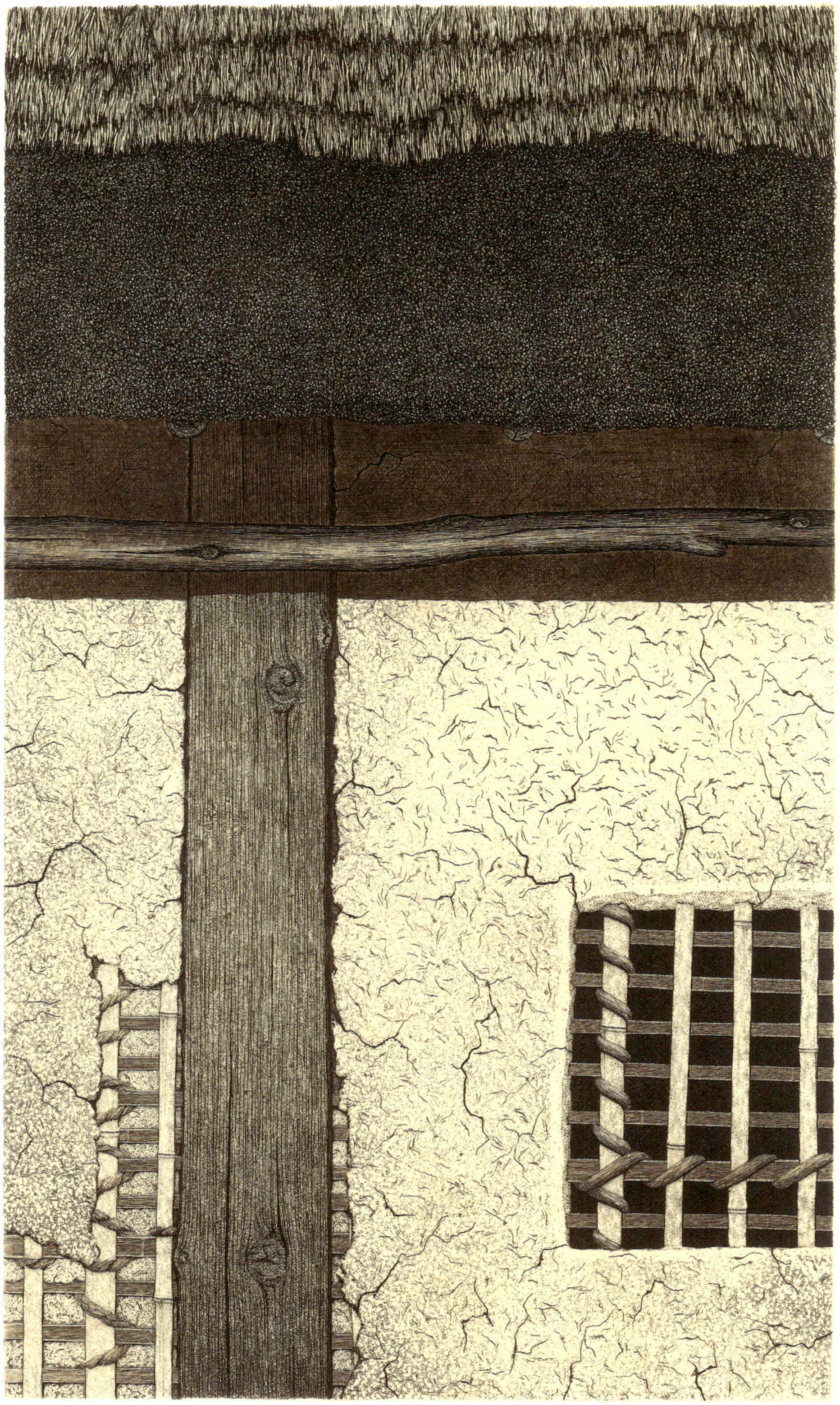

20 < WAND NR. 2 壁 NO. 2

Radierung und Aquatinta / 47 × 28 cm / 1973

Auflage: 100 / TR 114

Diese große, fast abstrakte Komposition zeigt einen Dachausschnitt aus dickem Reet, einen hölzernen Träger, eine Lehmwand und ein Fenstergitter aus Bambus. Das Ergebnis ist verwegen und erinnert an Piet Mondrian. Tanaka sollte mehrfach auf Nahansichten von Wänden zurückkommen. Kurz vor dieser Radierung schuf er die ähnliche, aber viel kleinere *Wand Nr. 1* (TR 104, vgl. Abb. 20a). Offensichtlich war er zufrieden mit der Resonanz, die dieses Werk erhalten hatte.

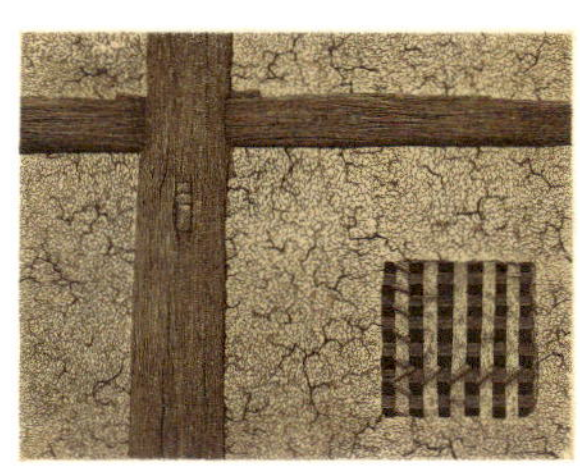

20a Tanaka Ryōhei

Wand Nr. 1, 1972. Radierung und Aquatinta. 10 × 13 cm. Auflage: 100

TR 104

21 V EINFALLENDES DACH NR. 3 崩れる屋根 NO. 3
Radierung / 25 × 55 cm / 1973
Auflage: 100 / TR 115

In diesem Druck ist die dicke, schwarze ölbasierte Tiefdruckfarbe erstarrt und zu einer mattschwarzen Oberfläche getrocknet. Die dunkleren Linien, insbesondere bei den Gräsern im Vordergrund und in einigen dunkleren Texturen des Daches, wurden so tief geätzt, dass sie, wenn man mit den Fingern darüberstreichen könnte, wie Brailleschrift ‚lesbar' wären. Diese Komposition ist eine Variation des früheren Blattes *Es wird Frühling* (TR 83, Kat.-Nr. 12). Die Kombination aus kahlen Bäumen und heruntergekommenen Reetdächern hat Tanaka gelegentlich wieder aufgenommen.

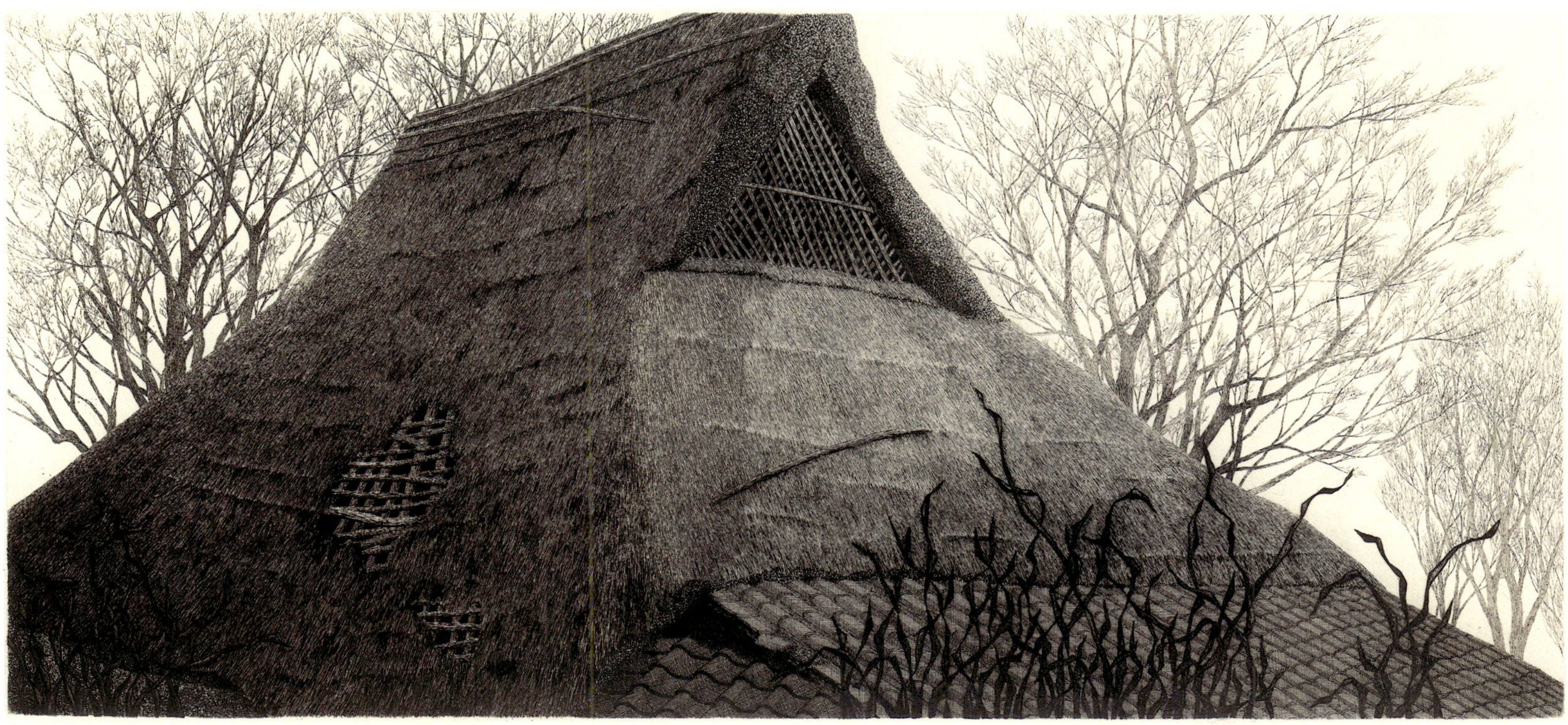

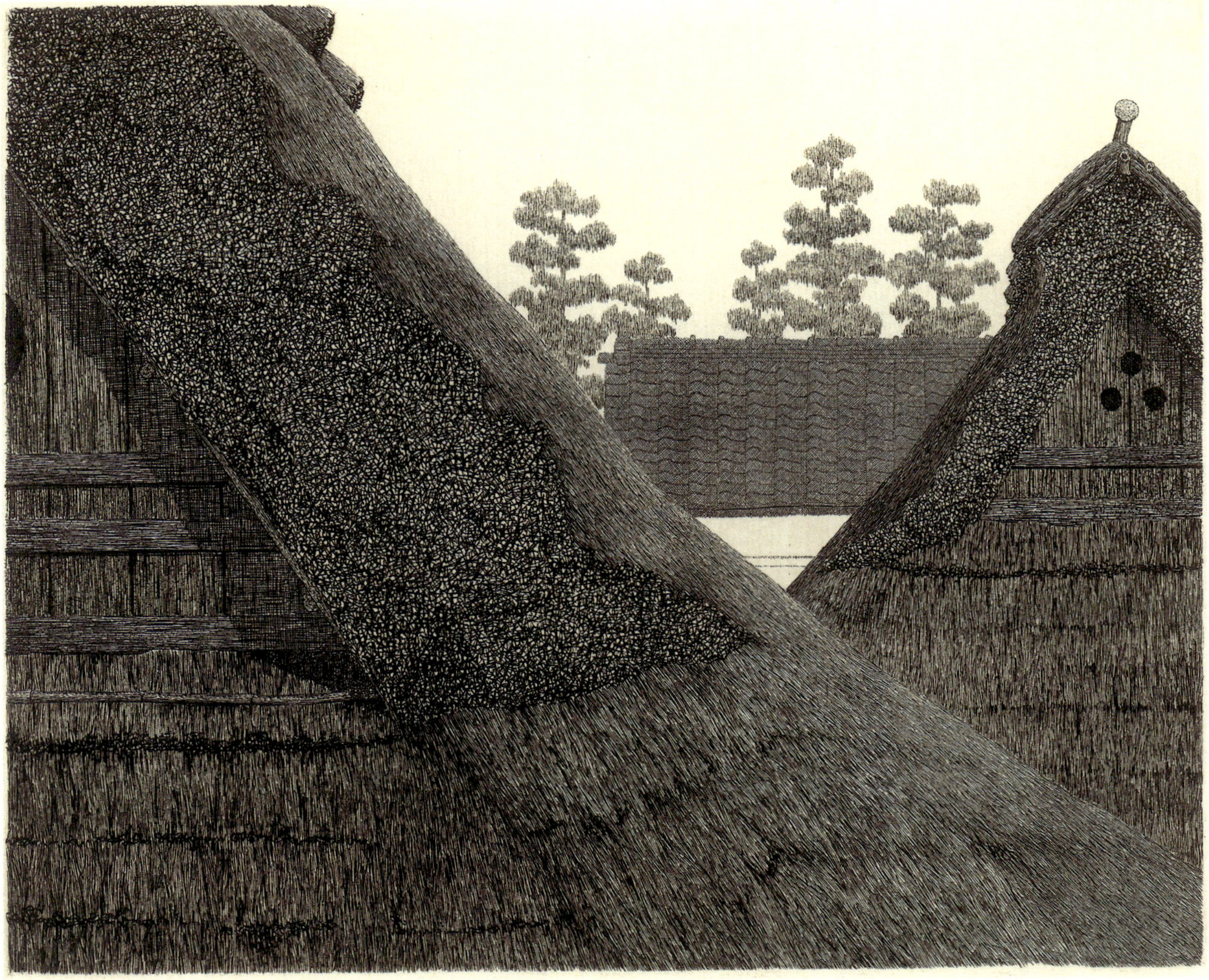

22 ^ ZWEI REETDÄCHER NR. 2 藁屋根二つ NO. 2
Radierung / 17 × 21 cm / 1973 / Auflage: 100 / TR 122

Obwohl Thema wie Größe des Blattes bescheiden sind, zeigt dieses Werk in besonderem Maße Tanakas künstlerische und grafische Fähigkeiten auf: eine schlichte Komposition mit einer in Aufsicht gegebenen perspektivisch verkürzten Ansicht, ausgeführt in einfacher Strichätzung mit einer mutigen Verwendung verschiedener Zeichen- und Ätztechniken. Die heftige und tiefe Kreuzschraffur des scharf abgeschnittenen Reets im Vordergrund kontrastiert fast spürbar mit den sanften, fein geätzten Reetlagen. Die Schatten der ausladenden Dachlinie wurden nicht in Aquatinta ausgeführt, sondern mit einer in dichter Kreuzschraffur angelegten Strichätzung.

23 > DÄCHER IN HIDA NR. 4 飛騨の屋根 NO. 4
Radierung und Aquatinta, in Sepia auf Chine collé / 24 × 30 cm
1973 / Auflage: 100 / TR 125

Hida ist die nördlichste Region der Präfektur Gifu und liegt nahe an den japanischen Nordalpen. In den frühen 1970er-Jahren reiste Tanaka mehrfach in diese Gegend, um die charakteristischen mehrstöckigen reetgedeckten Bauernhäuser zu dokumentieren, von denen einige schon aufgegeben worden waren. *Dächer in Hida Nr. 4* gehört zu Tanakas verspieltesten Drucken: Der Betrachter steht hinter der halb geöffneten Schiebetür eines Bauernhauses und blickt auf ein anderes, offensichtlich verlassenes Bauernhaus mit zerrissenen Fensterbespannungen. Die dunklen, mit Aquatinta gestalteten Bereiche auf der rechten Seite bilden einen starken Kontrast zu dem sonnenbeschienenen Bauernhaus gegenüber und evozieren eine surrealistische Atmosphäre – das Gefühl, dass tatsächlich das gesamte Dorf verlassen ist. Auf der linken Seite hat Tanaka die Technik des Chine collé angewendet. Jedes einzelne Stück des hauchdünnen Gampi-Papiers musste separat geschnitten und gerissen werden, um ein realistisches Bild des beschädigten Papiers der Schiebetür zu erzeugen. Daher gleicht keiner der Drucke in dieser Auflage dem anderen.

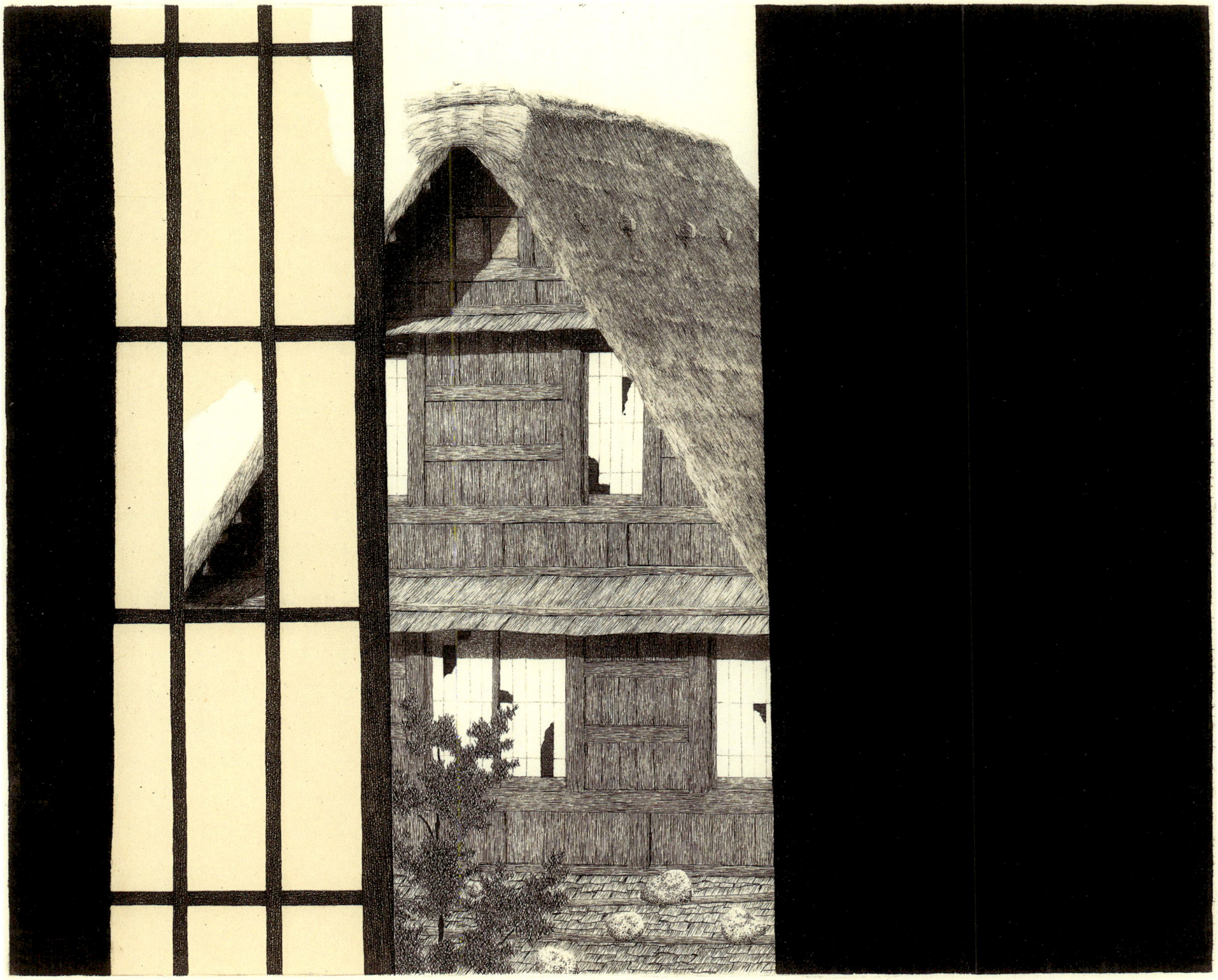

24 ∨ DÄCHER IN OKINAWA 沖縄の屋根
Radierung und Aquatinta / 24 × 40 cm / 1974
Auflage: 100 / TR 129

1973 hatte Tanaka eine Einzelausstellung im Hilton Hotel in Okinawa. *Dächer in Okinawa* zeigt den lokalen Stil der Dachdeckung, bei dem Dachziegel mit Mörtel befestigt werden, damit sie während der tropischen Taifune, die jedes Jahr über Japans südlichsten Subarchipel hinwegfegen, nicht wegfliegen. Zwischen den in Kreuzschraffur angelegten Partien der robusten Dächer vermitteln die zart geätzten Blätter der tropischen Bananenpalme einen Eindruck von der örtlichen Vegetation.

25 > BÄUME NR. 2 樹 NO. 2
RADIERUNG / 31 × 40 cm / 1974
Auflage: 100 / TR 131

Sorgfältige Studien von Bäumen finden sich regelmäßig in Tanakas Œuvre. *Bäume Nr. 2* ist eine große und ambitionierte Radierung. Die Wurzeln, der Stamm und die Äste sind zur Gänze als Strichätzung aus Kreuzschraffuren angelegt. Der ‚Große Baum', der sich heute in einem schlechten Zustand befindet, steht außerhalb des Geländes von Shōren-in, neben dem Chion-in, in Kyotos Higashiyama-Sanjō-Bezirk. Er hat vielen Künstlern der Stadt als Inspiration gedient (vgl. Abb. 25a).

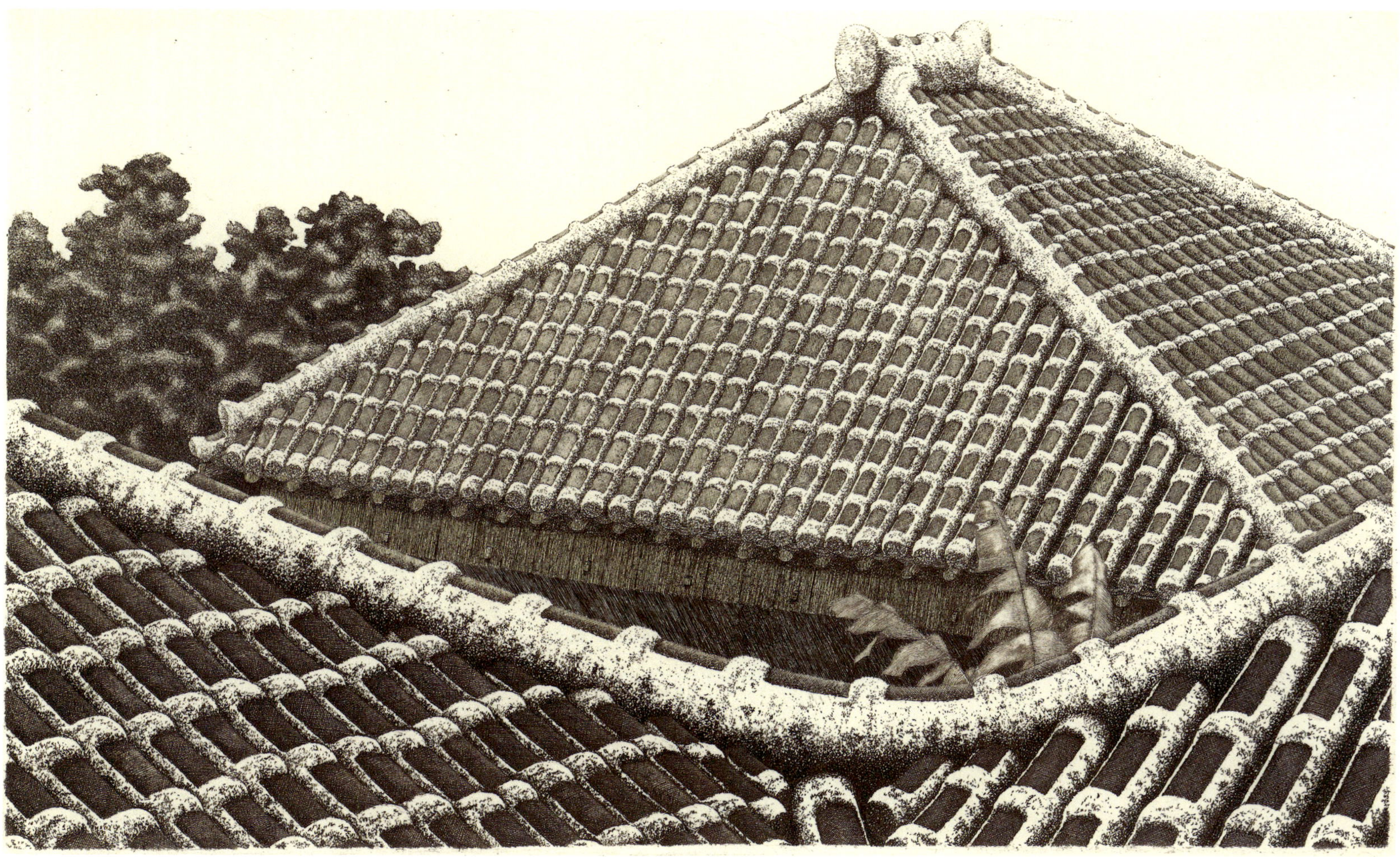

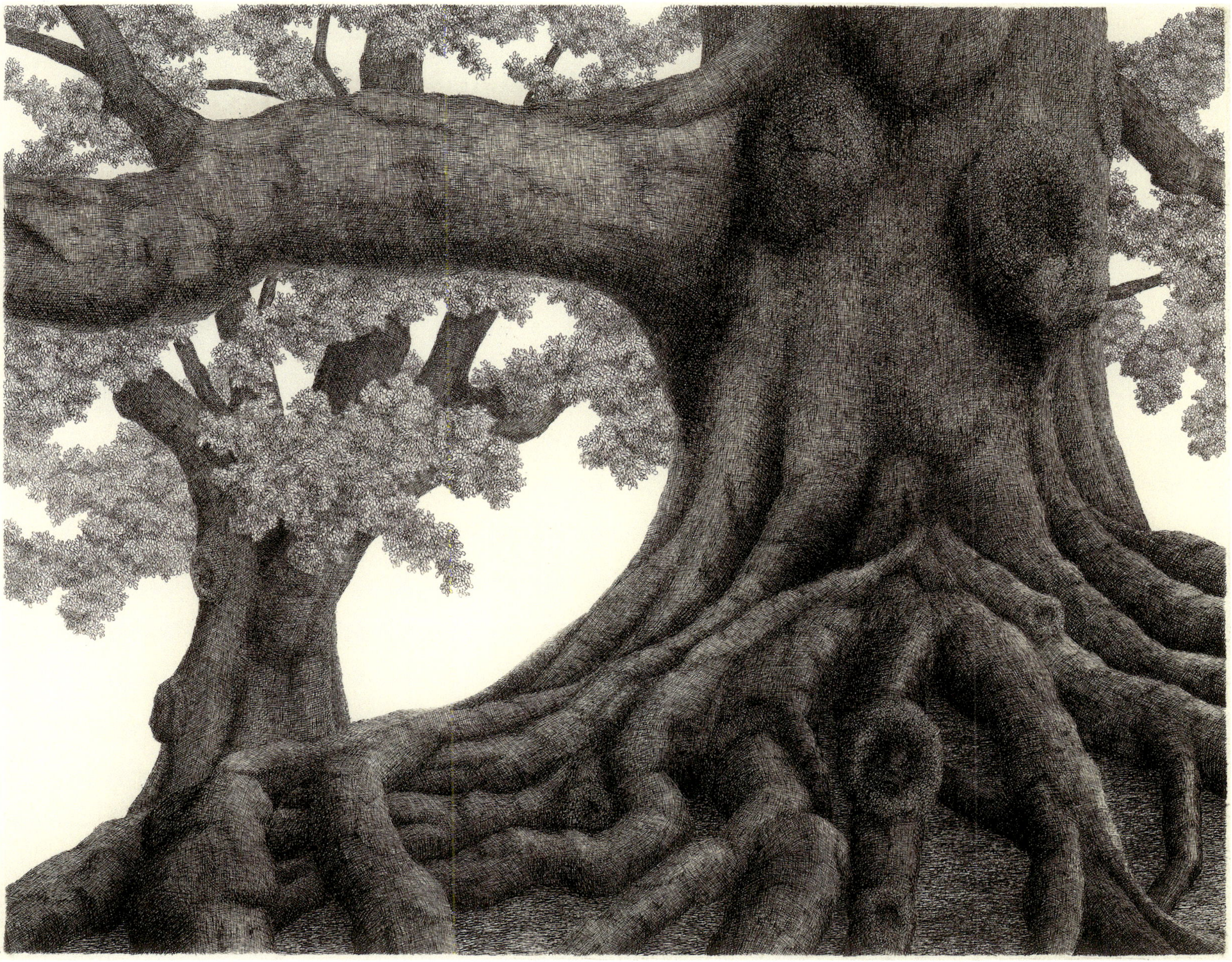

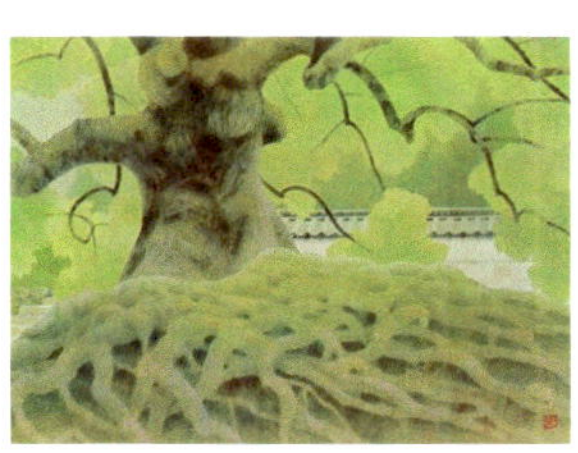

25a Yamaguchi Kayo (1899–1984)
Der alte Baum von Shōren-in, 1970
Japanische Pigmente auf Papier
53 × 73 cm
Kyōto Furitsu Sōgō Shiryōkan

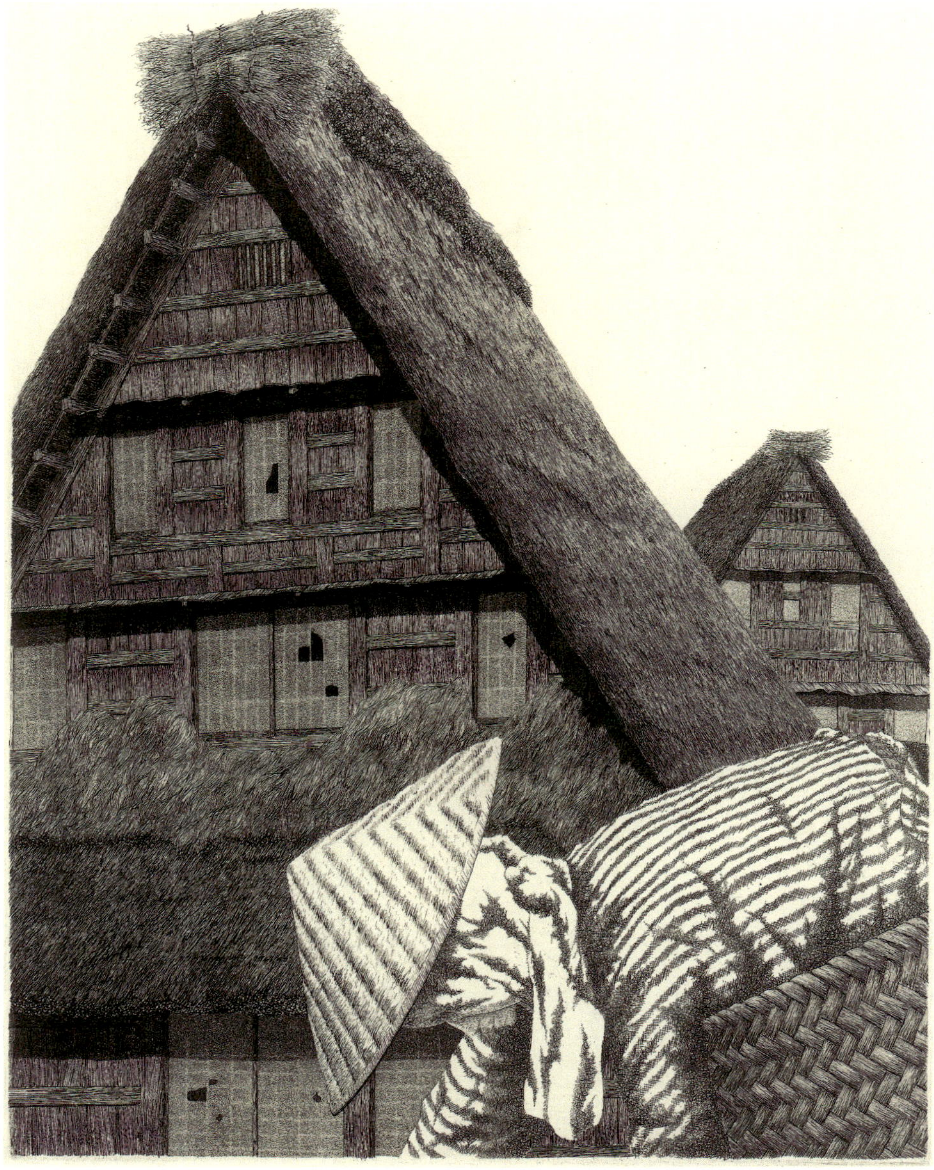

26 ^ DÄCHER IN HIDA NR. 5 飛騨の屋根 NO. 5
Radierung und Aquatint / 30 × 24 cm / 1974
Auflage: 100 / TR 133

Obwohl nur selten Menschen in Tanakas Radierungen in Erscheinung treten, ist ihre Gegenwart doch häufig spürbar. Dies mag damit zu tun haben, dass japanische Bauernhäuser und manchmal ganze Dörfer oft ziemlich verlassen wirken. Da der Künstler keine formale Ausbildung in der Figurenstudie erhalten hatte, fühlte er sich darüber hinaus vielleicht unwohl bei der Wiedergabe von Menschen. Mit diesem Blatt liegt ein seltener und erfolgreicher Versuch vor. Die gebückte Figur einer Frau, die vermutlich Reissetzlinge pflanzt, dominiert die Komposition. Ihr Hut und Kopftuch schützen sie vor den intensiven Sonnenstrahlen.

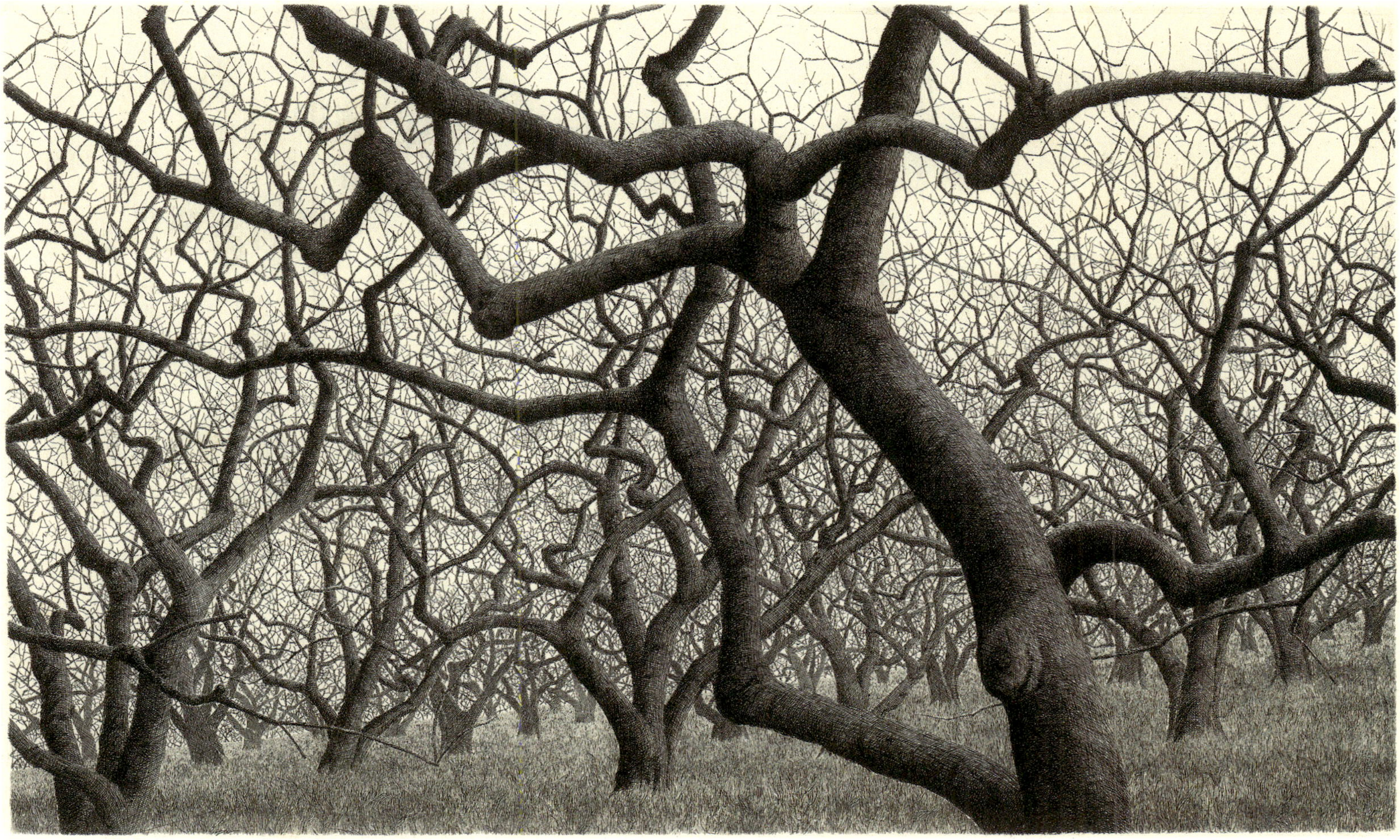

27 ^ BÄUME NR. 3 樹 NO. 3
Radierung / 28 × 47 cm / 1974 / Auflage: 100 / TR 138

Dieser Druck, der einen Obstgarten im Winter zeigt, wurde zur Gänze aus geätzten Linien komponiert. Die Formen der Äste, ihre Kontrastwirkung und der Eindruck von Distanz zu den Bäumen im Hintergrund wurden ausnahmslos durch geduldiges Zeichnen mit der Radiernadel und sorgfältiges Timing bei der Durchführung der stufenweisen Ätzung verwirklicht. Beim Vergleich dieses Drucks mit dem nur sieben Jahre früher entstandenen Blatt *Winterlicher Obstgarten* (TR 32, Kat.-Nr. 5) lässt sich erkennen, dass Tanaka nun das hohe technische Niveau erreicht hatte, das er in den folgenden Jahren aufrechterhalten sollte.

28 V DORF IN DER ABENDDÄMMERUNG 影る村
Farbige Radierung / 30 × 24 cm / 1974 / Auflage: 100 / TR 139

Im Gegensatz zur Mehrzahl der von Tanaka dargestellten Berglandschaften, für deren Wiedergabe er Strichätzung und Aquatinta kombinierte, wurden bei diesem Werk die blaue und die schwarze Platte gänzlich mit der Radiernadel gezeichnet. Geschickt eingesetzte Veränderungen bei der Kreuzschraffur verleihen den bewaldeten Hängen ihre deutliche Struktur. Bei der Blume handelt es sich um die Rote Spinnenlilie (Lycoris radiata), die am Ende des Sommers in Blüte steht. In Japan wird sie mit dem endgültigen Abschied assoziiert. Buddhistischen Glaubensvorstellungen zufolge ist sie die Blume von Tod und Wiedergeburt und wird daher oft bei Bestattungen verwendet. Die Andeutung abendlicher Dämmerung und die Tonalität der blauen Farbe, die sonst nur selten in Tanakas Radierungen zu finden ist, verstärken die melancholische Atmosphäre.

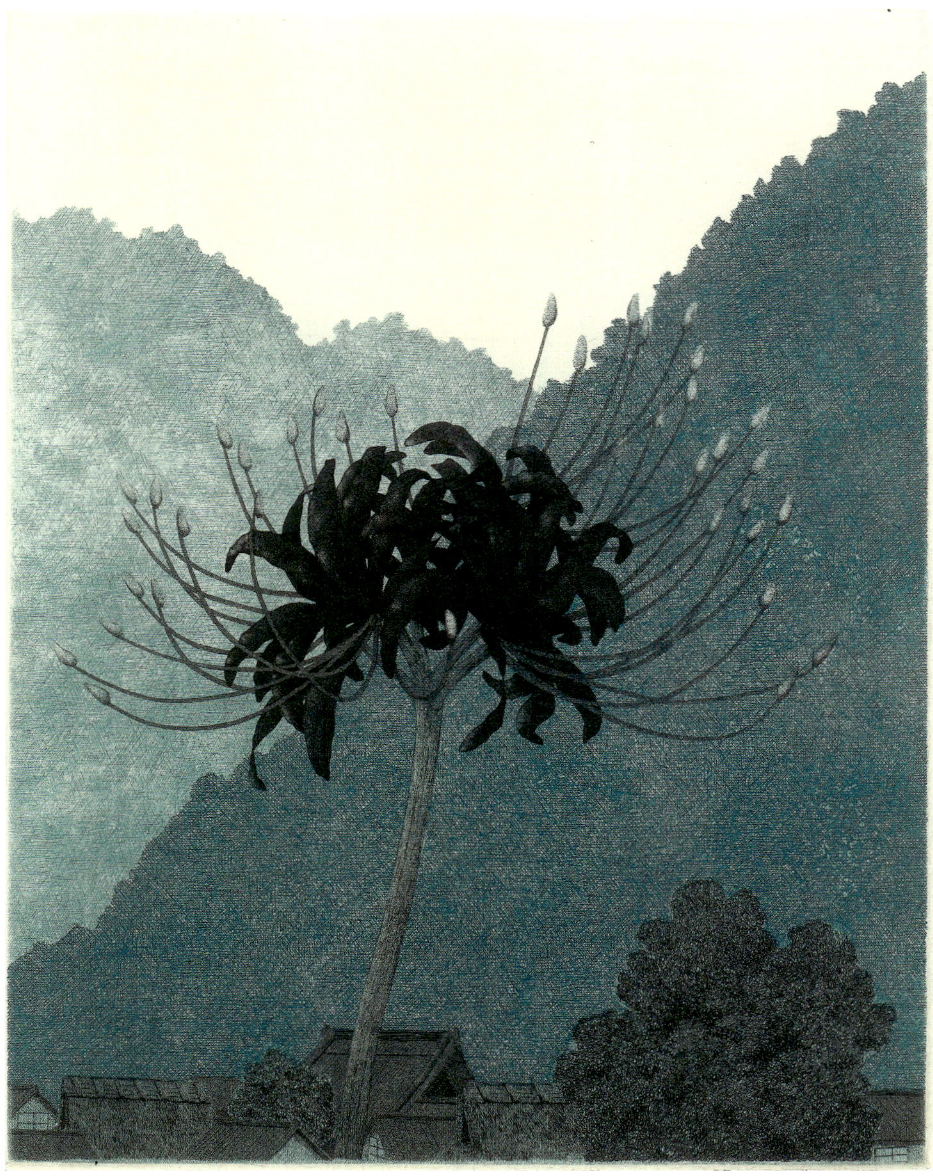

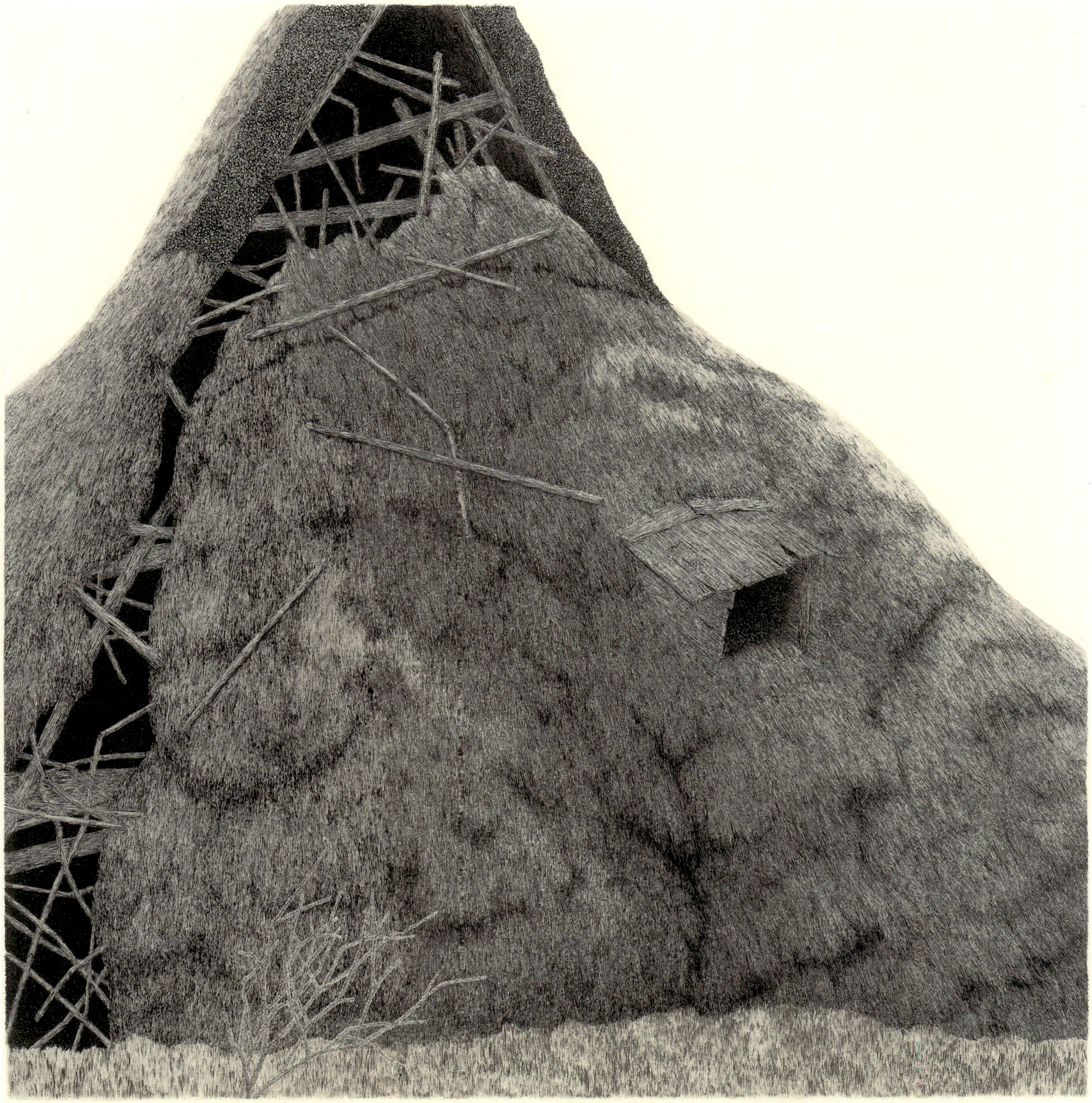

29 ^ VERFALLENDES DACH NR. 4 崩れる屋根 NO. 4
Radierung / 36,5 × 36,5 cm / 1975 / Auflage: 100 / TR 151

Mit Ausnahme von TR 30 und TR 31, die beide den Titel „Verlassenes Haus" tragen, sehen die in Tanakas frühen Arbeiten dargestellten Reetdächer stabil und gut erhalten aus. TR 80 und TR 115 (Kat.-Nr. 9 und 21) zeigen partiell eingefallene Dächer. Für *Verfallendes Dach Nr. 4* verwendete der Künstler erstmals dieses besondere und große quadratische Format für ein rein architektonisches Thema. Für seine spektakuläreren Kompositionen sollte er zu diesem Format zurückkehren (vgl. z. B. TR 172, TR 173 und TR 248; Kat.-Nr. 38, 39 und 51). Die Platte wurde durchgängig als Strichätzung ausgeführt und weist in den dunkelsten Bereichen tief geätzte Partien in Kreuzschraffur auf. Auf der rechten Seite, wo das Reet sich in den dahinter liegenden Himmel aufzulösen scheint, finden sich äußerst feine Linien – ein Meisterwerk der Radierkunst.

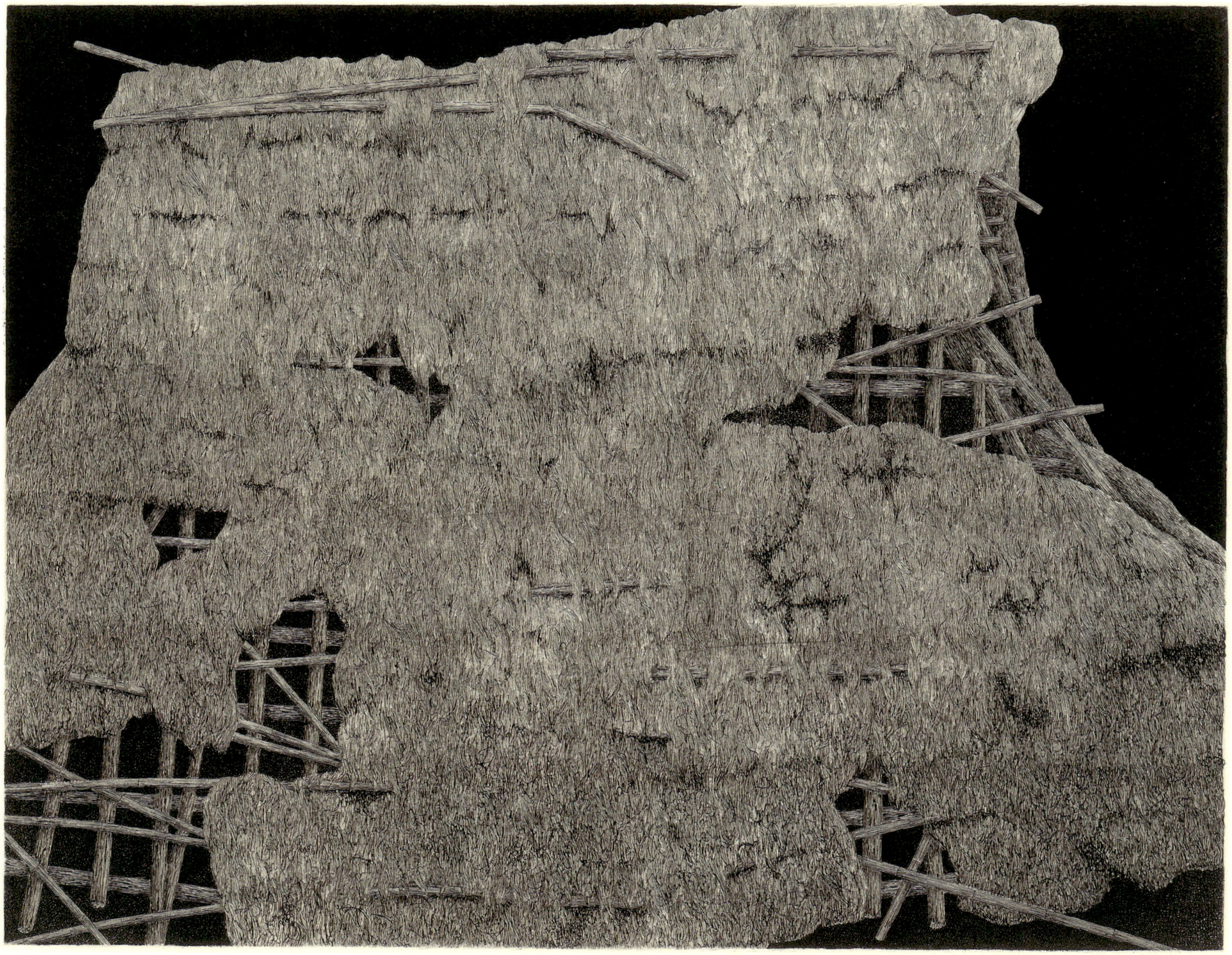

30 ∧ VERFALLENDES DACH NR. 5 崩れる屋根 NO. 5
Radierung und Aquatinta / 31 × 40 cm / 1975
Auflage: 100 / TR 152

Tanaka arbeitete gleichzeitig an den beiden großen Kupferplatten für diese und die zuvor besprochene Radierung (*Verfallendes Dach Nr. 4*, TR 151). Er begann mit der vorliegenden Komposition, ließ sie aber unvollendet und wechselte zu der anderen Darstellung (TR 151), die sich von Beginn an besser zu entwickeln schien. Nachdem er TR 151 fertiggestellt hatte, wandte er sich wieder der Komposition *Verfallendes Dach Nr. 5* zu, eine Arbeitsweise, die die Ausnahme bleiben sollte. Die beiden Bilder geben völlig unterschiedliche Stimmungen wieder. Während TR 151 atmosphärisch und trostlos ist und eine gewisse Sentimentalität angesichts des Verlustes traditioneller Architektur zum Ausdruck bringt, zeigt sich TR 152 nicht weniger eindrucksvoll, wirkt aber in der skulpturalen Wiedergabe einer Bauernhausruine eher analytisch.

31 > WEIDE IM FRÜHLING 春柳
Radierung und Aquatinta / 36,5 × 20 cm / 1975
Auflage: 100 / TR 153

Der japanische Ausdruck für Trauerweide ist *shidare yanagi*. Das Wort für das hier verwendete künstlerische Mittel, *shidare*, ist gleichfalls von dem Verb *shidareru* (herabhängen) abgeleitet. Dieses Gestaltungselement, ein Repoussoir aus herabhängenden Blättern, stammt aus der alten Tradition der Malerei des Fernen Ostens. In Japan wurde es häufig eingesetzt, insbesondere von *ukiyo-e*-Künstlern. Es findet sich sehr häufig auch in der Architektur: Bambusvorhänge und -schirme formen eine sanfte physische Barriere zwischen dem Beobachter und der Umgebung und bewirken so ein größeres Maß an Privatsphäre. Tanaka verwendete hier zum ersten Mal *shidare* in einer seiner Radierungen.

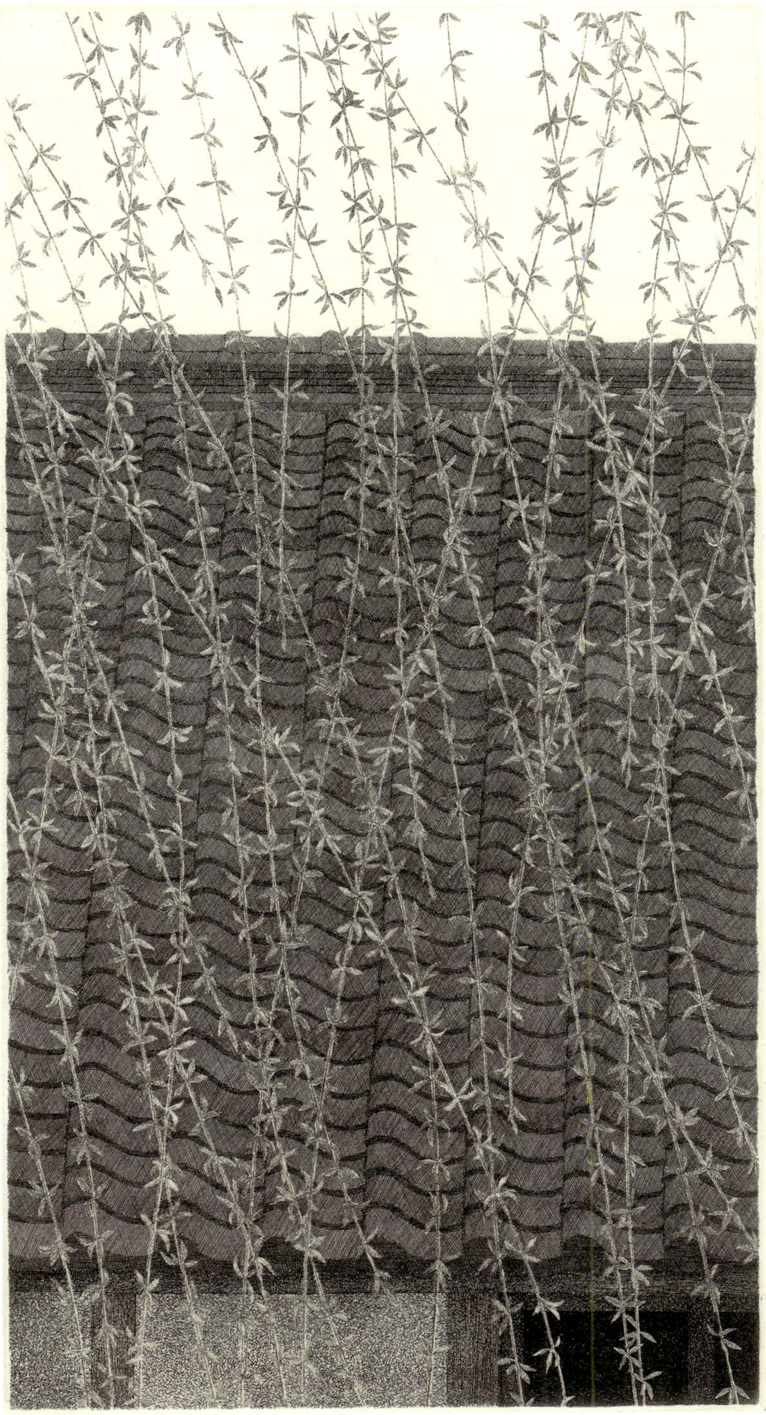

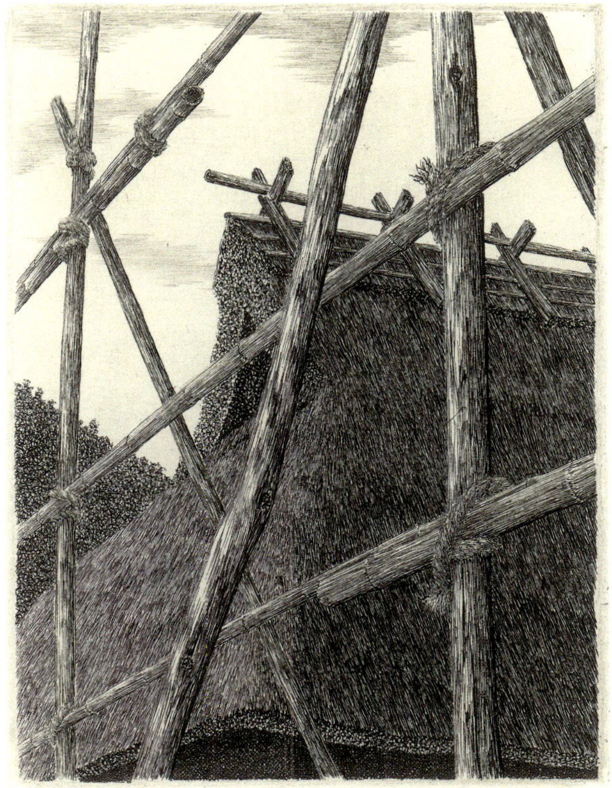

32 ^ BAUERNHAUS MIT TROCKENGESTELL FÜR REIS NR. 2
稲架越しの家 NO. 2
Hart- und Weichgrundradierung / 13 × 10 cm / 1975
Auflage: 100 / TR 163

Goethes Diktum „In der Beschränkung zeigt sich erst der Meister" passt hervorragend zu dieser und vielen anderen kleinen Radierungen Tanakas. Der Künstler verwendete wiederholt spezifische Kupferplattenformate. Am häufigsten ist in seinem Œuvre die Größe 10 x 13 cm zu finden – er verwendete sie für über 100 Radierungen. Weiterhin schuf er über 50 Werke in der Größe 9 × 12,5 cm. Tanaka beschränkte sich sowohl im Format als auch bei der Anwendung von Farben und schuf über Jahrzehnte meisterlich ausgeführte Miniaturuniversen. Ein wunderbares Beispiel ist dieses Bild eines Bauernhauses, das durch die leeren Holzgestelle zu sehen ist, die zum Trocknen von geerntetem Reis dienen.

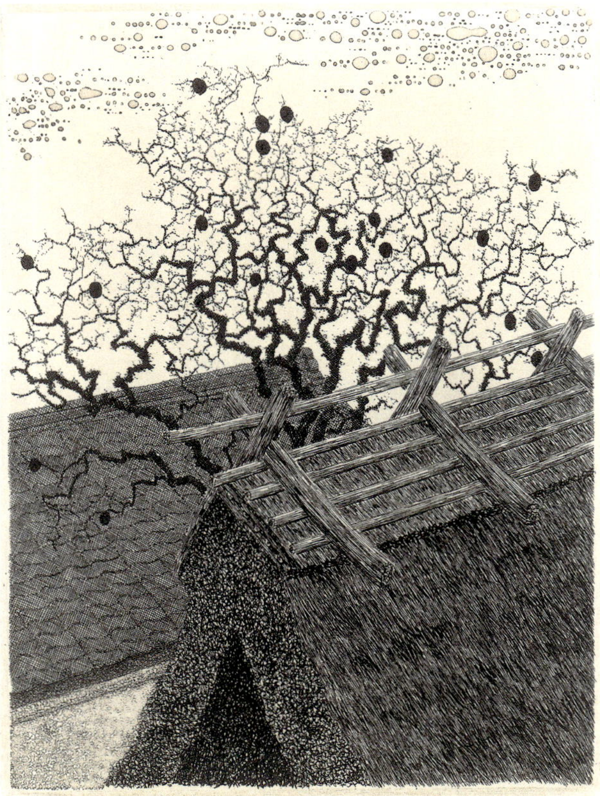

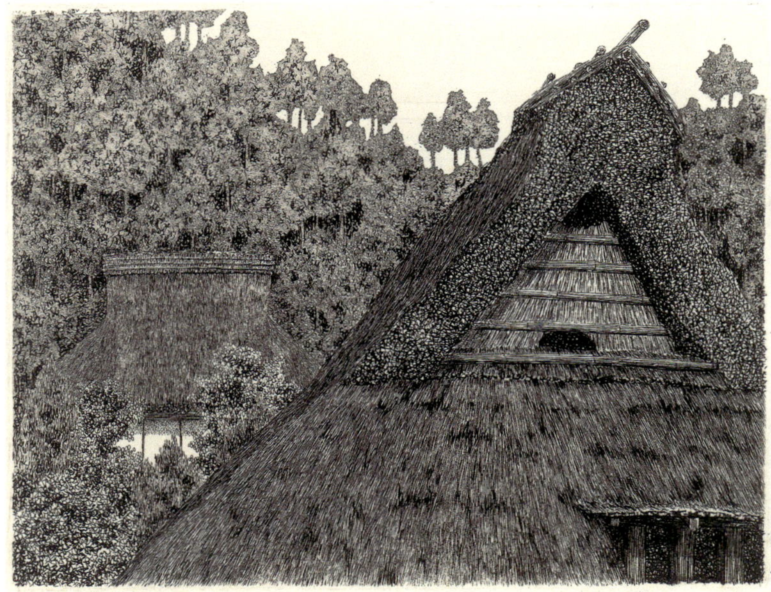

33 ^ BAUERNHAUS MIT REIFEN KAKIFRÜCHTEN NR. 1
柿実る家 NO. 1
Radierung und Aquatinta / 13 × 10 cm / 1975
Auflage: 100 / TR 164

Von einem erhöhten Standpunkt blicken wir auf eine Kombination aus Tanakas beliebtesten Motiven, auf reet- und ziegelgedeckte Dächer und einen Kakibaum. Die fast surrealistischen Luftblasen wurden mittels Aussprengtechnik erzeugt. Sie erwecken den Eindruck eines bedeckten Himmels und ergänzen die dunklen, reifen Kakifrüchte auf dem Baum, der sich zwischen dem Ziegeldach des Lagerhauses *(kura)* und dem Reetdach des Bauerhauses befindet. Wie im Fall der zuvor vorgestellten TR 163 (Kat.-Nr. 32) wurde auch die komplette Auflage dieser Radierung innerhalb weniger Monate verkauft.

34 ^ HÄUSER AM BERG 山の家
Radierung und Aquatinta / 10 × 13 cm / 1975
Auflage: 100 / TR 167

Dies ist die dritte von drei meisterlichen und bescheidenen, kleinen Radierungen, die im Frühjahr und Frühsommer 1975 entstanden sind. Tanaka verwendete hier Aquatinta-Techniken in Kombination mit Strichätzung, um die Bäume am Berghang mit außergewöhnlicher Virtuosität abzubilden. Die Strukturen und Texturen der verwitterten Dächer der Bauernhäuser verschmelzen ganz natürlich mit dem Blattwerk der sie umgebenden Bäume.

35 ∨ REETDACH BEI NACHT 藁屋根 (夜)

Radierung und Aquatinta / 36,5 × 36,5 cm / 1975

Auflage: 100 / TR 166

Bei diesem Druck, dem zweiten in einer Serie gewagter Architekturkompositionen, die auf *Verfallendes Dach Nr. 4* (TR 151, Kat.-Nr. 29) folgten, setzte der Künstler die Aquatinta-Technik geschickt zur Wiedergabe des dunklen Himmels ein. Dessen Schwärze und der tiefe Schatten unter dem Dachvorsprung betonen das Licht des (unsichtbaren) kalten Herbst- oder Wintermondes, der auf das Dach und die Federn des China-Schilfs *(susuki)* im Vordergrund scheint. Die regelmäßigen Abstände der vertikalen Stützen in den Wänden von Haus und Schuppen unterstreichen die quadratischen Abmessungen des Blattes, dessen Größe und Format einer Vorliebe des Künstlers entsprechen.

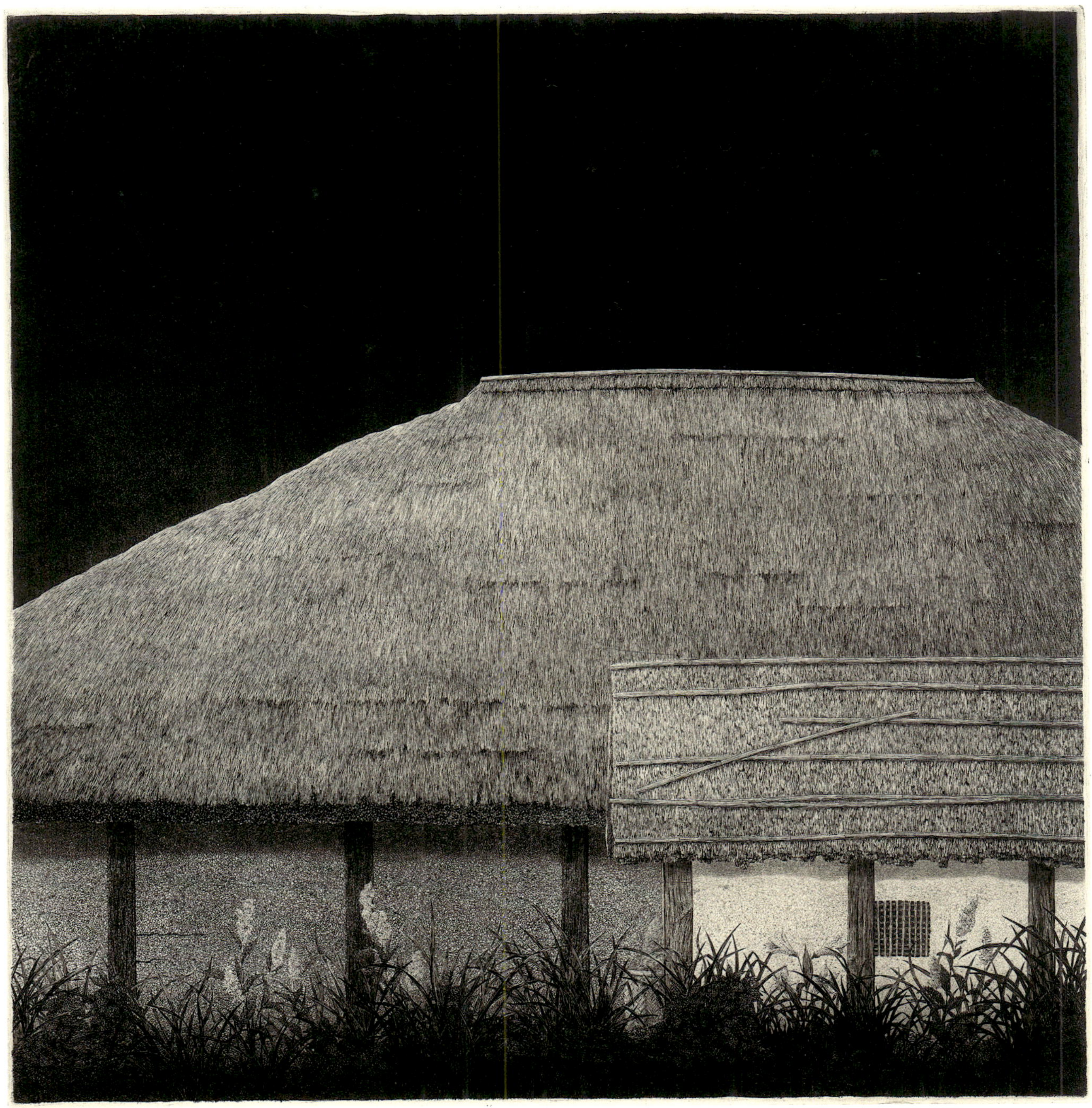

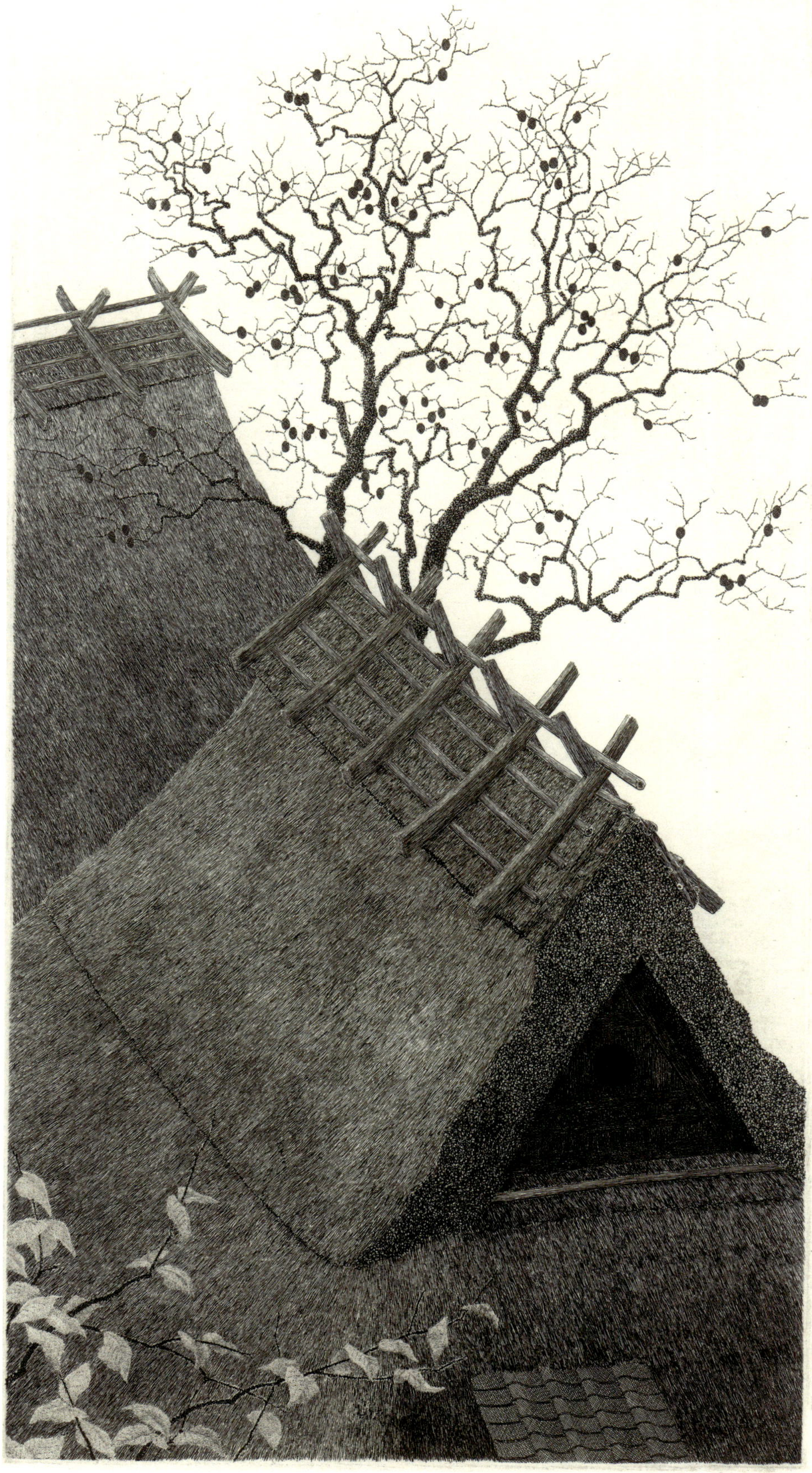

36 < KAKIS UND DÄCHER NR. 2 柿実る家 NO. 2
Radierung und Aquatinta / 36,5 × 20 cm / 1975
Auflage: 100 / TR 170

Der Betrachter blickt von einer erhöhten Position – einem Hügel oder Berghang – auf die Reetdächer zweier Bauernhäuser und einen dahinterstehenden Kakibaum. Die augenscheinliche Nähe des helleren Blattwerks im Vordergrund links erzeugt den Eindruck, als wäre das Bild mit den verkürzenden Eigenschaften eines Teleobjektivs aufgenommen und dadurch angeschnitten. Dieser Aspekt wie auch das vertikale Format dieser Radierung erinnern stark an die Tradition japanischer Rollbildmalerei, insbesondere an Darstellungen von Landschaften, die, häufig in Aufsicht gezeigt, jenen an die Telefotografie erinnernden Blickwinkel aufweisen. Allerdings finden sich sowohl die Verwendung der Aufsicht als auch dieser Blickwinkel nur selten in Tanakas Œuvre. Die offizielle Beschreibung erwähnt die Verwendung von Aquatinta. Tatsächlich wurde fast die gesamte Platte als Strichätzung angefertigt, und nur ein kleiner Bereich im Dreieck des Giebels mit seiner Belüftungsöffnung ist in Aquatinta angelegt.

37 V WIND 風

Radierung, Aquatinta mit Aussprengverfahren / 31 × 40 cm

1976 / Auflage: 100 / TR 171

Die verheerende Wirkung des Sturms ist fast spürbar. Tanaka gibt die heftigen Luftbewegungen durch einen beinahe kalligrafischen Einsatz von Aquatinta, Aussprengverfahren und einer lediglich schwachen Ätzung am Himmel wieder. Der Sturm bläst das Gebäude buchstäblich auseinander. Mit Ausnahme der zarten Aquatinta im Bereich des Himmels wurde die Platte nur mittels Strichätzung gestaltet. Die Zeichnung ist mit derartiger Virtuosität angelegt, dass Teile der Reetdeckung tatsächlich in Bewegung zu sein und die Halme auf der Dachoberfläche im Wind zu flattern scheinen.

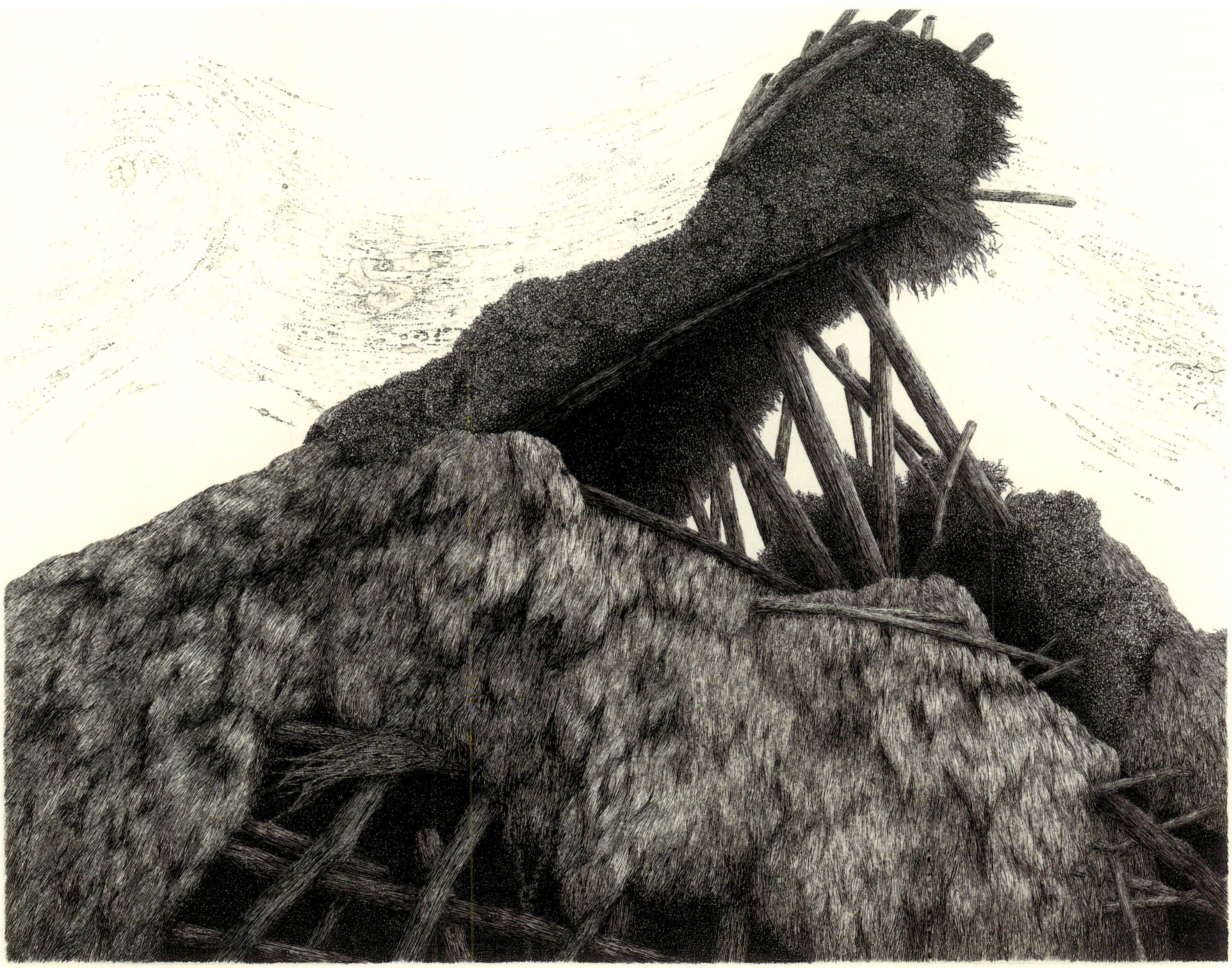

38 WAND NR. 3 壁 NO. 3

Radierung und Aquatinta / 36,5 × 36,5 cm / 1976

Auflage: 100 / TR 172

Wand Nr. 3 ist eine von Tanakas gewagtesten Kompositionen und kann als Kombination von *Wand Nr. 2* (TR 114, Kat.-Nr. 20) mit dem innovativen Bild *Dächer in Hida Nr. 4* (TR 125, Kat.-Nr. 23) verstanden werden. Das Blatt ist außerdem ein Vorläufer von Wanddarstellungen wie TR 335 und TR 336 (Kat.-Nr. 82 und 83). Das Spinnennetz in der Türöffnung – oben links in der intensiv mit Aquatinta behandelten Partie der Radierung – erweckt den Eindruck, als würde das Gebäude nicht mehr genutzt. Es erfordert großes Können, diesen Bereich blankzuwischen und zu drucken, ohne Flecken auf den feinen weißen Linien des Spinngewebes zu hinterlassen.

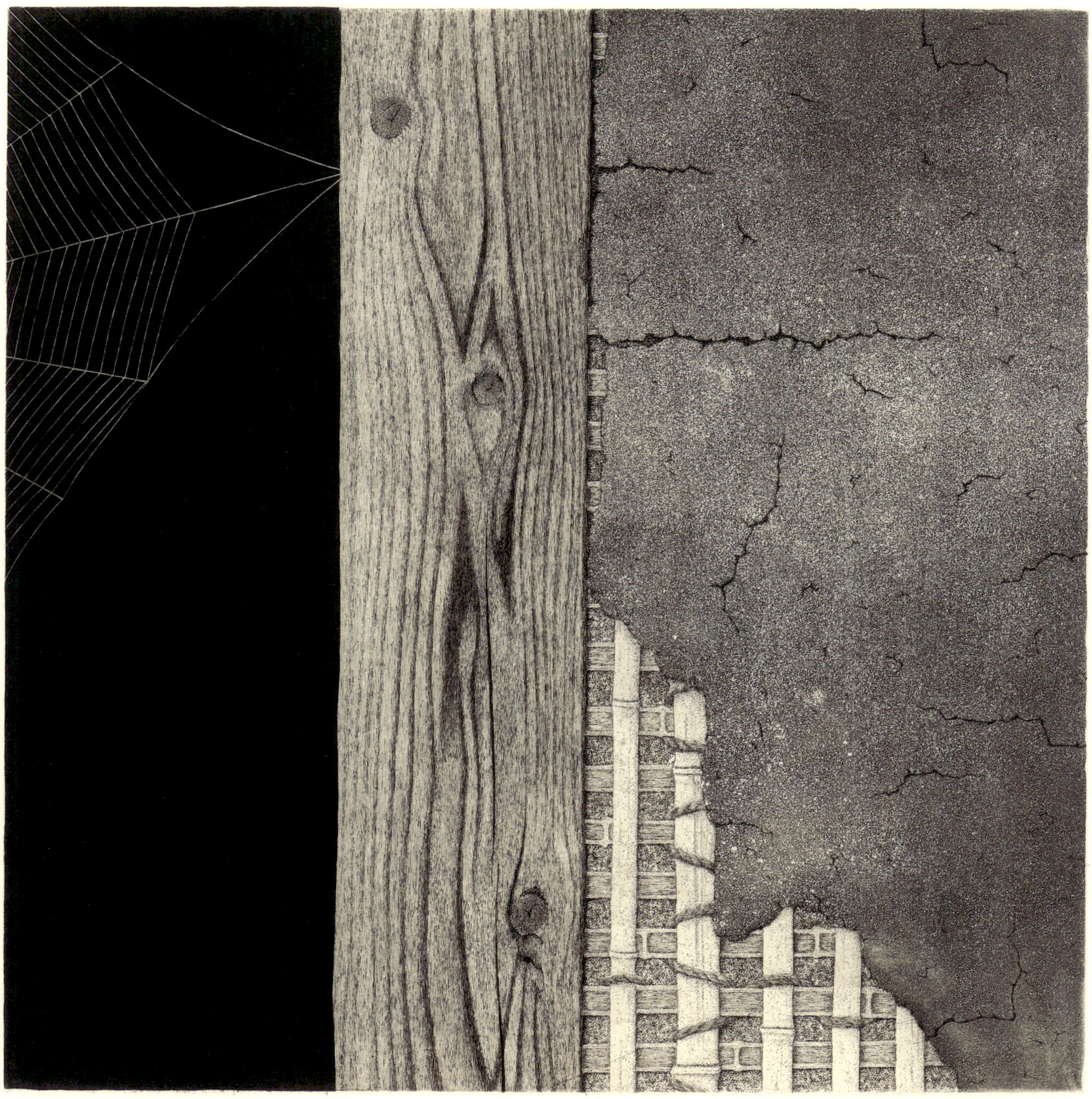

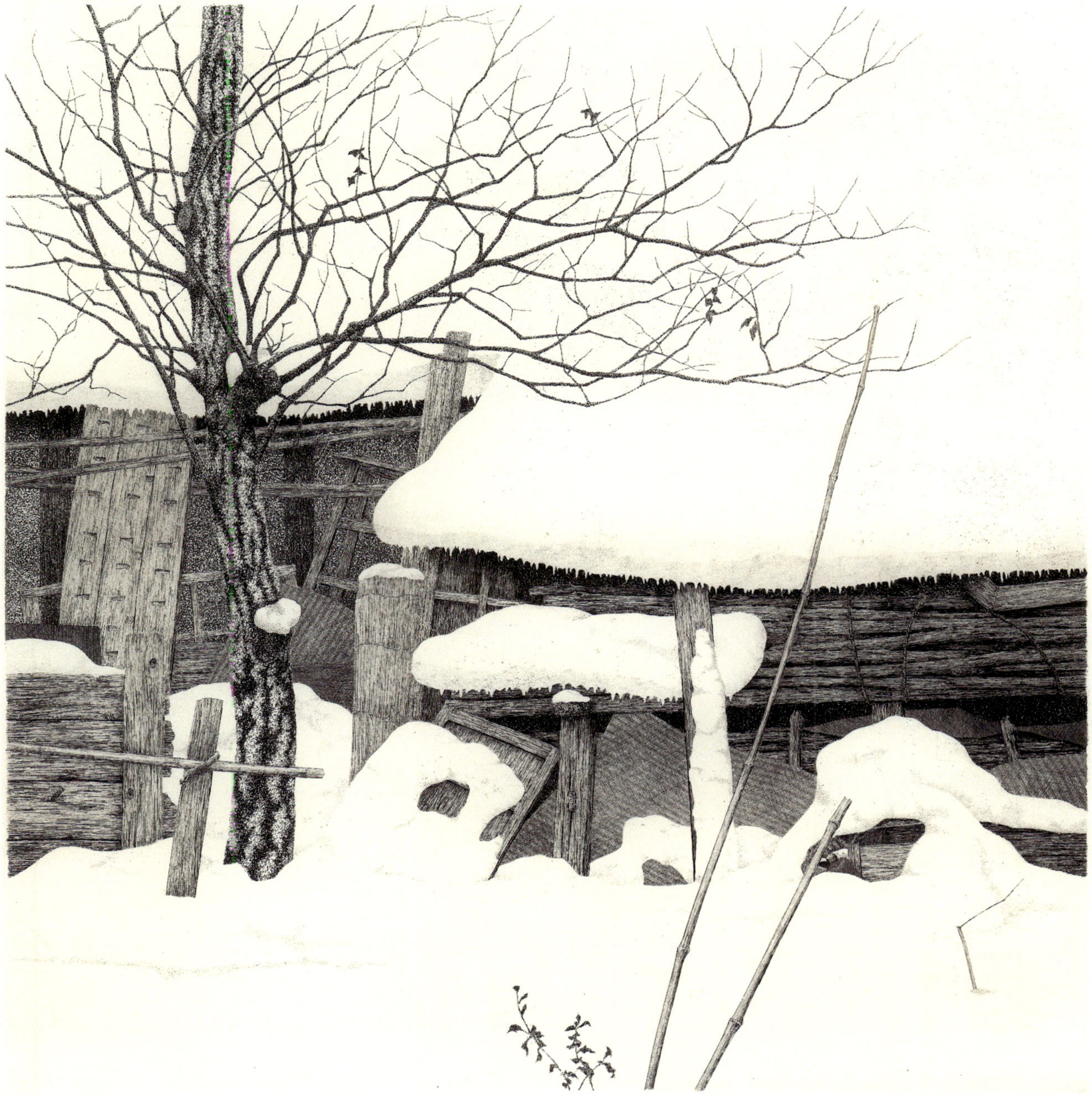

39 ∧ SEKIGAHARA IM SCHNEE 雪の関ヶ原
Radierung und Aquatinta / 36,5 × 36,5 cm / 1976
Auflage: 100 / TR 173

Dieses Blatt folgt auf einige frühe Radierungen von Schneeszenen (TR 77 [Kat.-Nr. 8] und TR 112 [Kat.-Nr. 19]). Das Thema wurde vom Künstler wiederholt verwirklicht und fand auch großen Gefallen bei den Sammlern seiner Werke. Abgesehen von den schwächsten Schatten im Schnee, die mit der Nadel aufgetüpfelt und nur kurz mit Säure überpinselt wurden, ist die Platte als Strichätzung ausgearbeitet und weist eine schier unendliche Anordnung unterschiedlicher Texturen auf. Beachtenswert ist, dass mehr als zwei Drittel der Plattenoberfläche nicht bearbeitet wurde, also keine Farbe aufnehmen konnte, sodass das Weiß des Papiers den Schnee wiedergibt. Die Region Sekigahara ist bekannt für heftige Schneefälle (vgl. TR 234, Kat.-Nr. 49).

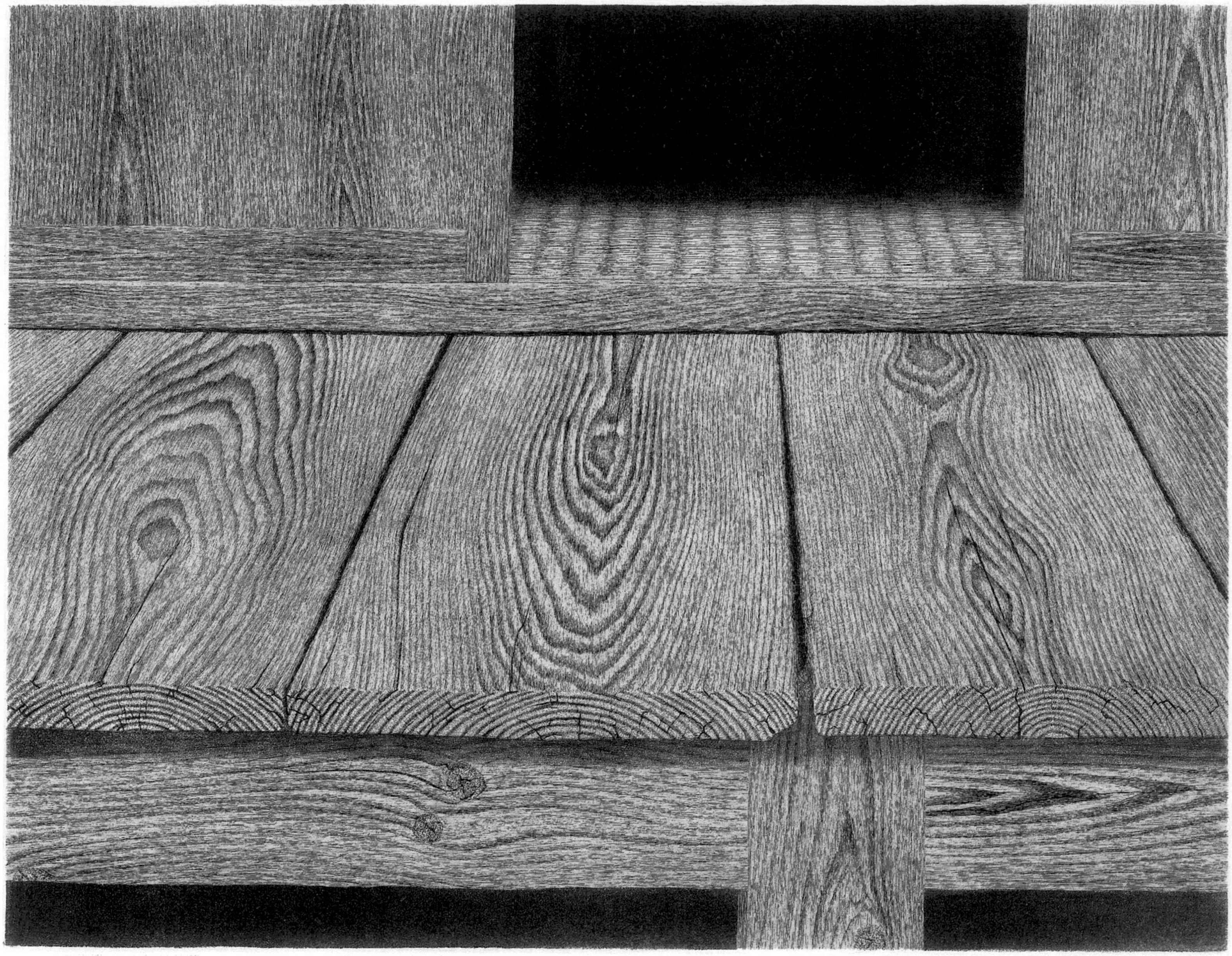

40 ^ VERANDA NR. 1 縁 NO. 1
Radierung und Aquatinta / 31 × 40 cm / 1976
Auflage: 100 / TR 174

Wie TR 172 (Kat.-Nr. 38) gehört dieses Blatt zu Tanakas radikaleren Kompositionen. Bereits zu Beginn seiner Karriere zeigte der Künstler Freude an der Wiedergabe von Holzmaserungen. Seine unvergleichliche Technik ermöglichte es ihm, eine Kupferplatte mit einer Struktur herzustellen, die verwittertem Holz gleicht. In früheren Werken verwendete Tanaka hierfür eine Kombination aus Strichätzung und Aquatinta, um hölzernen Pfosten und Balken ein gealtertes Aussehen zu verleihen. Bei dieser großen Radierung wurde die Maserung der Verandabretter jedoch vollständig mittels Strichätzung wiedergegeben.

41 V SANJŪSANGENDŌ 三十三間堂
Radierung und Aquatinta / 12 × 30 cm / 1976
Auflage: 100 / TR 176

Eine ungewöhnliche Ansicht der langen Haupthalle des Tempels. Der Name des Bauwerks bedeutet wörtlich „33-ken-Halle“, wobei *ken* eine alte Maßeinheit ist, die 1,82 m entspricht. Tanaka gelang es tatsächlich, die Länge der Halle zu betonen, indem er einen Ausschnitt aus dem mittleren Teil darstellte und damit suggeriert, dass sich das Gebäude weit in beide Richtungen fortsetzt. Dieser unkonventionelle Blick wird durch zwei Bäume unterbrochen, die als gewichtige vertikale Repoussoirmotive im Vordergrund erscheinen. Der komplexe Realismus der Stämme verleitet uns dazu, auch die naiv gezeichneten Kieselsteine als realistisch wahrzunehmen.

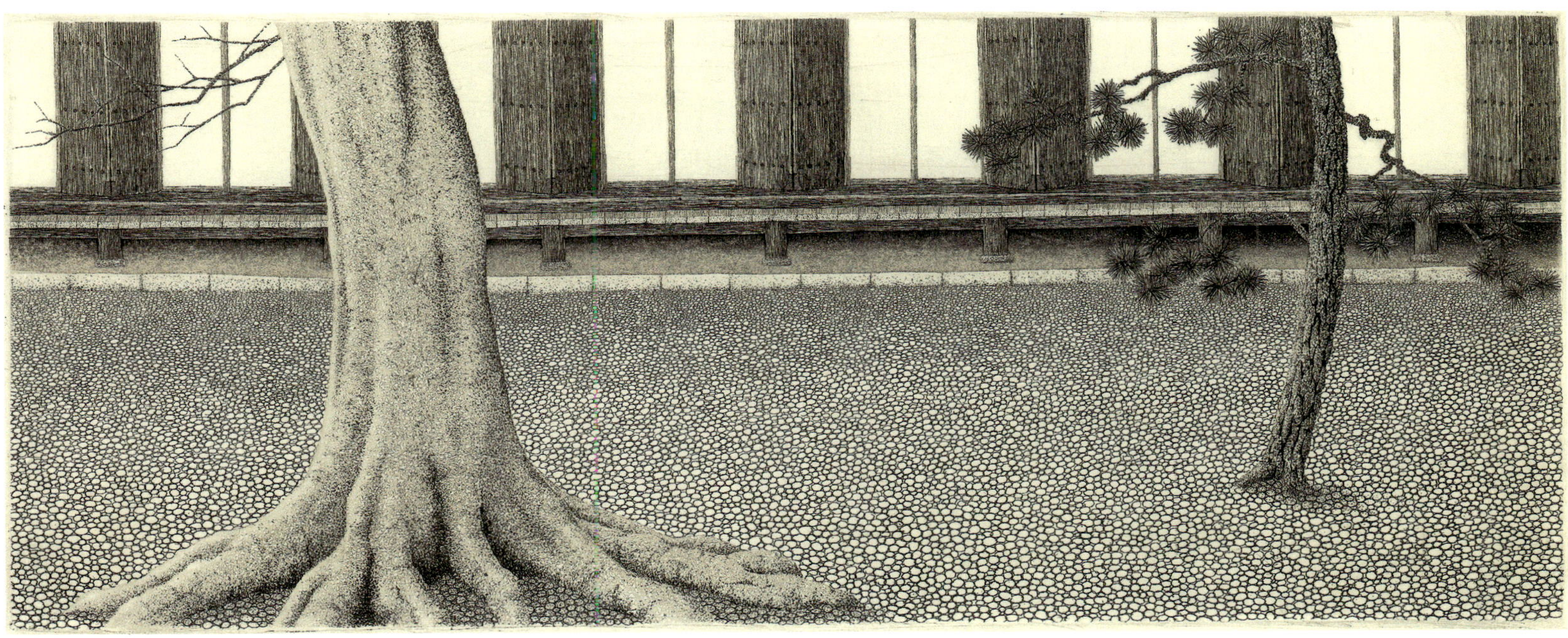

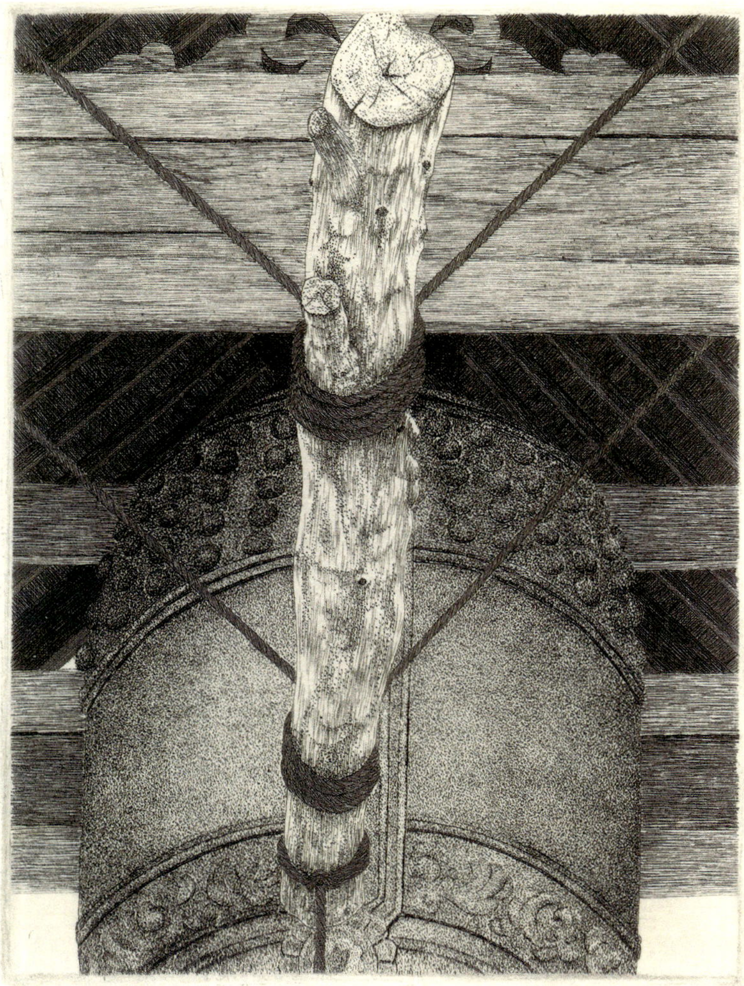

42 < GLOCKENHAMMER 撞木
Radierung und Aquatint / 13 × 10 cm / 1976
Auflage: 100 / TR 183

Darstellung und Komposition dieser kleinen Arbeit würden in einem größeren Format vermutlich äußerst spektakulär wirken. In einem gewagten Betrachtungswinkel blicken wir hinauf in den Dachstuhl eines Glockenturms mit einer enormen Bronzeglocke. Bei dem Glockenhammer handelt es sich um einen Baumstamm, der an der Außenseite der Glocke hängt. Sein Anschlag erzeugt einen tiefen Ton mit mächtigem Widerhall, der kilometerweit zu hören ist. In diesem Bild verlaufen die geraden Linien der Trageseile, welche die Spannung durch das große Gewicht des Hammers erkennen lassen, senkrecht zu den Dachsparren. Um ein streng symmetrisches Raster zu vermeiden, rückt Tanaka die Komposition von Glocke und Hammer ganz bewusst aus dem Zentrum, ganz ähnlich wie in seiner *Pagode* von 1966 (TR 29, Kat.-Nr. 4), was eine ansprechende und natürliche Darstellung zur Folge hat.

43 > HATAGO IM HERBST 畑郷の秋
Radierung / 40 × 31 cm / 1977 / Auflage: 100 / TR 194

Bis zum Entstehen der vorliegenden Radierung hatte der Künstler zahlreiche reine, auch großformatige Strichätzungen geschaffen, aber keine von ihnen zeigt die erschöpfende Vielfalt von Texturen und Radiertechniken, die er hier anwendete. Tanaka ließ sich für dieses Werk von der kleinen Bauerngemeinde Hatago inspirieren, formte aus der Ansicht aber eine zusammengeschobene, mosaikartige Komposition mit starker, an die Telefotografie erinnernder Verkürzung. Im Vordergrund fügte er einen Zweig mit reifen Kakifrüchten hinzu. Es ist technisch sehr anspruchsvoll, eine so große Anzahl unterschiedlicher Texturen mit der Radiernadel und in Farbabstufungen von Schwarz bis Weiß zu gestalten. Obwohl man für manche Bereiche die Verwendung leichter Aquatinta vermuten könnte, kam dieses Verfahren hier nicht zur Anwendung.

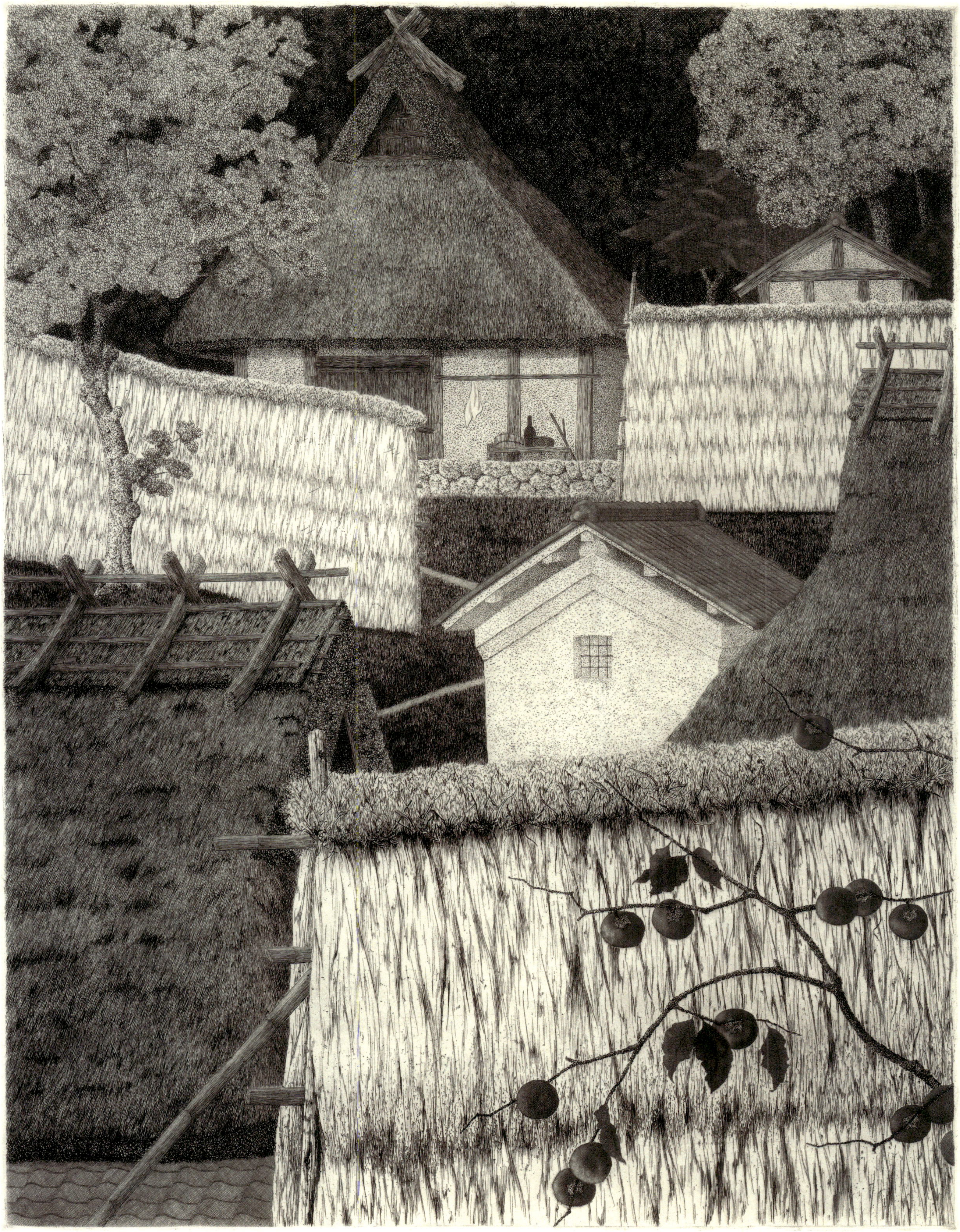

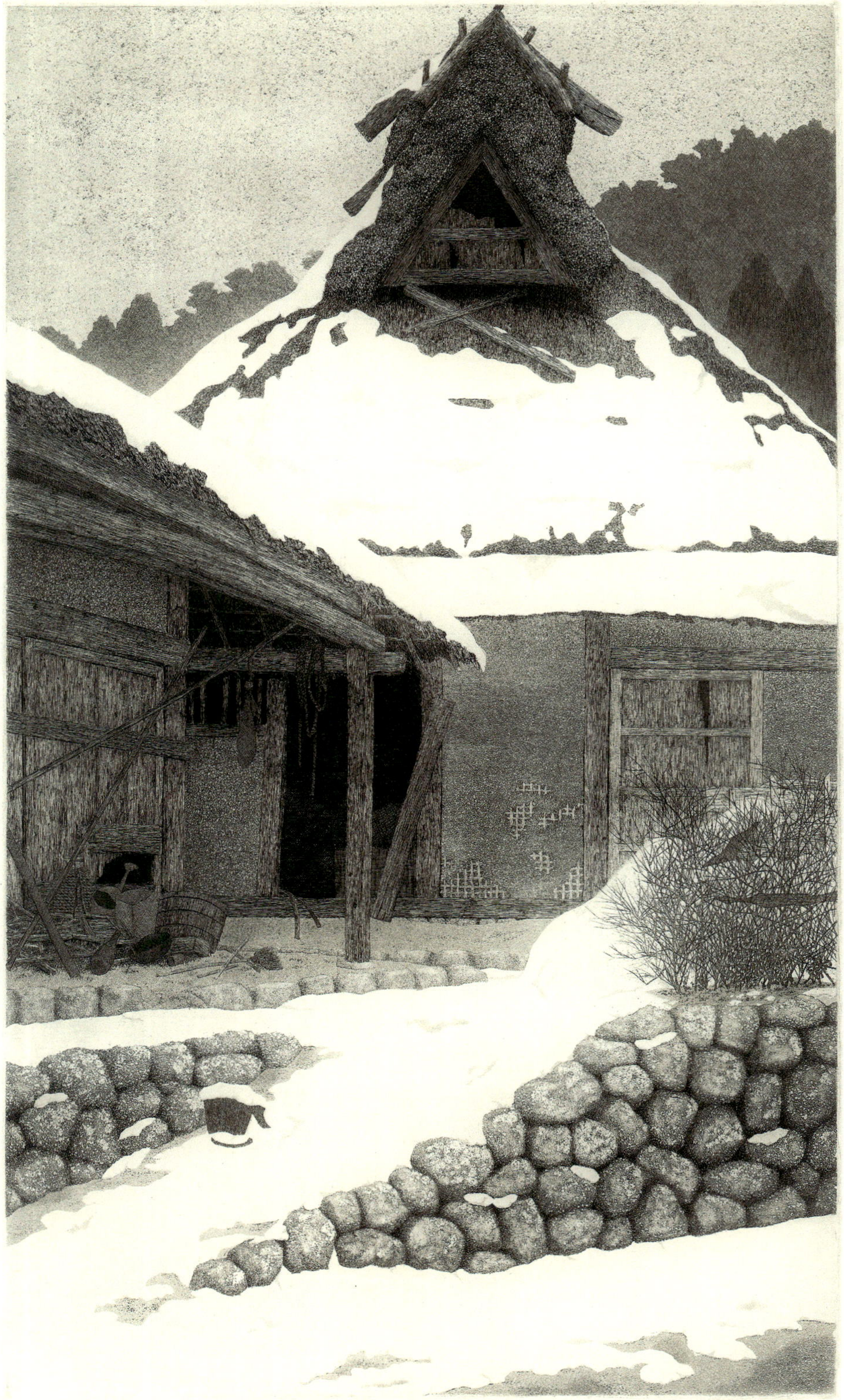

44 < VERLASSENES HAUS UNTER LIEGENGEBLIEBENEM SCHNEE 廃屋残雪
Radierung und Aquatinta / 47 × 28 cm / 1977
Auflage: 100 / TR 196

Die meisten Landschaftsdarstellungen Tanakas zeigen keine Menschen, und auch in diesem Werk scheinen die Bewohner verstorben oder weggezogen zu sein. Die Sturmtür *(amado)* ist geschlossen und in schlechtem Zustand. Der Giebel droht einzustürzen. Der Schnee lastet schwer auf dem Reetdach. Lediglich einige liegengebliebene Werkzeuge, Eimer und Fässer zeugen davon, dass hier einst Menschen lebten.

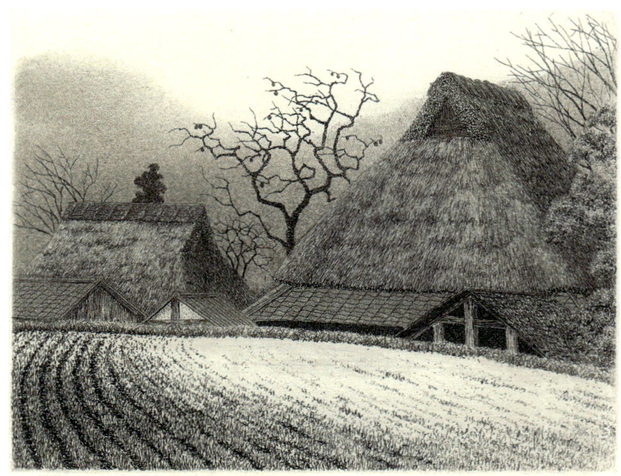

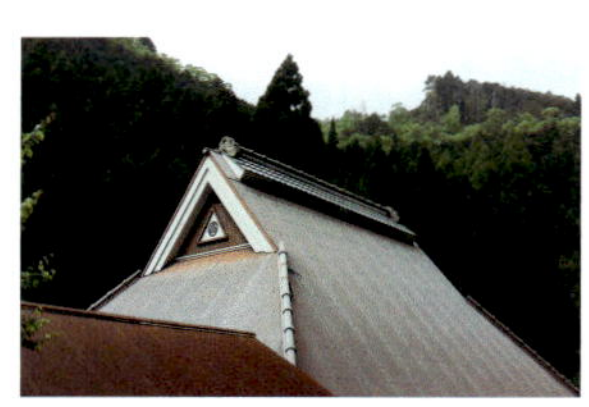

45a Ein mit Wellblech verkleidetes Reetdach, Kyoto
Fotografie des Autors

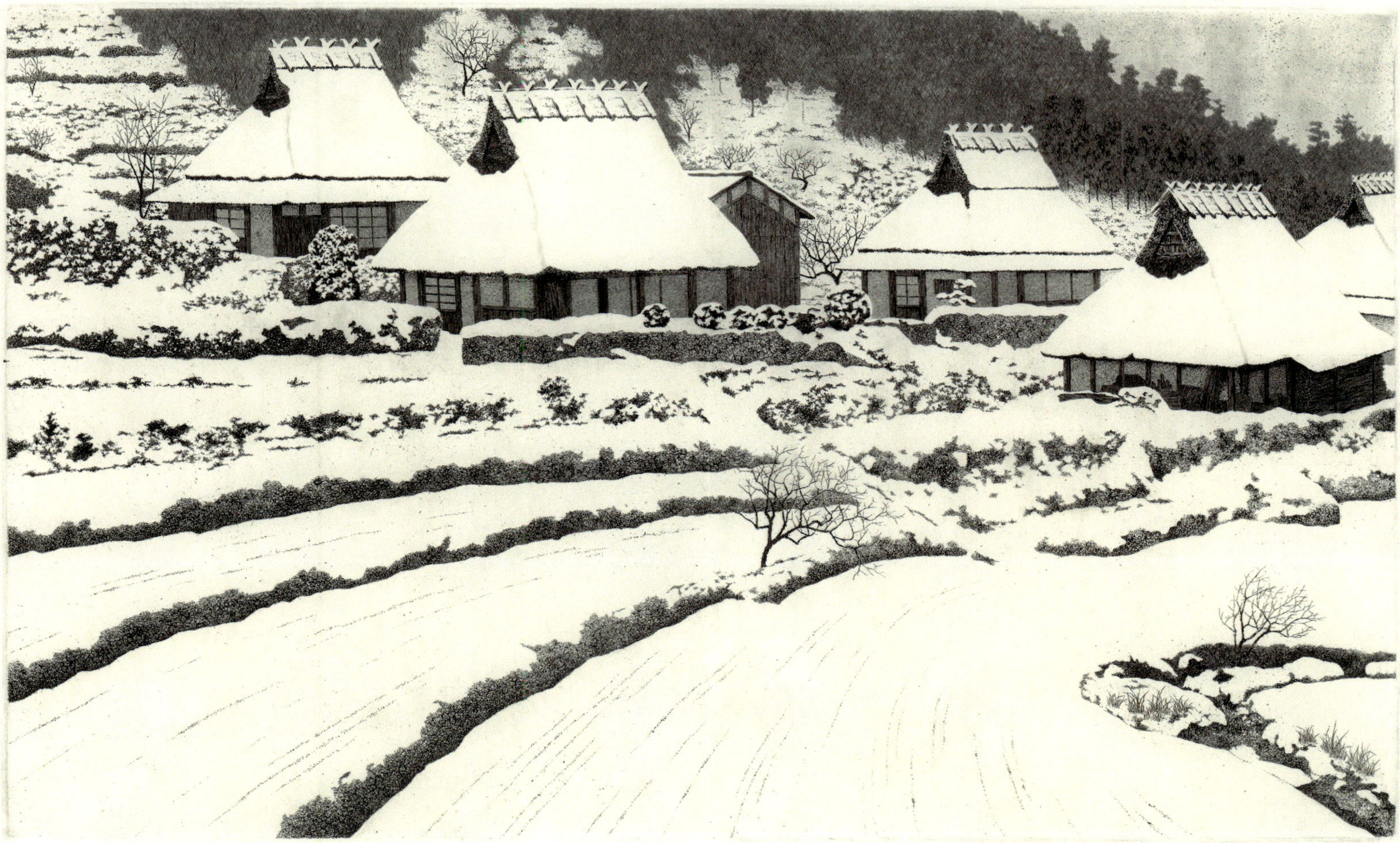

45 < HERBSTSZENE, ŌHARA NR. 2 大原秋景 NO. 2
Radierung und Aquatinta / 10 × 13 cm / 1977
Auflage: 100 / TR 200

Blasser Herbstnebel verdeckt in Teilen die fernen Berge. Auf dem Kakibaum wurden als „Baumwächteer" *(kimamori)* einige Früchte zurückgelassen, um – einem alten Brauch zufolge – für das folgende Jahr eine gute Ernte zu sichern. In den 1970er-Jahren konnte sich das Dorf Ōhara im Nordosten von Kyoto noch einiger reetgedeckter Bauernhäuser rühmen. Heute sind nur ein oder zwei übrig, bei denen aber das Reet mit einer Schutzverkleidung aus Wellblech versehen wurde (vgl. Abb. 45a).

46 ^ HATAGO IM SCHNEE 雪の畑郷
Radierung und Aquatinta / 28 × 47 cm / 1977 / Auflage: 100 / TR 197

Das winzige Dorf Hatago liegt in den Bergen nördlich von Kyoto auf halbem Wege zwischen der Stadt und dem Japanischen Meer. Es liegt in einem engen Tal, und bis in die 1970er-Jahre hinein hatte die Abgelegenheit dazu beigetragen, dass die Gebäude in der kleinen Agrargemeinde erhalten blieben. 1977 besaß die Mehrzahl der gedrängt stehenden Bauernhäuser noch intakte Reetdächer und war gut gepflegt. Inzwischen, ein halbes Jahrhundert später, haben die noch existierenden Häuser eine moderne Dachdeckung, die das Reet und die Stützkonstruktion, die es trägt, vor den unwirtlichen winterlichen Verhältnissen im Binnenland von Honshu schützt. Diese Radierung ist die Tanakas erste panoramaartige Landschaftsdarstellung. Die schwach sichtbaren kurvigen Linien in den verschneiten Terrassen der Reisfelder im Vordergrund scheinen uns dazu einzuladen, dem Schnee nach rechts in das tiefer liegende Tal zu folgen.

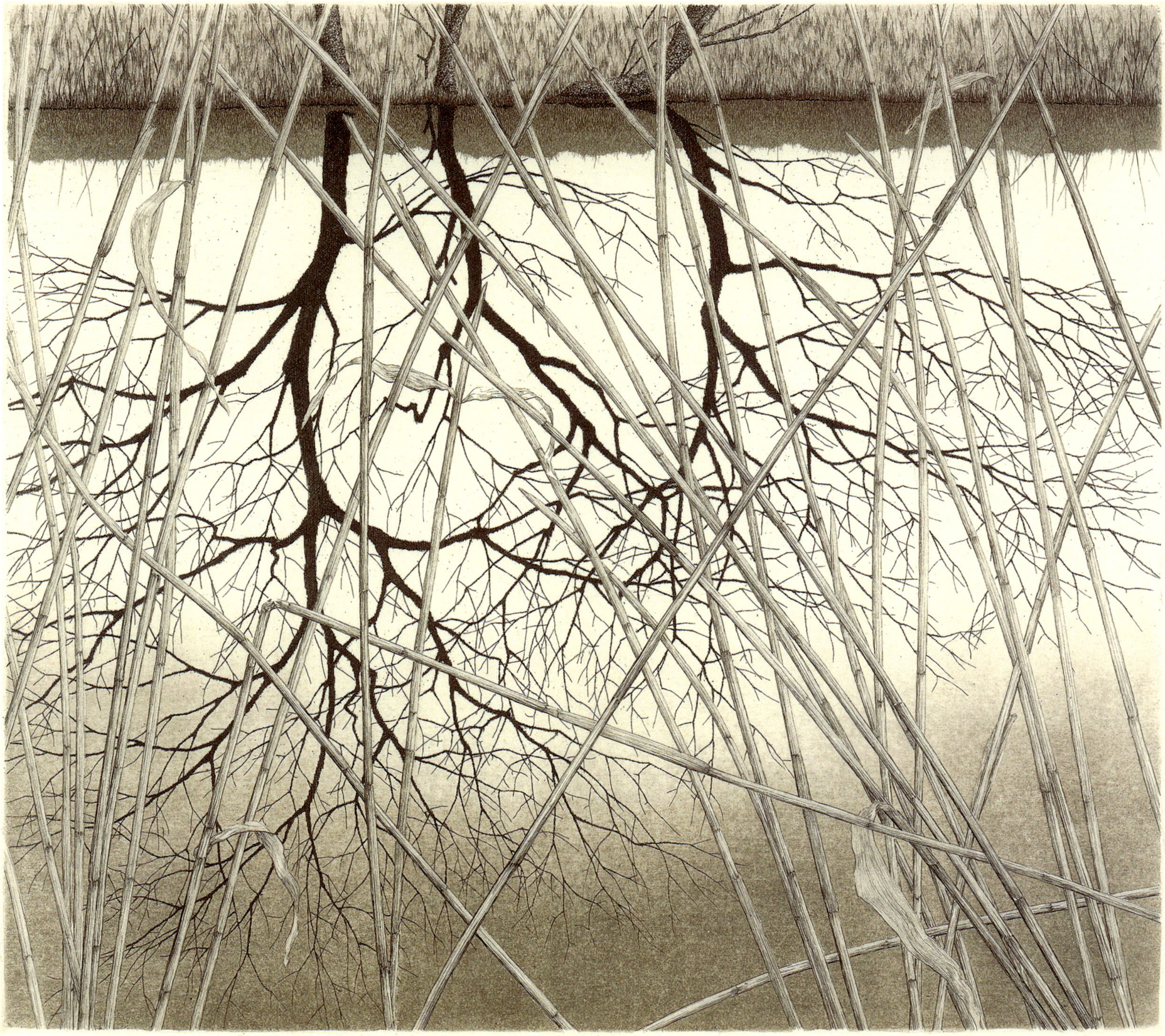

47 ∧ AM WASSER NR. 1 水辺 NO. 1
Radierung und Aquatinta / 21,5 × 24,5 cm / 1977
Auflage: 100 / TR 203

Die fein geätzte Darstellung des Schilfs im Vordergrund dient als elegantes Repoussoir für die Reflexion von Bäumen und Vegetation des gegenüberliegenden Ufers auf der spiegelblanken Wasseroberfläche. Die daraus resultierende Bildüberlagerung erinnert an die Lithografie *Drei Welten* des berühmten niederländischen Grafikers M. C. Escher (1898–1972). Der Schatten des jenseitigen Ufers wirkt, als wäre er mittels Aquatinta erzeugt, beruht aber auf Strichätzung mit sehr feinen Kreuzschraffuren.

48 V KŌSHI UND SCHNEE 格子と雪

Radierung / 10,5 × 7,5 cm / 1977
Auflage: 50 / TR 208

Bei Kōshi handelt es sich um die reizvollen unverglasten Gittertrennwände an Fenstern und Türen, die für die traditionelle japanische Architektur typisch sind. (Vgl. TR 95, Kat.-Nr. 15). Diese kleine Radierung wurde für eine bibliophile Ausgabe eines Aufsatzes von Mizuno Ryū (geb. 1936) angefertigt, die 1977 in einer limitierten Auflage von 50 Exemplaren vom Verlag Chūseki-sha in Tokio publiziert wurde. Der Aufsatz trägt den Titel „Hana naru yuki, sei naru kawa" (花なる雪,聖なる川). Jedes Exemplar enthielt einen Druck der Originalradierung.

49 V DER BER IBUKI IM MÄRZ 伊吹三月

Radierung und Aquatinta / 13 × 10 cm / 1978
Auflage: 150 / TR 234

Der Ibuki ist annähernd 1400 m hoch und liegt nördlich der Ebene von Sekigahara (vgl. TR 173, Kat.-Nr. 39). Es ist bereits März, aber der Berg ist dicht bedeckt mit unerwartet gefallenem Schnee. In dem Gebiet liegt die nördlichste Passage der Hochgeschwindigkeitsstrecke der japanischen Eisenbahn zwischen Osaka und Tokio; sie ist für Verspätungen berüchtigt, die auf heftigen Schneefall zurückzuführen sind. Die Ebene von Sekigahara am Fuß des Berges hat wegen der Schlacht Berühmtheit erlangt, die hier im Oktober 1600 stattfand und zur Gründung des Tokugawa-Shogunats führte.

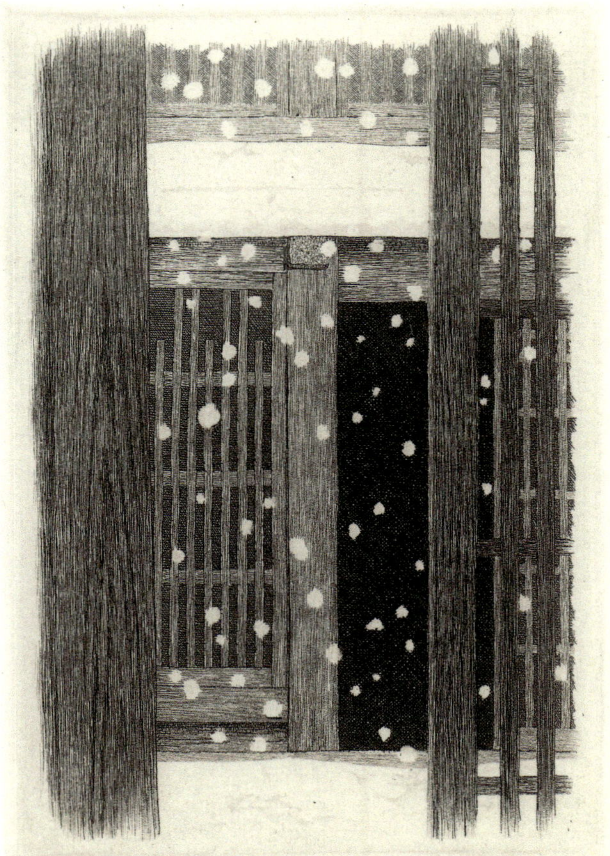

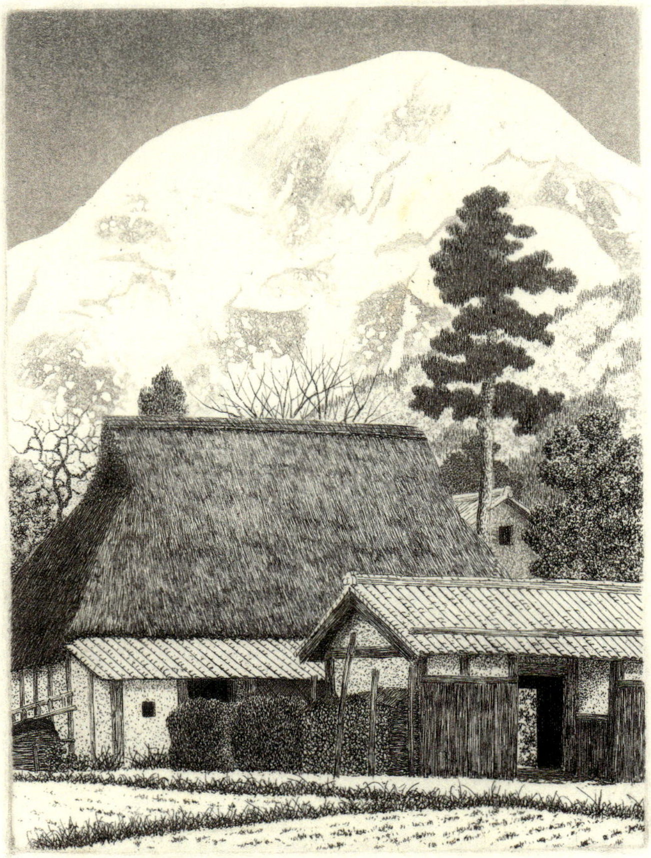

50 ∨ HOLZVERANDA NR. 2 縁 NO. 2

Radierung und Aquatinta auf Chine collé / 36,5 × 36,5 cm / 1978
Auflage: 100 / TR 218

In seltenen Fällen passte Tanaka sein Motiv nicht als angeschnittenes Bild an das Rechteck der Papiermaße an, sondern ließ die Umrisse der Darstellung innerhalb des Formats auslaufen (vgl. TR 120, TR 192 und das später entstandene TR 331, Kat.-Nr. 81). Für den Druck dieser Radierung nutzte der Künstler die langwierige Chine-collé-Methode. Bei diesem Verfahren wird ein durchsichtig dünnes, leicht getöntes Stück Maulbeerpapier auf die exakte Größe der Platte zugeschnitten und auf die blankgewischte Platte gelegt; das eigentliche Radierpapier findet seinen Platz noch darüber. Beim Druck haftet das dünne Papier auf dem schwereren Radierpapier. Das Motiv wird scharf und detailgetreu abgebildet. Die Technik bringt sehr klare und exakte Linien vor einem gedeckten Hintergrund hervor. Die undefinierten äußeren Konturen dieses Bildes „entrahmen" es, wodurch eine schwebende Wirkung entsteht. Anthroposophische Betrachter würden vorbringen, dass hierdurch unseren Augen und unserer Seele ein natürlicherer Zugang zu dem Bild verschafft wird.

51 > YOGO 余呉

Radierung und Aquatinta / 40 × 31 cm / 1979
Auflage: 100 / TR 238

Yogo liegt nordöstlich vom Berg Ibuki. Die Region ist bekannt für kalte Winter und heftige Schneefälle. Der Künstler erzählte einmal den Sammlern William und Elisabeth Spurgeon, dass diese Paare hölzerner Stangen in der trostlosen Schneelandschaft ihn an Ehepaare erinnerten, die für das ganze Leben untrennbar miteinander verbunden seien. Die Stangen wurden mit unvergleichlicher Finesse als Strichätzung gestaltet. Aquatinta wurde oberflächlich angewendet, um die Textur der Seile von der Beschaffenheit der Stangen zu unterscheiden.

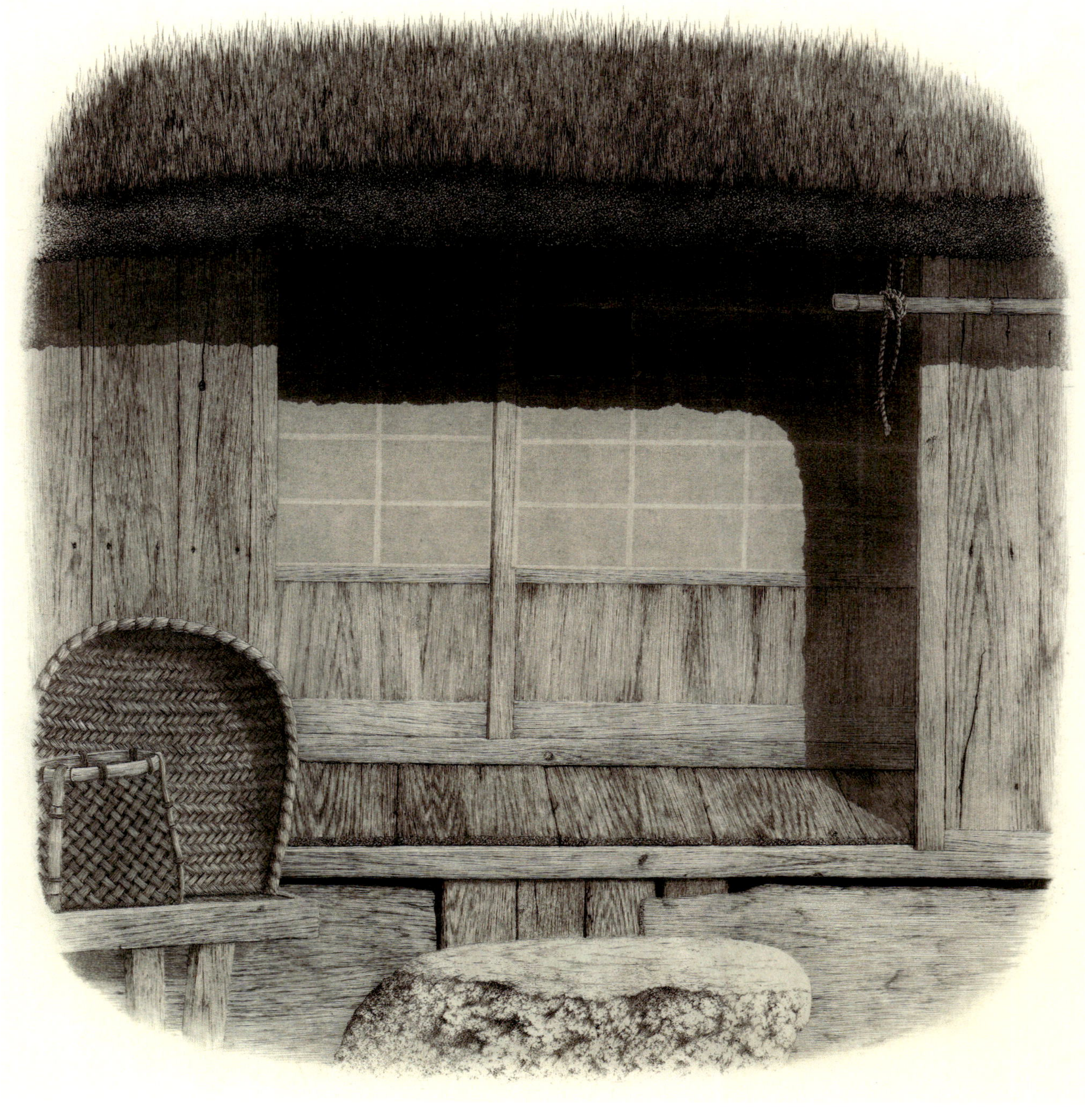

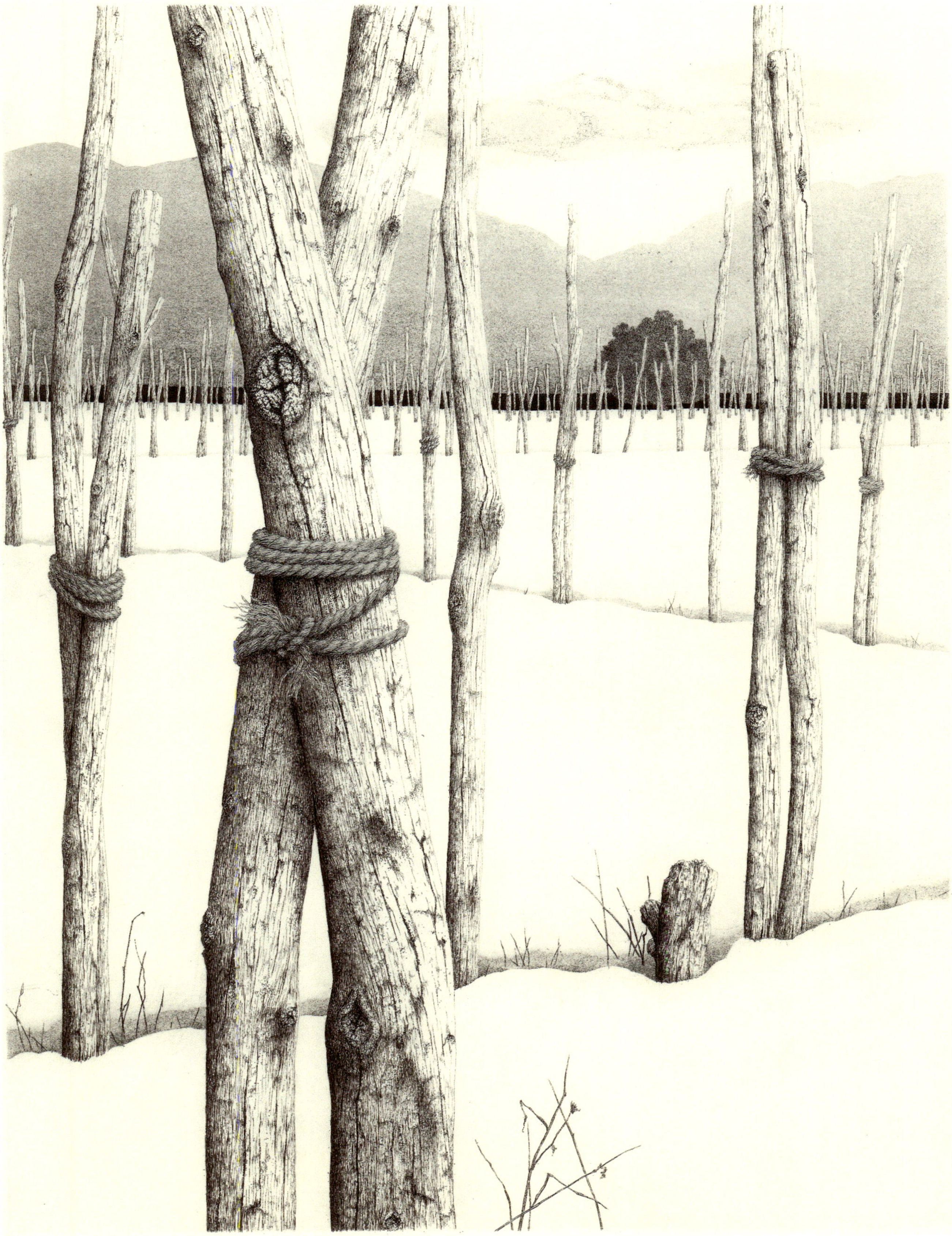

52 > GASSE IN YAMATO 大和の小路
Radierung und Aquatinta / 24 × 15 cm / 1979
Auflage: 150 / TR 248

In den späten 1970er-Jahren waren Tanakas Radierungen so gefragt, dass er und Yamada Tetsuo sich entschlossen, die Anzahl der Drucke pro Auflage von 100 auf 120 oder, abhängig von Bild und Größe, sogar auf 150 zu erhöhen. *Gasse in Yamato* zeichnet sich durch zarte Strichätzung und Aquatinta aus. Das trübe Winterlicht fällt auf das steile Giebeldach des Bauernhauses, das einst typisch für dieses halbländliche Gebiet südwestlich von Kyoto waren. Der Künstler verwendete sehr feinen Harzstaub für die Aquatintapartien der fernen Berge und der Wände und wesentlich gröbere Harzkörnchen für den Aquatintabereich im Vordergrund, mit dem er den Sand und die Kieselsteinchen darstellte.

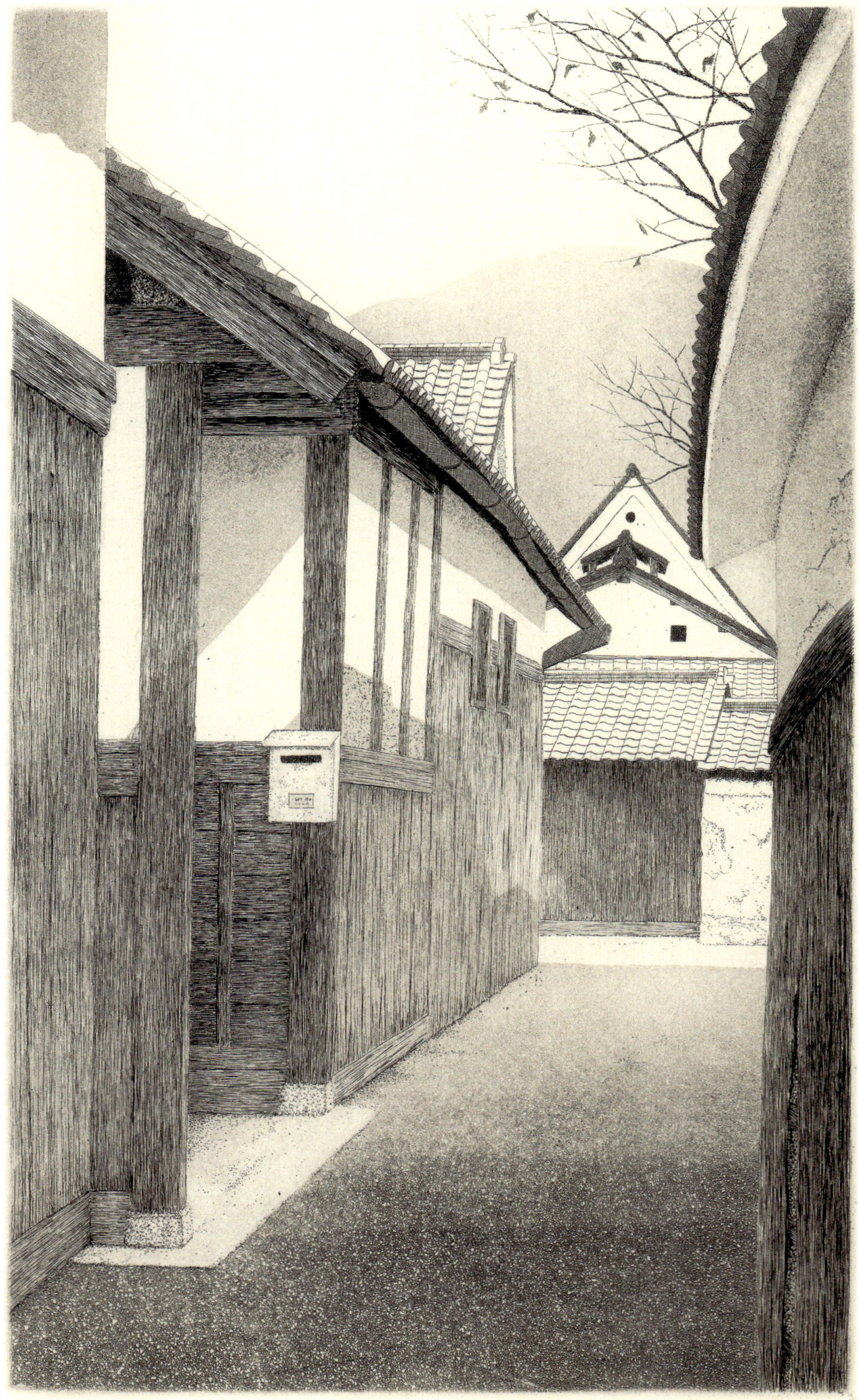

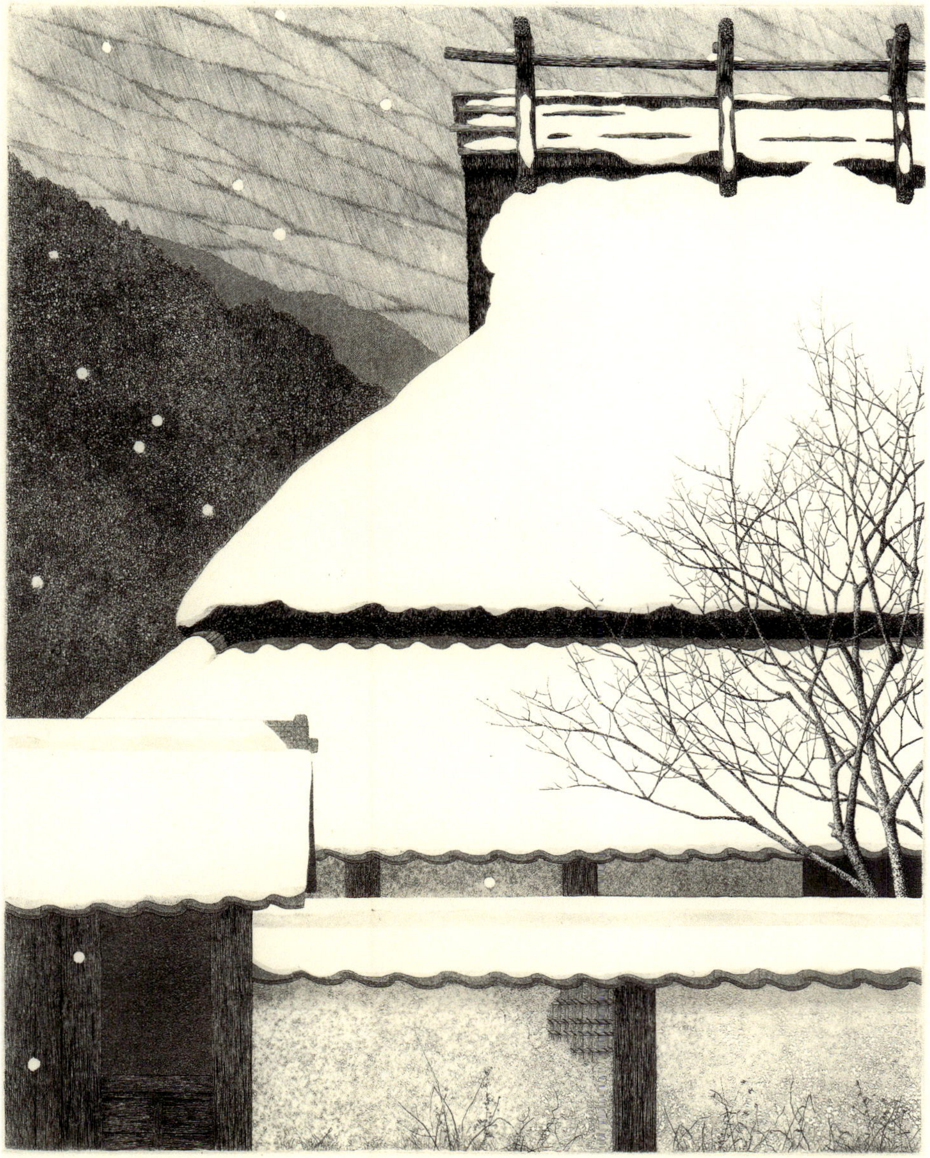

53 < SCHNEE BEDECKT DAS DACH 雪積む屋根
Radierung und Aquatinta / 30 × 24 cm / 1979
Auflage: 100 / TR 252

Wie bei TR 173 (Kat.-Nr. 39), *Sekigahara im Schnee*, wurde hier nur die Hälfte der Platte geätzt. Während des Druckvorgangs wird die Platte zunächst eingefärbt und danach gründlich blankgewischt, wonach die ungeätzten Flächen glänzend sauber sind. Im Prinzip erscheinen diese ungeätzten und polierten Bereiche nach dem Druck weiß auf dem Papier; allerdings erfordert es außerordentliches Geschick, die letzten sehr dünnen und öligen Reste der Farbe von diesen Partien zu entfernen. Jeglicher Farbrückstand resultiert im sogenannten Plattenton, der manchmal erwünscht ist, aber nicht, wenn Schnee wiedergegeben werden soll. Obwohl Tanaka für die Oberfläche der Lehmwände und den dezenten Schatten im Schnee Aquatinta einsetzte, entschied er sich für ein als Strichätzung angelegtes Mosaikmuster, um im Himmel interessantere und dramatischere Wolkenformen hervorzubringen.

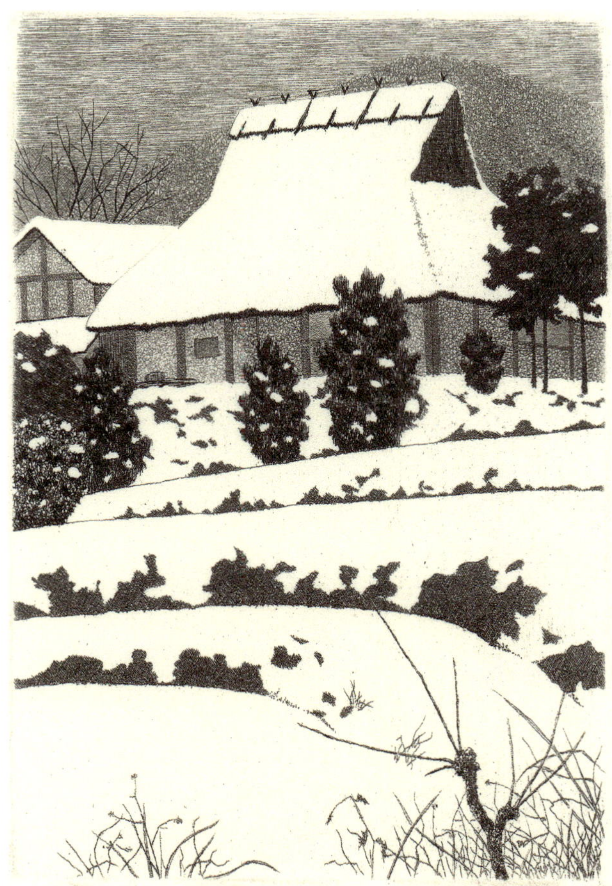

54 > SCHNEELANDSCHAFT 雪景色
Radierung / 10 × 7 cm / 1979 / Auflage: 150 / TR 256

Diese reizvolle, sehr kleine Radierung wurde vollständig als Strichätzung angefertigt. Die Hauswände wirken allerdings, als wären sie teilweise mittels Aquatinta entstanden. Wegen ihrer geringen Größe lässt sich die Grafik im Grunde nicht aufhängen. Ein Teil der Auflage war in der Tat für den gegenseitigen Austausch von Radierungen gedacht, die in der Gruppenausstellung der Radierer-Vereinigung Kyoto (Kyōto Dōbanga Kyōkai) gezeigt wurden. Am Ende dieses jährlichen Ereignisses beschenken sich die Mitglieder mit einem Abzug des Blattes, das sie in der Ausstellung präsentiert haben.

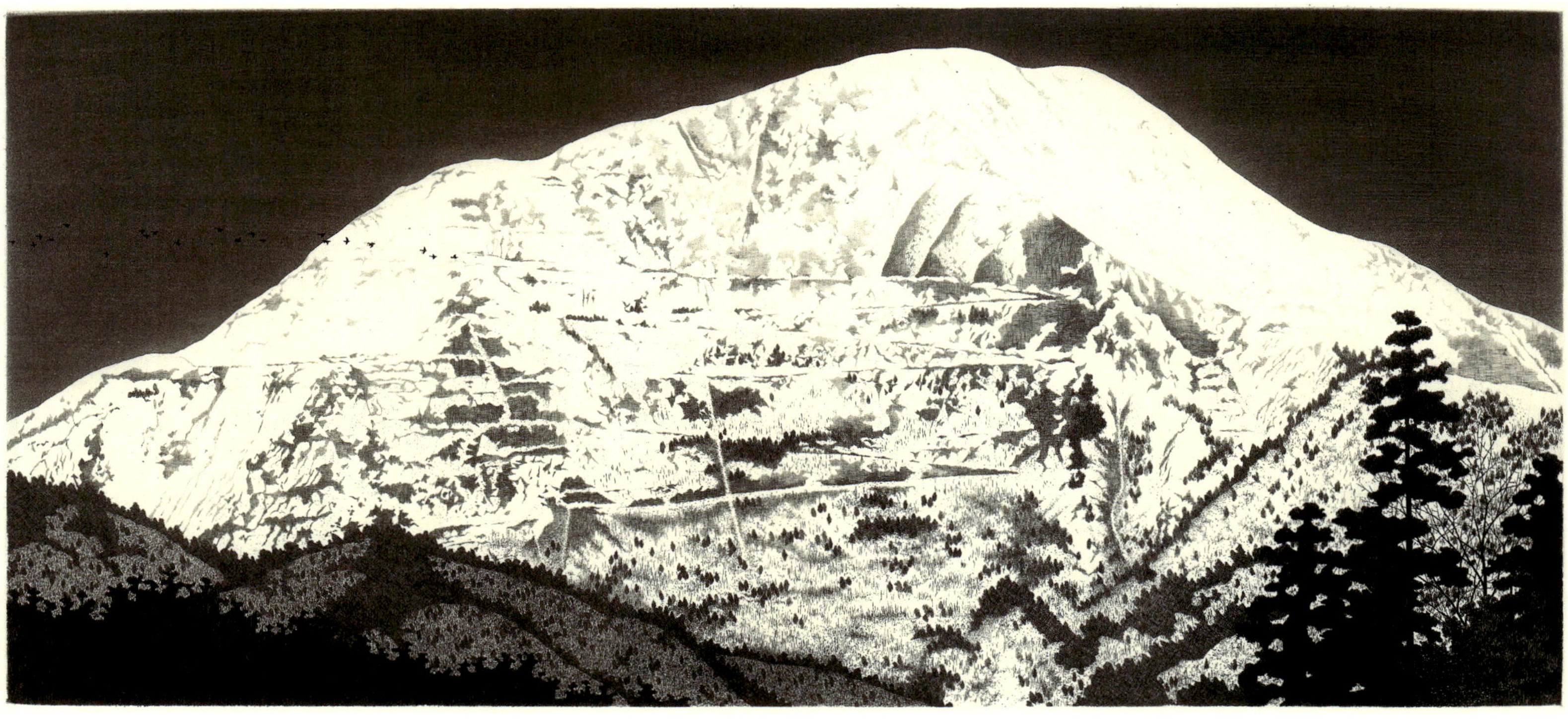

55 ^ BERG IBUKI, FRÜHJAHR 伊吹早春
Radierung und Aquatinta / 23,5 × 52 cm / 1980
Auflage 100 / TR 259

Ein großzügiges Panorama des Ibuki. Der dramatisch dunkle Himmel betont das Weiß des liegengebliebenen Schnees. Ein Schwarm wilder Enten oder Gänse fliegt in großer Höhe nach Westen und ist vermutlich auf dem Rückweg zum Biwa-See. Eine Straße durchzieht die Bergflanke und steigt zu dem Kalksteinbruch hinauf, der tiefe Wunden in die Südostseite des Bergs geschlagen hat. Mit Ausnahme des Himmels, für den Aquatinta Verwendung fand, wurde die Komposition von den dunkelsten Bäumen bis zu den feinsten Grauabstufungen im Schnee als Strichätzung ausgeführt. Ein seltenes Werk im Œuvre des Künstlers.

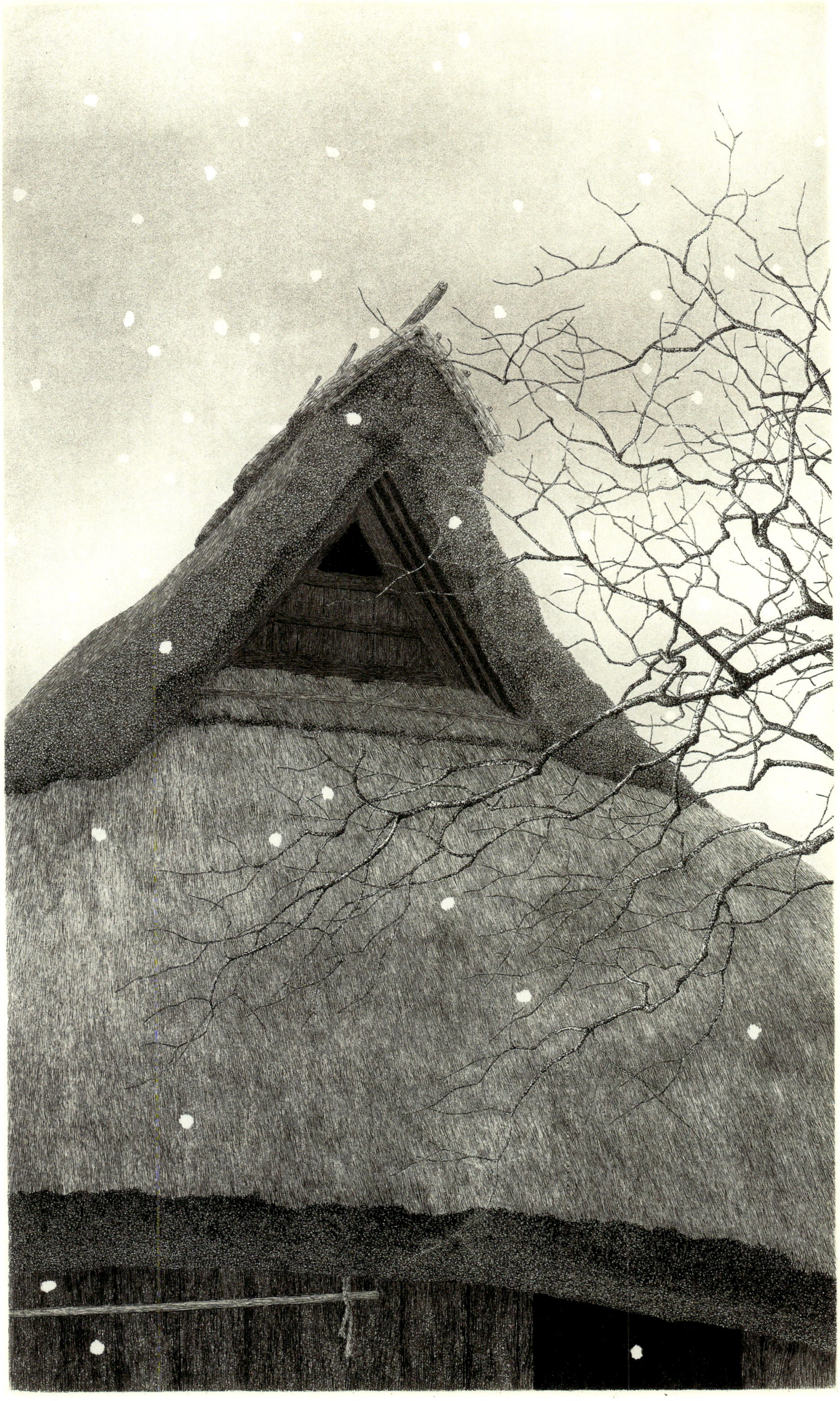

56 > ES FÄNGT AN ZU SCHNEIEN NR. 2 雪が来る NO. 2
Radierung und Aquatinta
40 × 24 cm / 1980
Auflage: 120 / TR 261

Man würde erwarten, eine derart schlichte Komposition auf einer von Tanakas kleinformatigen Arbeiten zu finden, aber nicht auf diesem vergleichsweise großen Blatt. Vielleicht ist dieser Druck deshalb so gesucht. Es herrscht eine beschauliche Atmosphäre in dieser Darstellung eines Reetdachs, das als Strichradierung gestaltet ist, die durch sanfte und nuancierte Stufenätzung entstand. Für die Schneeflocken blieben kleine Bereiche vom Ätzprozess unberührt. Im mittels Aquatinta ausgeführten Himmel schützte Tanaka solche Stellen mit flüssigem Ätzgrund, bevor er das Harz aufbrachte und die Platte in die Säure eintauchte.

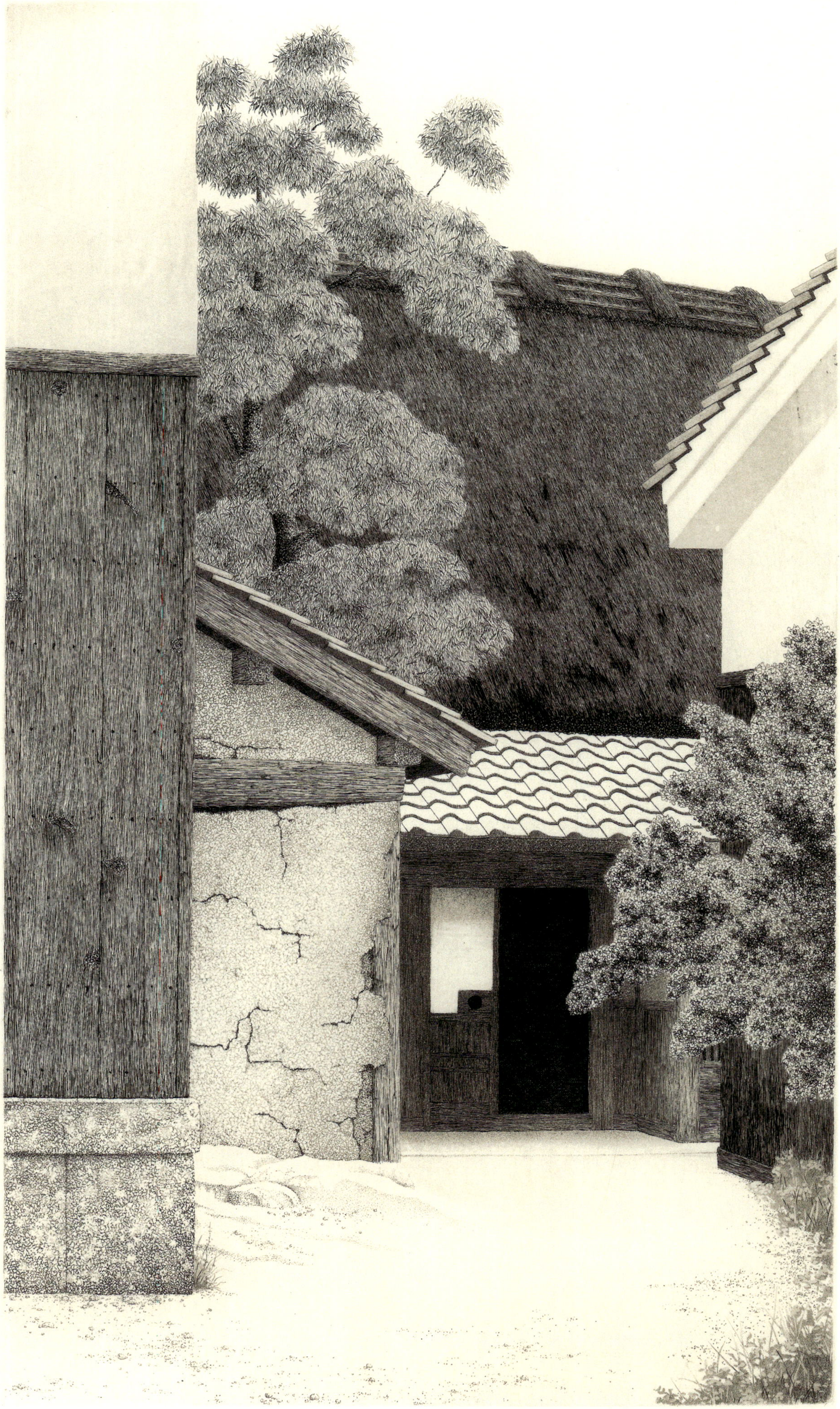

57 < HAUS MIT EINER SHŌJI-TÜR NR. 1 障子戸の家 NO. 1
Radierung und Aquatinta
40 × 24 cm / 1980
Auflage: 120 / TR 262

Diese Radierung entstand unmittelbar nach *Es fängt an zu schneien Nr. 2* (TR 261, Kat.-Nr. 56). Ihre Komplexität in der Wiedergabe verschiedener Wandtexturen bildet einen starken Kontrast zur Zurückhaltung des vorangegangenen Werks. Unterschiedliche Strukturen in Kombination mit perspektivischer Verkürzung nebeneinanderzustellen, setzt Mut und große Meisterschaft voraus. Tanaka ist es hier gelungen, ein Gewirr von Texturen zu vermeiden, und die räumliche Zuordnung der vier Wände ist eindeutig. Der Winkel im Dachvorsprung des weißen Lagerhauses *(kura)* korrespondiert mit der Form des weißen Papiers in der *shōji*-Tür.

58 V DORF IM SOMMER 夏の村

Radierung und Aquatinta / 36,5 × 36,5 cm / 1980

Auflage: 100 / TR 263

Tanaka experimentierte bereits Mitte der 1970er-Jahre mit der Darstellung von Lichteffekten, erreichte mit dieser Arbeit aber ein neues Niveau. In dieser unbeschwerten Szene liegt das Dorf an einem Berghang in der Sommersonne. Nur der mittlere Teil der Platte ist geätzt, weshalb die äußeren Bereiche einen „sanften" Übergang zeigen, als würden sie durch ein Fernglas betrachtet. Die nicht geätzten Partien sind makellos weiß, wie es für Tanakas Werk typisch ist. Er war bestrebt, die Wirkung des Gegenlichts zu perfektionieren – was bei Radierungen eine schwierige Aufgabe ist –, und schuf 1975 die großartigen Blätter *Landschaft mit Lichteffekt* (TR 363) und *Sommertag Nr. 1* (TR 373), die in diesem Katalog als Nr. 89 und 90 zu finden sind.

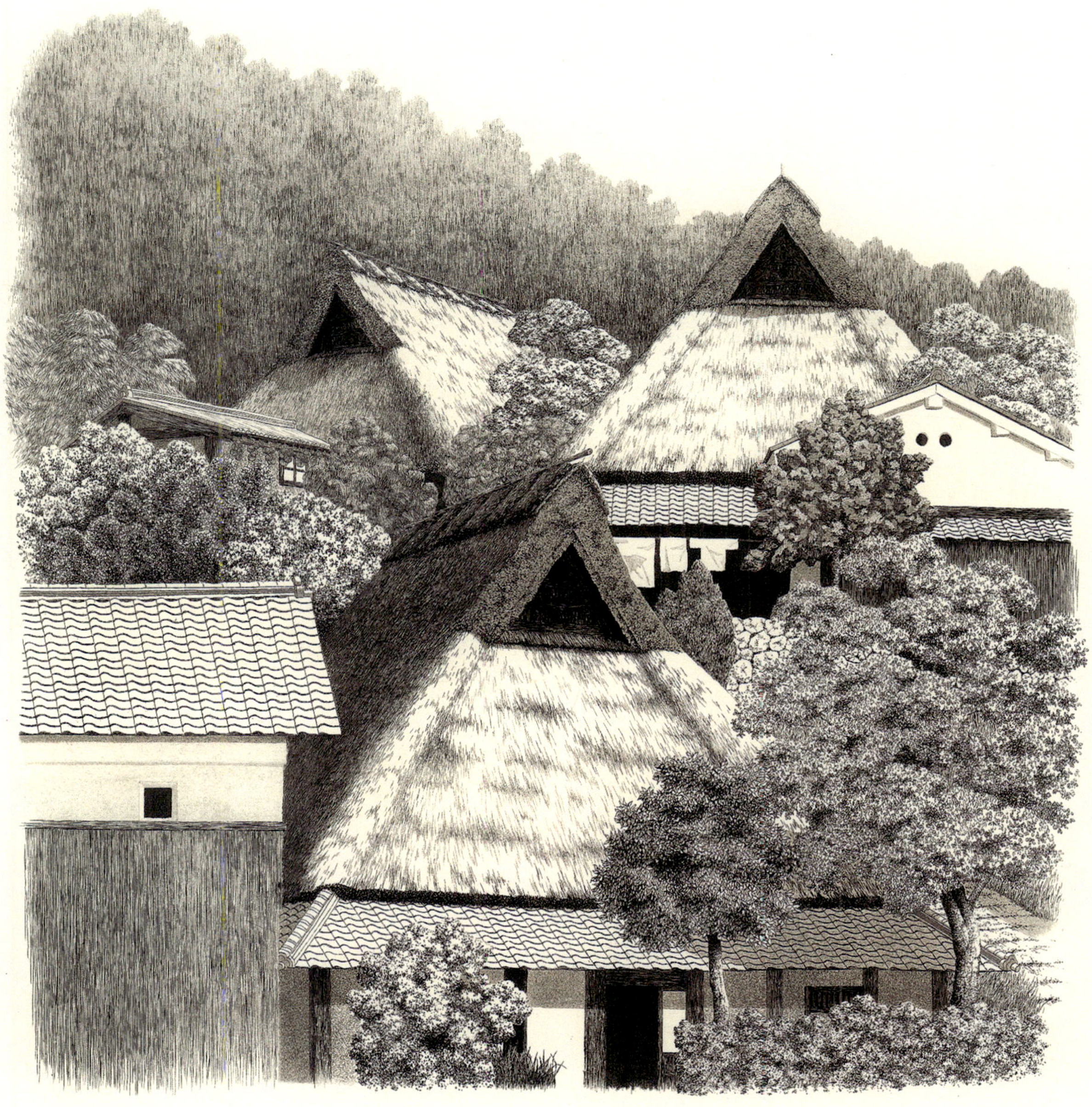

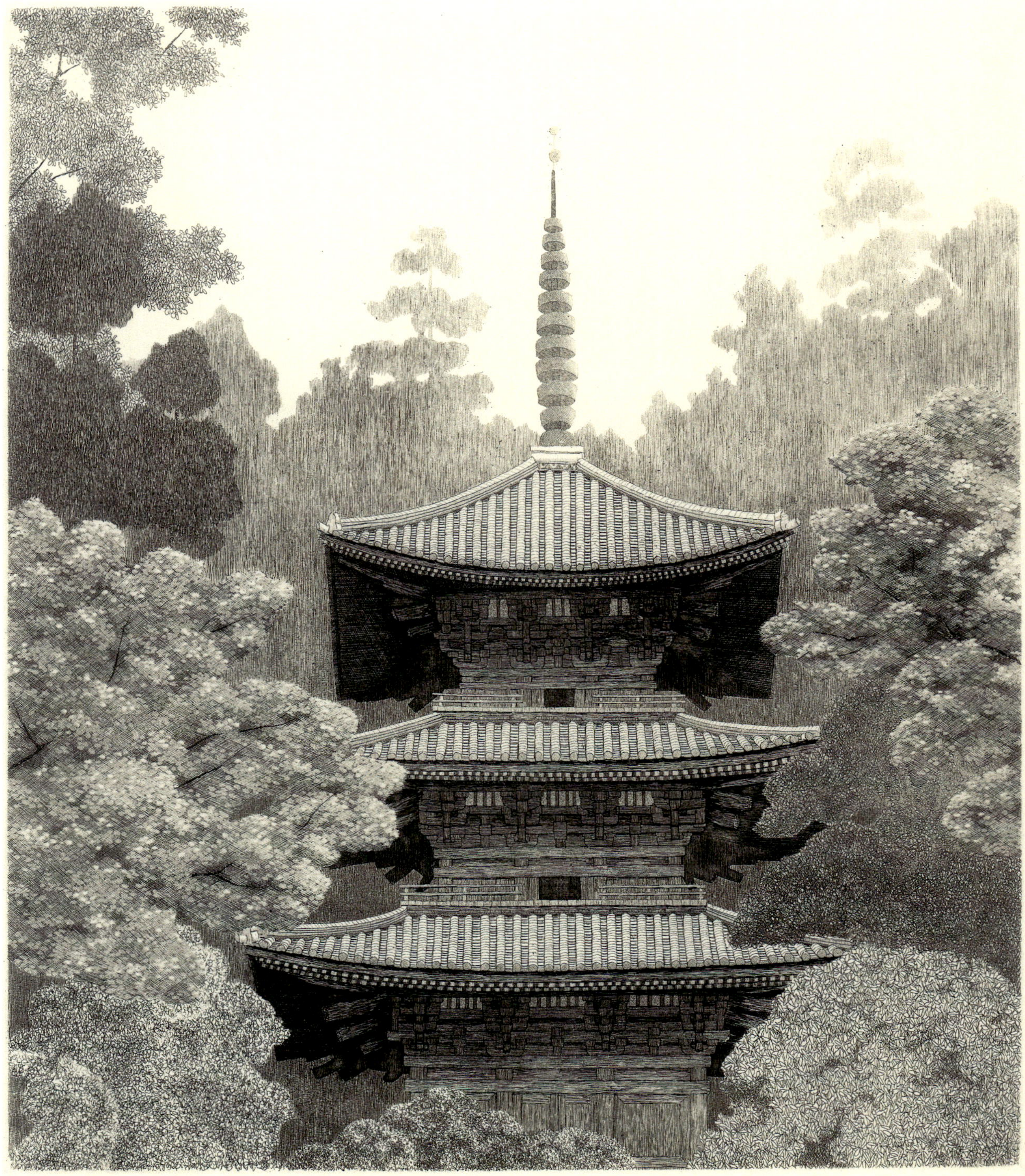

59 ^ GANSEN-JI 岩船寺
Radierung / 24,5 × 21,5 cm / 1980 / Auflage: 120 / TR 264

Tanaka machte die dreistöckige Pagode von Gansen-ji mit ihren elegant geformten Dächern und ihrer üppig bewachsenen Umgebung zu seinem Thema, nachdem er acht Jahre lang vor allem ländliche Profanarchitektur dargestellt hatte. Seit der Vollendung von *Pagode* (TR 29, Kat.-Nr. 4) im Jahr 1966 waren 14 Jahre vergangen. Die Pagode von Gansen-ji wurde 1442 an den Hängen im Osten der Stadt Kizugawa in der Präfektur Kyoto errichtet. Das Gebäude ist so schmal, dass die drei Dächer ohne die Abstützung durch einen Turm zwischen den Bäumen zu schweben scheinen.

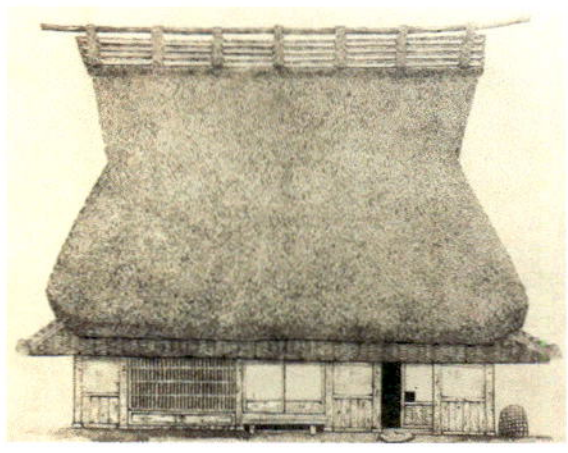

60a Tanaka Ryōhei
Reetdach Nr. 1, 1963. TR 1
16,2 × 20,8 cm

60 V GROSSES DACH 大きな屋根

Radierung und Aquatinta / 35 × 47 cm / 1980
Auflage: 100 / TR 268

Wie *bei Gansen-ji* (TR 264, Kat.-Nr. 59) griff Tanaka auch für *Großes Dach* auf frühere Arbeiten zurück, in diesem Fall sogar auf seinen allerersten Druck, *Reetdach*, TR 1, aus dem Jahr 1963 (vgl. Abb. 60a). TR 1 zeigt ein naiv gezeichnetes Bauernhaus mit einem übertrieben großen Dach, das den Rest des Gebäudes zu ersticken scheint. Auch in dem vorliegenden Bild lässt das Dach die *shōji*-Türen und die Veranda im Erdgeschoss klein wirken. Der Mond versteckt sich geheimnisvoll im Nebel. Das breite Spektrum an Oberflächenstrukturen belegt, welche Fortschritte der Künstler in den vergangenen 17 Jahren gemacht hatte. Wie TR 1 wurde *Großes Dach* in Sepia gedruckt, wodurch den organischen Texturen des Bauernhauses ein warmer Ton verliehen wurde.

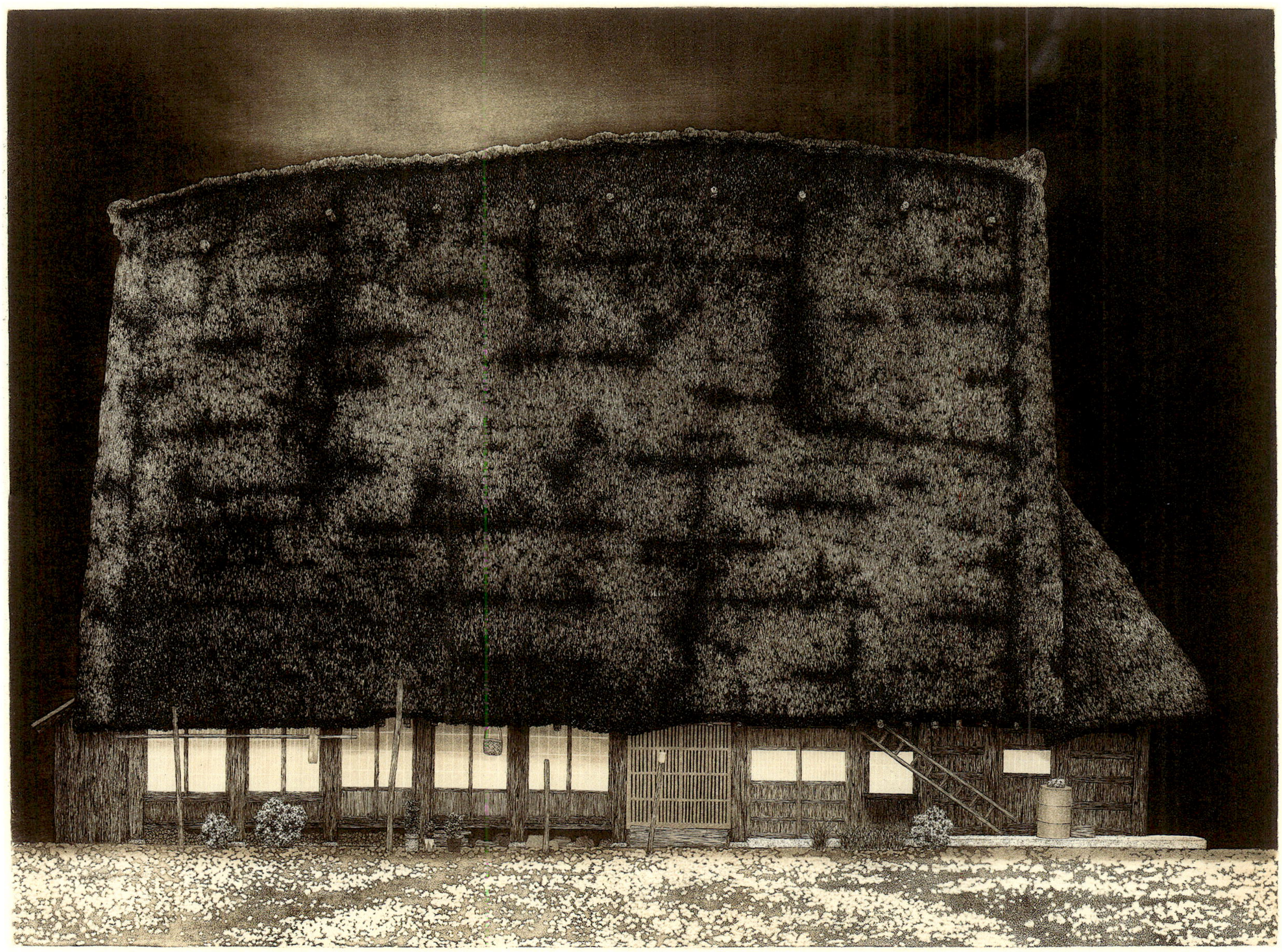

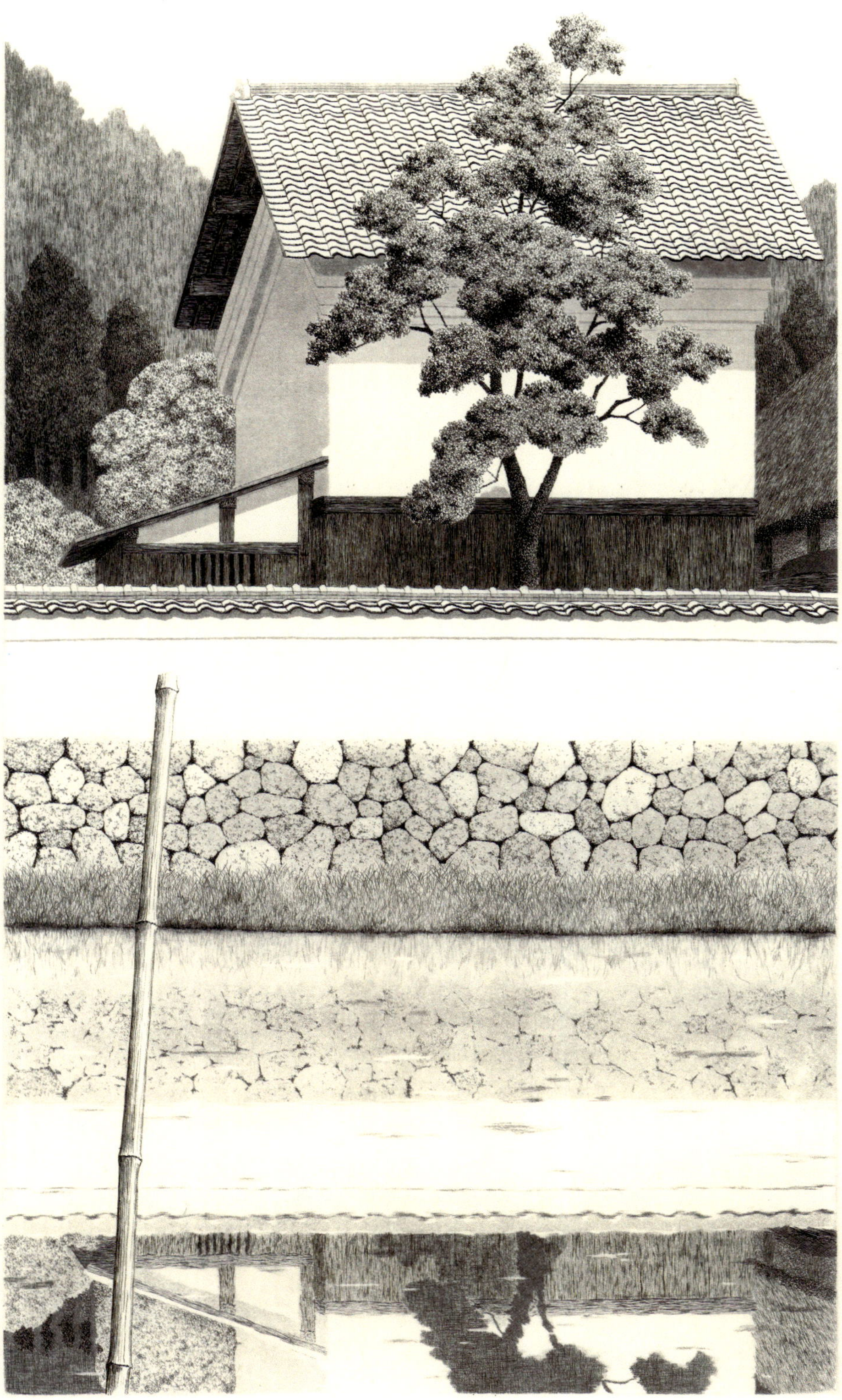

61 < REFLEXION EINER WEISSEN MAUER 白壁反映
Radierung und Aquatinta / 40 × 24 cm / 1980
Auflage: 120 / TR 273

Obwohl der gut erhaltene Getreidespeicher oder *kura* hinter der eindrucksvollen geweißten Mauer auffällig ins Bild gesetzt ist, bezieht sich der Künstler mit seinem Titel auf die untere Hälfte der Darstellung, die in fünf horizontale Abschnitte aufgeteilt ist. Der Betrachter scheint vor einem mit Wasser gefüllten Graben zu stehen, dessen spiegelglatte Oberfläche die Mauer sowie die Gebäude und Bäume am anderen Ufer reflektiert. Das wirkungsvoll eingesetzte Repoussoirmotiv einer Bambusstange kreuzt die vertikalen Streifen und stellt einen Abstand zwischen Betrachter und Wasser her.

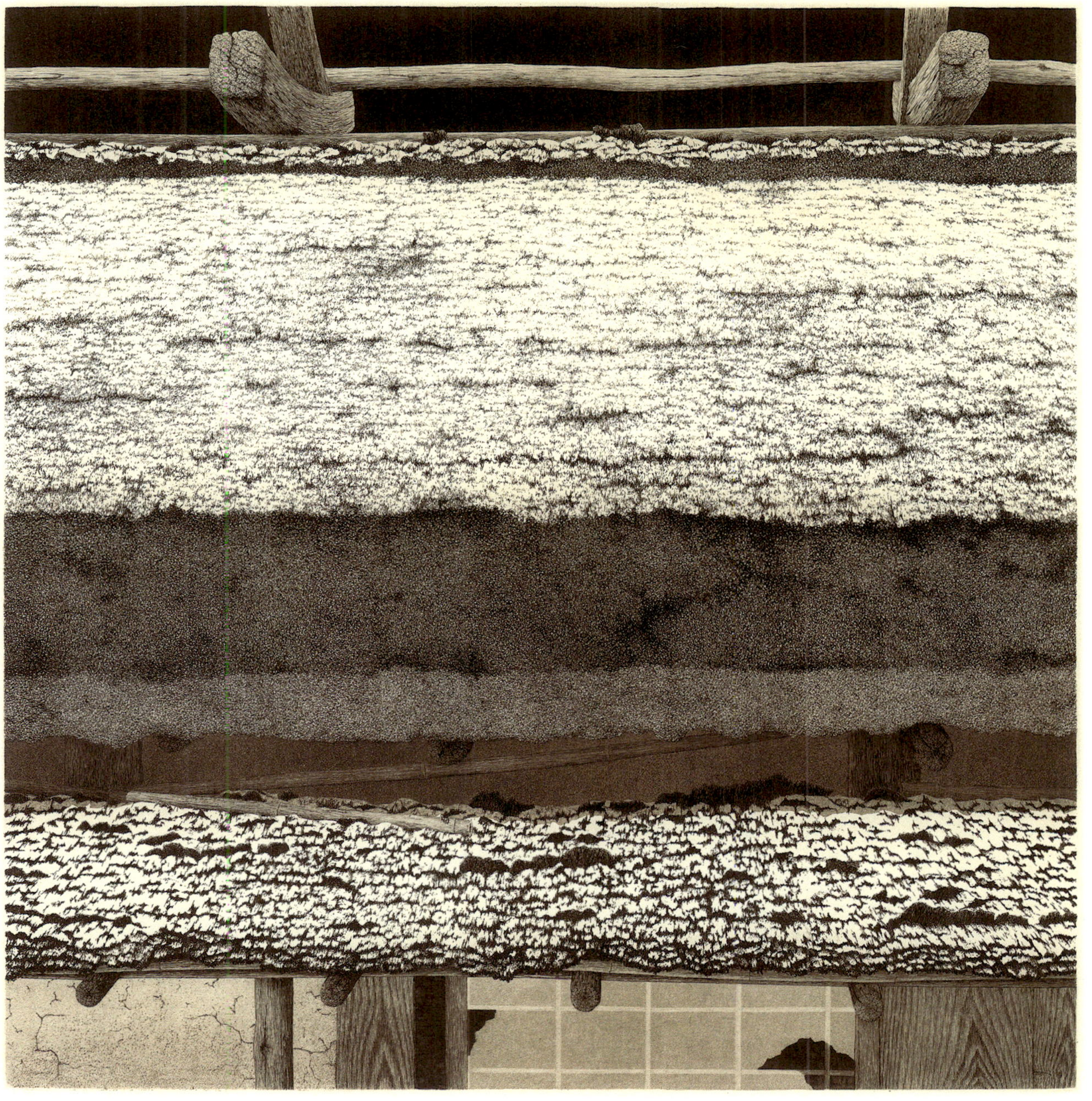

62 ^ REETDACHKOMPOSITION 藁屋根のコンポジション
Radierung und Aquatinta / 36,5 × 36,5 cm / 1981
Auflage: 100 / TR 278

Für eine Person, die mit Japans ländlichen Bauweisen und den verwendeten Materialien nicht vertraut ist, dürfte diese Komposition fast nicht entschlüsselbar sein. Wir schauen nach oben zum Reetdach eines Bauernhauses, und unsere Augen streifen die Schindeln eines niedrigeren Daches. Darunter sind die oberen Enden einer Schiebetür aus Papier und der Sturmtür *(amado)* zu erkennen. Wir blicken direkt auf die scharf abgeschnittenen Enden der doppelten Deckung, die aus China-Schilf und Stroh besteht. Dahinter befindet sich ein Abschnitt aus mondbeschienenem Reet, der mehrere Meter nach oben bis zu den jochartigen Hölzern reicht, die den First und seine Abdeckung fixieren. Das Bild gehört zu Tanakas gewagtesten Kompositionen. Die Ausführung war zudem extrem arbeitsintensiv und erforderte die komplette Beherrschung seines Arsenals an Radiertechniken. Die Darstellung setzt auf Kenntnisse zur japanischen Bauernhausarchitektur und die direkte Anschauung dieser Art von traditionellen Bauten, weshalb der Druck Tanakas überseeische Klientel wohl nicht sofort ansprach.

63 < LANDSTRASSE NR. 3 田舎道 NO. 3
Radierung und Aquatinta / 13 × 10 cm / 1981
Auflage: 150 / TR 281

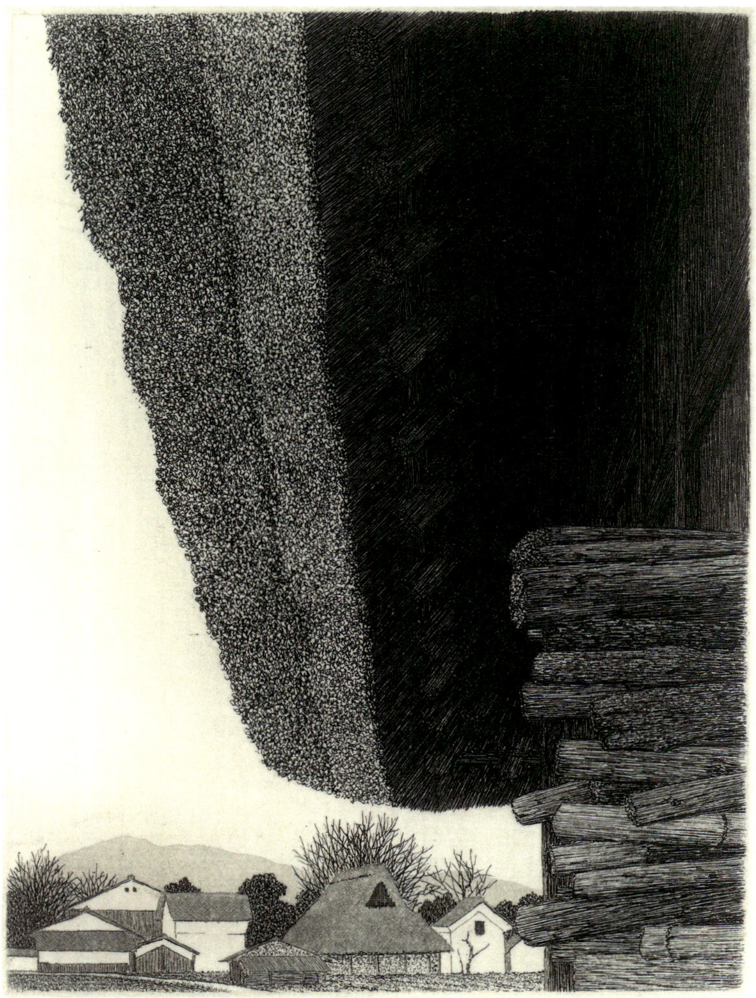

Nur wenige Wochen bevor der Künstler dieses kleine, aber sehr imposante Bild anfertigte, hatte er eine sehr viel größere Platte (47 × 28 cm) mit einer ähnlichen Komposition fertiggestellt, bei der wir von unten direkt in die Struktur des Reetdaches eines Bauernhauses blicken. In beiden Fällen können wir die Holzkonstruktion erkennen, die das Dach trägt, wobei Befestigungen aus Seilen sowie alle Träger und Balken in der Richtung geätzt sind, in der sie für die Konstruktion benötigt werden. In der kleinen Radierung können wir sogar die Maserung der Balken der Holzwand nachvollziehen – in korrekter Perspektive in Bezug auf den verdeckten Fluchtpunkt. Die winzigen Häuser und Scheunen am hinteren Feldrand und die in zarter Aquatinta wiedergegebenen Berge unterstreichen die Wuchtigkeit des überstehenden Dachs – eine meisterlich ausgeführte und gewagte Komposition.

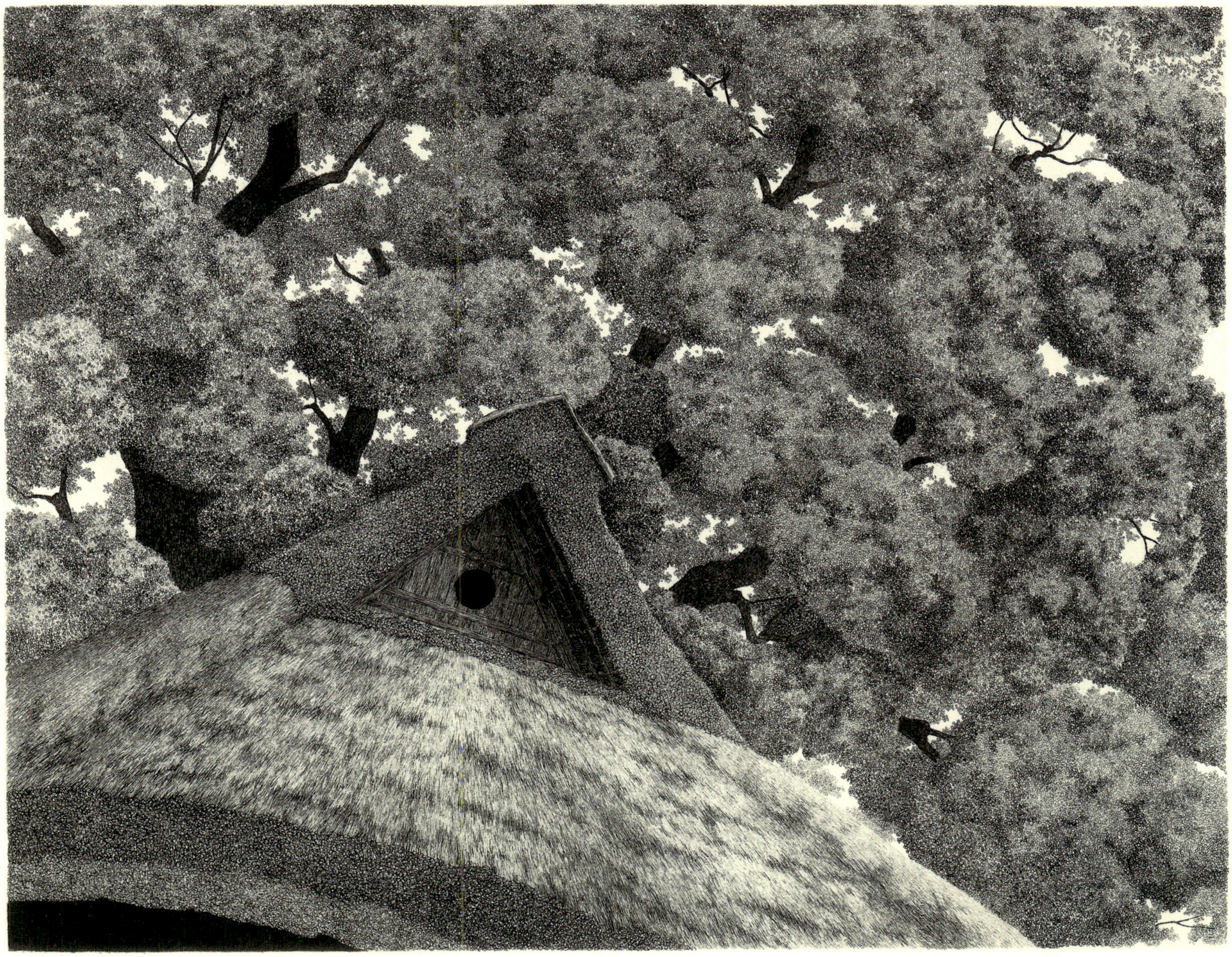

64 △ GROSSER BAUM NR. 1 大樹 NO. 1
Radierung und Aquatinta / 27 × 35 cm / 1981
Auflage: 120 / TR 282

In frühen Werken wie etwa TR 7, TR 99 und TR 180 (Kat.-Nr. 2 und 17) baute Tanaka seine Kompositionen nach Art einer Teleobjektivansicht auf, verzichtete aber auf die Konvergenz. Er entwickelte später eine ähnliche telefotografische Perspektive, betonte nun aber die Konvergenz. Manchmal resultierte dies, wie im vorliegenden Fall, fast in einer Weitwinkelansicht. Der große Baum, der über dem Dach ins Bild rückt, scheint nicht nur das Bauernhaus zu überwältigen, sondern auch den Betrachter. Die gesamte Oberfläche dieses Werks ist mit der Nadel radiert. Nur die dunklen Äste und der Schatten des Giebels wurden zusätzlich mit Aquatinta behandelt.

65 ↘ SCHNEE UND REETDACH NR. 2 雪と藁屋根 NO. 2
Radierung und Aquatinta / 10 × 13 cm / 1982
Auflage: 150 / TR 293

Diese scheinbar einfache Komposition hätte vom Künstler auch größer angelegt und als eine seiner monumentalen Radierungen veröffentlicht werden können; er entschied sich jedoch für ein intimes Format. Wie auch im Folgejahr sollte Tanaka überraschenderweise auch 1982 nur ein Blatt mit einem Schneethema gestalten.
Die winzigen in Aquatinta ausgeführten Bereiche im Vordergrund nehmen seine Wiedergabe von kalten, nassem Schnee vorweg, die ihm 13 Jahre später so erfolgreich in der weit größeren Radierung *Dorf im Schnee Nr. 5* (1995, TR 555, Kat.-Nr. 130) gelingen sollte.
Im Hintergrund, vornehmlich oben links im Bild, ist schwach ein baumbewachsener, schneebedeckter Berg zu sehen, der weiter oben wegen der größeren Schneemenge heller dargestellt ist. Oben rechts wird zwischen den kahlen Zweigen ein in einem ähnlichen Weiß dargestellter Berghang sichtbar. Derartige feine Details werden leicht übersehen. Vielleicht sollten alle kleinformatigen Radierungen Tanakas von Nahem bewundert werden; sie waren nie dafür bestimmt, als Kunst an der Wand zu hängen.

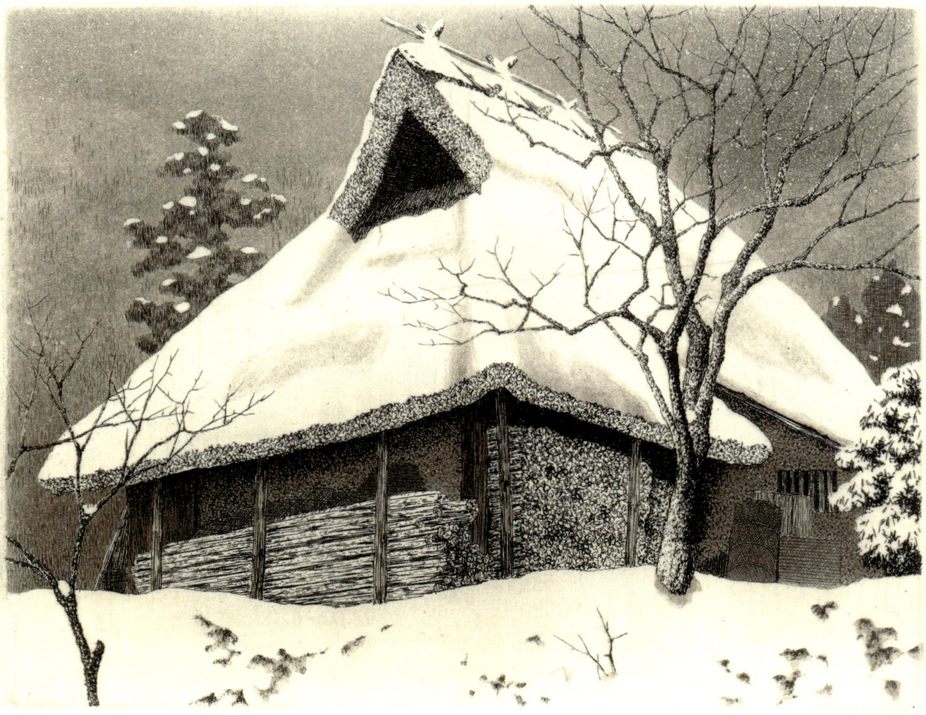

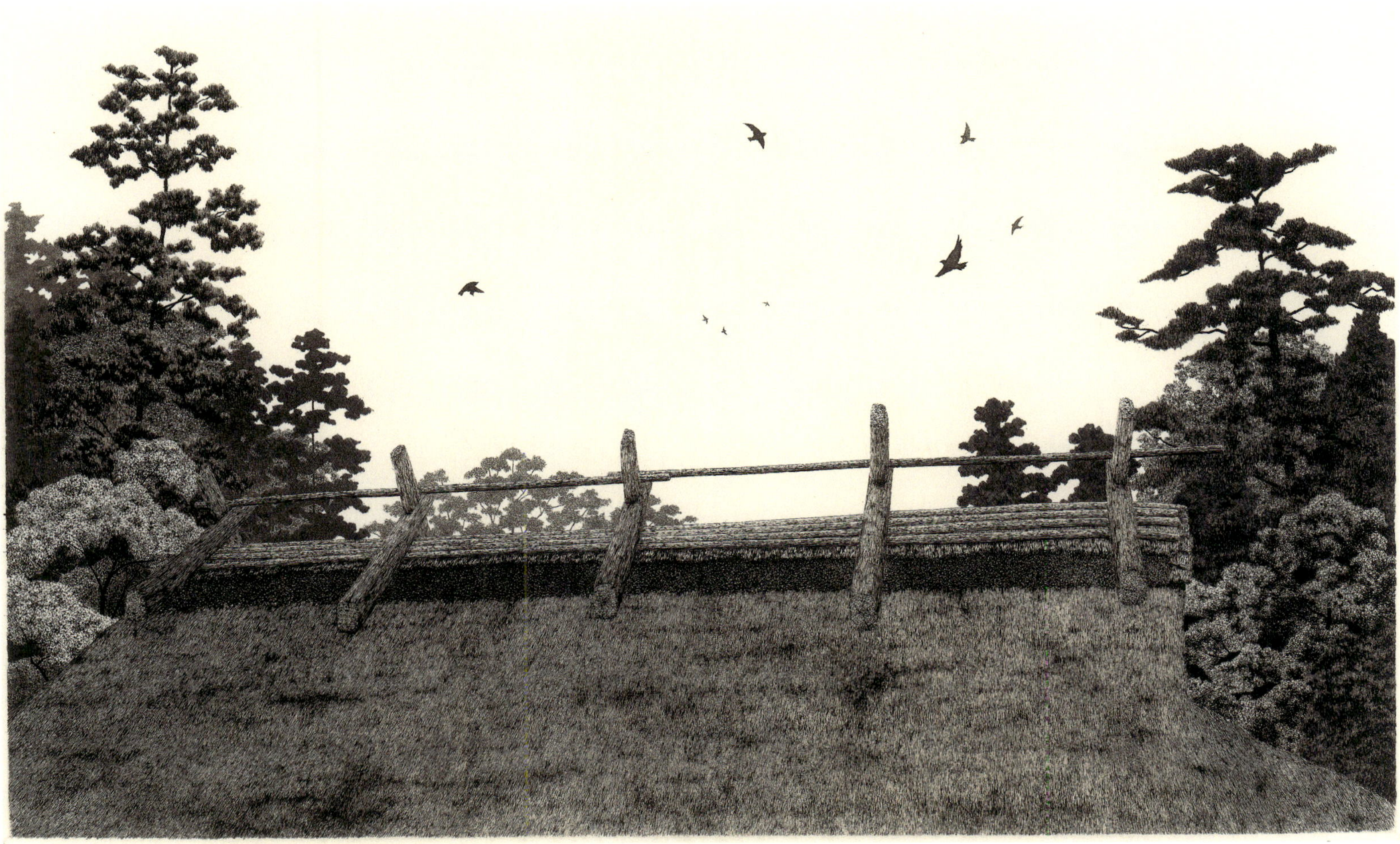

66 ^ VÖGEL IM FLUG 鳥舞う

Radierung / 28 × 47 cm / 1982 / Auflage: 100 / TR 294

Tanaka nahm bisweilen Abstand von der Immobilität seiner bevorzugten Motive und bemühte sich in seinen Radierungen um den Eindruck von Bewegung. Manchmal erreichte er dies, indem er mittels geätzter Linien oder Aquatinta Wind und Wetter beschrieb (vgl. z. B. TR 171, Kat.-Nr. 37), manchmal mit der Andeutung von fallendem Schnee. Ab 1982 fügte er einigen Kompositionen fliegende Vögel hinzu. *Vögel im Flug* ist hierfür ein ausgezeichnetes Beispiel. Die Vögel jenseits des Daches und der Bäume vermitteln ein Gefühl von Raum und Bewegung.

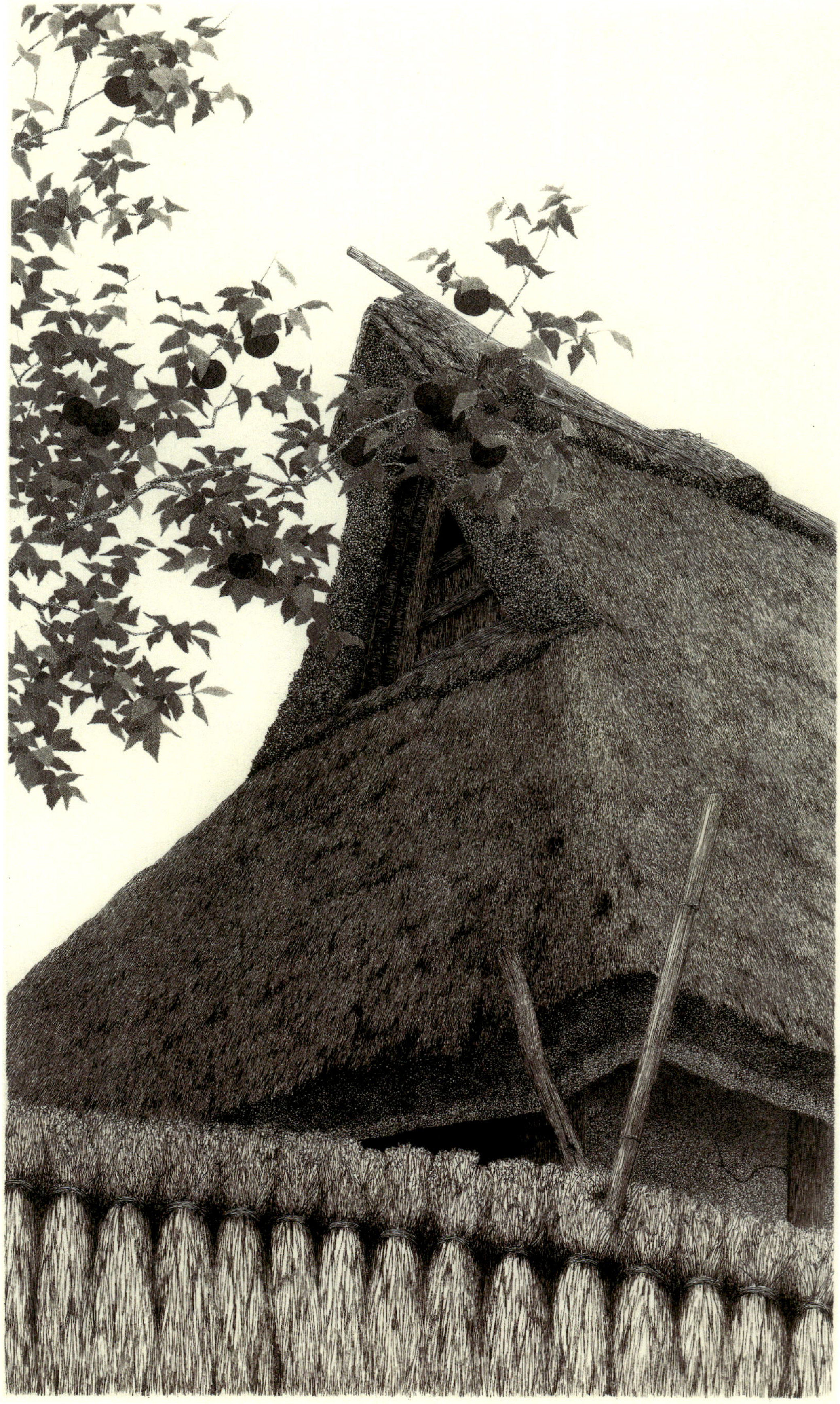

67 > HERBST IN ŌHARA 秋
Radierung / 40 × 24 cm / 1982
Auflage: 120 / TR 298

Eine überzeugende Komposition, die in Untersicht angelegt wurde. Durch das Blattwerk eines Kakibaums blickt der Betrachter nach oben zu einem Reetdach, das sich über frisch gefüllten Trockengestellen erhebt. Der Sommer ist vergangen; der Herbst ist da. Für diese Radierung verwendete Tanaka eine neue Technik: Er variierte sowohl die Richtung der Kreuzschraffur als auch die Tiefe der geätzten Linie bei jedem einzelnen Blatt, um die unterschiedliche Streuung des Sonnenlichts abzubilden. Mit gleicher Virtuosität verwirklicht, erscheint dieses Verfahren zum Beispiel auch auf *Mondschatten* (TR 306, Kat.-Nr. 70), *Tempeltor* (TR 325, Kat.-Nr. 78) und *Landschaft mit Lichteffekt* (TR 363, Kat.-Nr. 89).

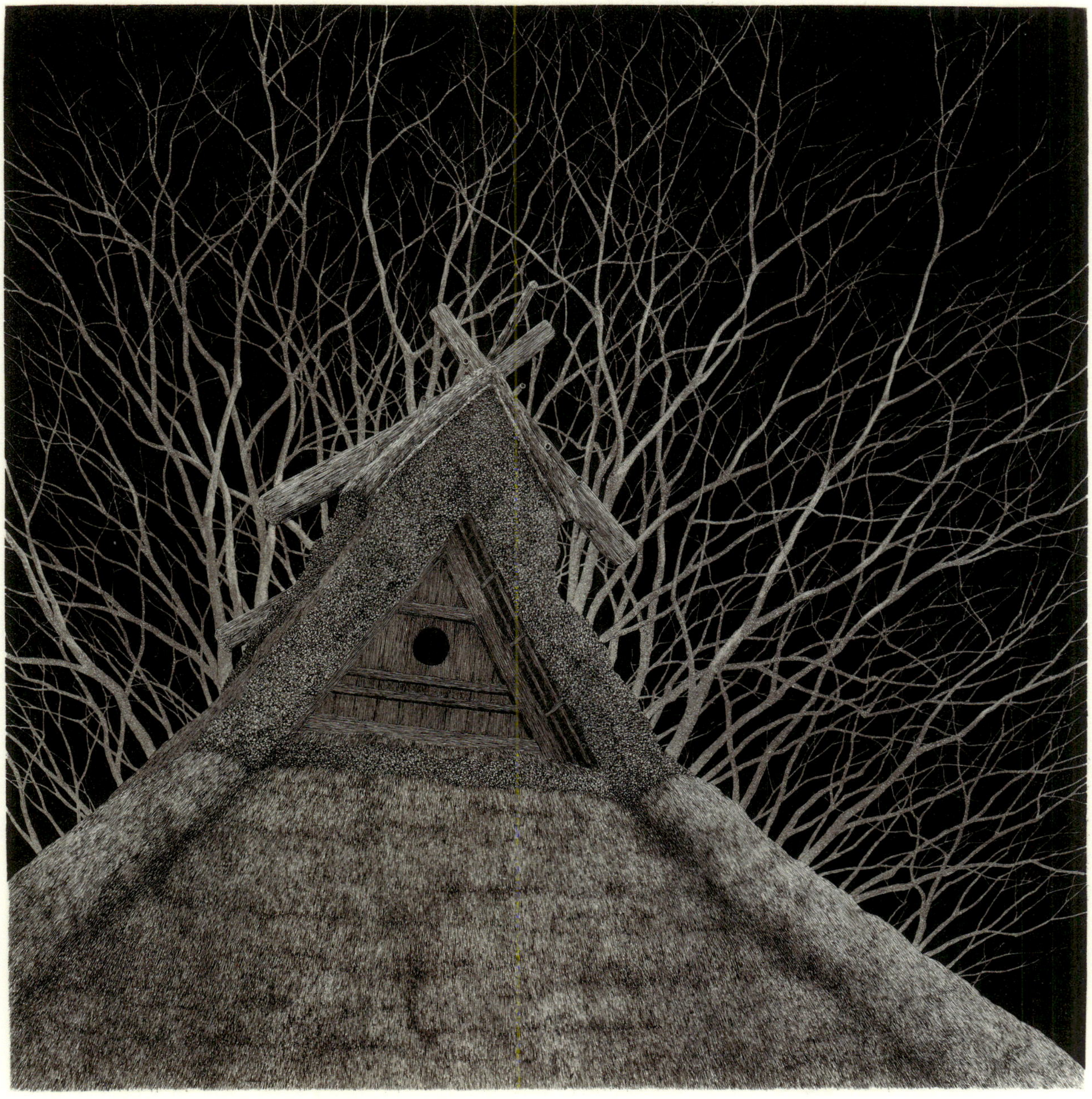

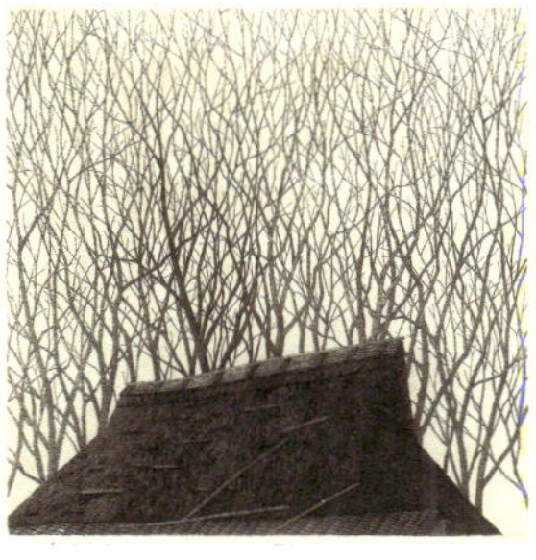

68 ^ GROSSER WEISSER BAUM 白い樹
Radierung und Aquatinta / 30 × 30 cm / 1982
Auflage: 120 / TR 300

Dieses Werk wirkt wie die ‚Negativ'-Version einer gleich großen Radierung mit dem Titel *Es wird Frühling* (TR 83, Kat.-Nr. 12), die Tanaka elf Jahre zuvor geschaffen hatte. Die geisterhafte Fahlheit des Reetdaches und der Äste in *Großer weißer Baum* stehen in direktem Kontrast zur Stimmung in dem dunkler angelegten Bild TR 83. Die Auffächerung der wohl hell beleuchteten Äste hinter dem Dach, die einen Gegensatz zu den mehr oder weniger vertikalen Linien der Zweige auf dem früheren Blatt bilden, zeigen die stete Suche des Künstlers nach Innovation und künstlerischem Ausdruck.

Die Radierung muss von Nahem studiert werden. Es ist faszinierend, wie es Tanaka mit dem sirupartigen Abdecklack gelang, die immer dünner werdenden Linien der Äste abzudecken und sie vor der aggressiven Tiefenätzung der Säure zu schützen, die ansonsten einen tiefschwarzen Nachthimmel erzeugen würde. Die dünnsten Zweige messen weniger als den Bruchteil eines Millimeters, aber die Salpetersäure konnte nicht unter diese sehr feinen Linien dringen und dort ätzen – eine Meisterleistung in der Nutzung von Abdecklack.

69 ∨ ZEDER IN KITAYAMA 北山杉
Radierung und Aquatinta / 28 × 47 cm / 1982
Auflage: 100 / TR 304

Die Zedern in dem Berggebiet nördlich von Kyoto sind seit Jahrhunderten ein geschätzter Rohstoff für den Bau von Tempeln, Schreinen und Privathäusern. Die Dichte der Wälder zwingt die Zedern, schnurgerade in Richtung des Sonnenlichts zu wachsen. Manchmal wurde in einem bestimmten Stadium des Wachstumsprozesses ein Geschirr aus dünnen Metallstäben mit Draht um den Baum gebunden, das ein eingetieftes Muster in der Rinde hinterließ. Das so entstandene Holz wurde für die Herstellung dekorativer Architekturelemente in traditionellen japanischen Häusern wie etwa Teeklausen verwendet. In den letzten Jahren wurden die Wälder von Kitayama leider vernachlässigt, da die Kosten für das Fällen und den Abtransport den heutigen Marktwert weit übersteigen.

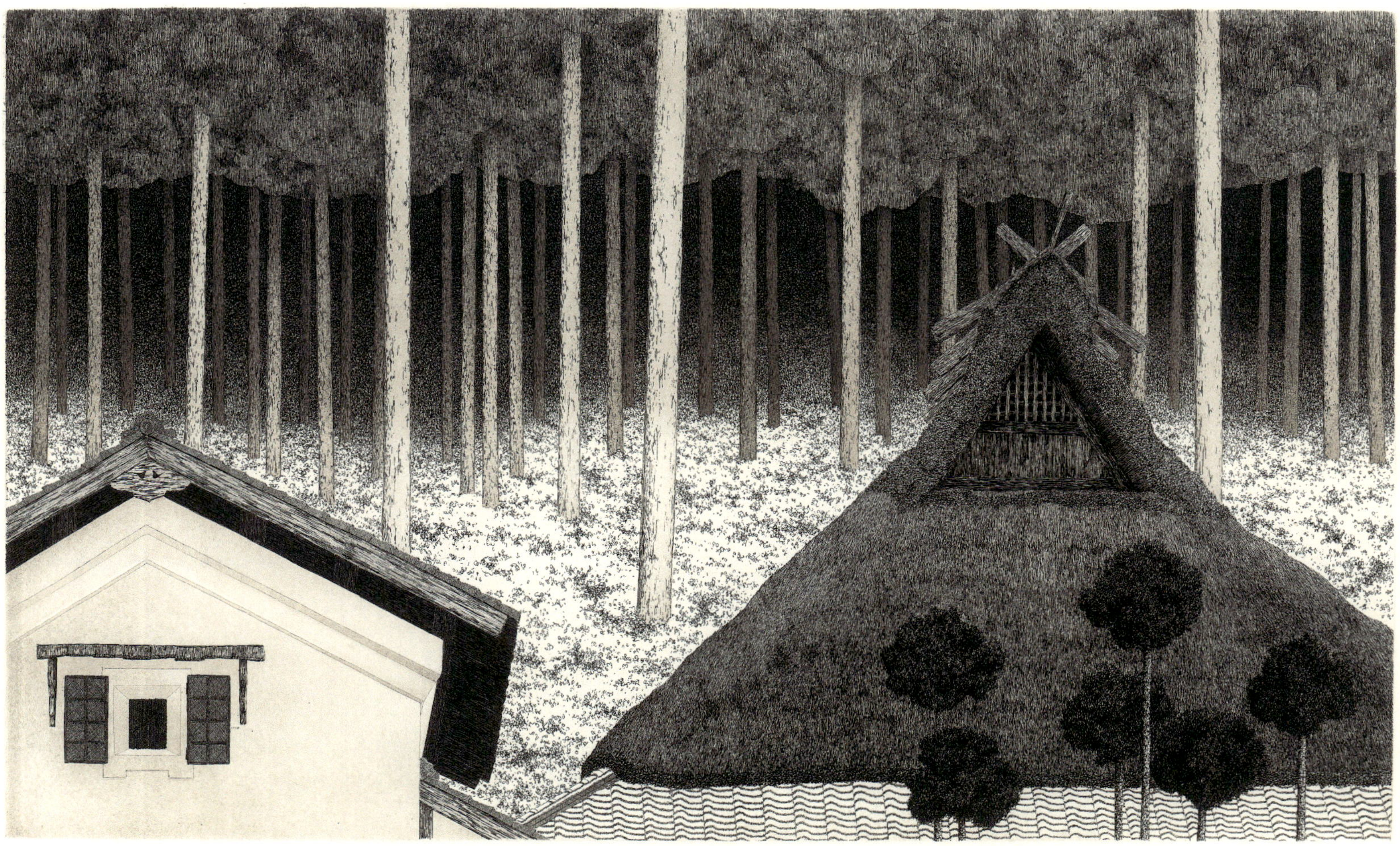

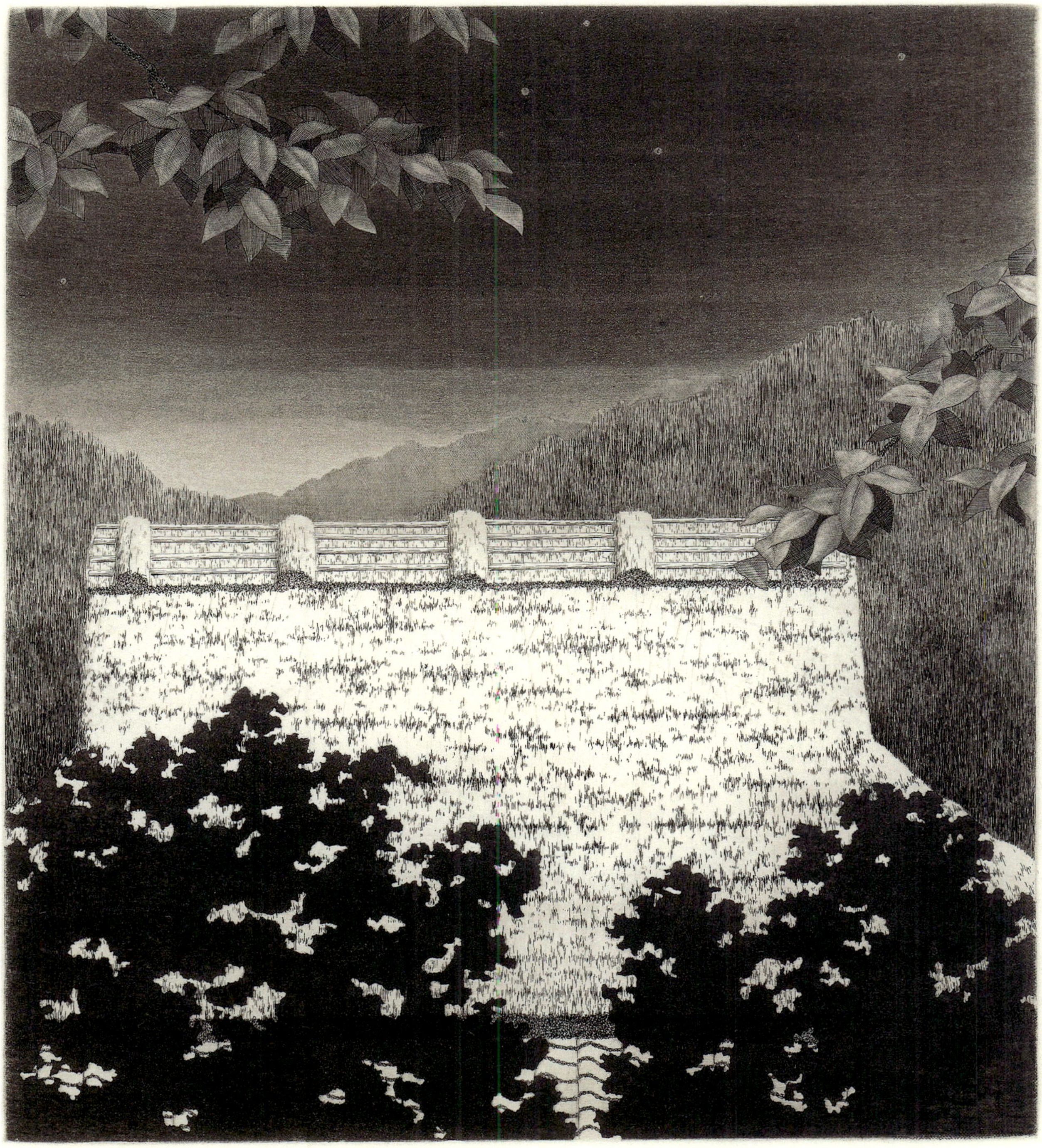

70 ^ MONDSCHATTEN 月影
Radierung und Aquatinta / 23,5 × 21,5 cm / 1982
Auflage: 130 / TR 306

Der starke Kontrast zwischen den pechschwarzen Bäumen im Vordergrund und dem intensiv beleuchteten Teil des Daches gibt anschaulich die Stimmung bei hellem Mondlicht wieder. Wie bei *Herbst in Ōhara* (TR 298, Kat.-Nr. 67) wurden das hervorstehende Blattwerk (vgl. Kat.-Nr. 31 für *shidare*) mittels vielfältiger und unterschiedlich tief geätzter Kreuzschraffuren angelegt. Sie wurden im Anschluss einzeln poliert, um den Eindruck zu erwecken, als würden die gekrümmten Blätter das von oben kommende Mondlicht mit unterschiedlicher Intensität reflektieren. Der Mond selbst bleibt unsichtbar.

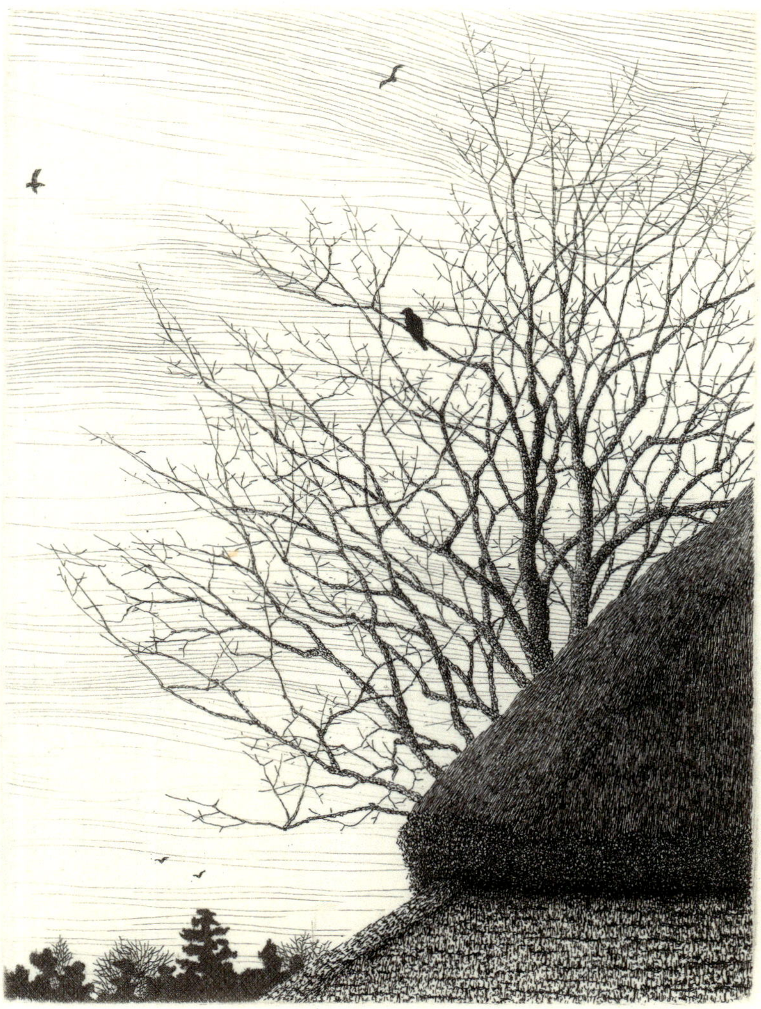

71 < KRÄHEN 鳥
Radierung / 13 × 10 cm / 1983 / Auflage: 150 / TR 312

In dieser knappen, angeschnittenen Ansicht spielt das gut erhaltene Bauernhaus die Rolle eine Requisite. Wichtig sind die Vögel am Himmel und der einzelne in dem Baum, durch den sich die Art bestimmen lässt: Es ist eine Krähe und nicht einfach irgendein Vogel, den wir in diesem Bild anhand der anderen winzigen Darstellungen hoch am Himmel nicht identifizieren könnten. Im Vergleich mit den weit entfernten Baumwipfeln am Horizont ist der Himmel enorm ausgedehnt. Die zuletzt geätzten Linien in diesem kleinen Werk dürften die dünnen Linien am Himmel gewesen sein, die den winterlichen Wind andeuten. Dieser Wind in den Weiten des Himmels nimmt den größten Teil der wunderbaren kleinen Komposition ein.

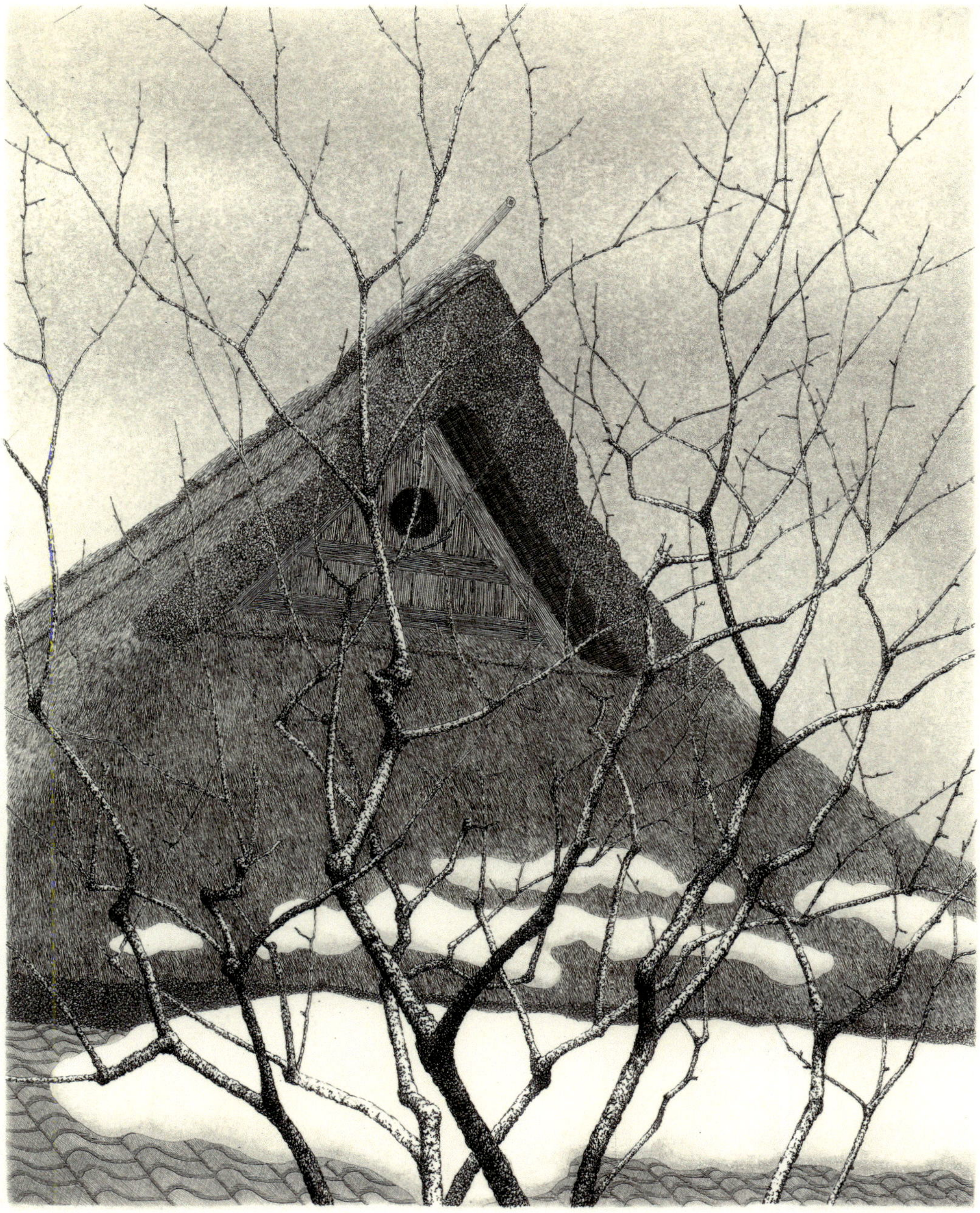

72 ^ WARTEN AUF DEN FRÜHLING 春待つ枝
Radierung und Aquatinta / 21 × 17 cm / 1983
Auflage: 150 / TR 313

Der englische Titel im Werkverzeichnis, das 1990 von Yamada publiziert wurde, ist weniger poetisch als der japanische, den der Künstler der Komposition selbst verliehen hat. 春待つ枝 bedeutet *Zweige, die auf den Frühling warten*. Tanaka legte das Hauptaugenmerk auf die Knospen an den Zweigen, die aufbrechen werden, sobald es etwas wärmer wird. Auf dem Dach des Bauernhauses schmelzen die letzten dicken Schneelagen ab. Die in Aquatinta angelegten unteren Bereiche des schwindenden Schnees verraten seine Schwere und Nässe. Die Winterkälte ist vorüber.

Das Thema ‚Schnee' wurde von Tanaka immer wieder aufgenommen. Obwohl er 1983 20 Radierungen schuf und druckte, ist das vorliegende Blatt dennoch das einzige mit einer Darstellung von Schnee. Eine interessante Besonderheit stellt die Ungleichmäßigkeit der Aquatintapartie im Himmel dar. Sie ist nicht flach und grau, sondern zeigt einen bedeckten Himmel, dessen Bewölkung sich lockert und es der Sonne bald ermöglichen wird, die Szenerie zu erhellen.

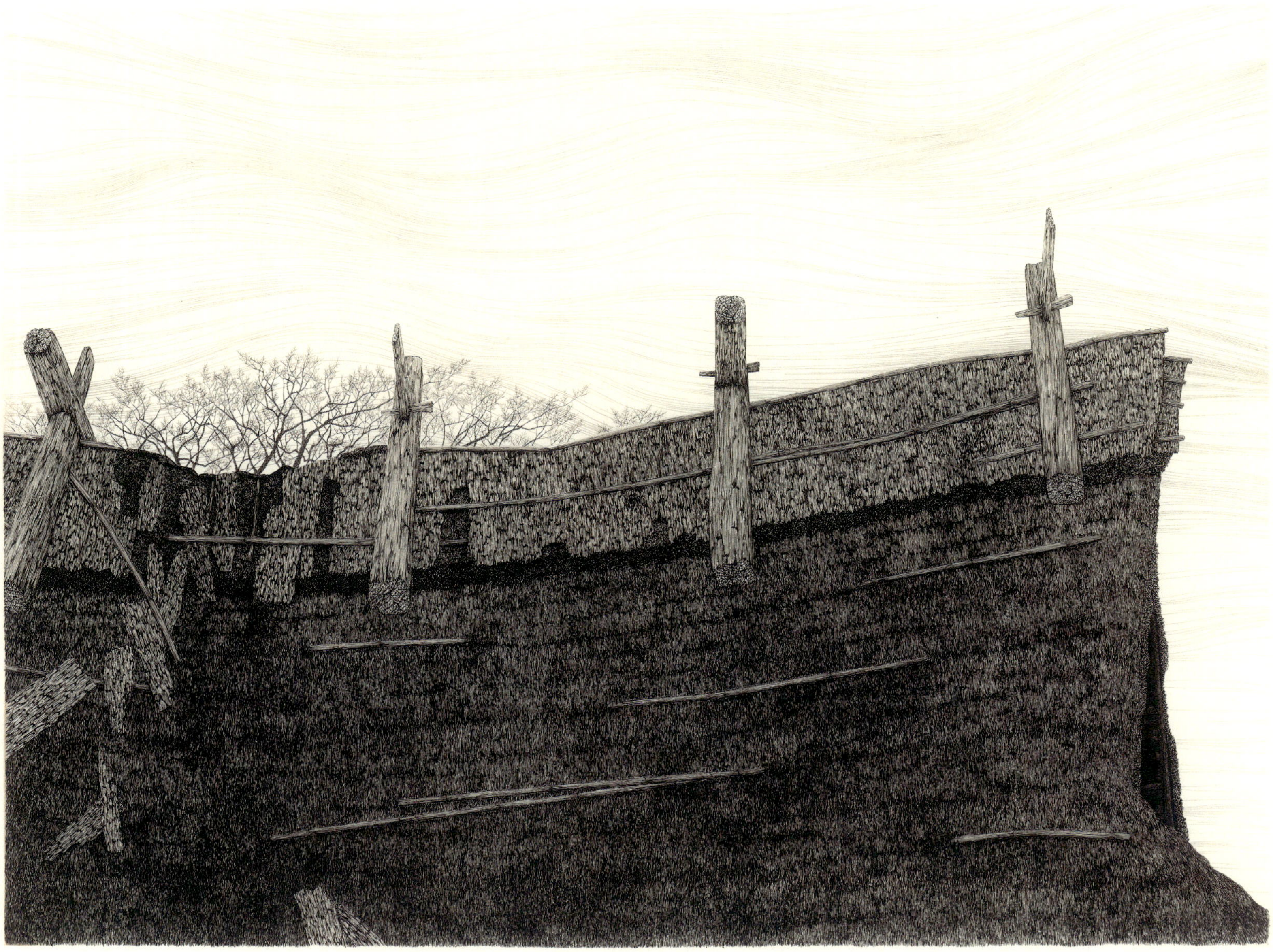

73 ^ VERHEERENDER WINDSTOSS 木枯らしの屋根
Radierung / 35 × 47 cm / 1983 / Auflage: 100 / TR 314

Tanaka schuf diesen ausgesprochen großen Druck direkt nach TR 312 (Kat.-Nr. 71), *Krähen*. Der von ihm gewählte Titel lautete 木枯らしの屋根, was mit „Dach im Winterwind" zu übersetzen ist. Yamada Tetsuo erlaubte sich, den Titel im Englischen in *Withering Blast* (Verheerender Windstoß) abzuändern. Wie beim vorangegangenen viel kleineren Werk dürften auch in dieser großen Radierung die Wellenlinien zum Abschluss hinzugekommen sein. Sie zuletzt, nach dem mühsamen, Wochen andauernden Ätzen des riesigen Dachs, das hier das Hauptmotiv darstellt, freihändig in den schützenden Ätzgrund zu zeichnen, war ein Akt purer Unerschrockenheit. Wäre es dem Künstler nicht gelungen, akkurate parallele Wellenlinien einzufügen, wäre der Ätzvorgang und damit wochenlange Arbeit umsonst gewesen. Die Bäume hinter dem Dach sind zwar noch kahl, scheinen sich aber unter der Kraft des Windes zu biegen.

74 > STILLE MOMENTE NR. 2 静寂の刻 NO. 2
Farbradierung. Radierung und Aquatinta / 47 × 35 cm / 1983
Auflage: 100 / TR 315

Bei dieser gewagten und dramatischen Komposition geht unser Blick über die moosbedeckte Dachkante zum Giebel. Der Künstler verwendete zwei Platten: eine schwarz druckende, die geätzte und mit Aquatinta bearbeitete Partien aufweist, und eine Aquatintaplatte, die *à la Poupée* eingefärbt wurde. Verwendung fanden ein gelbgrüner Ton für das Moos und ein hellblauer, der die Farbe des Himmels vertieft und kühler wirken lässt und das kalte Licht des einsamen Sterns hervorhebt. Der Kontrast zwischen dem gelbgrünen Moos, das das Licht des Mondes einfängt, und dem samtigen Schwarz des Himmels ist eine Meisterleistung in Chiaroscuro, die in Radierungen selten zu finden ist.

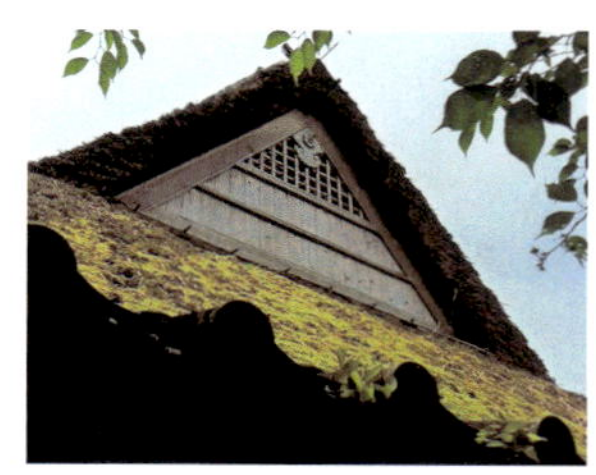

74a Reetdach mit Moos in Goma
Fotografie des Autors

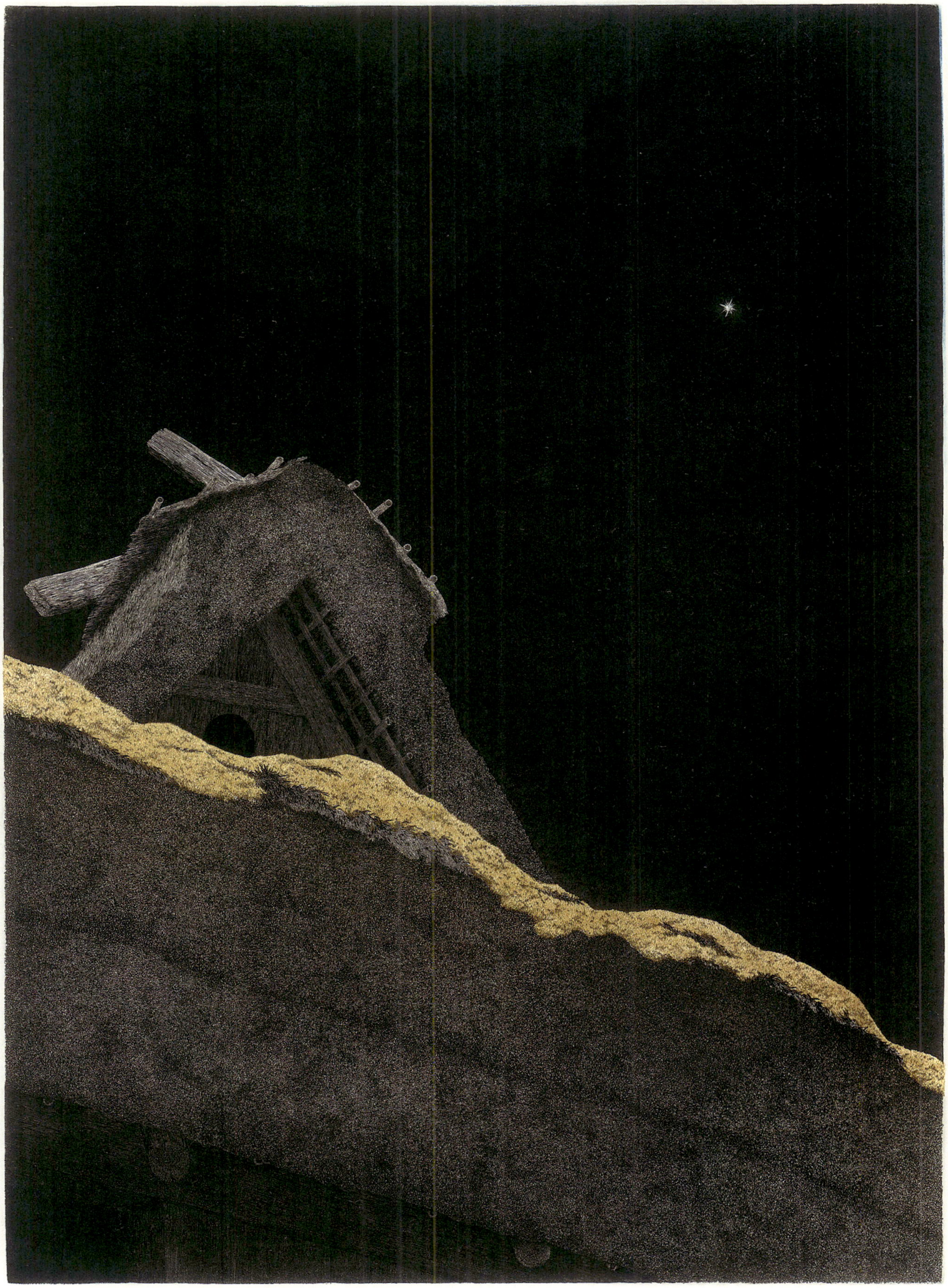

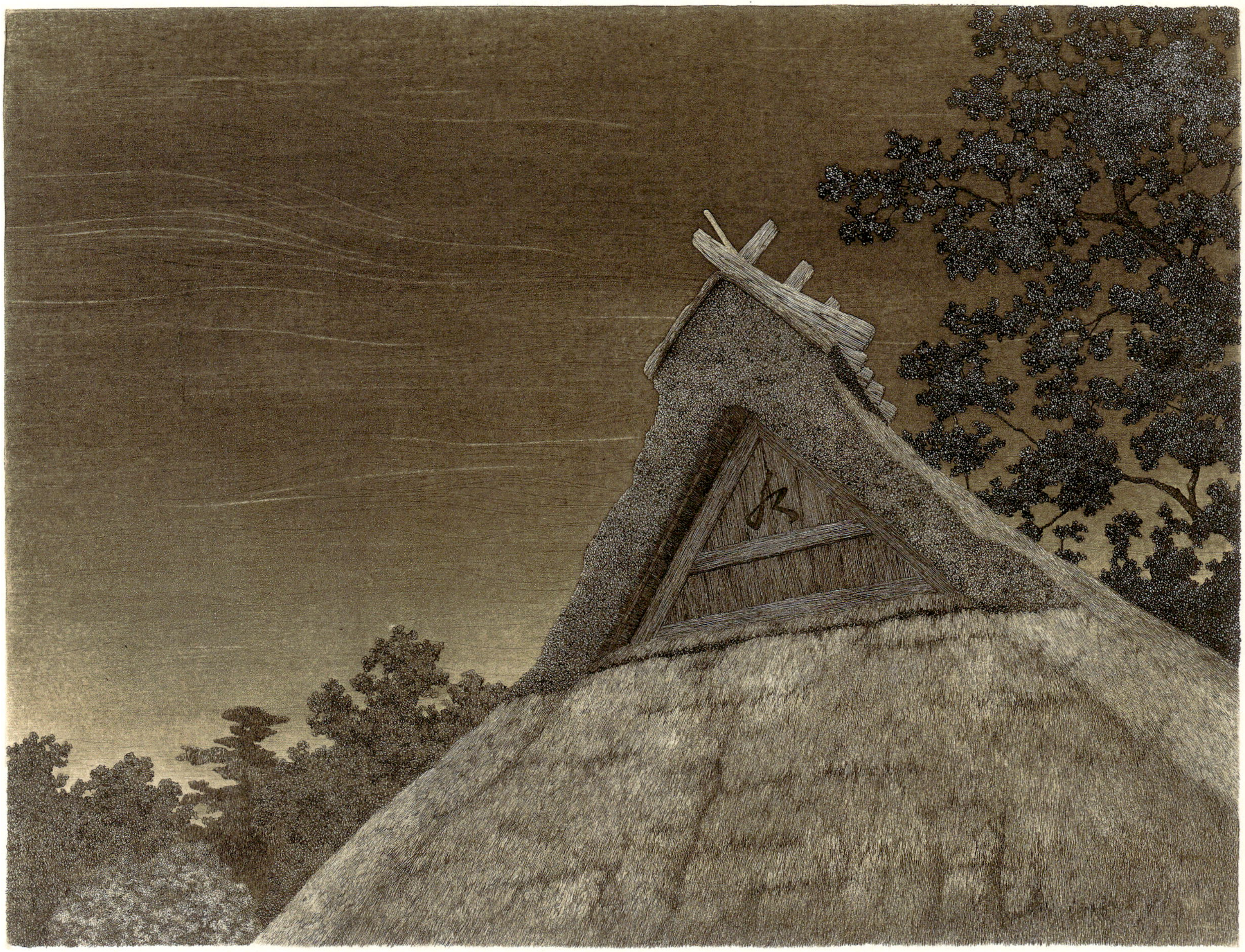

75 ^ ABENDDÄMMERUNG 黄昏
Radierung und Aquatinta / 27 × 35 cm / 1983
Auflage 120 / TR 317

Nicht lange nach den von dramatischer Beleuchtung geprägten Arbeiten TR 306 und TR 315 (Kat.-Nr. 70 und 74), entstand das zurückhaltendere und beschaulichere Werk *Abenddämmerung*. Tanaka verwendete eine Platte für diese Radierung mit Aquatinta und druckte sie in Sepia. In leicht geätzten Aquatintapartien tendiert diese Farbe dazu, sich in wässrigen Schattierungen auszudehnen, die sich von den prägnanten, als Strichätzung ausgeführten Partien abheben; diese tiefer geätzten Partien erscheinen daher im Druck sehr viel dunkler, wodurch der Eindruck entstehen kann, als wären zwei Platten verwendet worden. In dem mit Aquatinta gestalteten Himmel fügt der Künstler leichtere Akzente hinzu, indem er dünne Striche polierte, die parallel zu den darunter liegenden geätzten Linien verlaufen; hierdurch wirkt die Luft bewegt. Im Giebel befindet sich üblicherweise eine Belüftungsöffnung; im vorliegenden Fall hat sie die Gestalt des Zeichens für Wasser (水). Eine andere hierfür übliche Form ist zum Beispiel der zunehmende Mond. Diese Öffnungen, die *hiyoke* (wörtlich: ‚weise Feuer ab') heißen, sind ein Schutzzeichen.

76 ∨ HAUS MIT WEISSEN WÄNDEN NR. 2 白壁の家 NO. 2
Radierung und Aquatinta / 20 × 36,5 cm / 1983
Auflage: 120 / TR 320

Manche der auf diesem Bild dargestellten Häuser sind Wohnunterkünfte, andere sind Lagerhäuser *(kura)*. Hier bewahrte man traditionell Lebensmittelvorräte, aber auch Familienerbstücke wie Kunstwerke und buddhistische Texte auf. Die Lagerhäuser waren zumeist nicht direkt mit dem Haupthaus verbunden und hatten dicke Lehmwände und Ziegeldächer, um die Feuergefahr zu mindern. Das japanische Klima weist im Jahresverlauf extreme Temperaturschwankungen auf, und die dicken Wände trugen dazu bei, die Temperaturen in den *kura* stabil zu halten. Die geweißten Wände reflektieren das Sonnenlicht und haben im unteren Bereich oft eine Holzverkleidung, um sie vor heftigem Regen zu schützen.

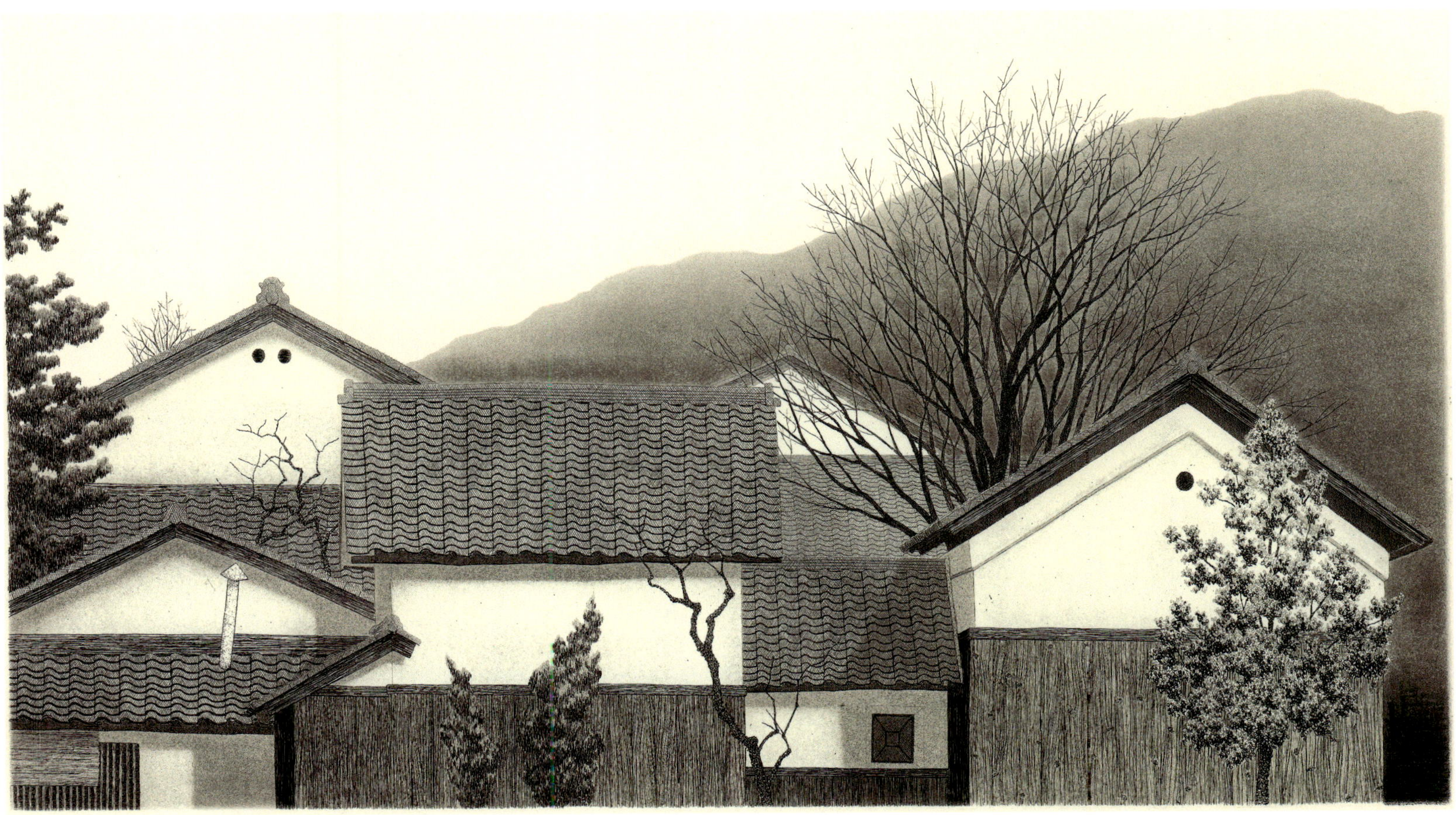

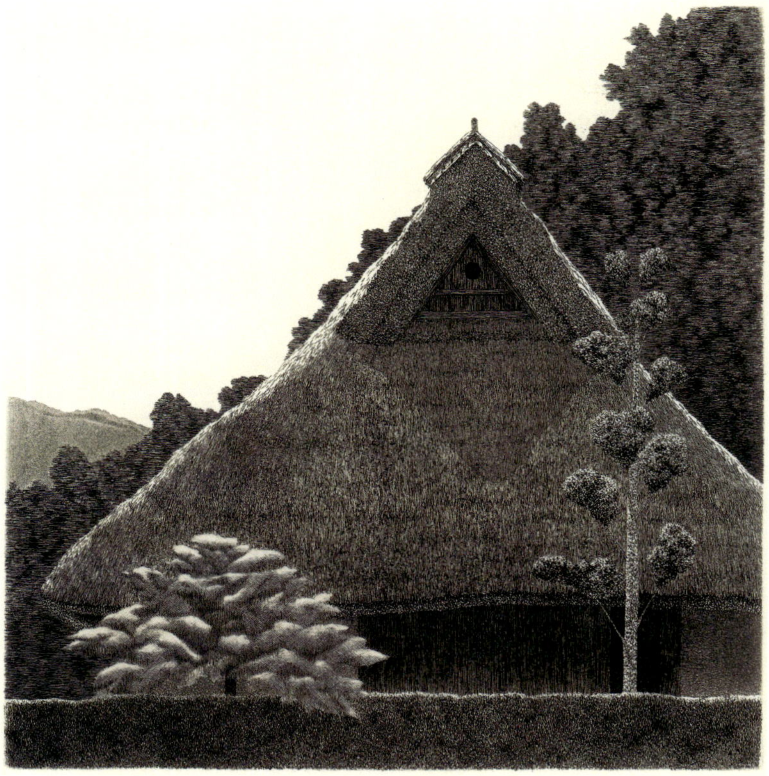

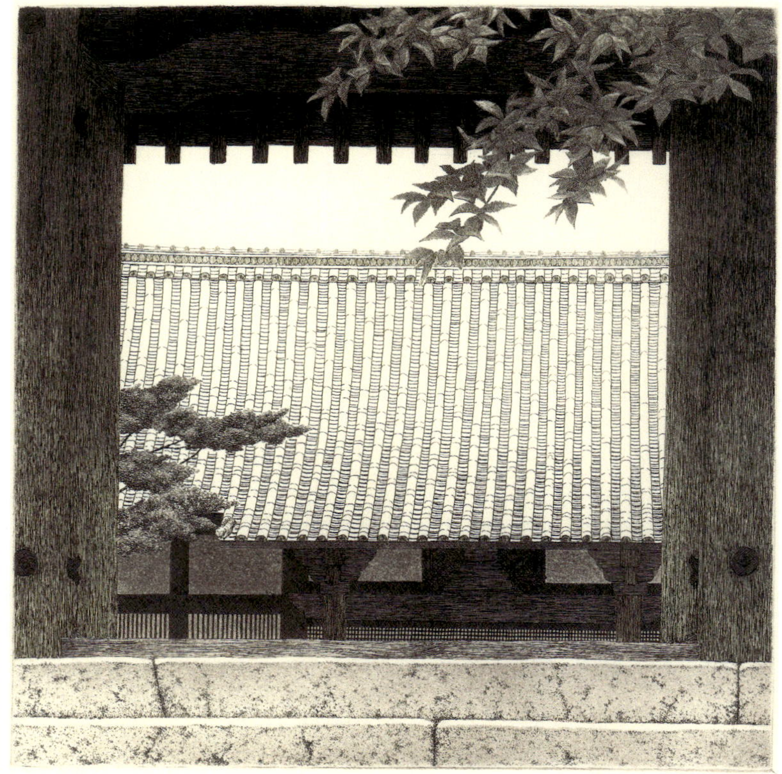

77 ^ SUGIU 杉生
Radierung und Aquatinta / 19 × 19 cm / 1983
Auflage: 150 / TR 324

Sugiu ist ein kleines Dorf in der Präfektur Hyōgo nördlich von Kobe. In den 1980er-Jahren bereiste Tanaka häufig abgelegene Regionen, um geeignete Motive für seine Radierungen zu finden. Dieses Bauernhaus ist offensichtlich bewohnt und wird instand gehalten. Der Giebel wirft einen Schatten, und Sonnenlicht schimmert auf den äußeren Rändern des Dachs. Wenn wir über die ordentlich geschnittene Hecke ins Licht schauen, stellen wir fest, dass die Bäume auf dem Anwesen ebenfalls gut gepflegt sind. Die Komposition ist harmonisch aufgebaut, und die Wiederholung von diagonalen Linien und Dreiecksformen ergänzt den geordneten Eindruck.

78 ^ TEMPELTOR 山門
Radierung und Aquatinta / 19 × 19 cm / 1983
Auflage: 150 / TR 325

Diese Komposition ruft Tanakas Werk *Jingo-ji* (TR 109, Kat.-Nr. 18) von 1972 in Erinnerung. Ähnlichkeiten zwischen seinen Drucken und den Gemälden seiner *nihonga*-Zeitgenossen werden häufig übersehen, möglicherweise weil die Radierung ein westliches Medium ist. Der Entwurf gleicht weitgehend einem wesentlich größeren Gemälde des *nihonga*-Künstlers Okumura Togyū (1889–1990), das sich im Yamatane Kunstmuseum (vgl. Abb. 78a) befindet. Die Ähnlichkeit betrifft nicht nur Komposition und Perspektive, sondern auch die poetische Empfindung. Okumura und Tanaka verwendeten jeweils ein offenes Tor und die geheimnisvolle Vertrautheit eines Tempelgeländes, um den Betrachter zum Eintreten einzuladen. In beiden Arbeiten kontrastiert der dunkle Rahmen des Tores mit dem Licht auf dem Gebäude dahinter.

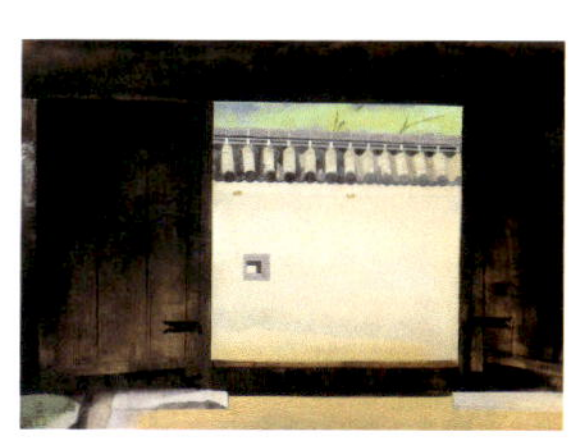

78a Okumura Dogyū (1889–1990)
Tor, 1967. Japanische Pigmente
auf Papier, 100 × 140 cm
Yamatane Kunstmuseum, Tokio

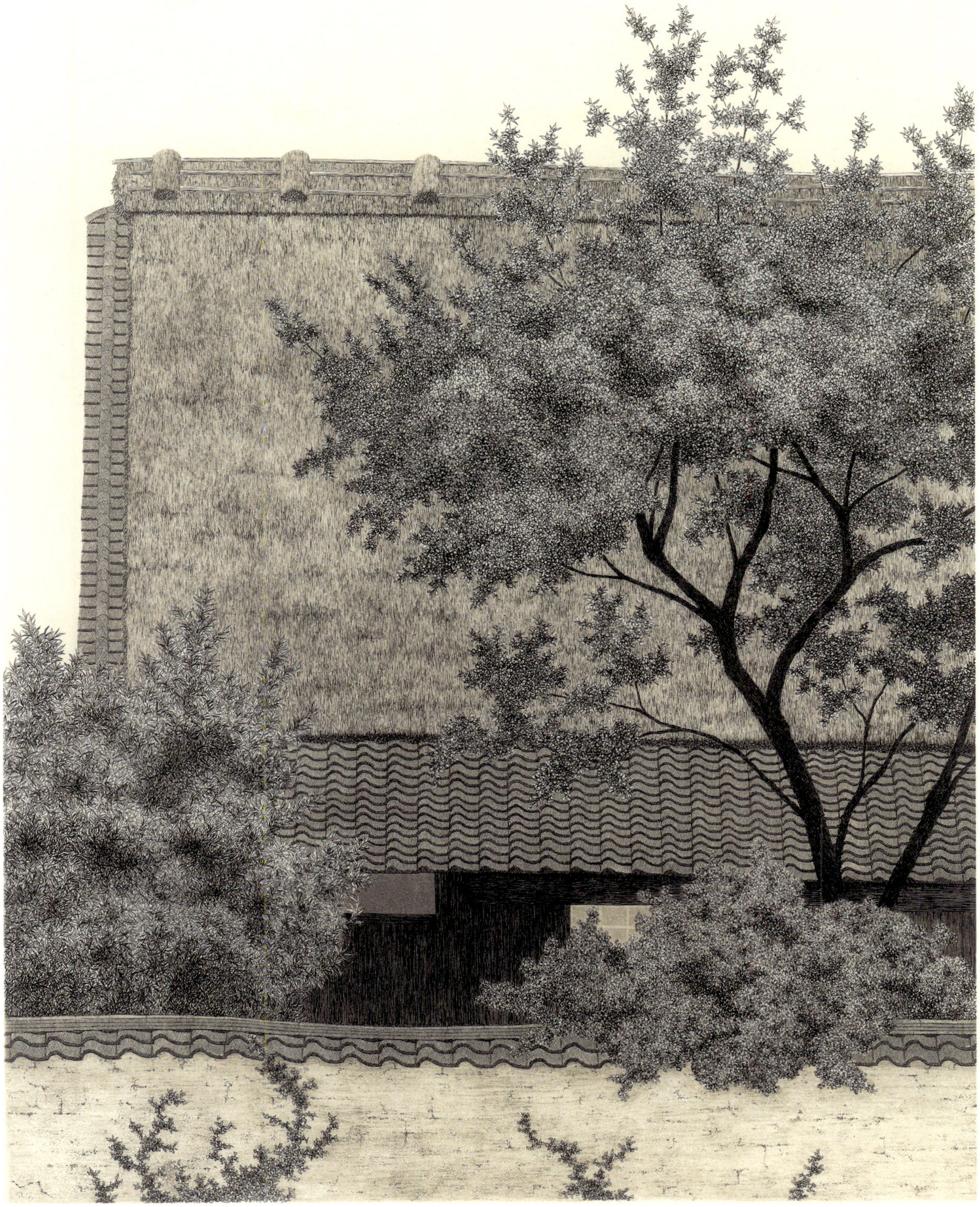

79 ^ BAUM UND DACH NR. 1 樹と屋根 NO. 1
Radierung und Aquatinta / 35 × 27 cm / 1983 / Auflage: 120 / TR 326

Bei seinem Werk *Sugiu* (TR 324, Kat.-Nr. 77) lässt uns der Künstler über eine Hecke gucken, ohne uns einen Blick auf den gepflegten Garten zu erlauben. Auch bei dem vorliegenden Bild sowie den beiden folgenden (TR 328 und 331, Kat.-Nr. 80 und 81) setzt Tanaka vergleichbare perspektivische Mittel ein und versperrt uns die Sicht. Auf den Raum jenseits der Einfriedung wird zwar deutlich hingewiesen, er bleibt jedoch unsichtbar – wir sind nicht eingeladen. Wie immer ist auch hier die Zusammenstellung unterschiedlich geätzter Bereiche sehr ausgewogen.

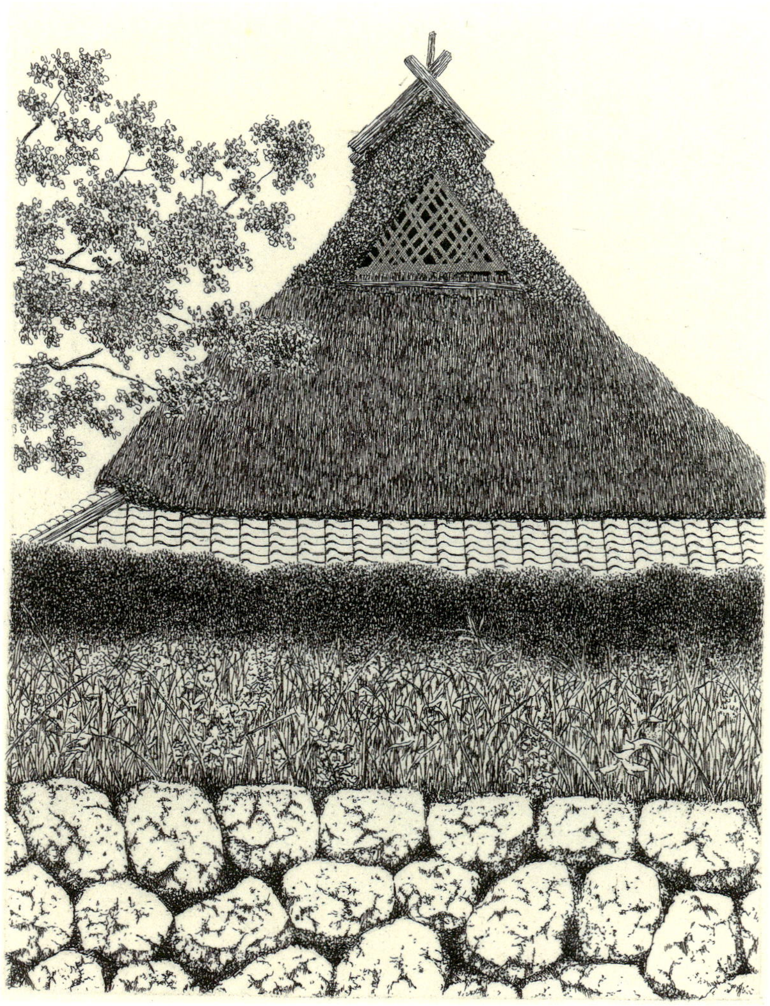

80 ^ STEINMAUER UND DACH 石垣と屋根
Radierung / 13 × 10 cm / 1983 / Auflage: 150 / TR 328

Der Künstler schuf mit Vorliebe Radierungen in diesem besonderen kleinen Format. Die Steinmauer, das Gras und die Hecke nehmen fast die Hälfte der Platte ein und verhindern den Blick auf das Haus. Das kleine Bild wurde vollständig mit der Nadel angelegt. Obwohl in beiden Werkverzeichnissen Yamadas Aquatinta angegeben ist, wurde diese Technik hier nicht verwendet.

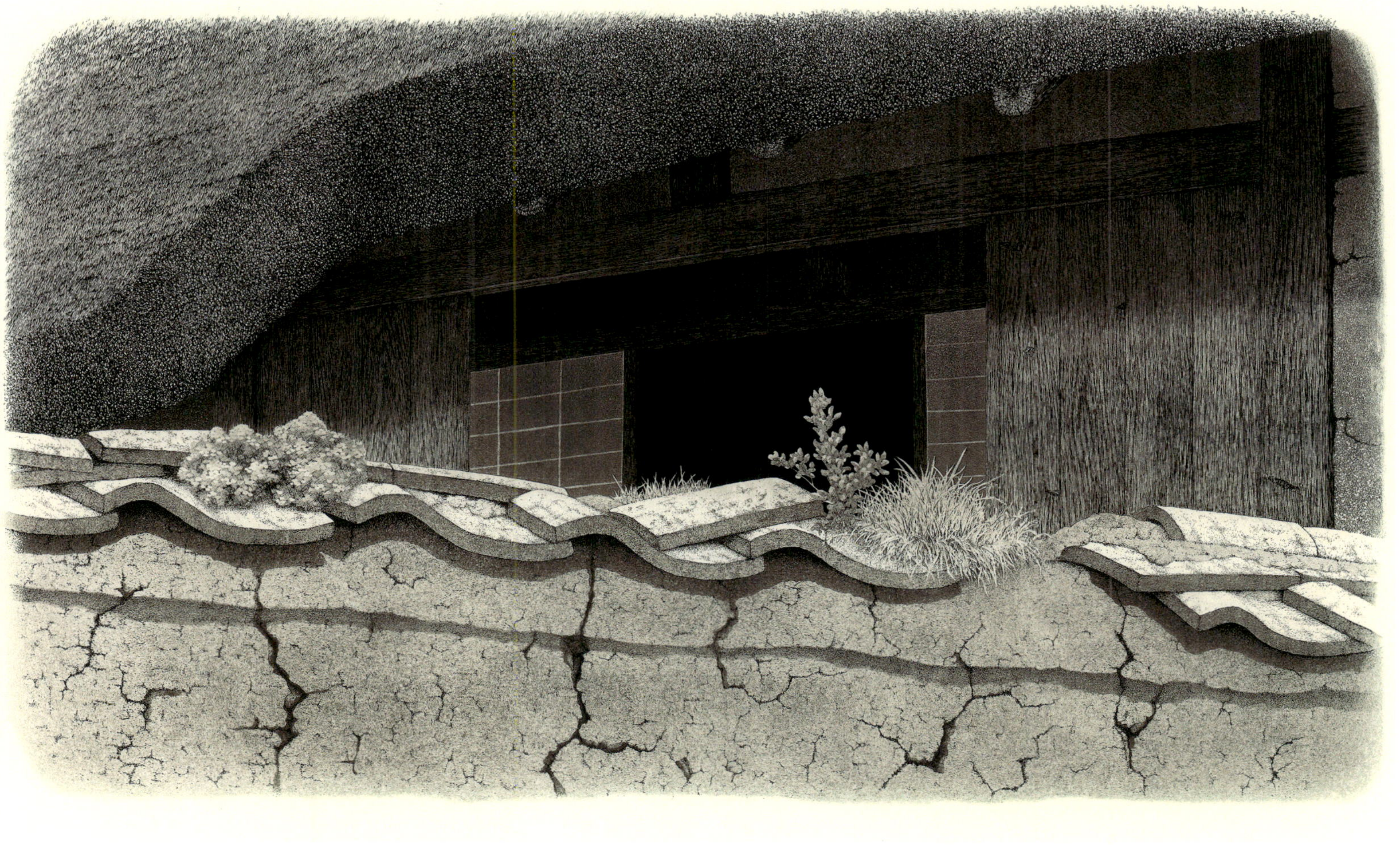

81 ^ LEHMMAUER NR. 1 土塀 NO. 1
Radierung und Aquatinta / 28 × 47 cm / 1984 / Auflage: 100 / TR 331

Das vorliegende Blatt ist insofern bemerkenswert, als Tanaka nur selten einen unscharfen Bildrand gestaltete. Diese Ansicht einer alten mit Ziegeln abgedeckten Lehmmauer, die im Sonnenlicht liegt, lässt abermals an die Nutzung eines Fernglases oder eines Teleobjektivs denken. Unser Blickwinkel auf die Einfriedung ist fast rechtwinklig zur Wiedergabe des Gebäudes. Die starke perspektivische Verkürzung und die Verwendung zweier scheinbar ineinander übergehender unterschiedlicher Fluchtpunkte führen zum einzigartigen – und verwirrenden – Effekt zweier unterschiedlicher Dimensionen.

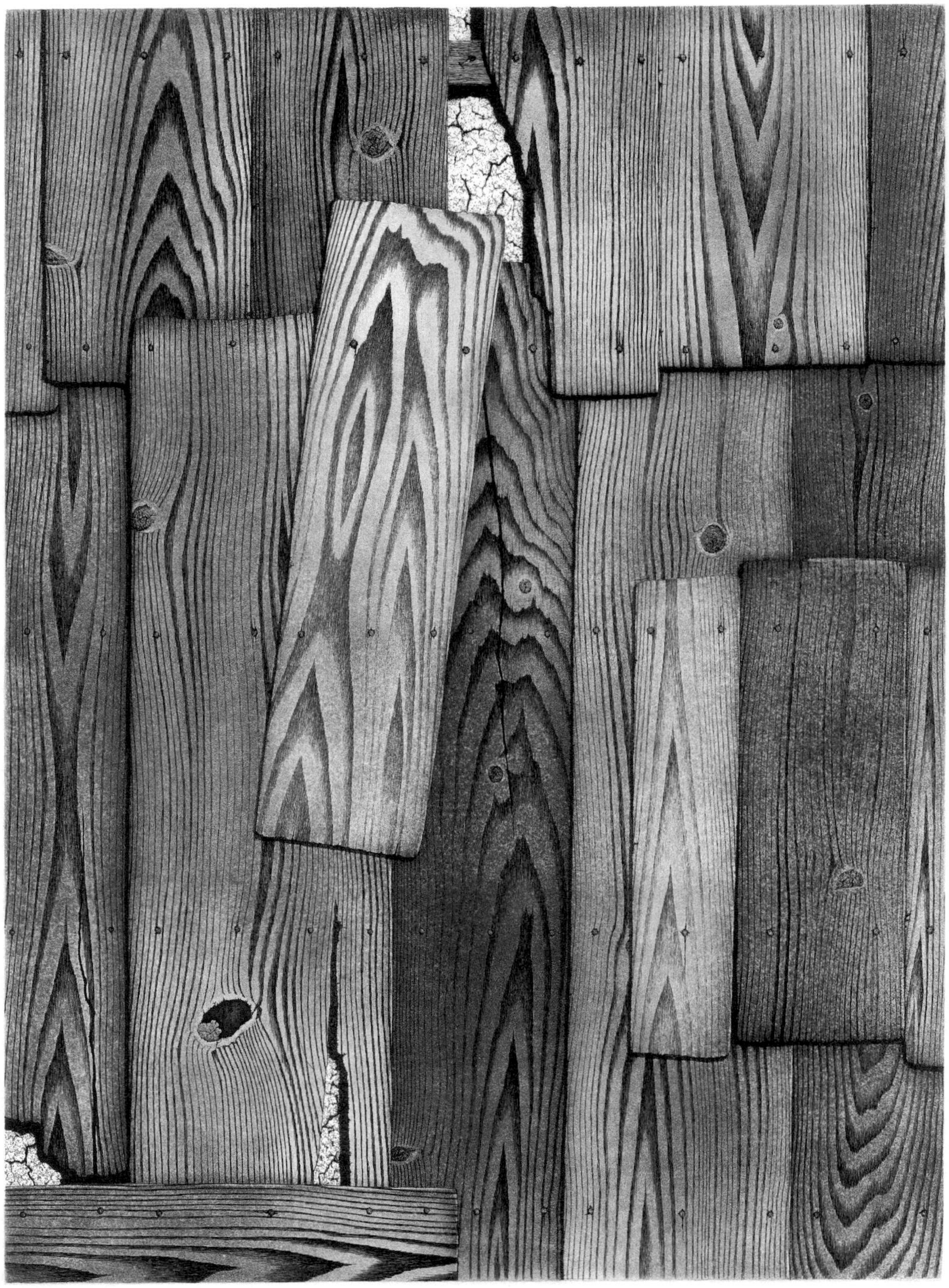

82 ^ HOLZWANDKOMPOSITION 板塀のコンポジション
Radierung und Aquatinta / 47 × 35 cm / 1984 / Auflage: 100 / TR 335

1964, ganz am Anfang seiner Karriere, schuf Tanaka eine kleine Radierung, die ein Teilstück eines verwitterten Holzbretts wiedergibt (TR 9, vgl. Abb. 82a). Obwohl es nur in einer bescheidenen Auflage von 30 Abzügen gedruckt wurde, dauerte es Jahre, bis alle Blätter verkauft waren. 20 Jahre später nahm der Künstler das Thema in einem sehr großen Format und mit einer deutlich weiterentwickelten Technik wieder auf. Tanaka zeichnete die Bretter nach der Natur, arrangierte sie aber danach zu einem abstrakten Kunstwerk. Das Blatt wirkt mehr wie ein Vorzeigedruck für Radiertechniken, weniger wie ein Kunstwerk. Aufgrund ihrer Größe waren die Radierungen sehr teuer, aber entgegen allen Erwartungen verkaufte Yamada Tetsuo die gesamte Auflage samt den zehn Künstlerexemplaren innerhalb eines Jahres.

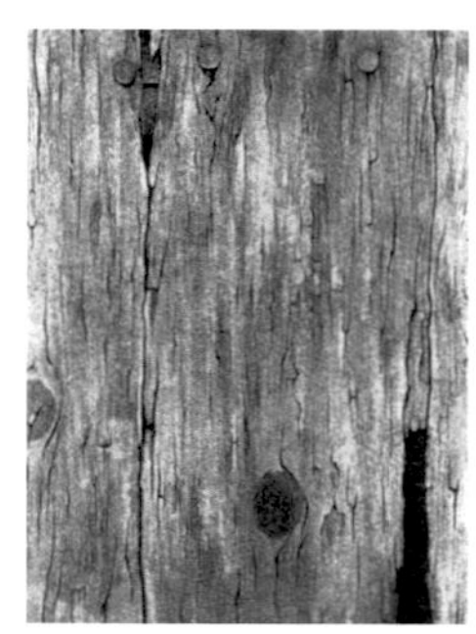

82a Tanaka Ryōhei
Holzwand, 1964. Radierung und Aquatinta. TR 9. 14,8 × 11,3 cm
Auflage: 30

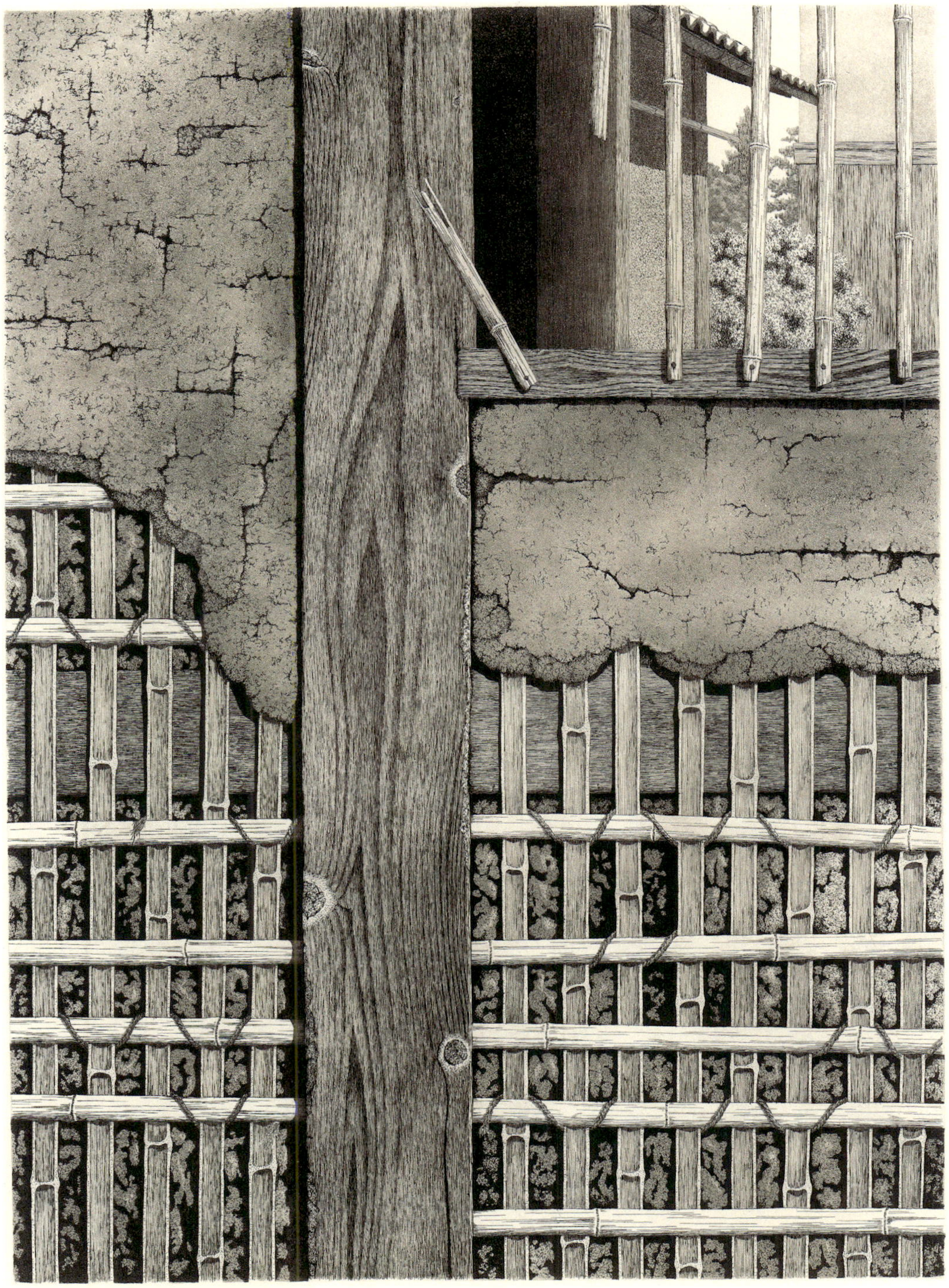

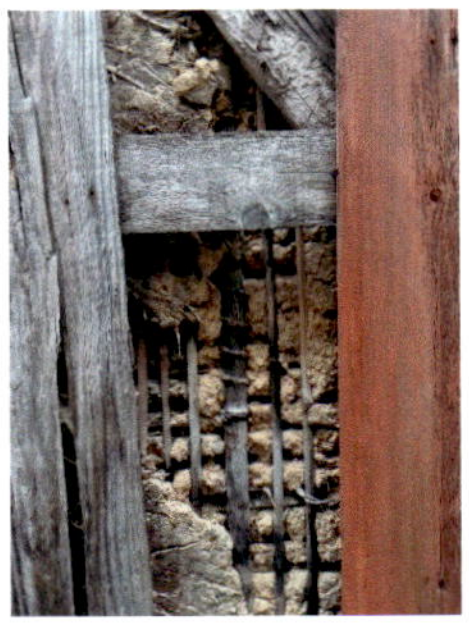

83a Alte holzverschalte Lehmwand. Randgebiete von Kyoto, 2018
Fotografie des Autors

83 ^ WAND NR. 4 壁 NO. 4
Radierung und Aquatinta / 47 × 35 cm / 1984
Auflage: 100 / TR 336

Von der positiven Aufnahme seiner *Holzwandkomposition* (TR 335, Kat.-Nr. 82) beflügelt, schuf Tanaka eine noch ambitioniertere Radierung im selben Format und mit einer ähnlich abstrakten Komposition. Diese Ansicht einer traditionellen holzverschalten Lehmwand erinnert an eine Röntgenaufnahme. Das Abbröckeln des Lehms hat einen Balken und das Gitterwerk freigelegt, das aus gespaltenem Bambus besteht und von Stricken zusammengehalten wird. Dies alles ist mit faszinierendem Detailreichtum dargestellt. Durch eine Öffnung ist ein Teil eines Gebäudes und eines Lagerhauses *(kura)* zu sehen. Ähnliche baufällige Mauern gibt es noch heute (vgl. Abb. 83a), und es lässt sich leicht nachvollziehen, warum Tanaka es reizvoll fand, sie in seine eigene grafische Bildlichkeit umzusetzen.

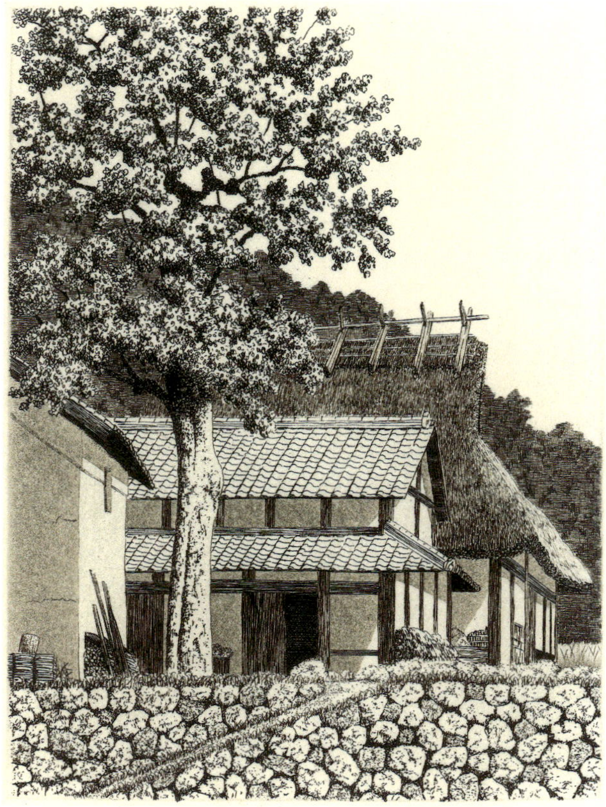

84 < MORGEN 朝
Radierung und Aquatinta / 13 × 10 cm / 1984
Auflage: 150 / TR 338

Dieser kleine Druck ist ein gutes Beispiel für die kompakten kleinen Universen, die der Künstler so gern darstellte. Die hochstehende Sommersonne wirft ihr Licht auf das Bauernhaus, den Schuppen und das Lagerhaus *(kura)* unter dem Baum. Abgesehen von den mittels Aquatinta erzeugten Schatten auf den Gebäuden, wurde das Bild auf der Platte mit der Radiernadel angelegt. Dies gilt, eher überraschend, auch für den bewaldeten Berghang.

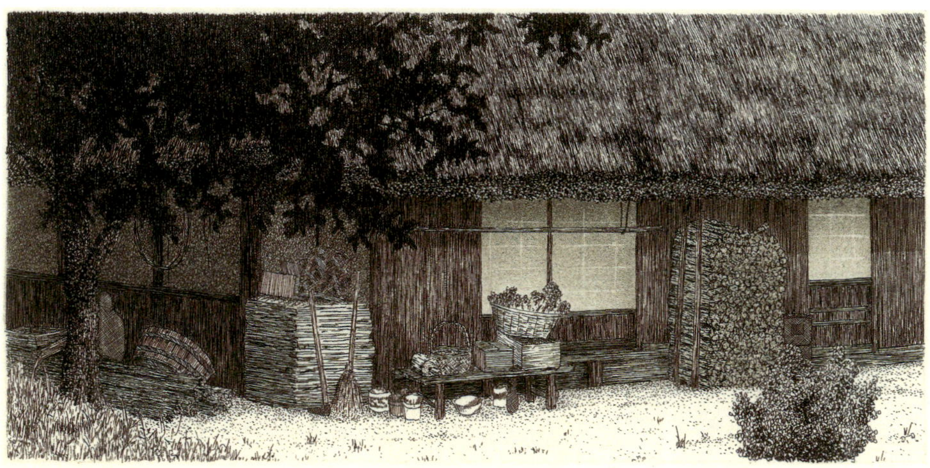

85 ^ HINTERHOF 裏庭
Radierung und Aquatinta / 8 × 16 cm / 1984
Auflage: 150 / TR 351

Auf fast allen Bauernhausdarstellungen Tanakas scheinen sich die Bewohner entweder in den Innenräumen oder draußen auf dem Feld aufzuhalten. Sie sind jedenfalls nicht sichtbar. Wir finden jedoch überall Anzeichen für ihre Anwesenheit. Hier weisen ein Korb mit frisch geerntetem *daikon* (Winterrettich) und ein fast voller Feuerholzstapel darauf hin, dass der Herbst naht.

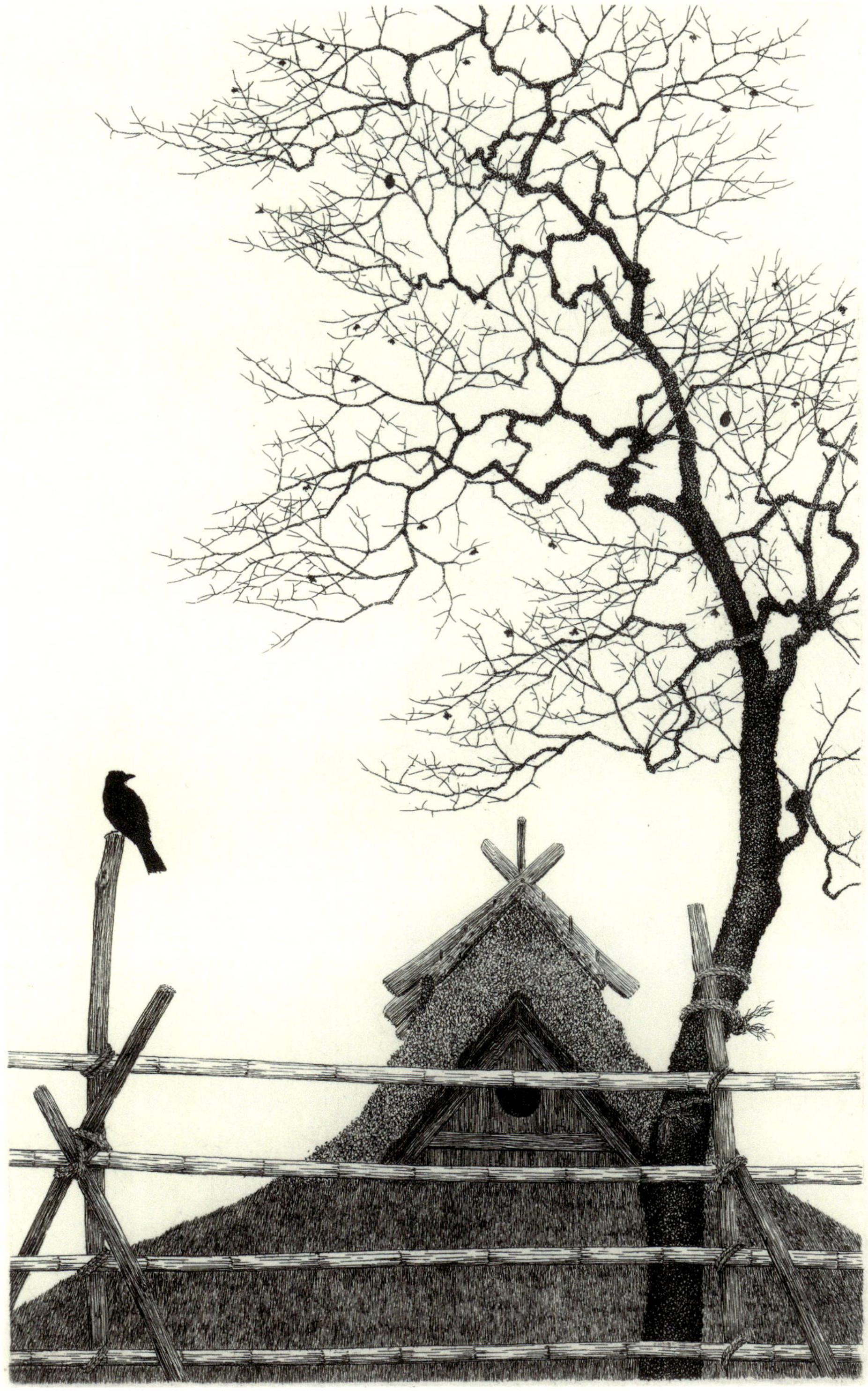

86 > KRÄHE 托鉢

Radierung / 24 × 15 cm / 1984 / Auflage: 150 / TR 349

Von den 770 Werken, die Tanaka im Laufe seiner Karriere schuf, hat er lediglich fünf der Krähe gewidmet. In Japan hat dieser Vogel traditionell nicht unbedingt eine negative Bedeutung. Wie in den meisten anderen Kulturen kann er mit dem Tod assoziiert werden, aber durchaus auch mit Verjüngung und Wiedergeburt. In allen fünf Werken des Künstlers ist die Krähe zusammen mit einem Kakibaum abgebildet, auf dem absichtlich nur wenige Früchte zurückgelassen wurden, um eine gute Ernte für das nächste Jahr sicherzustellen. In der japanischen Ikonografie wird die Krähe häufig vor einem rosa getönten Sonnenaufgang gezeigt – ein Neubeginn.

In dieser wunderbaren Komposition sitzt der Vogel auf einem leeren Bambusgestell zur Reistrocknung. Er dreht sich mit der Krümmung des Bambus dem Baum zu, der sich seinerseits nach links biegt. Das Gestell ist zur Stabilisierung mit Seilen an den Baum gebunden. Hoch oben hängen die letzten verdorrten Kakis, die die Krähe wohl im Blick hat und vor dem Frühling fressen möchte. Der Blick durch das leere Trockengestell nach oben zum First des Bauernhauses und der fahle Winterhimmel dahinter bestimmen unsere Position auf dem Boden.

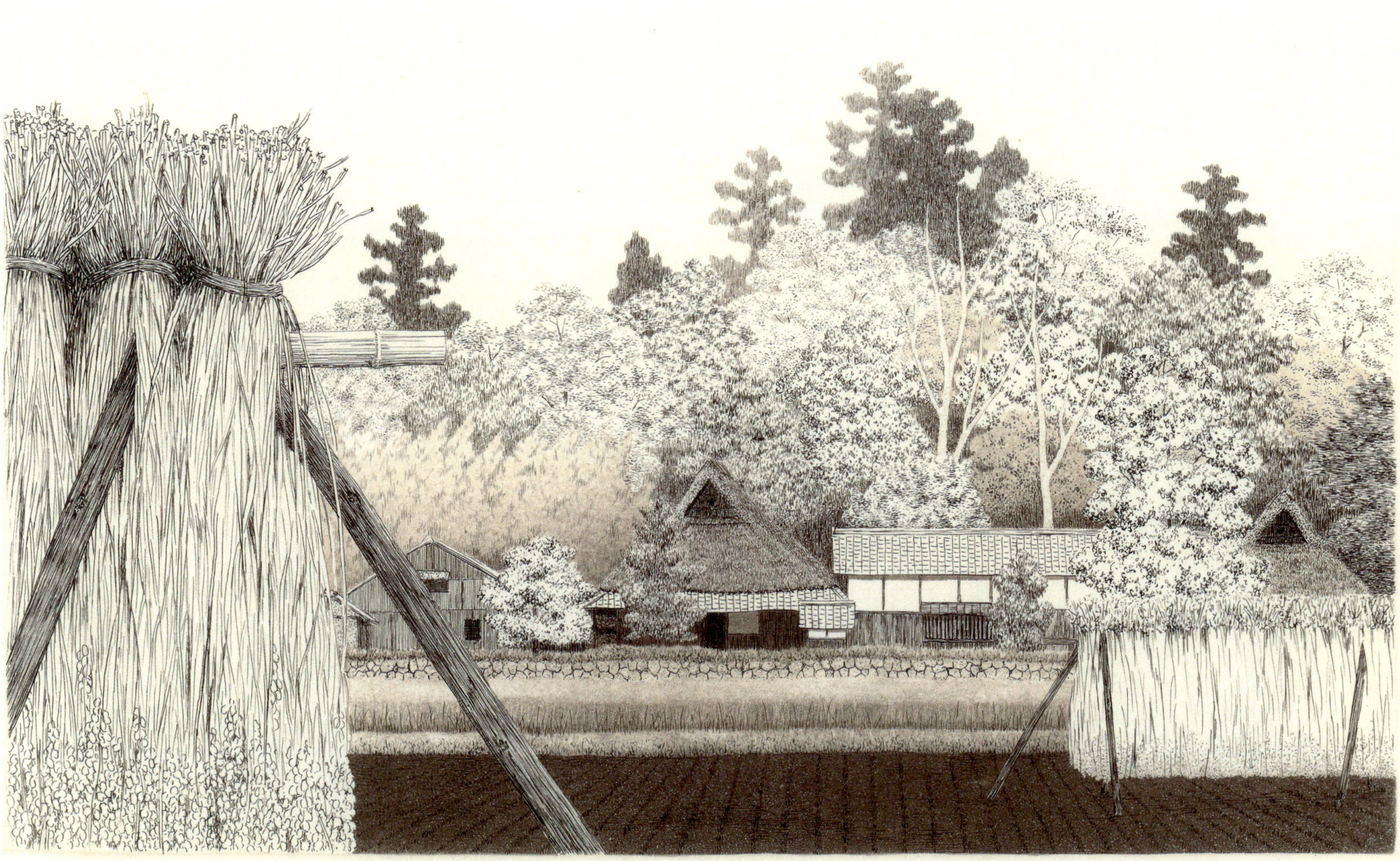

87 ^ ERNTEZEIT NR. 2 収穫の季節 NO. 2
Radierung und Aquatinta / 15 × 24 cm / 1984
Auflage: 150 / TR 355

Yamada Tetsuo, der wichtigste Händler für Tanakas Werke in den 1970er- und 1980er-Jahren und Herausgeber der ersten drei Werkverzeichnisse ordnete diese Radierung in der Ausgabe für die Jahre 1963 bis 1990 unter den Farbradierungen ein. Die geschickte Anwendung von tief geätzter Strichradierung und Aquatinta in Kombination mit der sehr zart eingesetzten Aquatinta in dem – noch nicht abgeernteten Reis – unterhalb der Steinmauer sowie im Bambus und in den Bäumen hinter dem Bauernhaus vermitteln den Eindruck, als wäre dieses Blatt von zwei Platten gedruckt worden; tatsächlich war es nur eine Platte. Während die mit Sepia eingefärbten tiefer geätzten Linien nach dem Blankwischen der Platte – zum Beispiel in den Holzpfählen der Trockengestelle und dem das Dorf umgebenden Blattwerk – sehr viel stärker hervortreten, hinterlässt dieselbe Farbe in den leicht geätzten Aquatintapartien der Felder im Vordergrund und den Bäumen hinter den Bauernhäusern eine wärmere Farbtönung.

88 > BETTELMÖNCH 托鉢
Farbradierung und Aquatinta / 36,5 × 36,5 cm / 1985
Auflage: 100 / TR 362

Die Herbstsonne wirft den Schatten eines Bettelmönchs auf die Wand einer Tempelanlage. Die Radierung wurde mit schwarzer Farbe von der Hauptplatte gedruckt. *À la Poupée* aufgetragenes Grün und Ocker-Orange stammen von einer weiteren Platte. Obwohl es sich um ein von der Sonne beleuchtetes Motiv handelt, erinnert das Blatt an die nächtliche Szenerie von TR 4 von 1964 (Kat.-Nr. 1). Wenn wir uns in diesem frühen Werk auf die Wand im Hintergrund konzentrieren, können wir uns fast vorstellen, dass dort, in der Nähe des Glockenstuhls des Tempels Myōshin-ji, ein Bettler im Mondlicht auf sehr ähnlich gestalteten Kieseln wandelt.

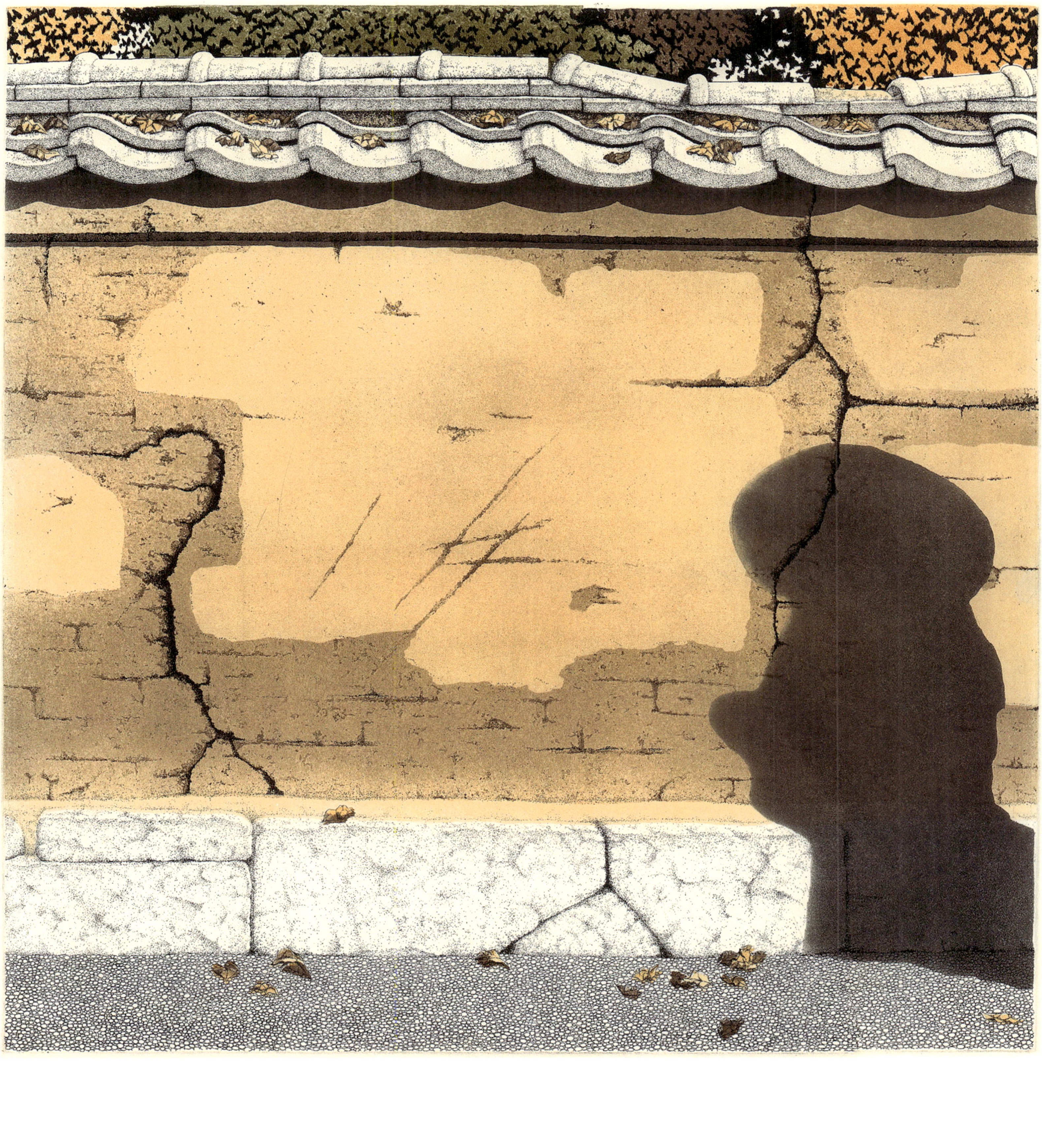

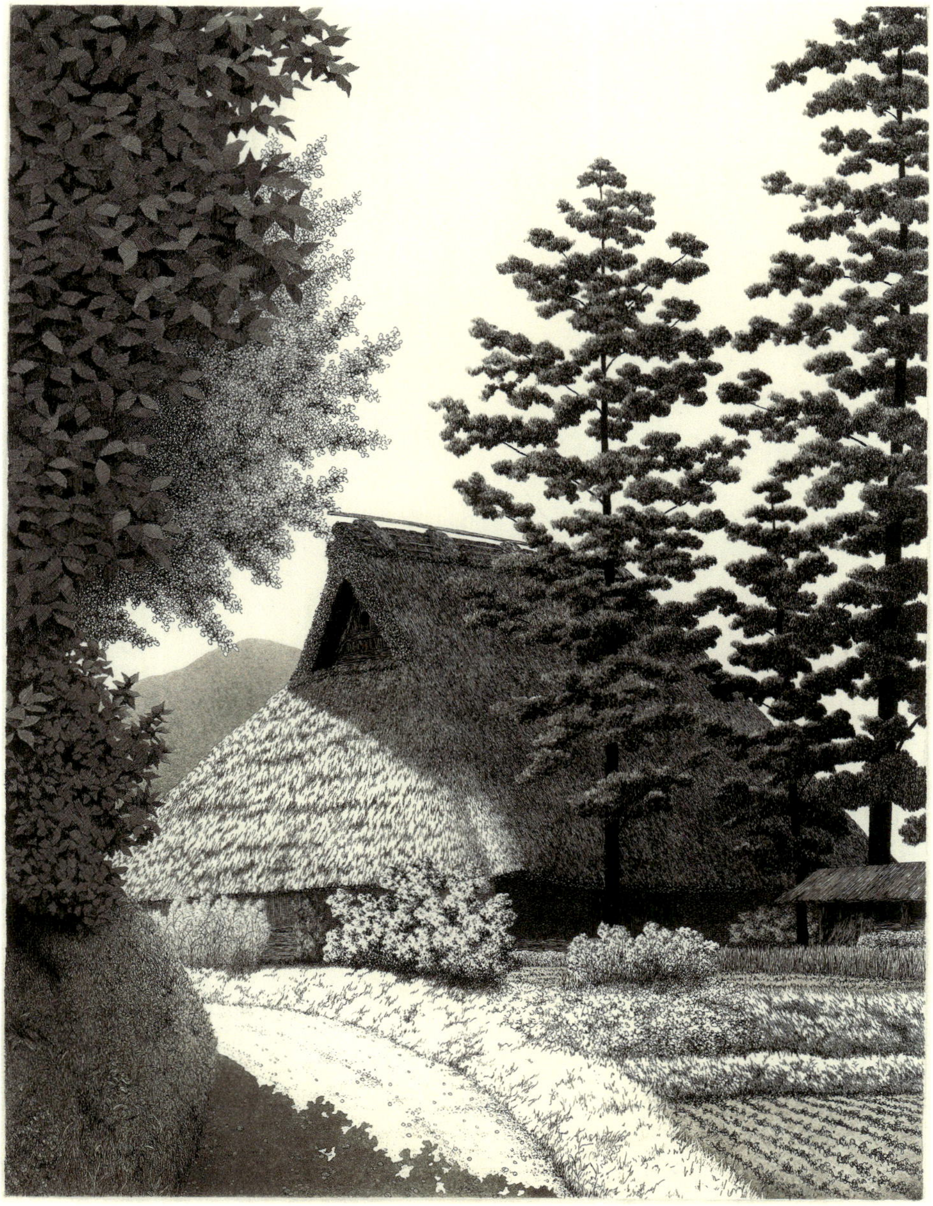

89 < LANDSCHAFT MIT LICHTEFFEKT 逆光の風景
Radierung und Aquatinta / 34,5 × 27 cm / 1985
Auflage: 120 / TR 363

In TR 263, *Dorf im Sommer* (Kat.-Nr. 58), gab Tanaka die tiefen Schatten der Hochsommersonne überzeugend wieder. In *Landschaft mit Lichteffekt* und den beiden folgenden Radierungen (TR 373 und 374, Kat.-Nr. 90 und 91) gelang ihm ein grandioser Gegenlichteffekt. Hier wurde der Reis offensichtlich mehrere Monate zuvor geerntet. Der Himmel ist frisch und klar. Die Schatten auf dem Weg und dem Dach des Bauernhauses zeigen an, dass die Sonne tief steht. Es ist zeitiges Frühjahr.

90 ↑ SOMMERTAG NR. 1 夏日 NO. 1
Radierung und Aquatinta / 27 × 35 cm / 1985
Auflage: 120 / TR 373

Im Sommer 1985 fertigte der Künstler zwei weitere beeindruckende Radierungen, in denen er das helle Sommerlicht auf Reetdächern darstellte. Das *kayabuki*-Dach ist von Sonnenlicht durchdrungen, aber das umgebende Blattwerk und die zugehörigen Schatten erwecken den Eindruck, als befände sich der Betrachter unter Bäumen. Abgesehen von einer sehr kleinen Partie in den Ziegeln des unteren Daches schuf Tanaka das gesamte Werk mit der Radiernadel, die er mit Virtuosität handhabte. Die tiefe Ätzung wurde sorgfältig überwacht, um in den ganz dunklen Blattbereichen eine nuancierte Vielfalt zu erzielen und zu verhindern, dass sie im Druck komplett schwarz erscheinen.

91 > SOMMERTAG NR. 2 夏日 NO. 2
Radierung und Aquatinta / 27 × 35 cm / 1985
Auflage: 120 / TR 374

Im gleichen Format ausgeführt wie das vorhergehende Werk (TR 373, Kat.-Nr. 90), dürfte diese Radierung als ihr Pendant zu verstehen sein. Wie in TR 373 wurde das Blattwerk, das als Repoussoirmotiv dient, zur Mitte des Druckes zunehmend „heller", also flacher geätzt. Das weiter vorn befindliche dunkle Laub ist stark geätzt, sodass beim Betrachter den Eindruck erweckt wird, als würde er beim Blick nach oben zum Giebel und ins Licht geblendet.

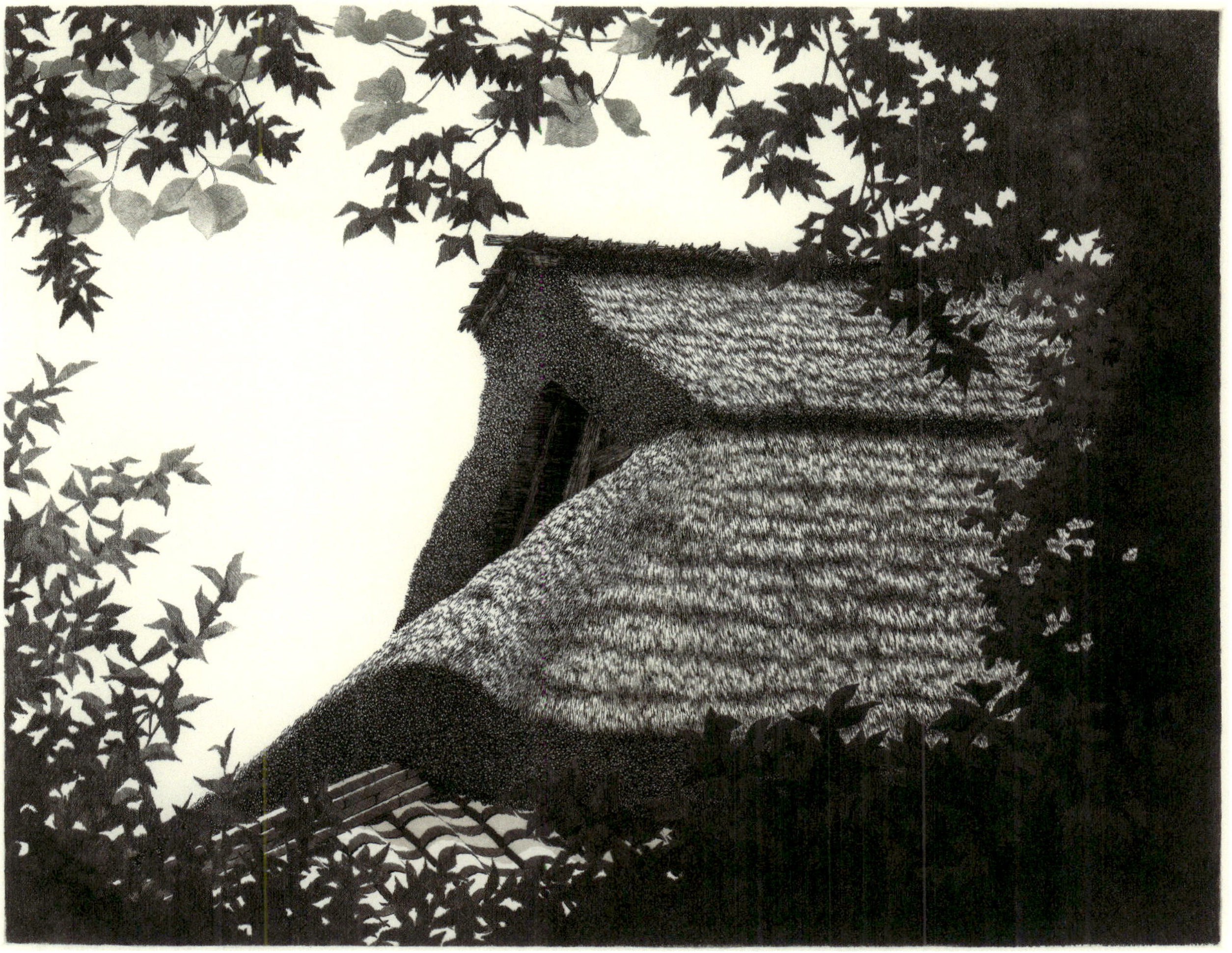

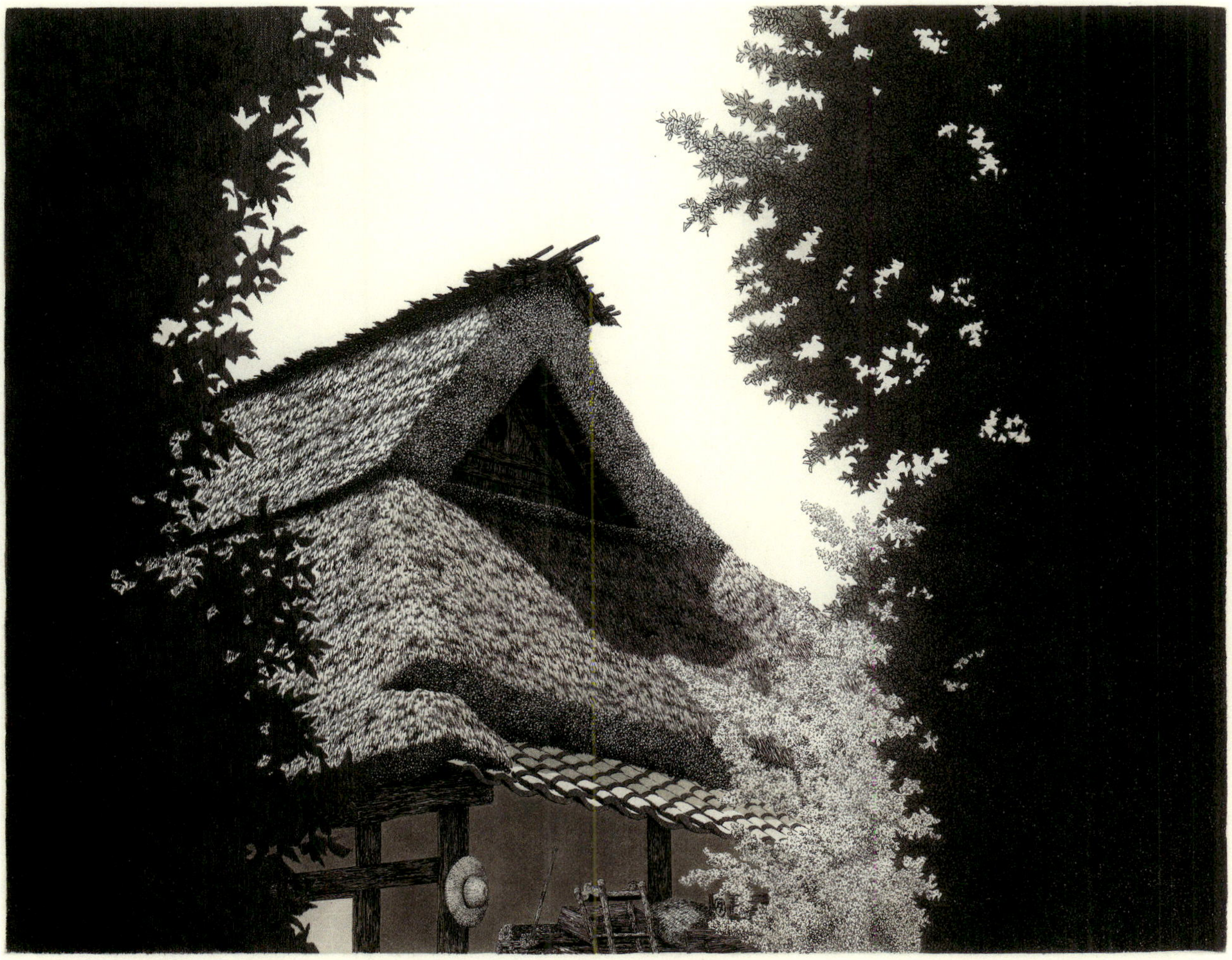

92 ∨ SCHUPPEN NR. 2 物置小屋 NO. 2

Radierung und Aquatinta / 36,5 × 36,5 cm / 1986

Auflage: 100 / TR 377

Tanakas erster Arbeitsschritt war jeweils die Übertragung der groben Umrisse des Bildes auf den Ätzgrund der Kupferplatte. Er ritzte dann jene Linien mit der Radiernadel in diesen Deckfirnis ein, die auf dem fertigen Bild am dunkelsten erscheinen sollten. Danach wurde die Platte für die erste Ätzung in Schwefelsäure getaucht. Im Anschluss fügte er weitere Linien für die zweite Ätzung hinzu und wiederholte diesen Vorgang für jede der Schwarz- und Grauabstufungen, die er für die Linien vorgesehen hatte, von sehr dunkel bis ziemlich hell. Auf einer vollständig geätzten Platte dieser Größe zeigt sich Tanakas Gefühl für die Konzentration und Temperatur der Säure während der zahlreichen aufeinanderfolgenden und unterschiedlich langen Ätzvorgange. Er verwendete niemals eine Stoppuhr, um die Länge der Ätzzeiten zu überwachen, sondern setzte auf seine Erfahrung, um bei den verschiedenen Materialien die gesamte Palette an Texturen herauszuarbeiten und – in diesem Fall – die hölzernen Pfähle und Träger, die Körbe, Besen und Kanister, die Jeans, die trocknenden Zwiebeln und die Steine auf dem sandigen Erdboden im Vordergrund darzustellen.

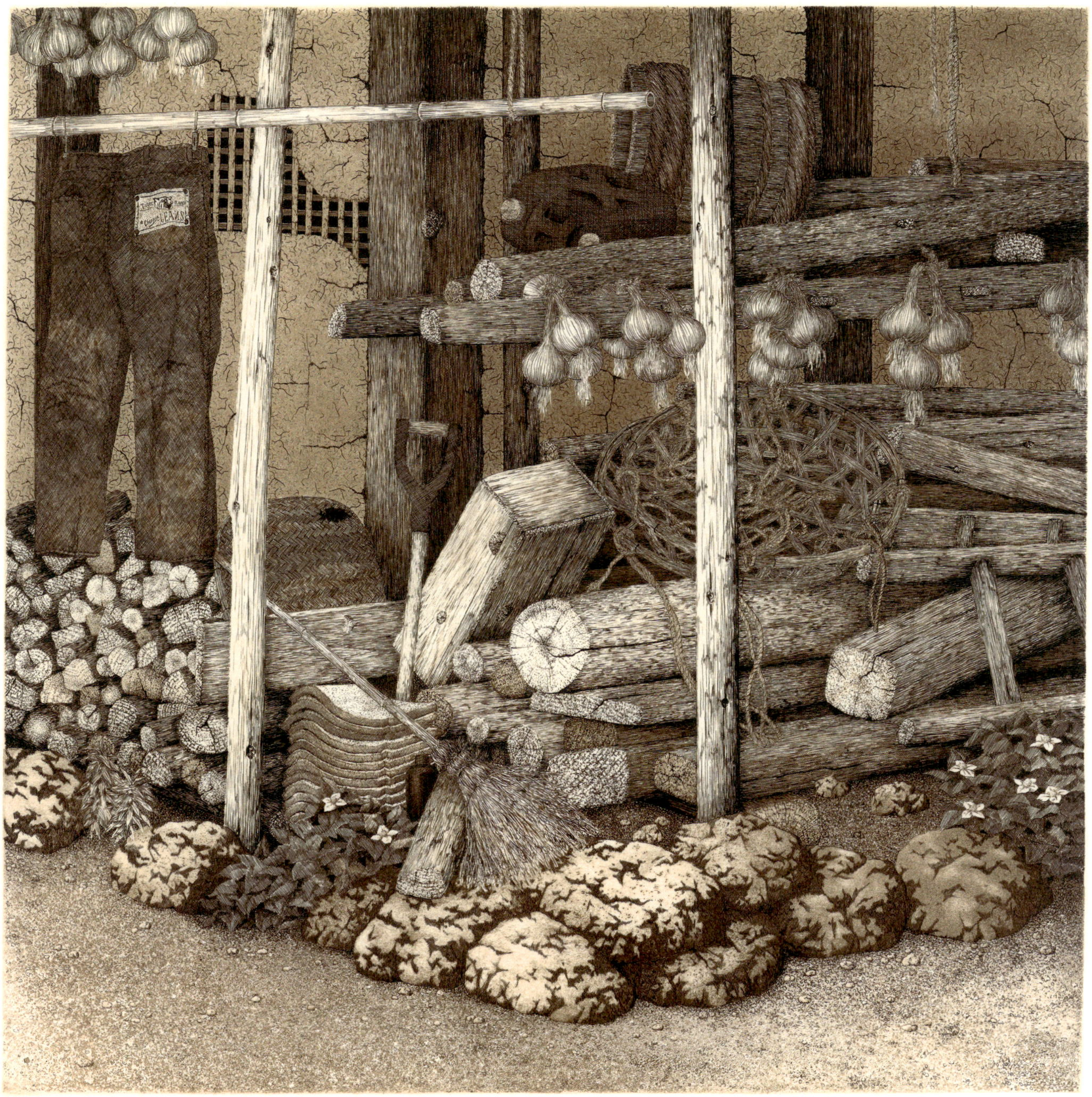

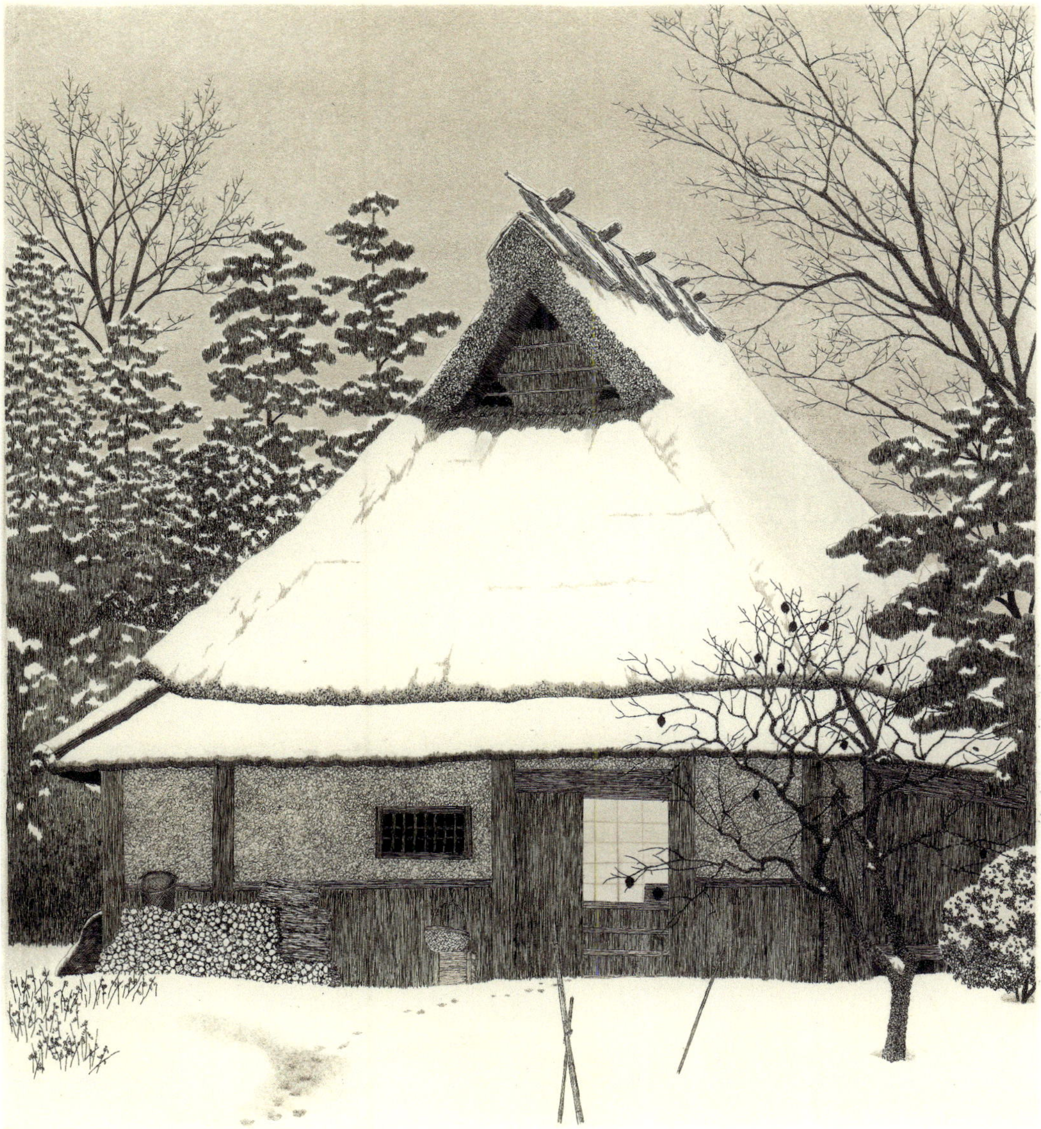

93 < ES HAT AUFGEHÖRT ZU SCHNEIEN 雪止む
Radierung und Aquatinta / 23,5 × 21,5 cm / 1986
Auflage 130 / TR 381

Alle Bereiche mit Ausnahme des Himmels, einer kleinen Fläche um die Fußabdrücke im Schnee herum und einer in feiner Aquatinta ausgeführten Partie an der Dachseite wurden als Strichätzung ausgeführt. Tanaka schuf eine Stimmung, wie sie nur ihm in einer Radierung gelingen konnte. Dieser Druck beweist seine sorgfältige Beobachtung der Atmosphäre. Der Himmel scheint heller zu werden, als würden die Wolken sich jeden Moment lichten. Das diffuse Licht wird vom frischen Schnee reflektiert. Anders als in Tanakas dramatischeren Radierungen gibt es hier keine tiefen Schatten oder harten Kontraste – nur auf den ersten Blick scheint die Komposition etwas langweilig zu sein.

94 > OKUSAGA 奥嵯峨
Radierung und Aquatinta / 30 × 30 cm / 1986
Auflage: 120 / TR 387

Okusaga liegt im Westen von Kyoto und ist für seine Naturschönheiten berühmt. Im Herbst ist es ein beliebtes Wanderziel. In dem halbländlichen Dorf Okusaga haben sich etliche traditionelle Gebäude erhalten und die Stadt Kyoto hat einen Teil des Gebietes zu einem von vier Distrikten erklärt, in denen traditionelle Bauwerke zu bewahren sind. Man muss den Druck genau betrachten, um die subtile Atmosphäre in diesem Werk zu würdigen. Die Schiebetür *(shōji)* ist geöffnet; die Stimmung ist vertrauensvoll, einladend. Der Künstler setzte die Techniken der Strichätzung in reicher Variation ein, und die teilweise polierten Aquatintapartien in den Fenstern der Scheune geben die Kalknatronglasscheiben der Vorkriegszeit überzeugend wieder.

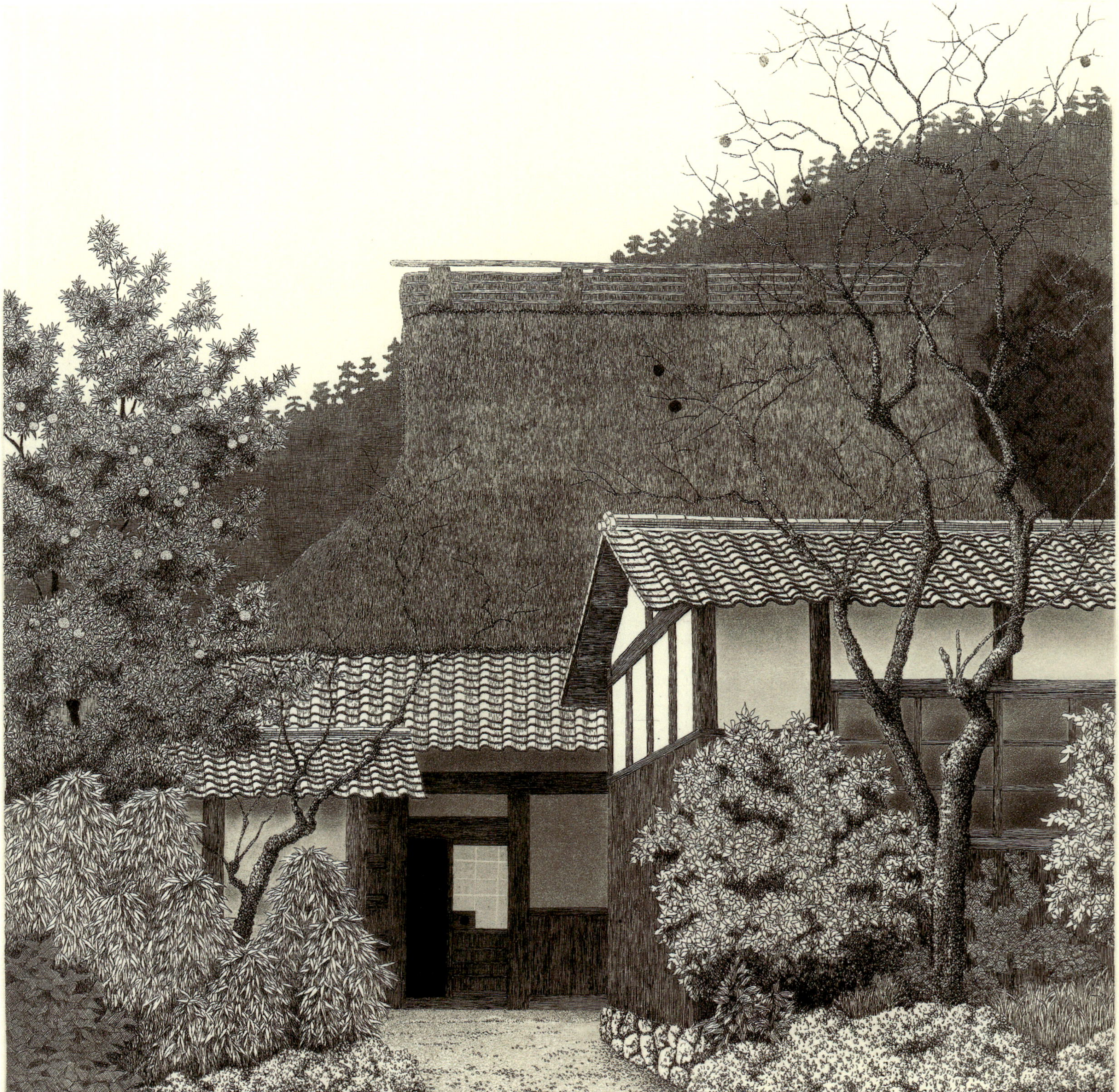

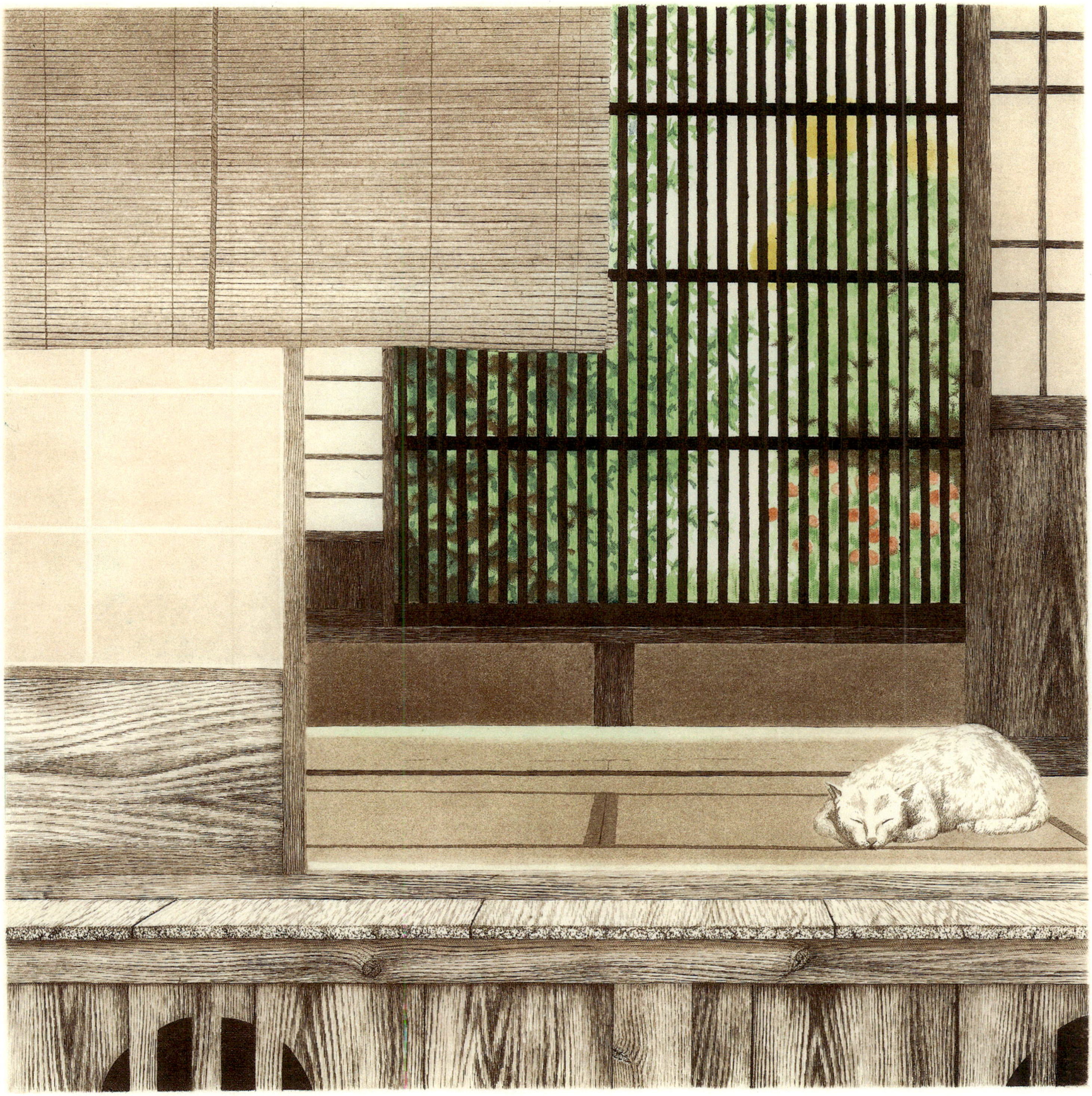

95 ^ SOMMERZIMMER (SEPIA) 夏の部屋 (茶)
Farbradierung und Aquatinta / 30 × 30 cm / 1986
Auflage: 60 (1/120–60/120) / TR 391-A

Tanaka druckte zwei Versionen dieser mithilfe von zwei Platten entstandenen Farbradierung: Für 60 Drucke wurde die Hauptplatte in Sepia eingefärbt, für weitere 60 mit schwarzer Tiefdruckfarbe. Japanische Architektur eignet sich besonders gut für das Zusammenspiel abstrakter Gliederungen, wie wir sie auf diesem Blatt beobachten können. Der Variantenreichtum in der Einteilung von *shōji* (Schiebetüren), *kōshi* (Gitterwerk), Vorhängen und sogar den *tatami* (Strohmatten) bringt ein an Mondrian erinnerndes Mosaik hervor. Tanakas Zeitgenossen, insbesondere Holzschnittkünstler wie Sekino Junichirō (1914–1988, vgl. Abb. 95a) und Clifton Karhu (1927–2007), widmeten sich wiederholt diesen grafisch reizvollen Architekturelementen.

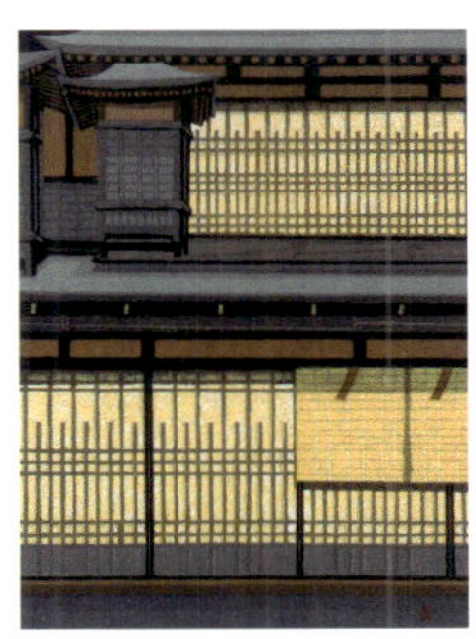

95a Sekino Junichirō (1914–1988)
Fassade mit Gitterwerk, 1964
Holzschnitt. 60,5 × 46 cm
Privatsammlung

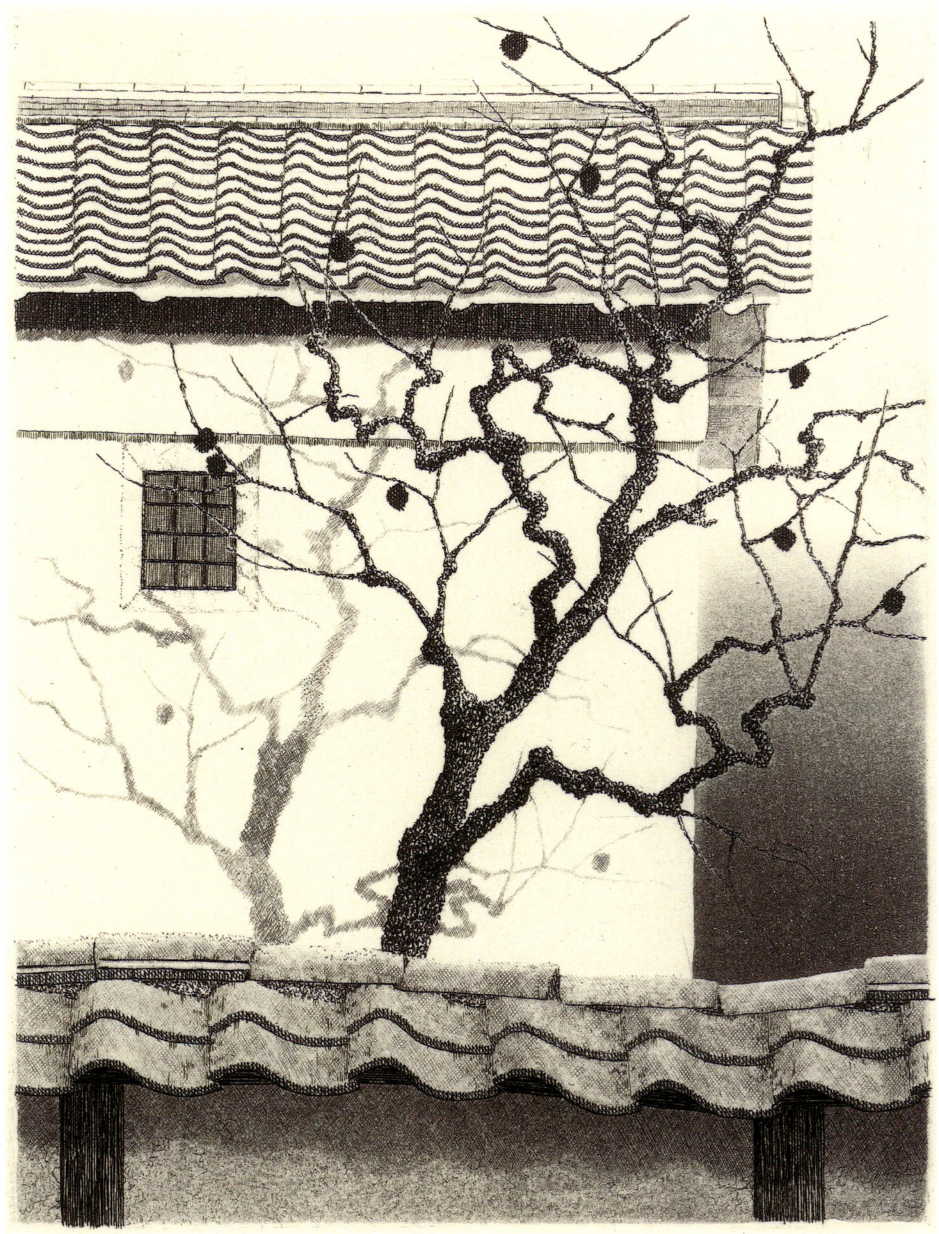

96 > KAKIBAUM NR. 2 柿の樹 NO. 2
Radierung und Aquatinta / 13 × 10 cm / 1986
Auflage: 150 / TR 394

Der Schatten eines alten Kakibaums auf der geweißten Wand eines Lagerhauses *(kura)* wirkt wie ‚projiziert'. Tanaka setzte für die Gestaltung Aquatinta ein, aber einige der Partien, die die sanfte Gleichmäßigkeit einer Aquatinta aufzuweisen scheinen – wie etwa die Schatten des Baumes, der Traufe und der Ziegel auf der Mauer und die Ziegel selbst –, wurden so fein als Strichätzung ausgeführt und teilweise poliert, dass sie die Wirkung von Aquatinta haben. Einige der Kakis wurden nicht abgeerntet. Einem alten Glauben zufolge sichert das Zurücklassen einiger reifer Früchte eine gute Ernte im Folgejahr (*kimamori*, vgl. auch Kat.-Nr. 45).

97 V HINTERES TOR 裏門

Radierung und Aquatinta / 30 × 30 cm / 1987

Auflage: 120 / TR 396

Wie so oft in Tanakas Radierungen ist es dem Betrachter nicht gestattet, den Privatbereich dieses sehr schön wirkenden Anwesens einzusehen. Das Blatt ist kompositorisch beeindruckend und reich an Strukturen. Um das federige Blätterdach abzubilden, setzte Tanaka bei einigen Blättern sehr fein geätzte Kreuzschraffuren und eine Kombination von sehr leichten stufenweisen Ätzvorgängen ein, während er Hunderte andere früh abdeckte und damit nur eine leichte Ätzung erreichte. Das Werk ist wunderbar komponiert und eine technische Tour de Force. Die charakteristische Weichheit der Rinde des japanischen Ahorns ist fast spürbar.

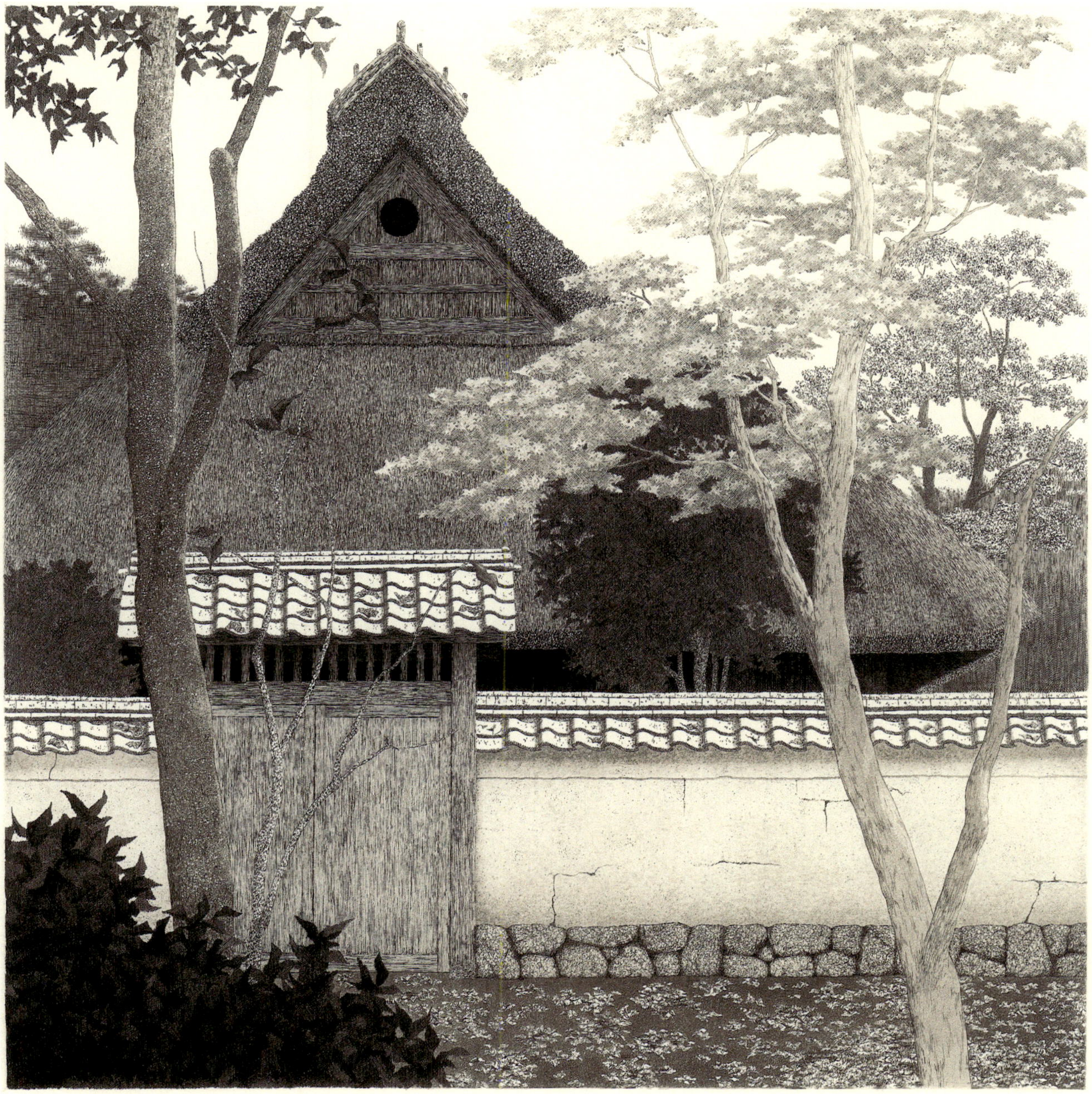

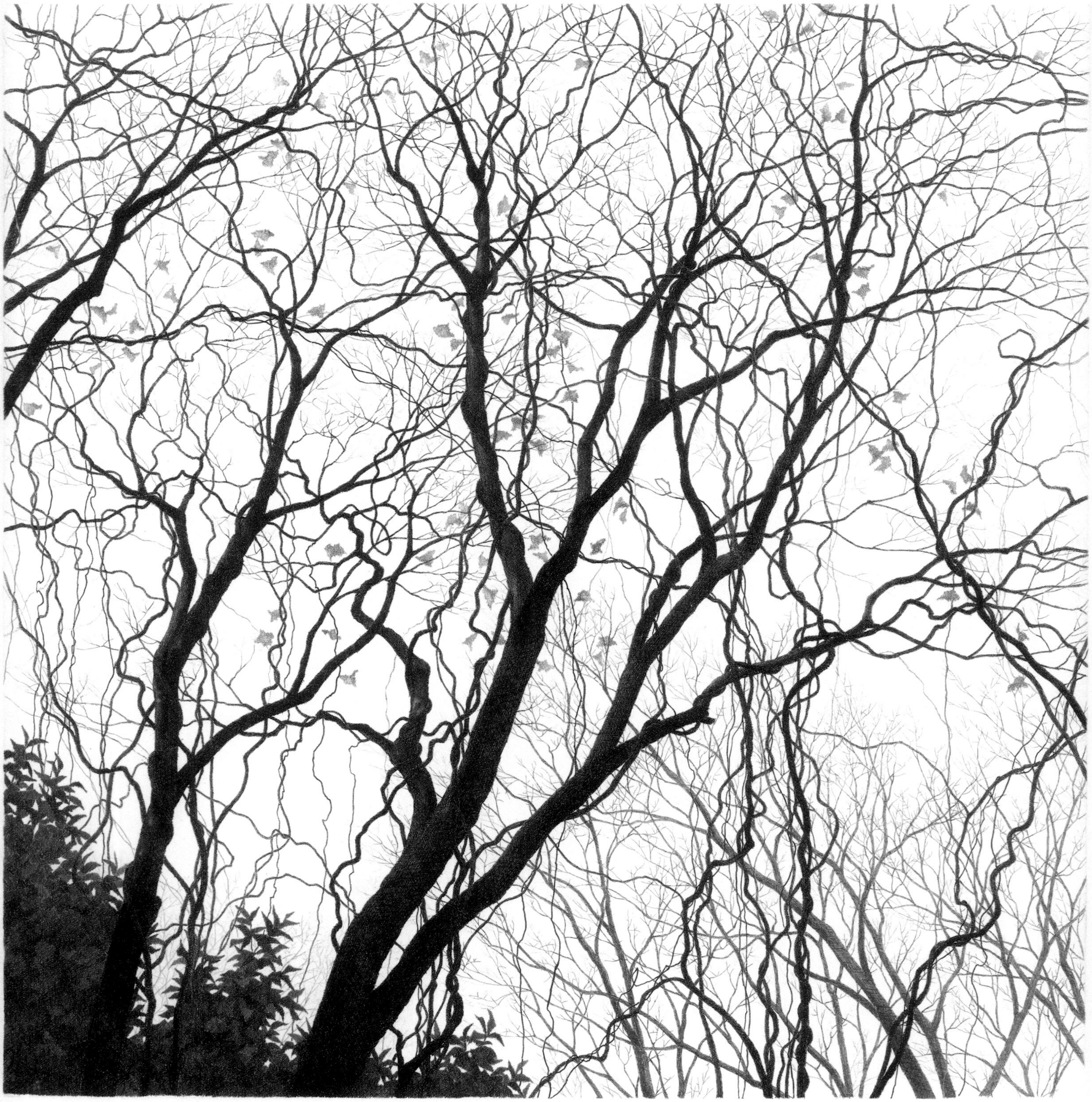

98 ^ WINTERLICHE KARGHEIT 冬枯
Radierung / 36,5 × 36,5 cm / 1987 / Auflage: 100 / TR 398

Bereits früh in seiner Karriere fand der Künstler Freude am grafischen Aspekt der Darstellung kahler Bäume (vgl. Kat.-Nr. 12, 16, 27 etc.). Die Äste in diesen Radierungen sind in der Regel ausschließlich mit geätzten Linien gestaltet. Im Werkverzeichnis *Tanaka Ryohei Catalogue Raisonné 1963–1990* wird als Technik irrtümlich „Radierung und Aquatinta" angegeben. Es handelt sich aber um eine reine Strichätzung in einem der vom Künstler bevorzugten großen, quadratischen Formate. In dieser fast abstrakten Komposition blicken wir durch ein Netz aus kahlen, von Weinreben umschlungenen Ästen zum düsteren Winterhimmel hinauf. Der Würgegriff der nach oben strebenden Reben und die wunderbar beobachteten, herabhängenden Ausläufer scheinen die Bäume nach unten zu ziehen.

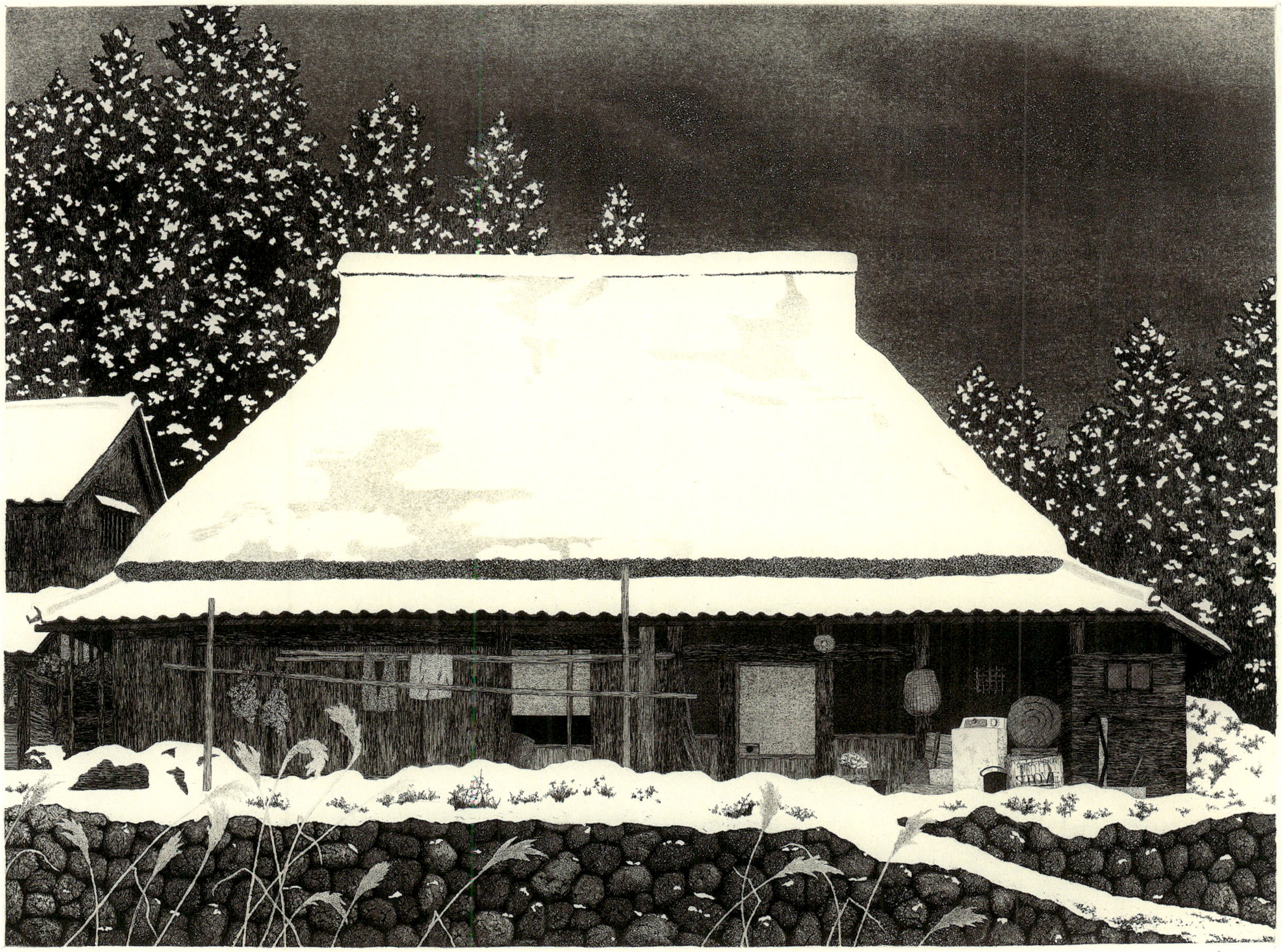

99 ^ DER SCHNEEFALL HAT AUFGEHÖRT NR. 2 雪止む NO. 2
Radierung und Aquatinta / 34,5 × 46,5 cm 1987
Auflage: 100 / TR 403

Obwohl dieses Blatt denselben Titel hat wie TR 381 (Kat.-Nr. 93), ist die Atmosphäre hier deutlich kälter und feuchter als bei dem früheren Bild. Dieser Eindruck geht auf den drohenden Himmel und die durchgehend stärkere Ätzung der Platte zurück, die zu deutlicheren Kontrasten führt. Der frische Schnee wirkt schwer und nass. Die zum Trocknen aufgehängte Wäsche zeigt uns, dass das Bauernhaus noch bewohnt ist. Man kann nur erahnen, wie kalt und feucht es im Inneren sein muss.

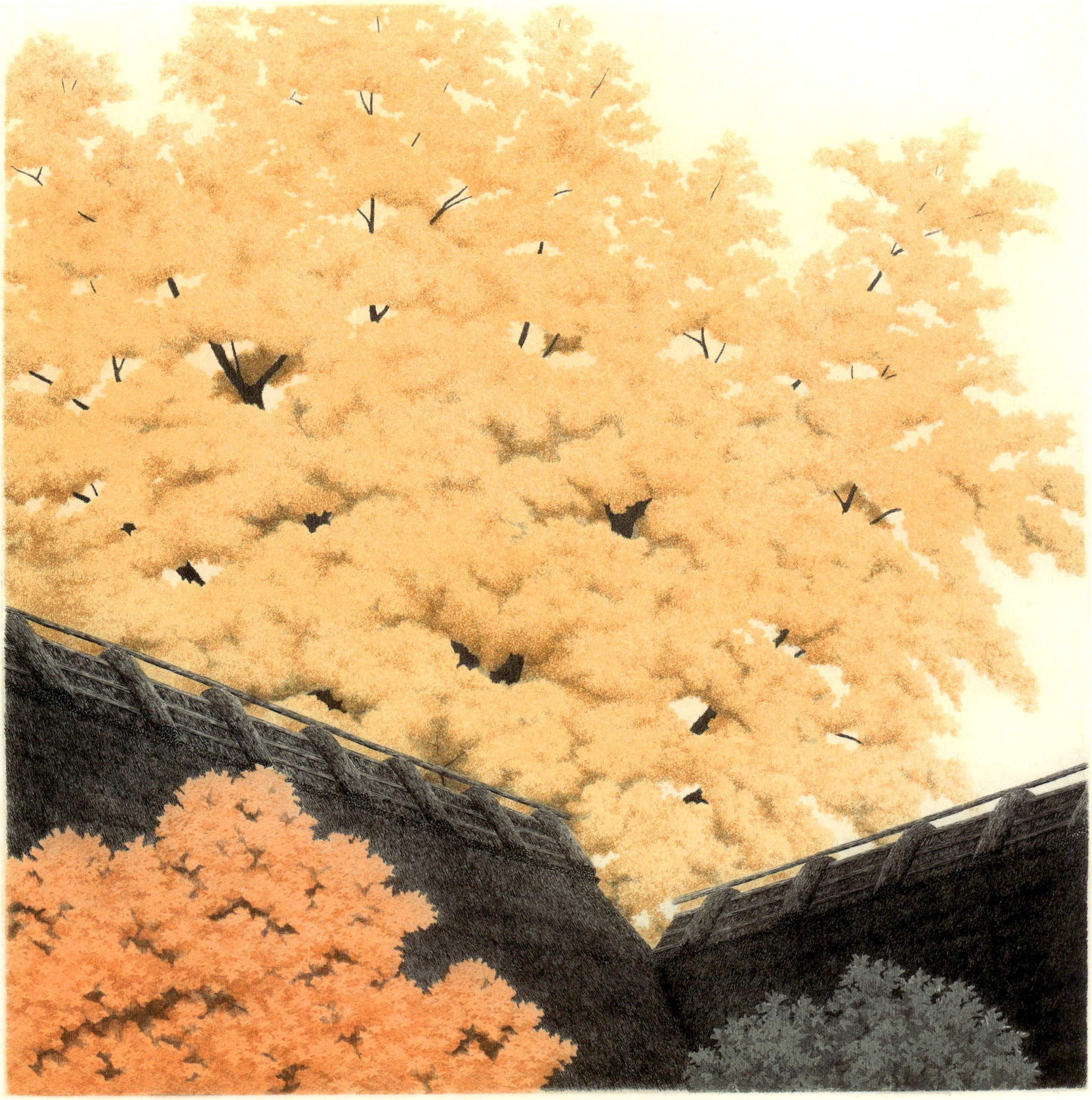

100 ^ DER GROSSE GINGKO-BAUM 銀杏大樹

Farbradierung und Aquatinta / 30 × 30 cm / 1988

Auflage: 120 / TR 413

Nach 17 Jahren kam Tanaka auf das Thema seines anspruchsvollen und höchst erfolgreichen Gingko-Baums von 1972 (TR 94, Kat.-Nr. 14) zurück. Wiederum stellte er die dunklen – stark geätzten und in Schwarz gedruckten – Dächer neben die herbstlich goldene Farbe des Gingko-Baums; ergänzend kommen in diesem Fall *à la Poupée* aufgetragene rote und blaugrüne Töne von anderen Bäumen hinzu. Das Laub ist noch voll und dicht, und die intensiver werdende Färbung der Blätter hat ihren spektakulären Höhepunkt erreicht. Die satte Dunkelheit der Dächer lässt das Reet nass wirken und unterstreicht so die herbstliche Stimmung.

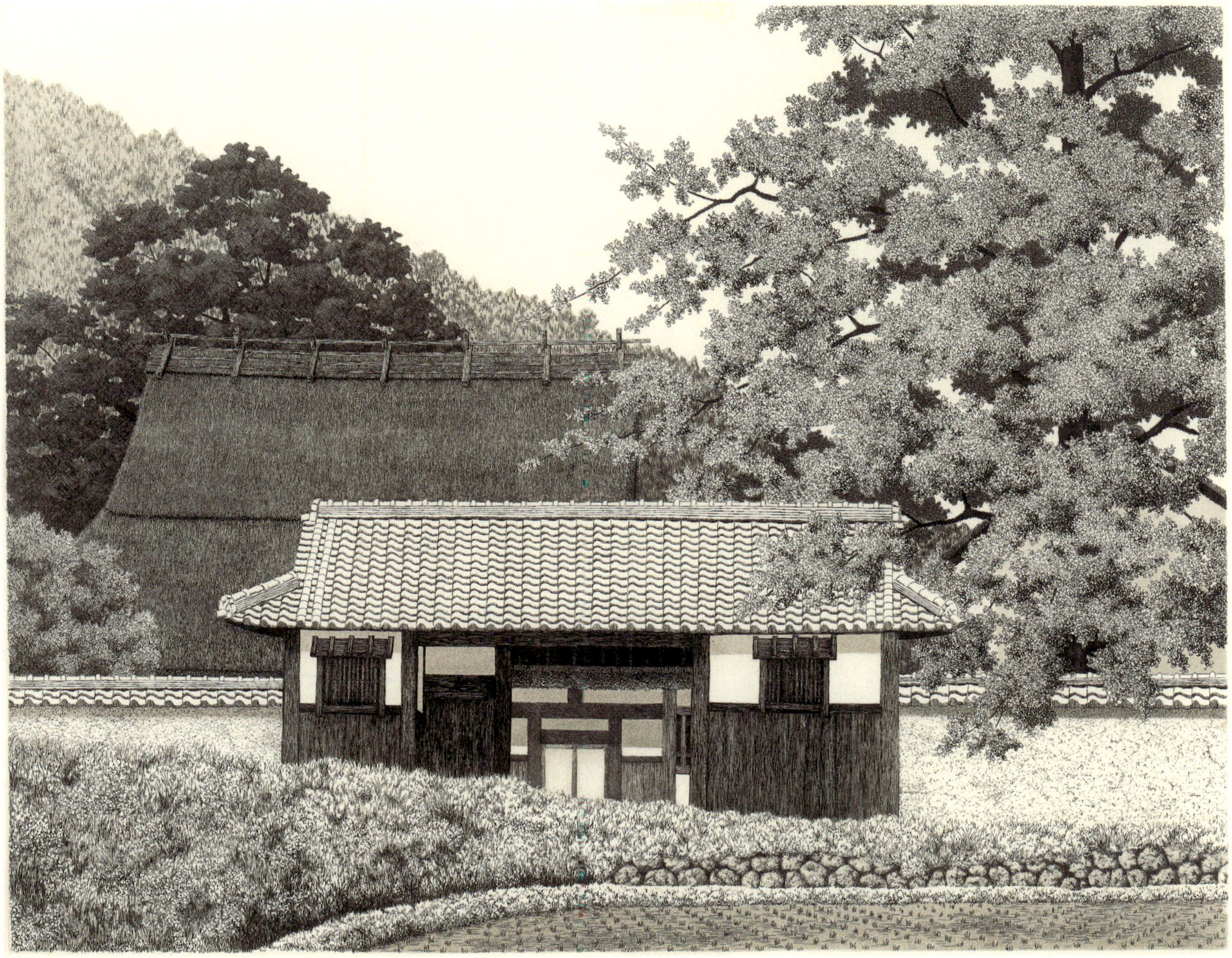

101 ^ HAUS MIT GROSSEM BAUM 大樹の家
Radierung und Aquatinta / 27 × 34,5 cm / 1988
Auflage: 120 / TR 415

Eine großzügig bemessene Radierung eines gepflegten Bauernhauses mit einem ummauerten Hof und einem Tor. Obwohl Tanaka mit seinen Bildern von Dächern verlassener Bauernhäuser und verfallender Gebäude Berühmtheit erlangt hat, stellte er auch gerne gut instandgehaltene traditionelle Häuser und Dächer dar. Aus der Regelmäßigkeit des Reets lässt sich möglicherweise schließen, dass das Haus vor kurzem renoviert wurde. Die Szenerie erinnert an die berühmte Villa in Koshihata (vgl. TR 695, Kat.-Nr. 148).

102 > HAUS IN YOKAICHI 八日市の家
Radierung und Aquatinta / 10 × 13 cm / 1988
Auflage: 100 / TR 419

Yokaichi (heute: Higashiōmi-shi) ist eine alte Stadt in der Präfektur Shiga, in der noch einige typische Bauernhäuser mit ihren Lagerhäusern *(kura)* existieren. Mit diesem Blatt liegt wiederum eine von Tanakas erfolgreichen Kleindarstellungen vor. Sie weist alle thematischen Merkmale auf, die ihn berühmt gemacht haben.

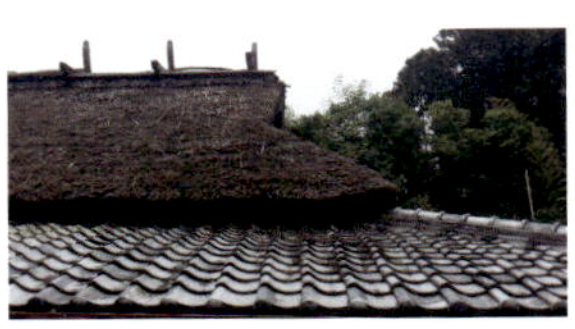

102a Reetdach in Goma
Fotografie des Autors

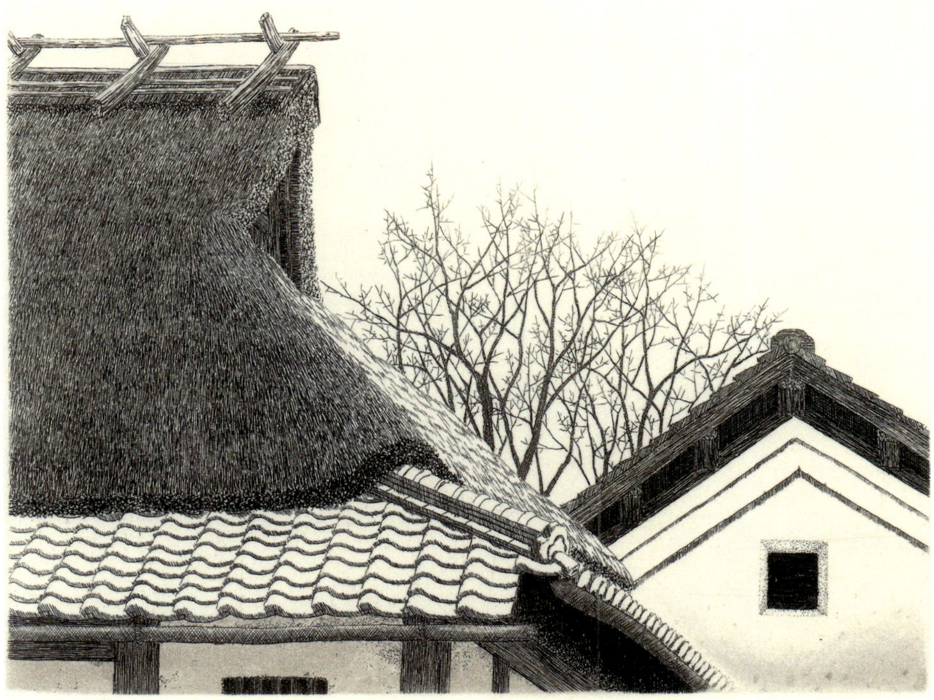

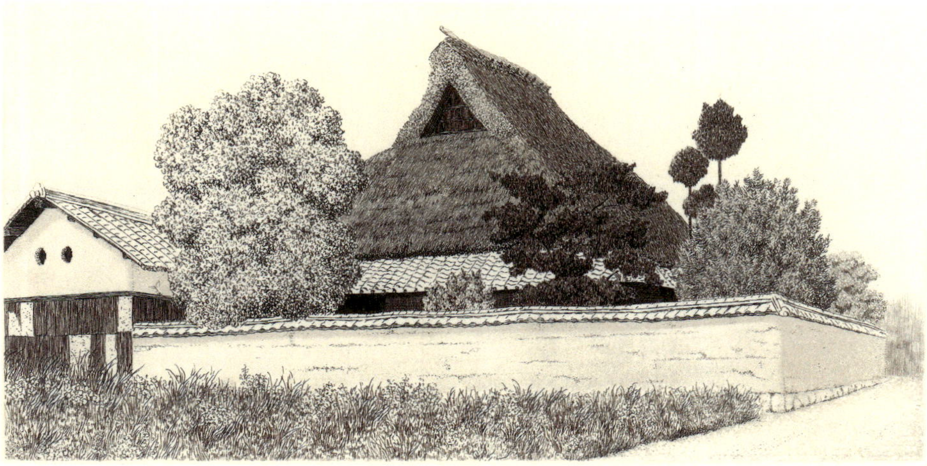

103 < HAUS IN BANSHŪ 播州の家
Radierung und Aquatinta / 8 × 16 cm / 1988
Auflage: 150 / TR 420

Banshū ist ein anderer Name für die alte Provinz Harima in der heutigen Präfektur Hyōgo im Nordwesten von Osaka. Die Gegend ist bekannt für bedeutende archäologische Fundstätten der Yayoi-Kultur (um 300 v. u. Z – um 250 u. Z.). Im Mittelalter war hier ein hochproduktives Reisanbaugebiet. Für die Titel seiner Radierungen favorisierte Tanaka die historischen Namen der jeweiligen Orte.

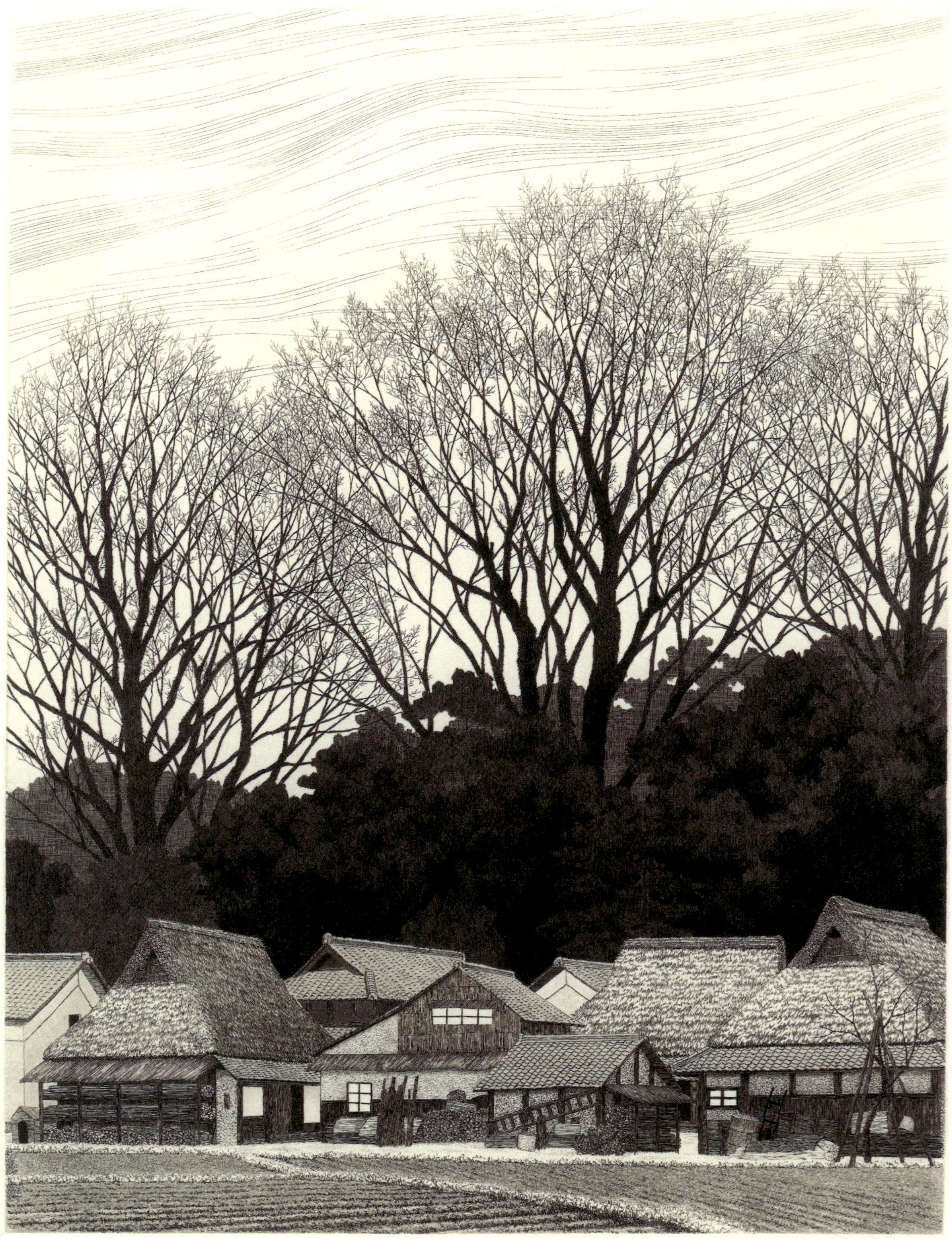

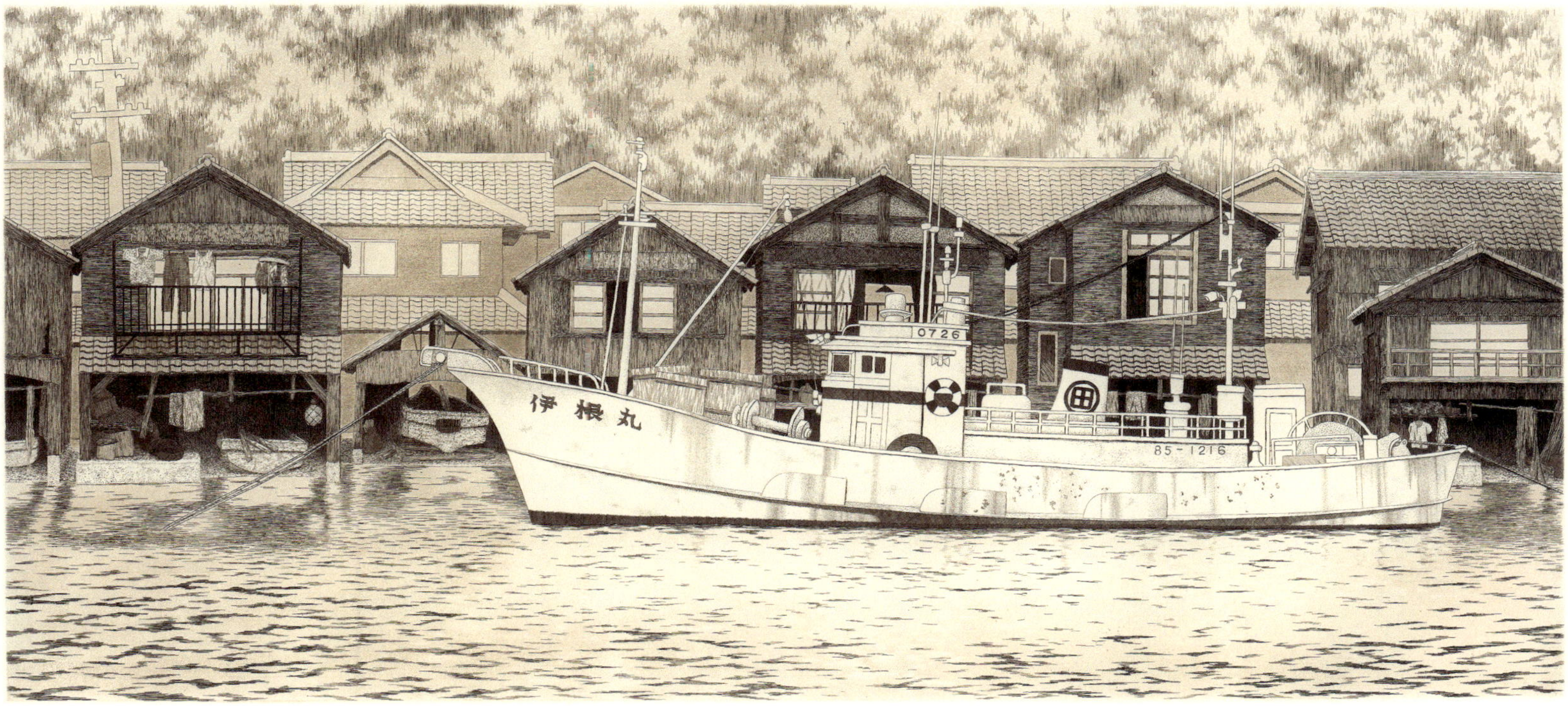

104 < DAS DORF KOTŌ 湖東の村

Radierung und Aquatinta / 34,5 × 27 cm / 1988

Auflage: 130 / TR 421

Ein Winterwind, der durch zarte kurvige Linien am Himmel wiedergegeben ist, weht durch die kahlen Zweige der Bäume, die das schläfrige Dorf Kotō in der Präfektur Shiga überragen. Gesamtansichten von Dörfern finden sich nur selten in Tanakas Œuvre. Aus der Präfektur Shiga stammt die Familie des Künstlers. Er sollte während seines Lebens immer wieder hierher zurückkehren, um sich inspirieren zu lassen.

105 ^ INE NR. 1 伊根 NO. 1

Radierung und Aquatinta / 23,5 × 51,5 cm / 1988

Auflage: 120 / TR 424

Um Abwechslung in seine Bilderwelt zu bringen, schuf Tanaka in den Jahren 1976 bis 1978 eine kleine Anzahl an Radierungen, die Boote zeigen (TR 187, TR 190, TR 195 und TR 220). Da er hiermit nicht erfolgreich war, setzte er diese Serie zunächst nicht fort. Zehn Jahre später produzierte er jedoch zwei recht interessante Hafenszenen: *Ine Nr. 1* und *Nr. 2*. Bei *Ine Nr. 1* lag die Herausforderung darin, Wasser und seine Reflexionen überzeugend wiederzugeben. Die Radierung erwies sich als künstlerischer und wirtschaftlicher Erfolg: Die Auflage von 120 Abzügen plus 12 Künstlerexemplare war schnell verkauft. Das abgebildete Schiff trägt den Namen Ine Maru. Maru (丸) bedeutet ‚Kreis', ‚Gesamtheit', ‚Ganzes'. Es handelt sich um ein Suffix, das in den Namen fast aller seetüchtigen Schiffe Japans erscheint. Es weist auf eine „in sich geschlossene Welt" hin, was ja auch für ein Schiff zutrifft. Auf dem Schornstein der Ine Maru brachte Tanaka das erste Schriftzeichen seines Familiennamens an 田, TA. Hinter dem Schiff sehen wir die auf Pfählen stehenden Wohnstätten der Fischer mit ihren Arbeitsräumen an der Flutlinie unter den Häusern.

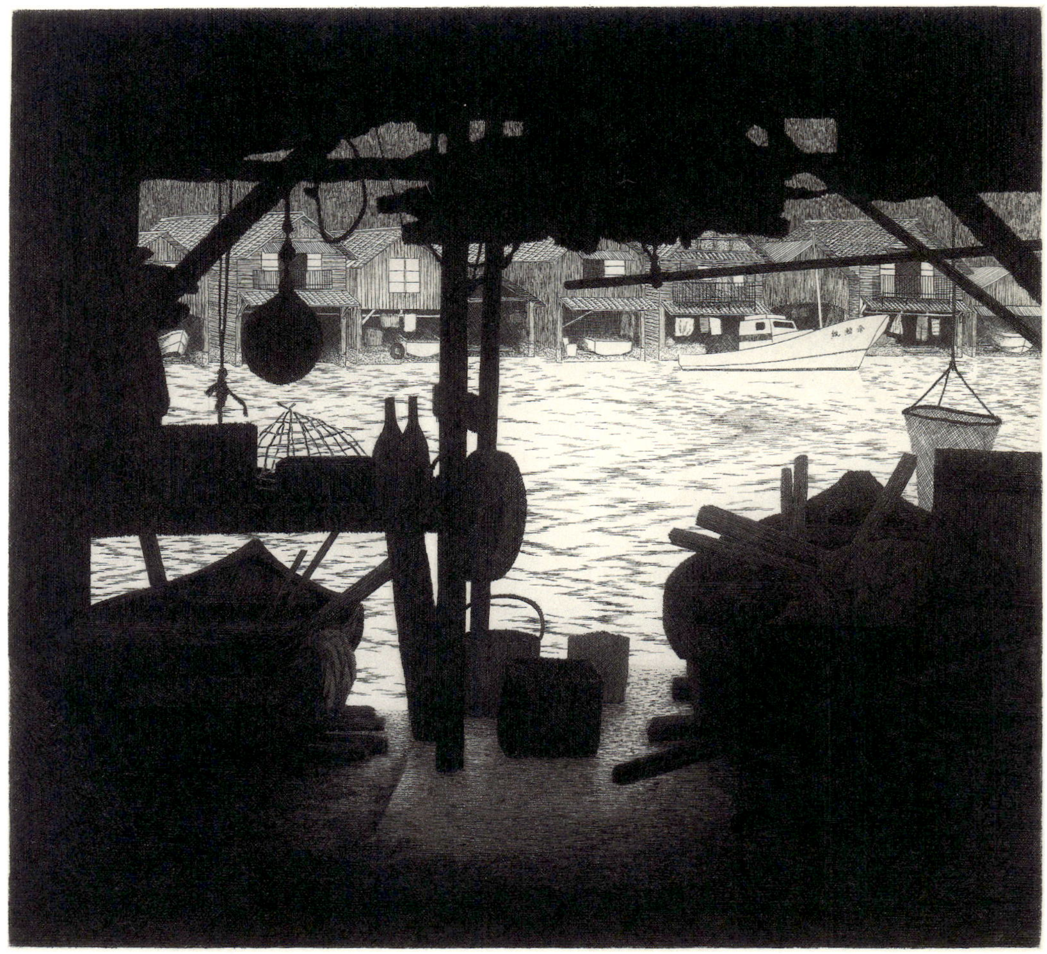

106 ^ INE NR. 2 伊根 NO. 2
Radierung und Aquatinta / 21,5 × 23,5 cm / 1988
Auflage: 150 / TR 429

Auf diesem kleinen Blatt, das in vielerlei Hinsicht einzigartig in Tanakas Œuvre ist, befinden wir uns in einem der Bootshäuser und sehen lediglich Umrisse von Werkzeug, Kästen und Fischereiausrüstung sowie zwei Dingis, die mitsamt Rudern auf den Sand gezogen wurden. Die fein nuancierten, samtig dunklen Silhouetten lassen das vom Wasser reflektierte Licht hell erscheinen.

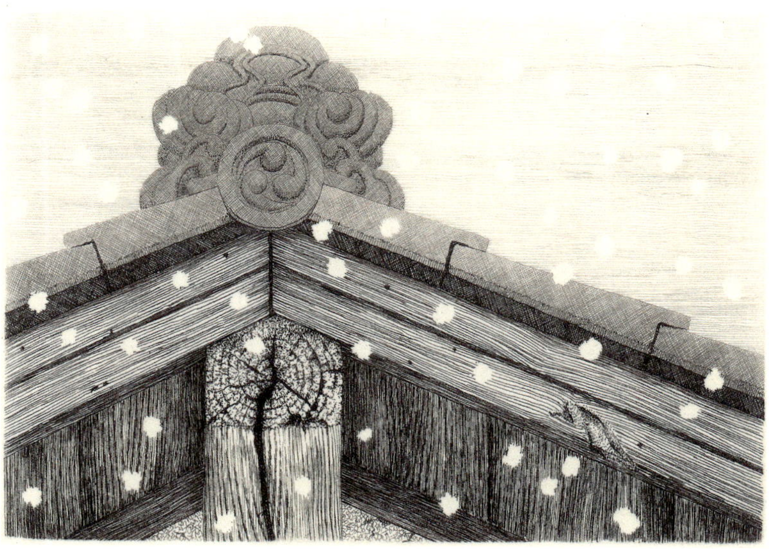

107 < DACHZIEGEL UND SCHNEE 瓦と雪
Radierung und Aquatinta / 7,5 × 11 cm / 1988
Auflage: 150 / TR 430

Von Zeit zu Zeit schuf der Künstler sehr kleine Radierungen. In einigen Fällen wurde die Auflage für Neujahrskarten verwendet; für 1973, das Jahr des Ochsen, wurde etwa TR 110 mit der Darstellung eines Kalbskopfes mit Schneeflocken angeboten. Gelegentlich, so auch im Fall von *Dachziegel und Schnee*, wurde ein Teil der Auflage für den üblichen Austausch von Drucken zwischen den Mitgliedern der Radierer-Vereinigung Kyoto genutzt, der jeweils nach ihrer jährlichen Gruppenausstellung stattfand (vgl. auch TR 256, Kat.-Nr. 54). Diese liebevoll hergestellten kleinen Blätter stehen Exlibris näher als Bildern, die als Wandschmuck gedacht sind.

108 V HERBSTLICHER AHORN 紅葉

Farbradierung. Radierung und Aquatinta von zwei Platten

30 × 30 cm / 1989 / Auflage: 130 / TR 437

Bei dieser Radierung entschied sich Tanaka für eine dekorative Herangehensweise, wie sie seit Jahrhunderten in der Malerei, der Druckkunst und allen Spielarten des Kunsthandwerks in Japan üblich ist. Die Ahornblätter sind nicht realistisch, sondern in einer sehr dekorativen Form wiedergegeben, die von Rimpa hergeleitet ist, einem dekorativen Stil, der seinen Ursprung in Kyoto hatte und von dem Künstler Ogata Kōrin (1658–1716) perfektioniert wurde. Die Radierung wurde mit zwei Platten gedruckt, einer blaugrauen für das Tempeldach, den fernen Berg und die Zweige und einer weiteren mit den Ahornblättern. Die Abstufungen der hellen und dunklen Rottöne der Ahornblätter wurden einzig durch ein Variieren der Dichte der Kreuzschraffuren und der Ätztiefe auf der zweiten Platte erzielt.

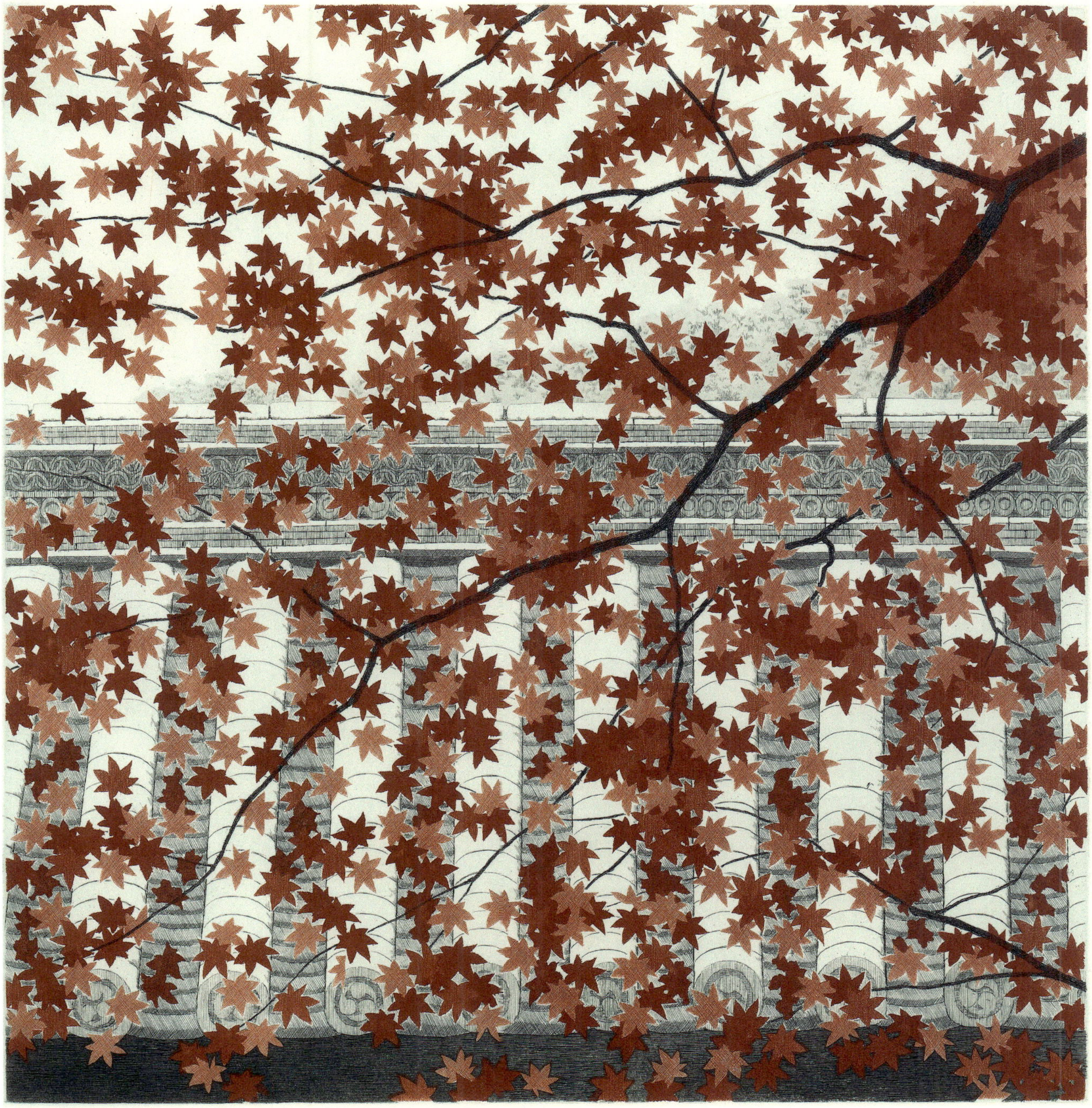

109 ↙ ZIKADE 蝉

Radierung / 7,5 × 11 cm / 1989 / Auflage: 150 / TR 439

Auritibicen japonicus ist eine der am häufigsten vorkommenden Zikaden in Japan. Obwohl diese kleinformatige Radierung an Stiche in alten europäischen Büchern zur Faunaforschung erinnert, ist Tanakas Inspirationsquelle sicherlich nicht dort zu finden. Es dürfte eher ein Zusammenhang mit den naturalistisch geformten Insekten und anderen kleinen Tieren bestehen, die auf Keramik oder Bronzen appliziert sind (vgl. Abb. 109a).

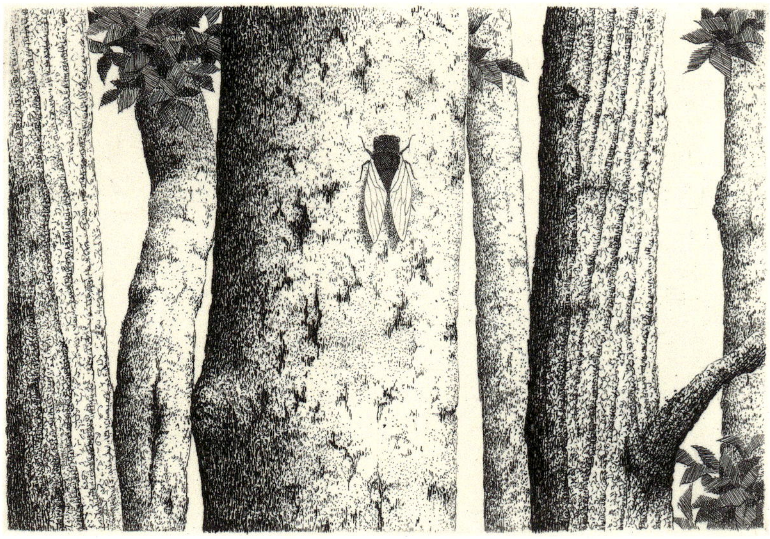

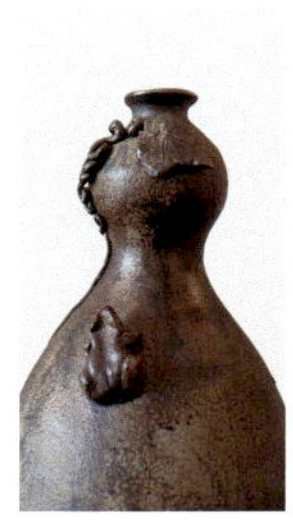

109a Bizen-Vase in Form einer Kalebasse mit angarniertem Blattwerk und Frosch
Höhe: 26 cm (Ausschnitt)
Shōwa-Zeit (1926–1989)
Privatsammlung

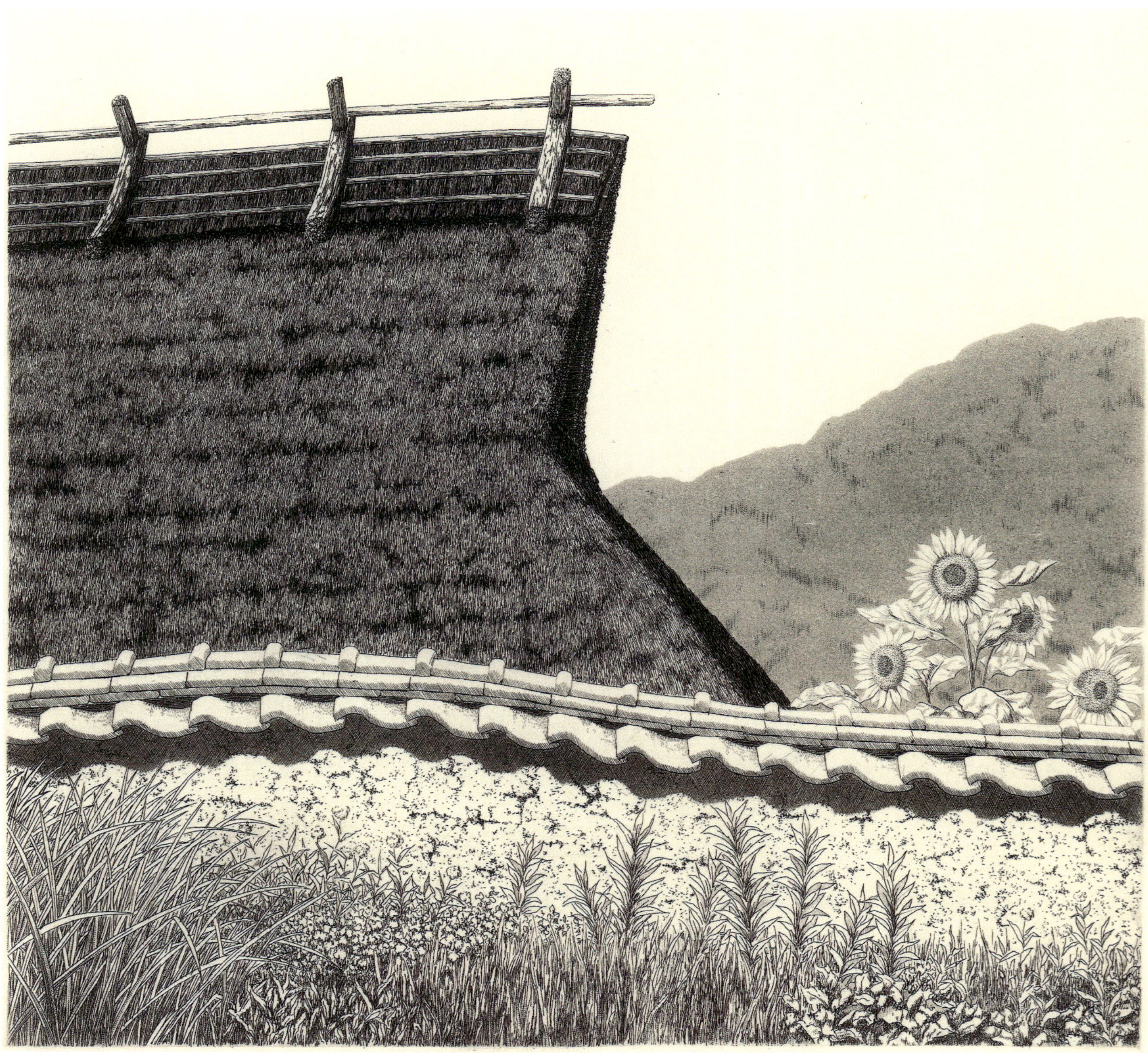

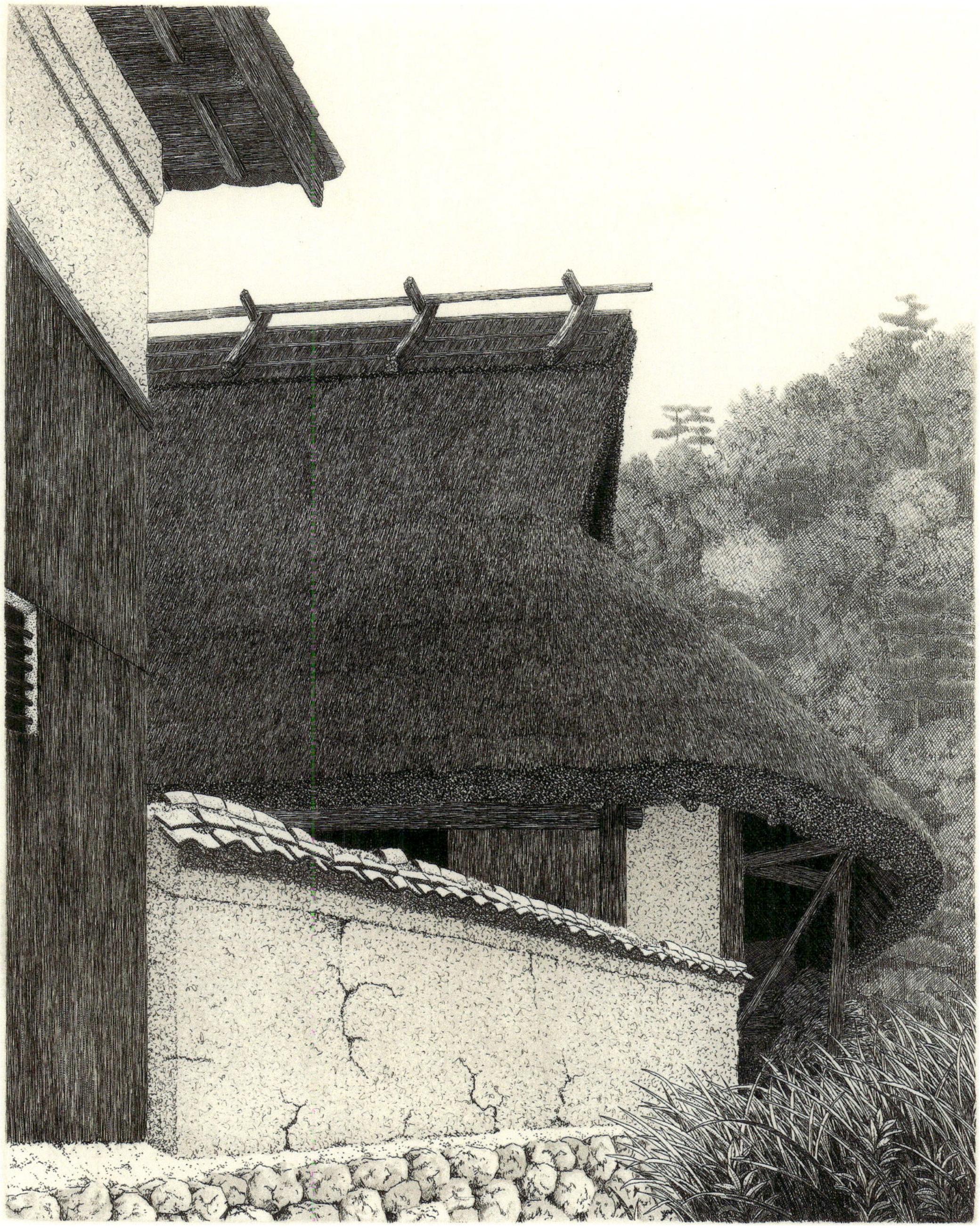

110 < SOMMERTAG NR. 5 夏日 NO. 5
Radierung und Aquatinta / 21,5 × 23,5 cm / 1989
Auflage: 150 / TR 446

Wie bereits erwähnt, bereitet eine intensive Betrachtung von Tanakas kleineren Radierungen besonders große Freude. Die geätzten Feinheiten sind häufig so winzig, dass man sie bei einem gängigen Betrachtungsabstand übersieht. In *Sommertag Nr. 5* lässt sich ein etwas helleres, geätztes schmales Dreieck entdecken, das die Giebelöffnung im Dach darstellt. Die Vegetation im Vordergrund mag wie wahllos gezeichnetes Unkraut erscheinen, ein Botaniker dürfte hier aber sehr wohl eine Reihe einheimischer Pflanzen und Gräser identifizieren.

111 ^ DAS DORF AIMOTO 藍本
Radierung und Aquatinta / 21 × 17 cm / 1989
Auflage: 150 / TR 448

Aimoto ist heute Teil der Stadt Sanda, die zur Metropolregion Osaka gehört. Mit Ausnahme einer sehr leichten Aquatintaschattierung auf den Wänden wurde die Platte durchgängig mit der Nadel bearbeitet und geätzt. Bemerkenswert ist die Vielfalt der Texturen bei der Gestaltung der Bäume am Hang. Wie in allen Radierungen Tanakas fügen sie sich wie ein Mosaik zusammen, aber die räumlichen Relationen bleiben immer sichtbar.

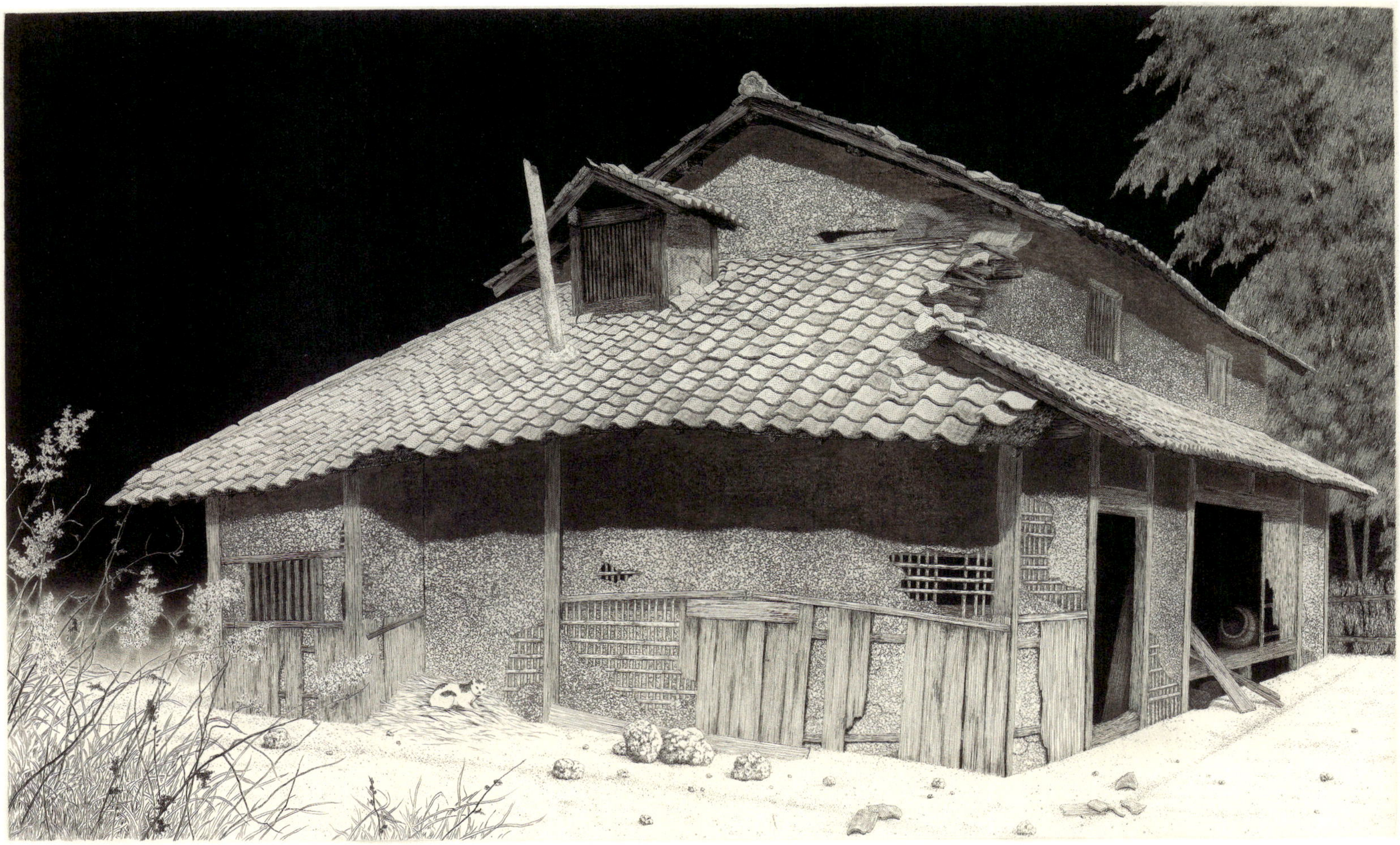

112 ^ VERLASSENES HAUS IN KAMEOKA 廃屋 - 亀岡
Radierung und Aquatinta / 28 × 46,5 cm / 1990
Auflage: 120 / TR 456

Das dramatische Chiaroscuro, das vom hellen Licht des Vollmondes hervorgerufen wird, der dunkle Schatten unter das Dach und ins Haus wirft, lässt dieses ziemlich gewöhnliche verlassene Haus unheimlich wirken. In Japan würde dieses Gebäude die Kriterien für ein Spukhaus *(obakeyashiki)* perfekt erfüllen. Eine herrenlose Katze hat sich hier eingerichtet. Tanakas Werke, in denen das Mondlicht in Szene gesetzt wird, erwecken zuweilen den Eindruck, als seien die dunklen Aquatintapartien des Himmels vom sogenannten Day-for-Night-Verfahren (‚Amerikanische Nacht') inspiriert worden. Es handelt sich hierbei um eine Filmtechnik, die es ermöglicht, am helllichten Tag gedrehte Szenen als vom Mondlicht beschienene Nachtaufnahmen zu präsentieren.

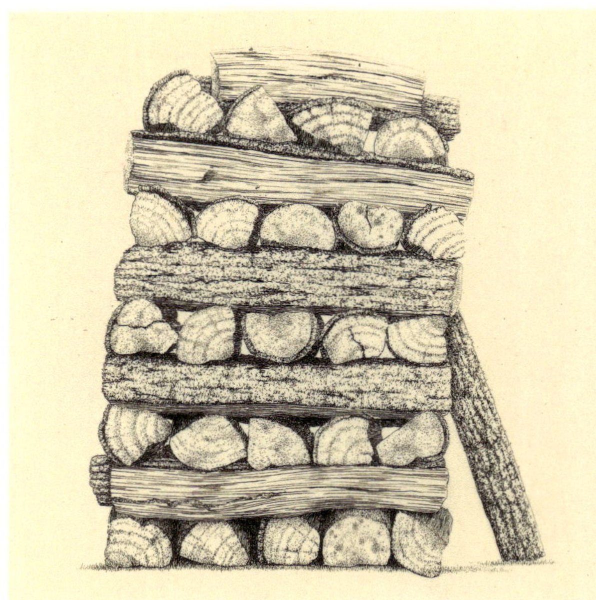

113 ↗ FEUERHOLZ NR. 2 薪 NO. 2
Radierung / Chine collé / 10,5 × 10,5 cm / 1990
Auflage: 150 / TR 474

Das zarte Gampi-Papier, das hier für die Chine-collé-Technik verwendet wurde, bildet auch noch die feinsten Linien ab. Der Künstler gab die detaillierten Texturen mittels Linien und Punkten wieder und kam bei der Darstellung der Scheitumrisse fast ohne gezeichnete Konturen aus. Infolgedessen erweckt diese minimalistische kleine Radierung den Eindruck ungewöhnlicher Leichtigkeit.

114 ↲ PAPPELN IM WINTER 冬ポプラ
Radierung und Aquatinta / 36,5 × 36,5 cm / 1991
Auflage: 120 / TR 481

Tanaka widmete sich in regelmäßigen Abständen einem Thema, das für einen Druckgrafiker fast unvermeidlich scheint, nämlich der Darstellung kahler Bäume. Er verwendete eines seiner bevorzugten ‚Abstraktions'-Formate – 36,5 × 36,5 cm – für *Baum Nr. 1* von 1974 (TR 130) und *Kahle Bäume* (TR 398) von 1987 (vgl. Abb. 114a und b). *Pappeln im Winter* sollte das letzte Bild unbelaubter Bäume in diesem großen quadratischen Format sein. Zusätzlich zu einer mit schwarzer Farbe gedruckten Auflage von 120 Blättern schuf der Künstler eine kleine Auflage von zwölf Abzügen in Sepia. Ein entsprechender Druck ist hier abgebildet.

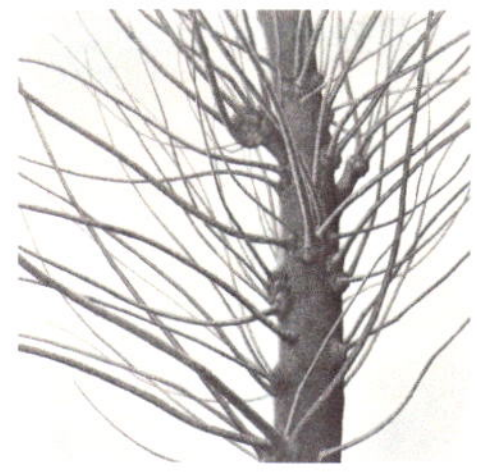

114a Tanaka Ryōhei
Baum Nr. 1, 1974. TR 130

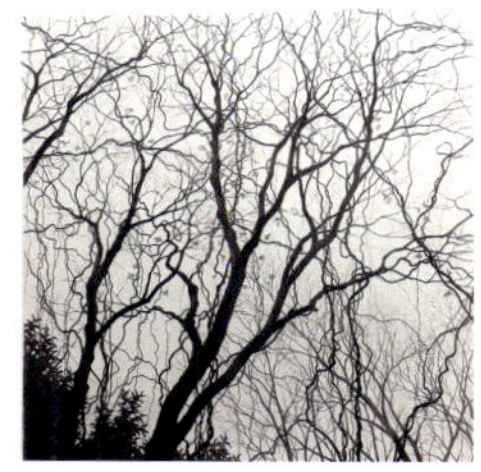

114b Tanaka Ryōhei
Kahle Bäume, 1987. TR 398

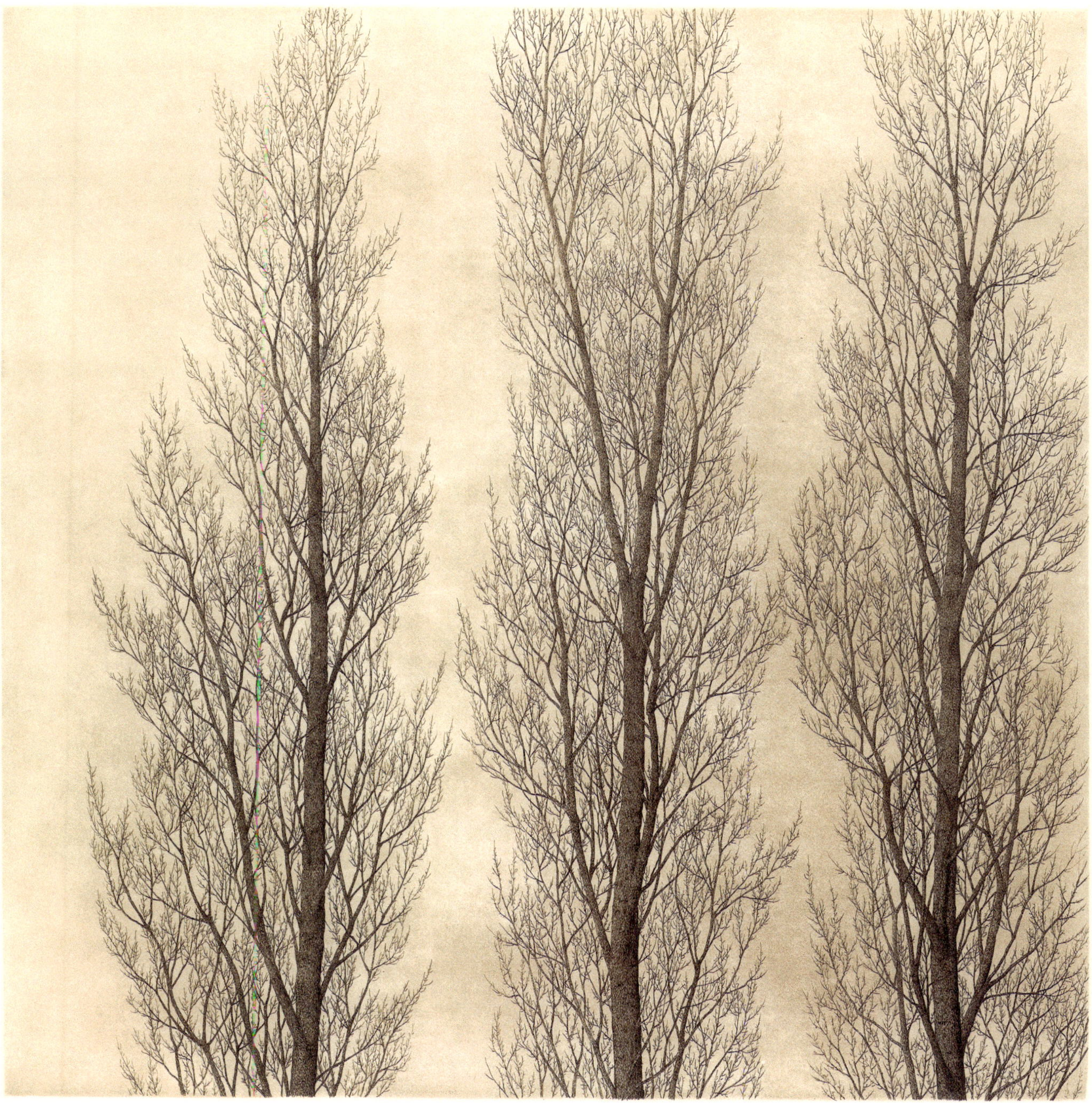

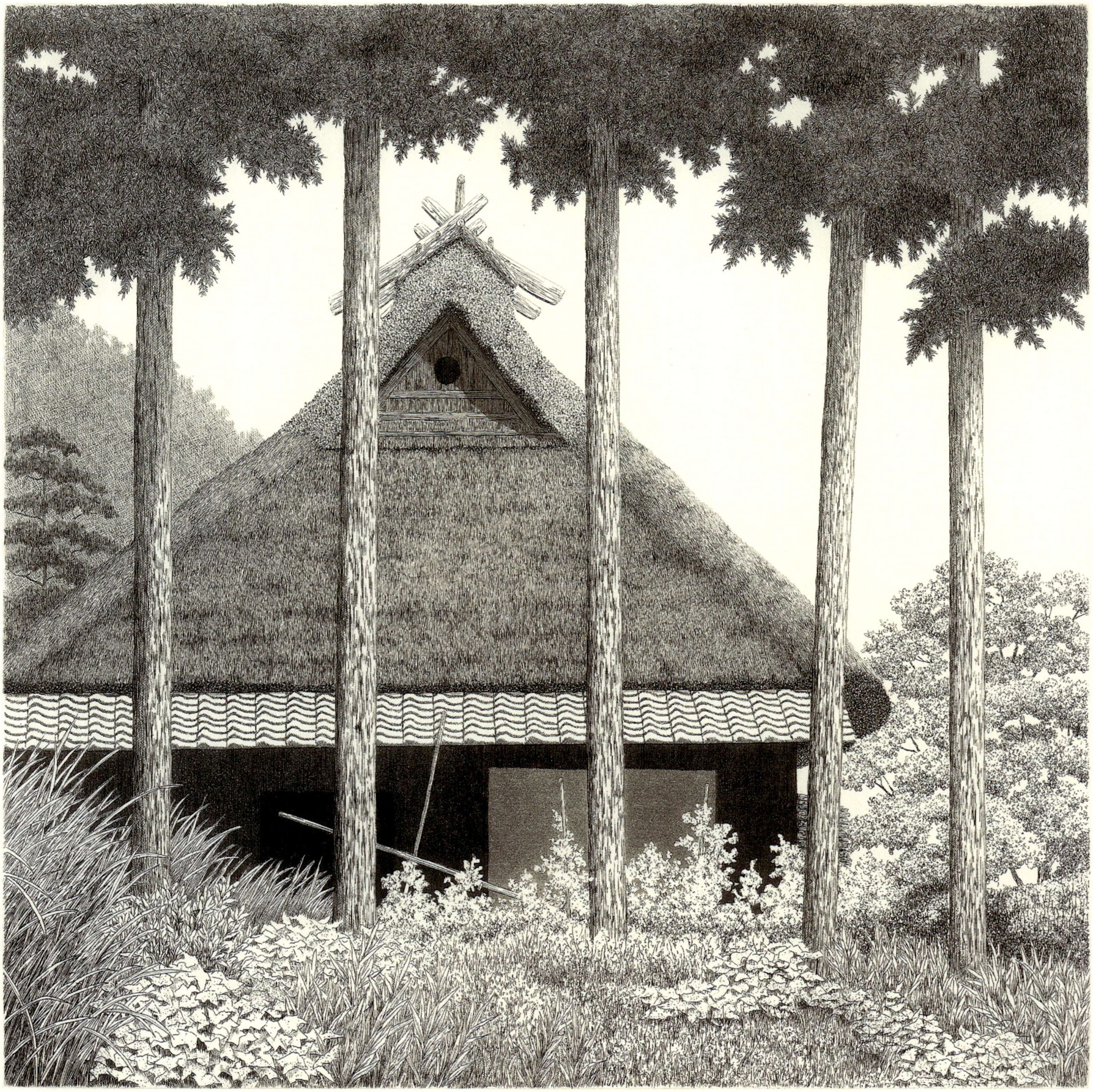

115 ^ KEIHOKU IM SOMMER NR. 2 京北の夏 NO. 2
Radierung und Aquatinta / 30 × 30 cm / 1991
Auflage: 130 / TR 491

Eine eindrucksvolle Komposition, die ein sonnenbeschienenes Bauernhaus in den Bergen nördlich von Kyoto zeigt. Die Vegetation im Vordergrund bildet einen deutlichen Kontrast zu den Schatten unter dem Hausdach. Die geraden Stämme der Kitayama-Koniferen wirken wie ein natürliches Gitterwerk *(kōshi)*, und die dicht benadelten Baumkronen sind brillant ausgeführt und formen ein Repoussoir für den ansonsten einförmigen Sommerhimmel.

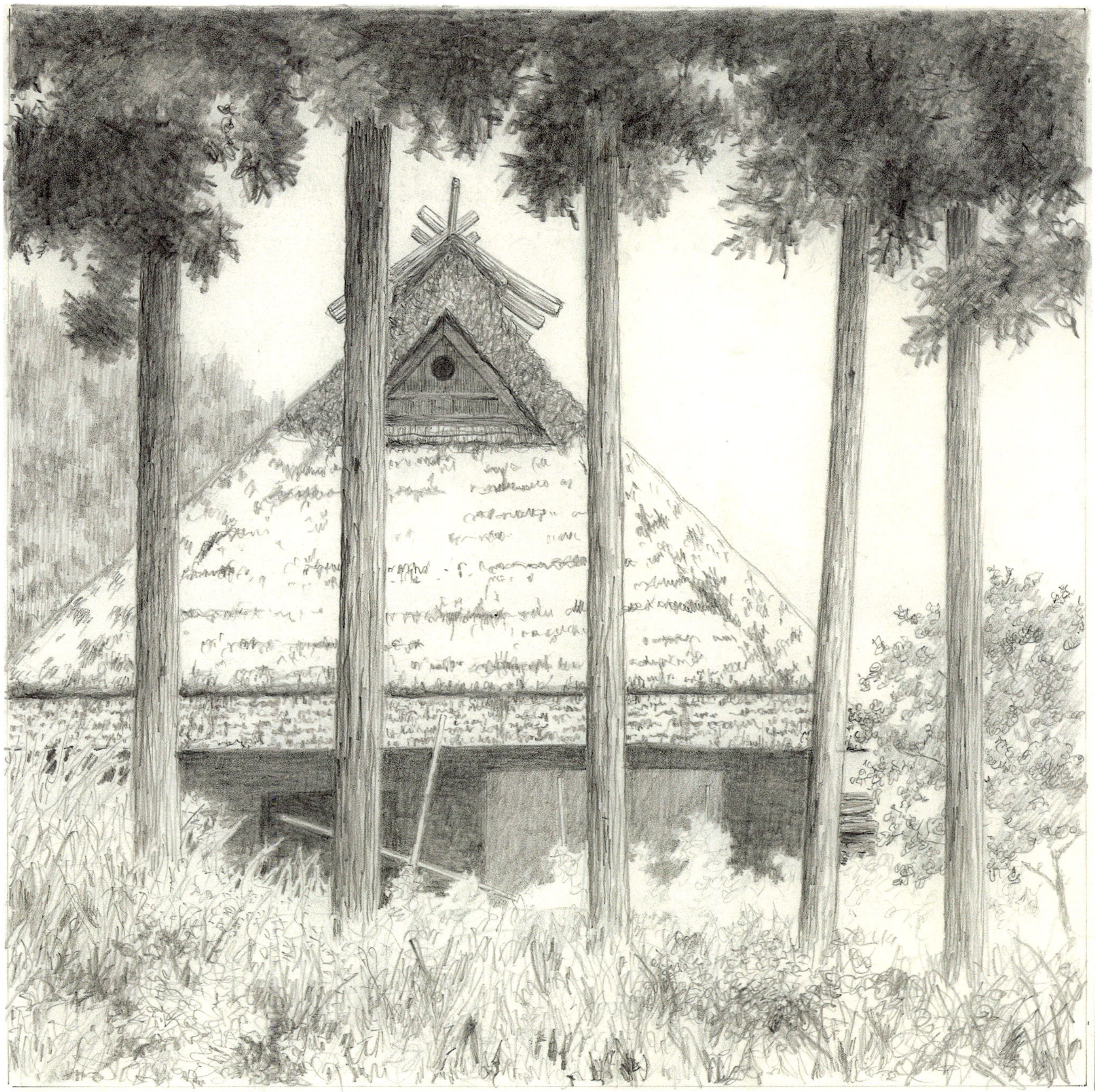

116 ^ KEIHOKU IM SOMMER NR. 2. VORZEICHNUNG
京北の夏 NO. 2, 下絵
Bleistift auf Papier / 30 × 30 cm / 1991 / TR 491

Eine erste vor Ort angefertigte Skizze (Abb. 116a), zeigt, dass Tanaka inzwischen nur noch wenige Informationen benötigte, um seinen Radierungen ein Format zu geben und die Komposition festzulegen. Grobe Andeutungen von Vegetation und Form des Gebäudes genügten. Tanaka hatte die Texturen der Natur und der Baumaterialien bereits im Kopf und setzte im Atelier dann sein Arsenal an Radiertechniken ein. Diese Skizzen und Vorzeichnungen besaßen für ihn keinen künstlerischen Wert – nur die perfekt gedruckten Abzüge des endgültigen Zustands der Kupferplatte zählten als Kunstwerke.

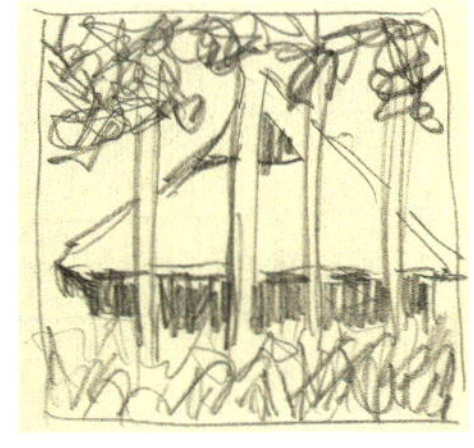

116a Tanaka Ryōhei
Keihoku im Sommer Nr. 2. Erste Skizze, ca. 10 × 10 cm. 1991
Sammlung des Autors

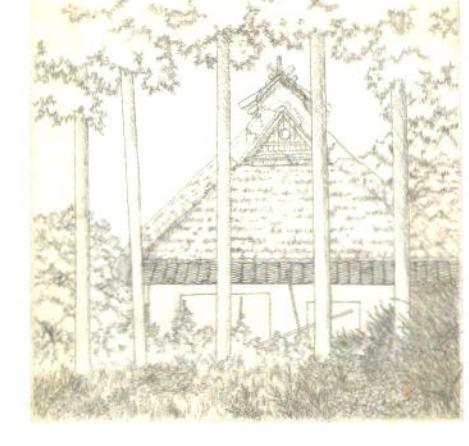

116b Tanaka Ryōhei
Keihoku im Sommer Nr. 2. Vorzeichnung, 30,5 × 30,5 cm.
Sammlung des Autors

117 ∨ ENGER WEG NR. 3 細い道 NO. 3
Radierung und Aquatinta / 21 × 17 cm / 1991
Auflage: 150 / TR 485

Die diagonalen Dachlinien des Lagerhauses *(kura)* rechts konvergieren an einem Fluchtpunkt, der ungefähr mit dem Bodenniveau des Bauernhauses am Ende des Durchgangs übereinstimmt und etwas niedriger als das sichtbare obere Ende des Pfads liegt. Diese überdeutliche Weitwinkelansicht erzeugt eine große Tiefe und Distanz in dem kleinen Bild. Später sollte sich Tanaka noch mehrfach mit dieser Perspektive befassen, zum Beispiel in *Rückwärtiger Pfad* aus dem Jahr 2000 (TR 652, Kat.-Nr. 142).

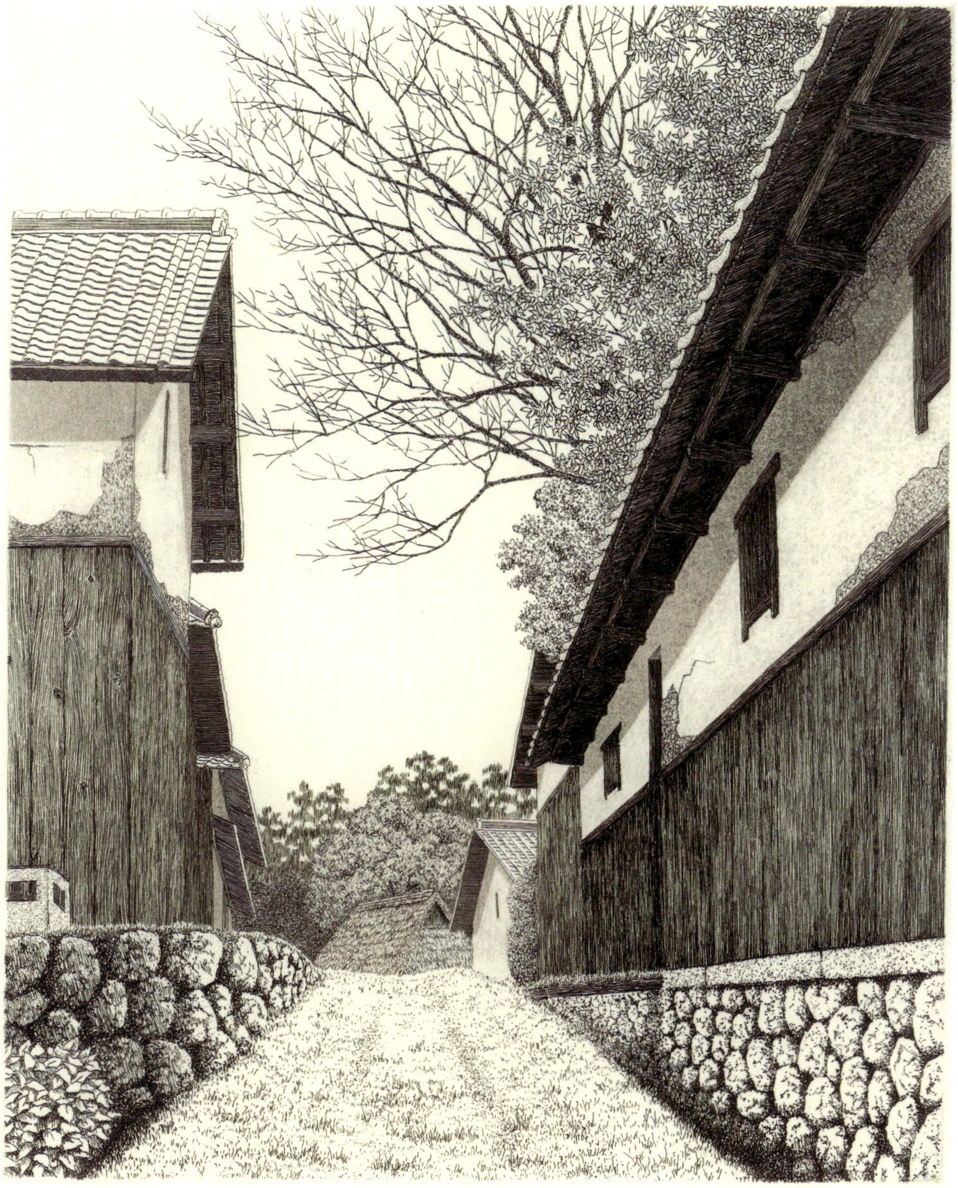

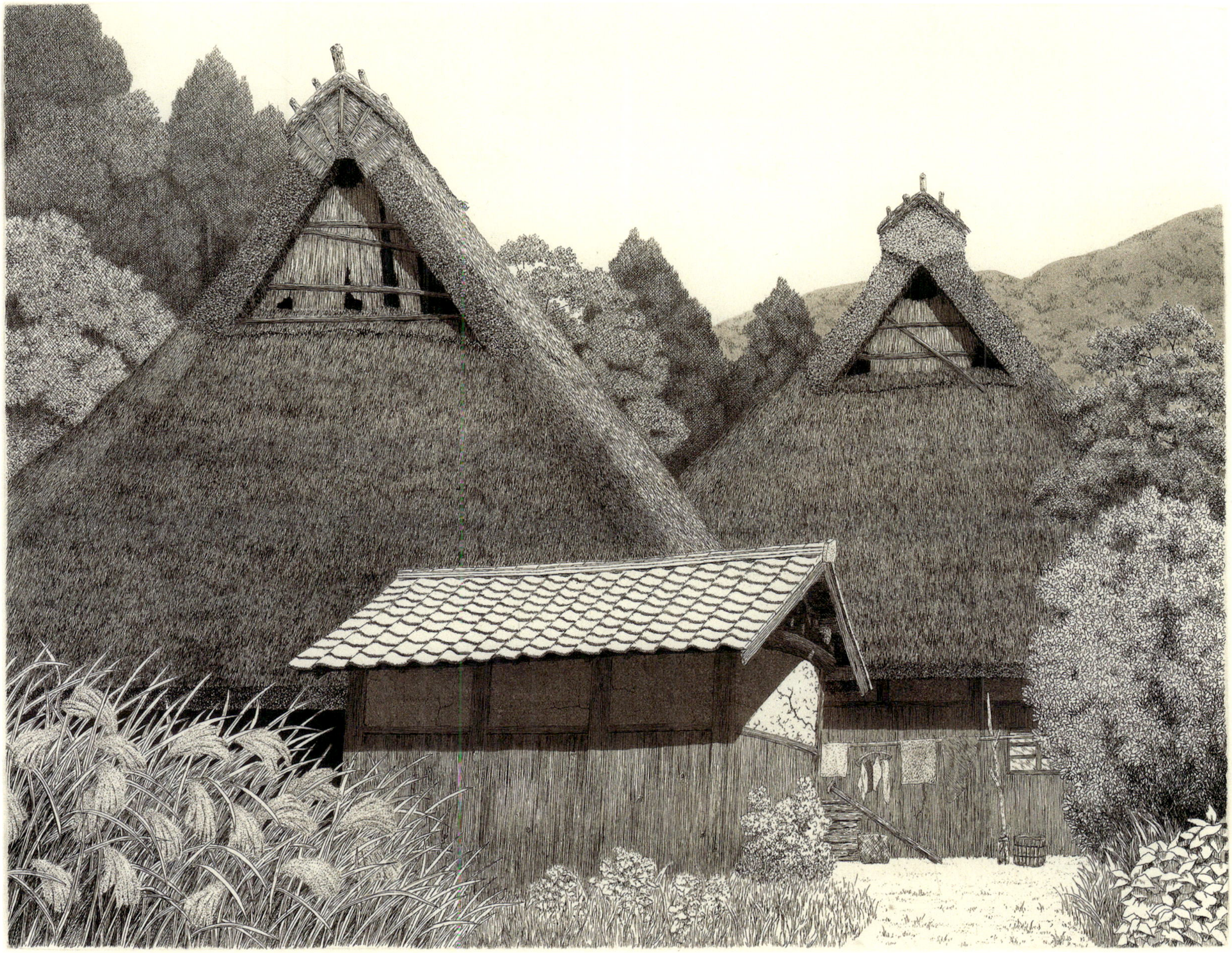

118 ^ ARIHARA IM HERBST 在原の秋
Radierung und Aquatinta / 27 × 35 cm / 1991
Auflage: 130 / TR 492

Um sich vollkommen auf das Zeichnen mit der Nadel und den Prozess des stufenweisen Ätzens konzentrieren zu können, arbeitete Tanaka fast nie an mehreren Werken gleichzeitig (Ausnahme: TR 151 und 152, Kat.-Nr. 29 und 30). *Arihara im Herbst* entstand direkt nach *Keihoku im Sommer* (TR 491, Kat.-Nr. 115/116). Dargestellt ist das Dorf an einem klaren Herbsttag. Das China-Schilf *(susuki)* hat bereits seine Federn ausgebildet. Das Schuppendach reflektiert das helle herbstliche Sonnenlicht, während es von den Reetdächern absorbiert zu werden scheint. Tanakas Verwendung der Roulette ist im vorhergehenden Blatt, *Keihoku im Sommer Nr. 2* (TR 491, Kat.-Nr. 115), an vertikalen, gepunkteten Linien in den Koniferenstämmen erkennbar; beim vorliegenden Druck finden sich ihre Spuren in der Holzverkleidung des Schuppens.

119 ∨ BERGWEILER 山の集落

Radierung und Aquatinta / 35 × 47 cm / 1992

Auflage: 120 / TR 495

Diese Radierung und das zwei Jahre später entstandene, eng verwandte *Dächer an der Straße nach Kurama* (TR 535, Kat.-Nr. 125) fügen Tanakas reichhaltigem Repertoire eine neue Dimension hinzu. Die angeschnittene Komposition ist in Aufsicht gegeben. Gerade Baumstämme und einige Triebe dienen als Repoussoir und schaffen eine gewisse Distanz zu der titelgebenden Szenerie. Eine samtige Aquatinta lässt den die Häuser umgebenden Wald zurücktreten und verdunkelt und dämpft die Atmosphäre, hebt aber zugleich die Dächer und die strengen Vertikalen der Baumstämme deutlich hervor.

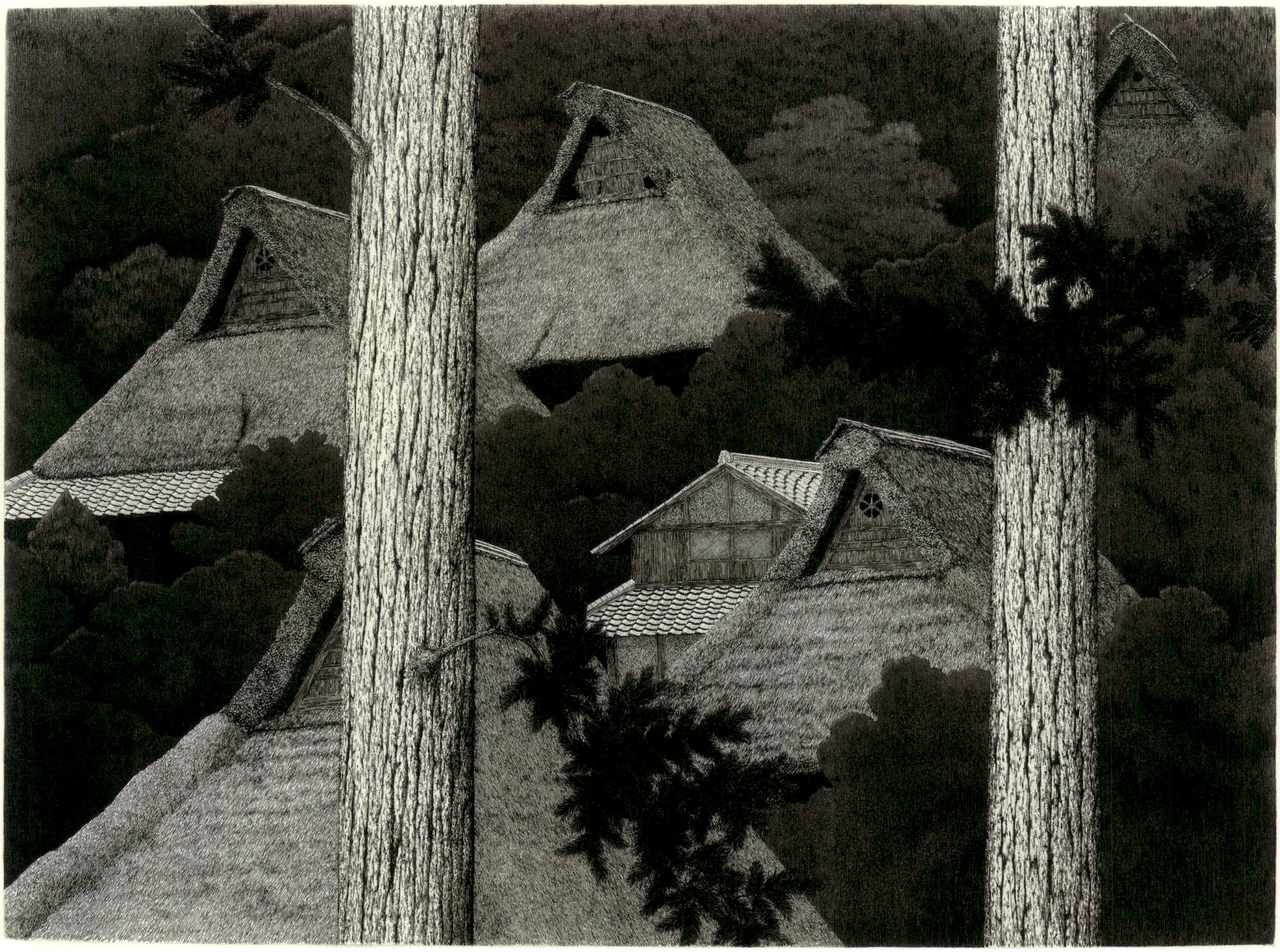

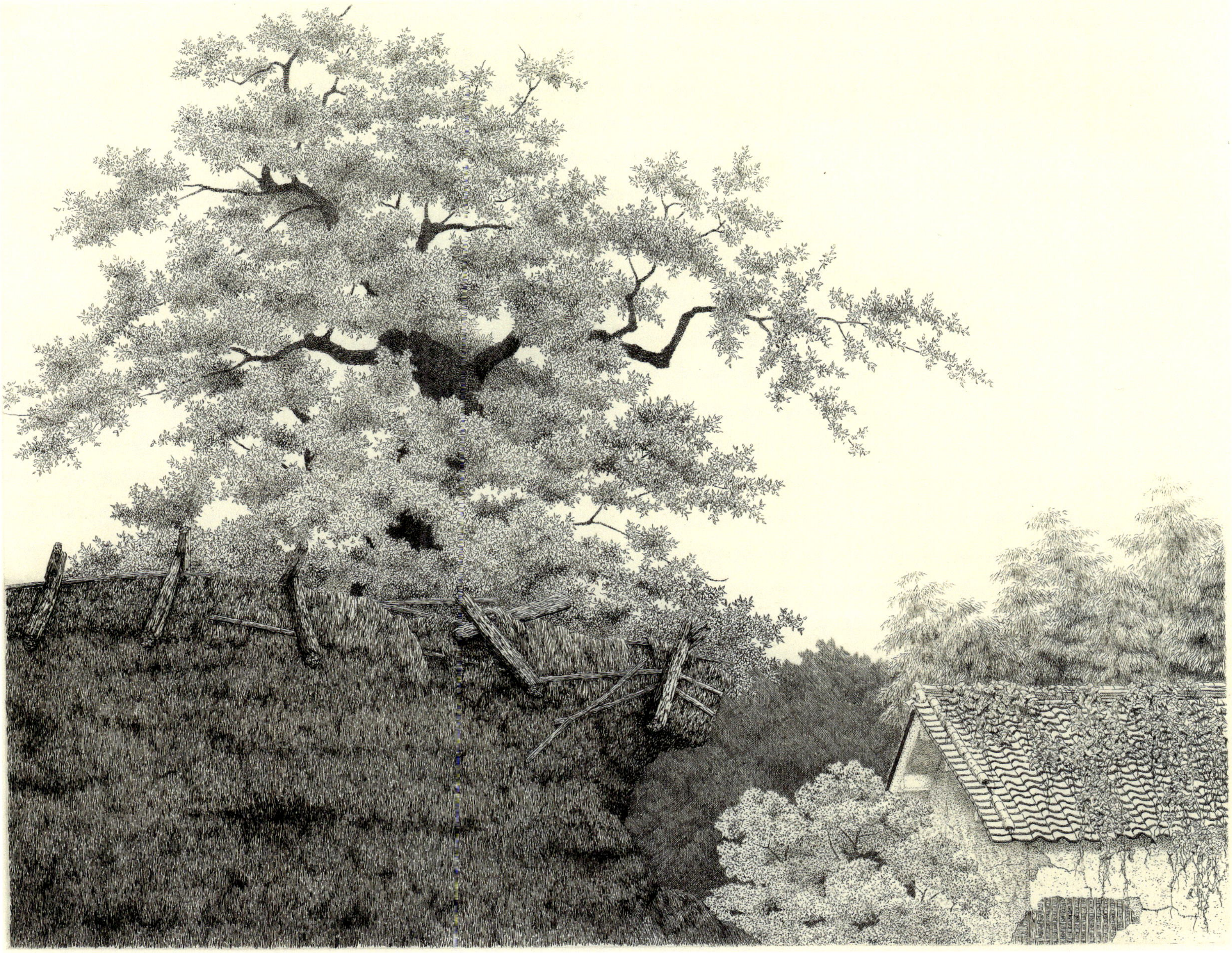

120 ^ VERLASSENES HAUS, SASAYAMA 廃屋, 篠山
Radierung / 31 × 40 cm / 1992 / Auflage: 120 / TR 507

Tanaka beschränkte sich häufig bewusst auf die Strichätzung und verzichtete auf jegliche Verwendung von Aquatinta – so auch beim vorliegenden Blatt. Diese Vorgehensweise verleiht dem Druck eine gewisse Leichtigkeit. Abgesehen von den geätzten Linien wurde für dieses Bild die Roulette eingesetzt, um den zart geätzten Bambusblättern und dem Schatten der Dachlinie des verlassenen Lagerhauses *(kura)* mehr Struktur zu verleihen. Die das gesamte Blatt prägenden zarte Nuancen, das meisterliche Einfärben und Blankwischen der Platte wie auch die Fleckenlosigkeit dieser Auflage von 120 identischen Abzügen beweisen einmal mehr Tanakas Virtuosität.

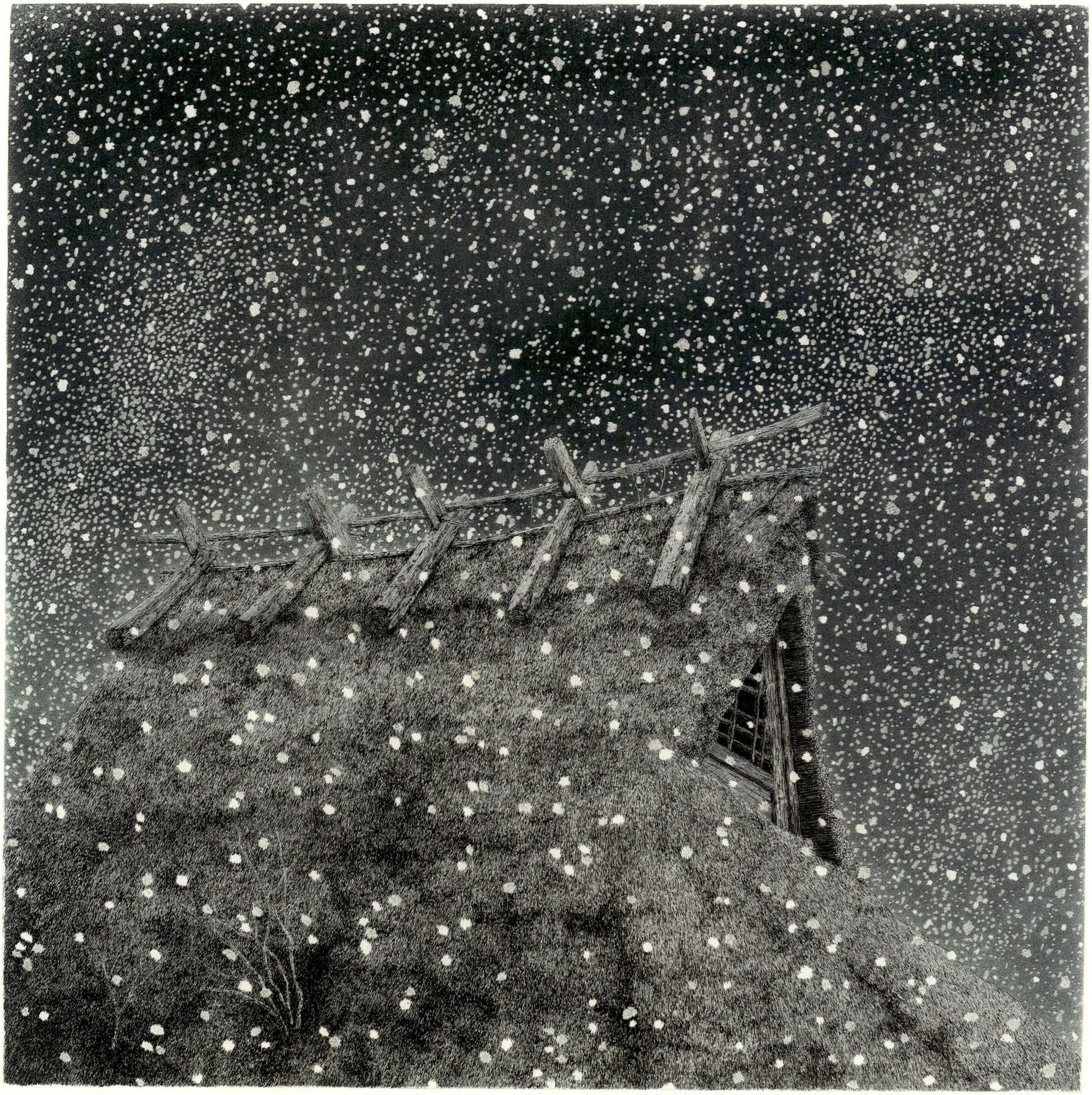

121 < SCHNEE UND REETDACH 雪と萱屋根

Radierung und Aquatinta / 36,5 × 36,5 cm / 1993

Auflage: 120 / TR 511

Auch ein geübtes Auge könnte diesen Druck ohne weiteres für einen Mehrplattenfarbdruck halten, was er, technisch gesehen, aber nicht ist. Das als Strichätzung gestaltete Dach und der mittels Aquatinta angelegte Himmel wurden in dieselbe Platte geätzt und von ihr gedruckt. Die gezeichneten Linien wurden sehr viel tiefer geätzt als die mit Aquatinta behandelten Bereiche. Tanaka bediente sich einer sorgfältig hergestellten Mischung aus schwarzer und indigoblauer Farbe. Im Ergebnis sehen die tief geätzten Linien immer noch fast schwarz aus, während sich die bläuliche Tönung auf eine dünne Farbschicht zurückführen lässt, die auf der relativ flach geätzten Aquatintapartie des Himmels zurückgeblieben ist. Hieraus resultiert der Eindruck, es wären zwei Platten, eine schwarze und eine indigofarbene, verwendet worden. Es entstand so eine seltene technische Meisterleistung, die Tanaka nur noch einmal – in seinem *Schneevogel* von 2008 (vgl. Kat.-Nr. 152) – gelang.

122 ∨ SCHEUNE UND HAUS NR. 3 納屋と母屋 NO. 3

Radierung und Aquatinta / 35 × 47 cm / 1993

Auflage: 120 / TR 518

Tanaka schuf diese eindrucksvolle Komposition, bevor er sich einer lange aufgeschobenen Herzoperation unterzog. Während seiner Genesung entstanden mehrere kleine Radierungen. Die Auflage des vorliegenden Werks wurde erst im Folgejahr gedruckt, nachdem sich der Künstler vollständig erholt hatte. Die höchst abwechslungsreiche Gestaltung des Reets – insbesondere beim kleineren Gebäude – wurde durch eine extreme Dichte tief geätzter Linien erreicht. Bei der Verwendung der entsprechenden Technik muss der Künstler sorgfältig darauf achten, die einzelnen Linien nicht zu tief zu ätzen. Dies könnte die winzigen Kupfergrate beeinträchtigen, die jede Linie definieren und die Farbe aufnehmen. Ein seitlicher Durchbruch durch die Grate würde einen flachen Bereich erzeugen, der keine Farbe aufnehmen könnte, woraufhin diese Stelle im Druck nicht die gewünschten schwarzen Schattierungen zeigen, sondern weiß bleiben würde.

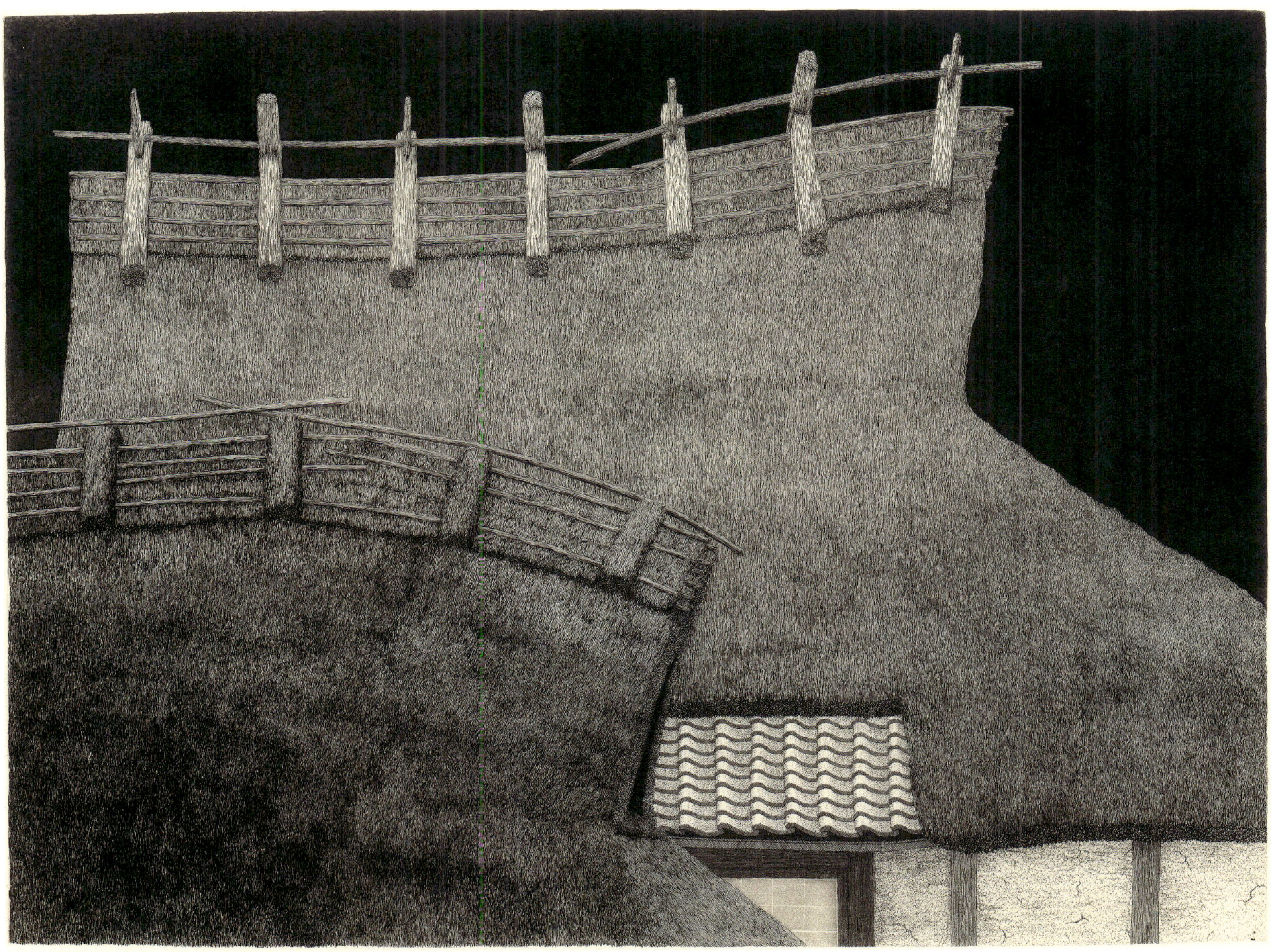

123 GION - NISHIJIN 祇園. 西陣
Radierung und Aquatinta / 19 × 19 cm / 1994
Auflage: 150 / TR 531

Im Pazifikkrieg blieb Kyoto aufgrund seiner kulturellen Bedeutung von Bombenangriffen verschont. Heute ist die Stadt ein Freilichtmuseum der japanischen Architektur. Sowohl im Gion-Distrikt, der für sein Nachtleben berühmt ist, als auch im traditionellen Weberviertel Nishijin im Nordosten Kyotos gibt es zahlreiche charakteristische Stadthäuser, die *machiya*. Diese zweistöckigen Gebäude mit ihren Bambusvorhängen und dem abschirmendem Gitterwerk sind in der Regel sehr schmal, da die Steuern für diese Häuser früher nach der Breite der Fassade erhoben wurden. Die meisten Besitzer waren wohlhabend. Um die geringe Breite zu kompensieren, sind die Häuser daher oft ziemlich langgestreckt und besitzen manchmal hübsche kleine als Garten genutzte Höfe. Eine herkömmliche Bezeichnung für diese schmalen und langgestreckten Häuser ist *unagi no nedoko*, Schlafplatz eines Aals. Für diese Radierung griff Tanaka auf einige ältere Arbeiten zurück: TR 7, Kat.-Nr. 2, *Dächer Nr. 2* und TR 8, *Kōshi Nr. 1*, beide von 1964, sowie TR 24, *Horikawa* (im Nishijin-Viertel). Sie alle zeigen die abstrakten Elemente, die für die traditionelle japanische Stadtarchitektur so typisch sind.

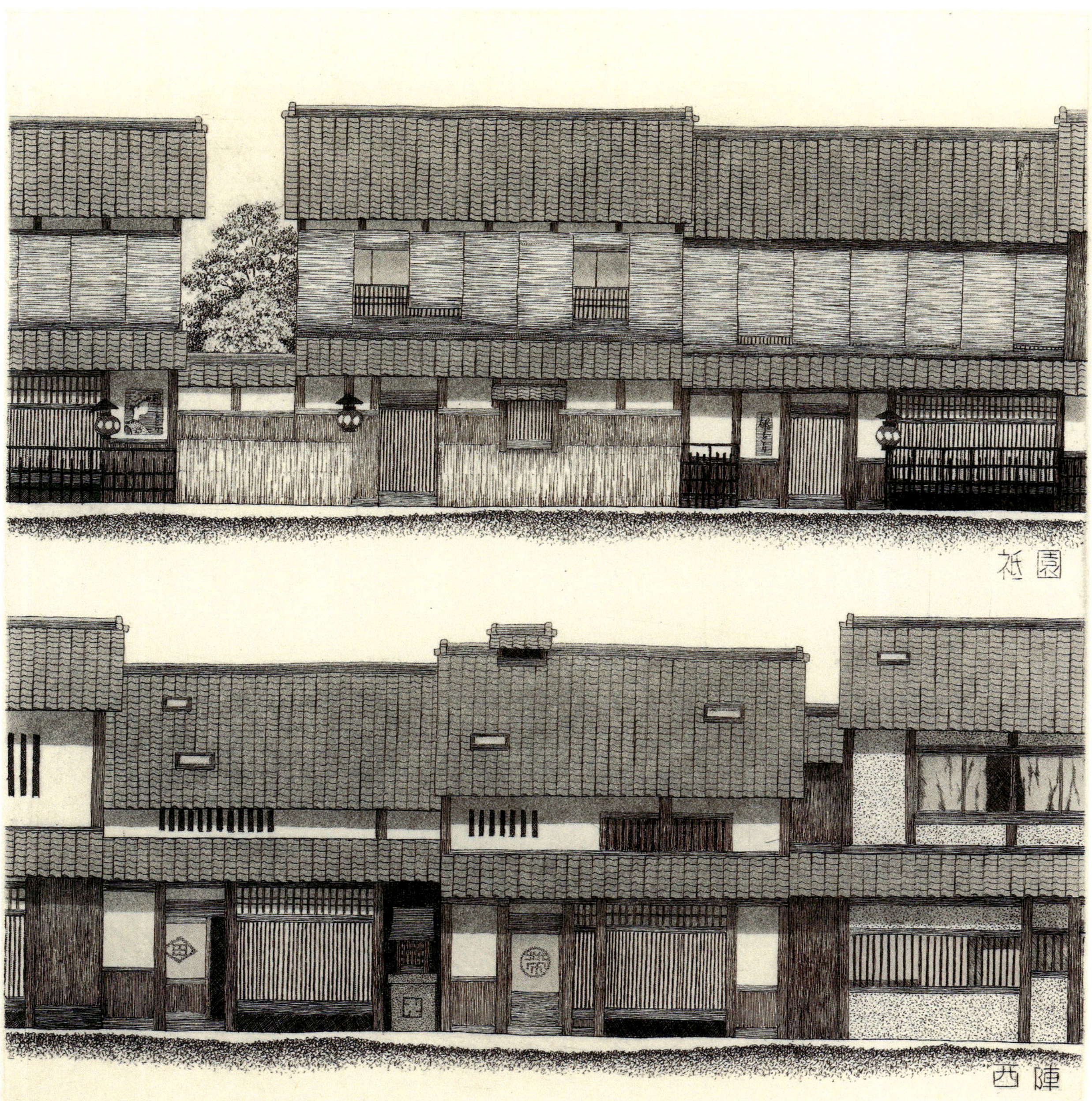

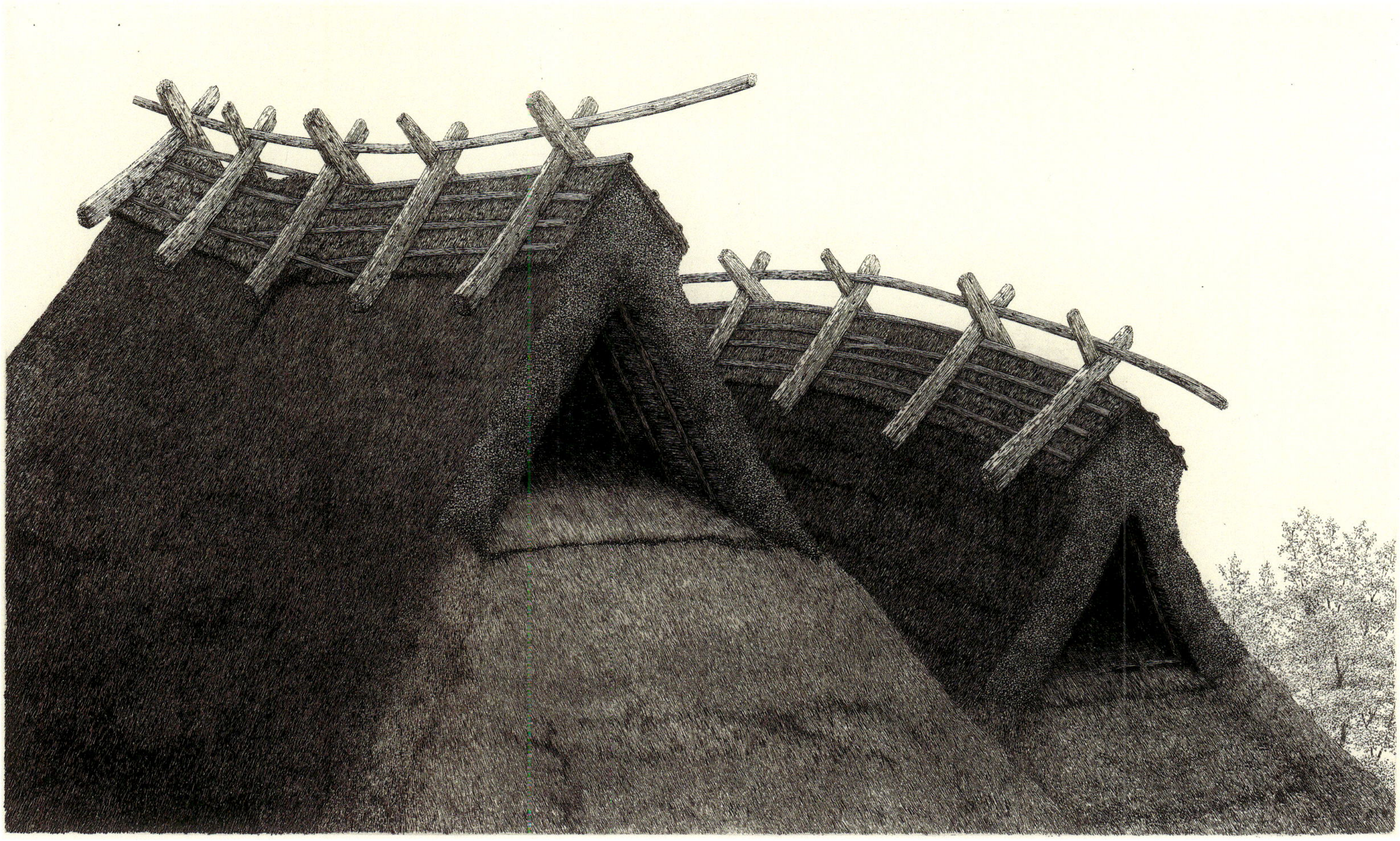

124 ^ SCHEUNE UND HAUS NR. 4 納屋と母屋 NO. 4
Radierung / 28 × 47 cm / 1994 / Auflage: 120 / TR 532

Mit dieser Komposition wiederholte der Künstler das Thema des gleichnamigen Blattes TR 518 (Kat.-Nr. 122); allerdings ist sie durchgängig als Strichätzung ausgeführt. Wie die meisten Werke Tanakas basiert die Komposition auf vor Ort angefertigten Skizzen, die aber so verändert wurden, dass man die vollendeten Bilder als eigene Erfindung des Künstlers werten kann. Tanaka hatte sich inzwischen vollständig von der Herzoperation erholt, der er sich im Vorjahr unterzogen hatte, und schuf 1994 nicht weniger als 21 Radierungen, darunter mehrere Großformate.

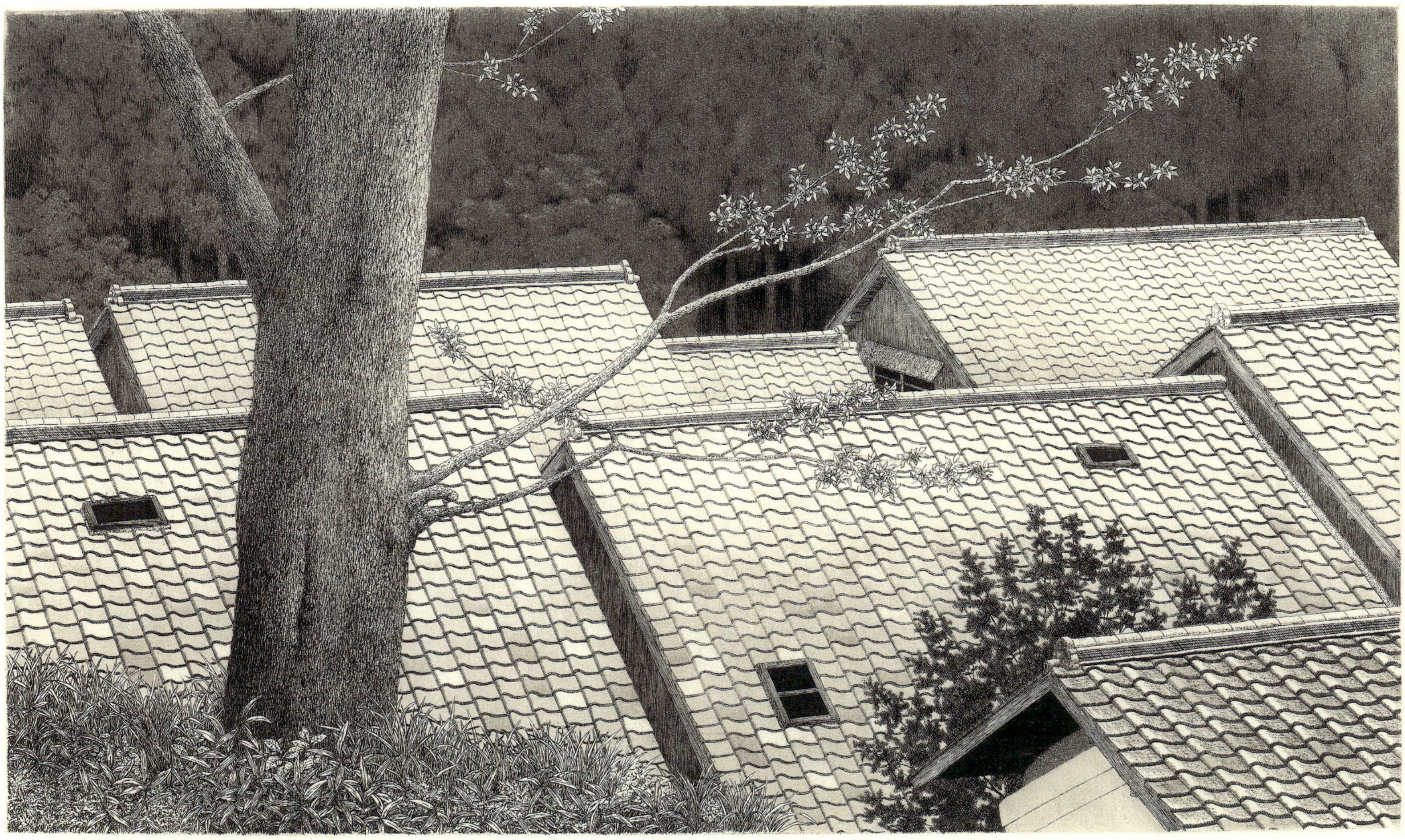

125 ^ DÄCHER AN DER STRASSE NACH KURAMA 鞍馬街道の屋根
Radierung und Aquatinta / 28 × 47 cm / 1994
Auflage: 120 / TR 535

Dieses angeschnittene und perspektivisch verkürzte Bild von Dächern und dem Repoussoirmotiv eines Baumstamms ähnelt der Komposition *Bergweiler* von 1992 (TR 495, Kat.-Nr. 119). Es nimmt außerdem die ‚herangezoomten' Ansichten von Dächern wieder auf, wie Tanaka sie bereits 1964 verwirklicht hatte (*Dächer*, TR 7, Kat.-Nr. 2); weitere Beispiele sind *Häuser* (TR 43, Kat.-Nr. 6, 1968) und *Dächer mit Fenstern* (TR 99, Kat.-Nr. 17, 1972). Neue Elemente sind die leicht parabolische Ansicht und der Kontrast zwischen den scharf geätzten Gräsern und Blättern im Vordergrund und der sanften Dichtheit des Kiefernwaldes am gegenüberliegenden Hang.

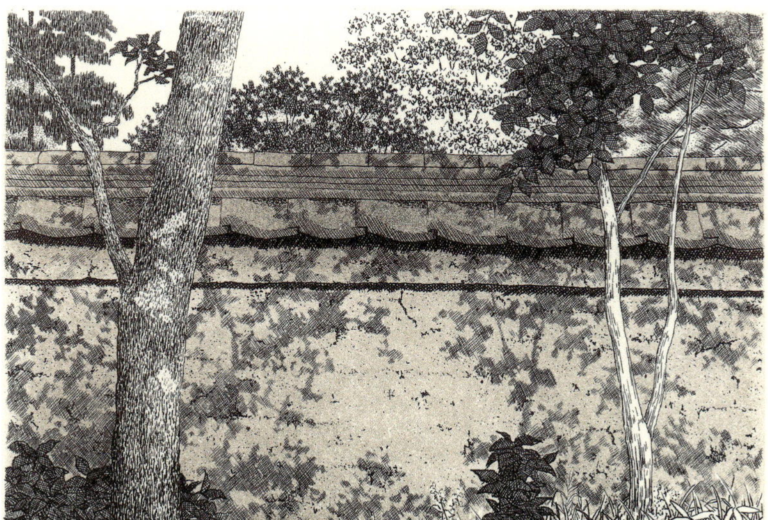

126 < LEHMMAUER 土塀
Radierung und Aquatinta / 9 × 12,5 cm / 1994
Auflage: 150 / TR 540

Diese brillante kleine Radierung war nie dafür bestimmt, an einer Wand aufgehängt zu werden, sondern eher für die Mappe eines Sammlers gedacht. Der Betrachter sollte sich eingehend damit beschäftigen, ist sie doch ein Musterbeispiel für Tanakas virtuosen Umgang mit den diversen Radiertechniken. Der Druck zeigt alle Abstufungen vom tiefsten Schwarz zum lichtesten Grau. Besondere Beachtung verdienen die kreuzschraffierten, nicht in Aquatinta ausgeführten mosaikartigen Schatten, die das Sonnenlicht auf die graue, in Aquatinta wiedergegebene Lehmmauer wirft.

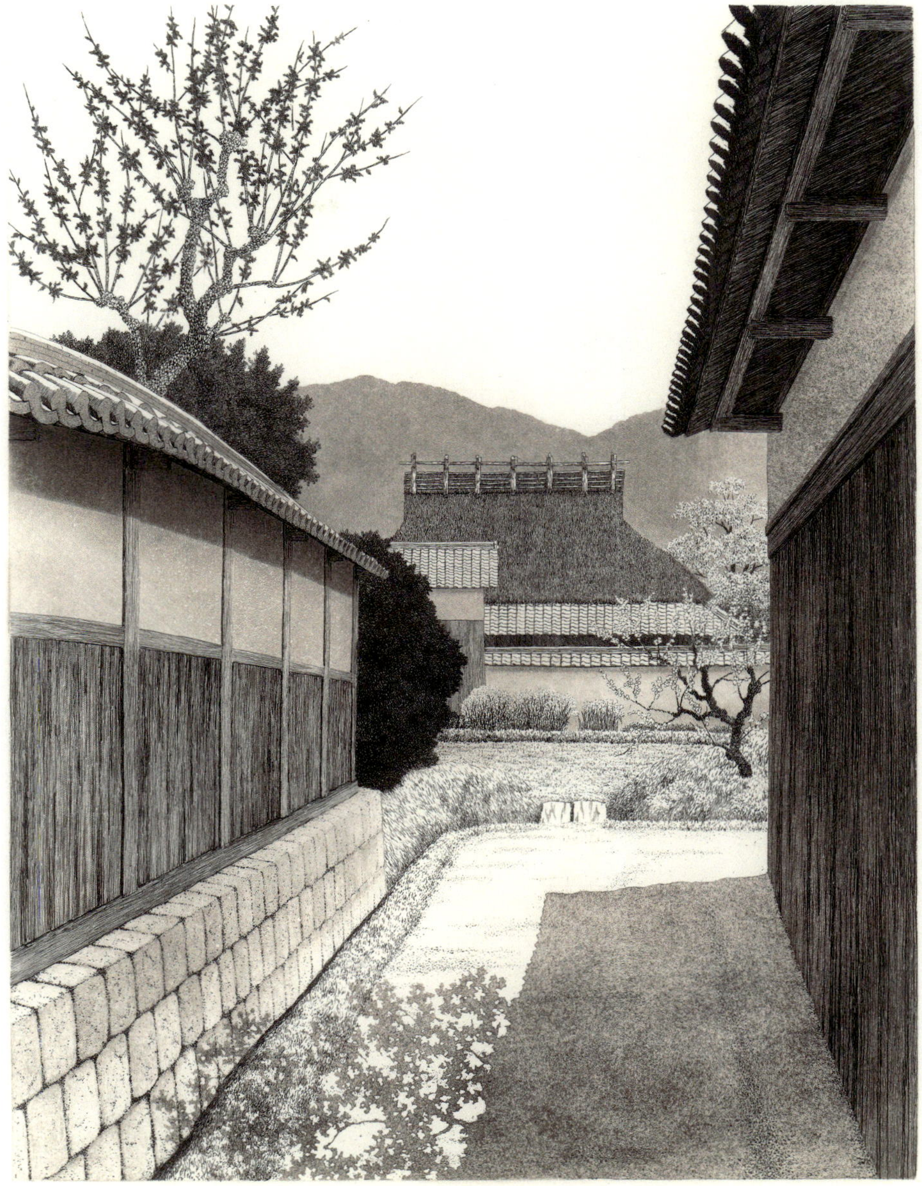

127 > GASSE IN ANAO 加茂街道
Radierung und Aquatinta / 35 × 27 cm / 1994
Auflage: 130 / TR 541

Der Ort, dem diese Radierung ihren Titel verdankt, ist ein kleines halbländliches Dorf im Randgebiet von Kameoka mit dem Namen Anao Sogabe-cho. Die kleine Gemeinde liegt auf der anderen Seite des Flusses Inukai in Fußnähe zum bekannten Anao-ji-Temple (Kat.-Nr. 136 und 137). Tanaka besuchte diese Gegend regelmäßig. Es gab nur noch einige wenige reetgedeckte Bauernhäuser, die inzwischen auch mit Metallplatten oder Wellblech verkleidet wurden. Zu den Stärken des Künstlers gehört die makellose Handhabung der geschwungenen Ziegel links, die unsere Augen zu einem unsichtbaren Fluchtpunkt führen. Die Atmosphäre märchenhafter, klar strukturierter Eingrenzung in dieser friedvollen Gasse, die in den Schutz der Wände und der weiter entfernt liegenden Berge eingebettet ist, der Kirschbaum im Sonnenlicht und die sanften frühlingshaften Schatten erinnern an einen Kommentar eines findigen niederländischen Kunstkritikers, der Tanakas Werk mit einem Liedtext von den Talking Heads aus den 1980er-Jahren kommentierte: „heaven is a place, where nothing ever happens" (Der Himmel ist ein Ort, an dem nie etwas passiert).

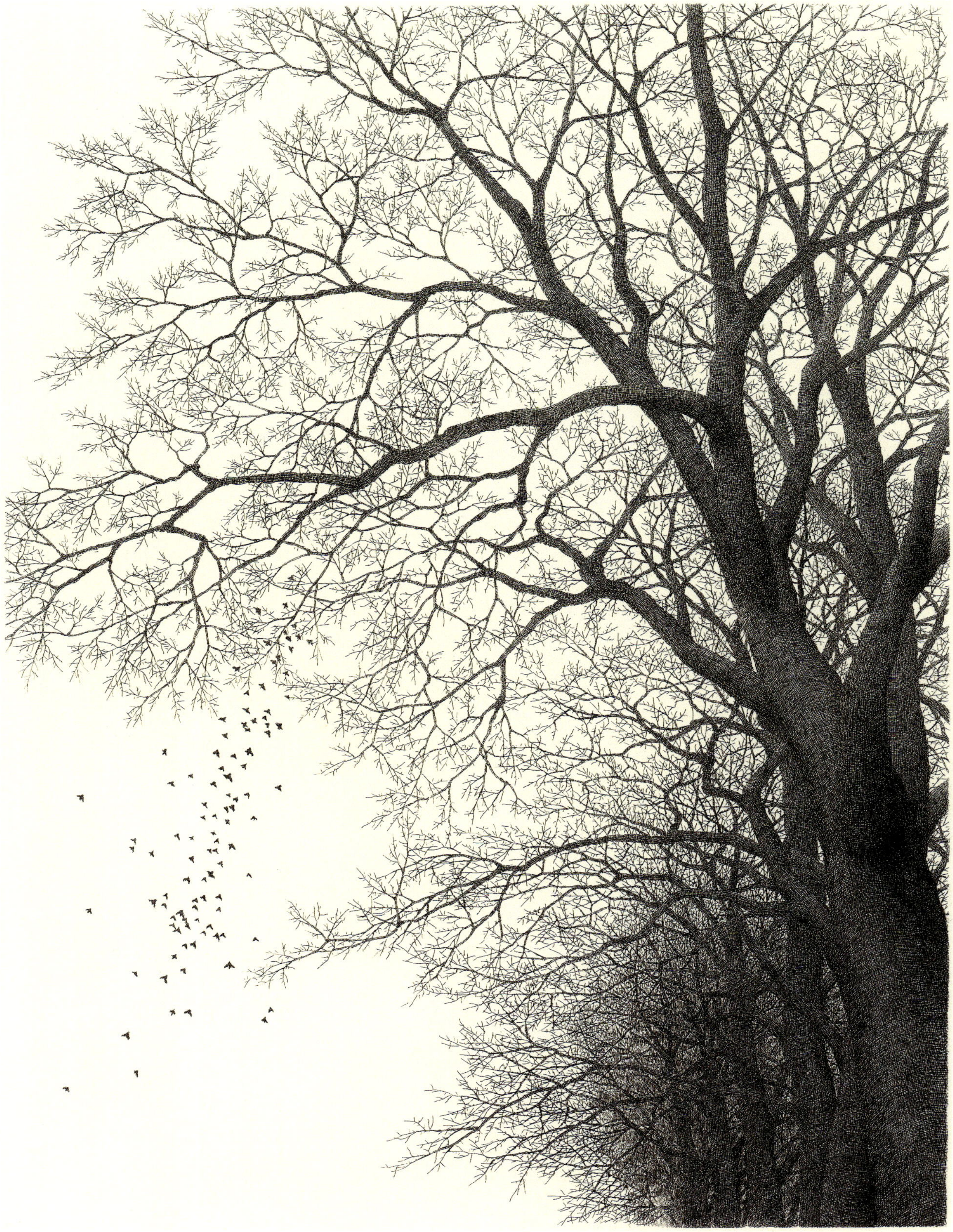

128 ^ STRASSE AM KAMAO 加茂街道
Radierung / 35 × 27 cm / 1994 / Auflage: 130 / TR 543

Eine Reihe kahler Bäume am Westufer des Flusses Kamo, südlich der Kitaōji-Brücke in Kyoto; vor dem fahlen Winterhimmel erkennt man einen Vogelschwarm. Der Blickwinkel mag ein wenig verwirren – als schauten wir durch ein Weitwinkel- oder Fischaugenobjektiv. Die zarten Schattierungen in Grau und Schwarz wurden durch gleichmäßige, dichte Kreuzschraffuren geätzter Linien erzeugt, die den Konturen der Stämme und Äste folgen und ihnen eine überzeugende Rundheit verleihen.

129 > STEINSTUFEN 石段

Radierung / 10,5 × 10,5 cm / 1994 / Auflage: 150 / TR 544

Eine täuschend einfache Komposition, der jedoch in diesem kleinen Format eine überzeugende Darstellung der Entfernung zwischen den großen Steinstufen im Vordergrund und den kleinen Ziegeln auf der Außenmauer einer Tempelanlage gelingt. Wie so oft in Tanakas Werk ist das Motiv in Untersicht wiedergegeben. Eine kleine Strichätzung, die an das sehr viel größere Blatt *Jingo-ji* (TR 109, Kat.-Nr. 18) von 1972 erinnert.

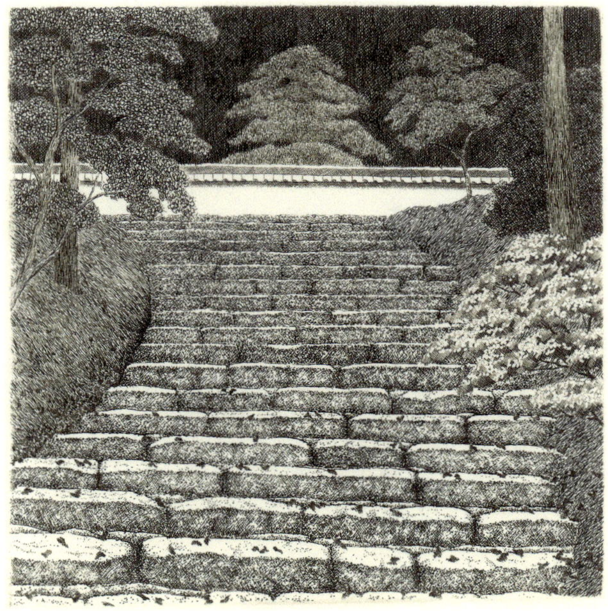

130 ∨ DORF IM SCHNEE NR. 5 雪の村 NO. 5

Radierung und Aquatinta / 31 × 40 cm / 1995

Auflage: 120 / TR 555

In diesem Bild, das eines seiner geläufigen Themen aufnimmt, beweist Tanaka wiederum seine Fähigkeit, Schnee darzustellen, indem er die unberührten Bereiche der Kupferplatte mit der schwarzen Farbe der Partien kontrastiert, die geätzt und in Aquatinta ausgeführt wurden. Mit der Radiernadel gesetzte feine Punkte, Kreuzschraffuren und eine schwache Aquatintaätzung lassen den Schnee, insbesondere auf dem Weg, deutlich nass wirken.

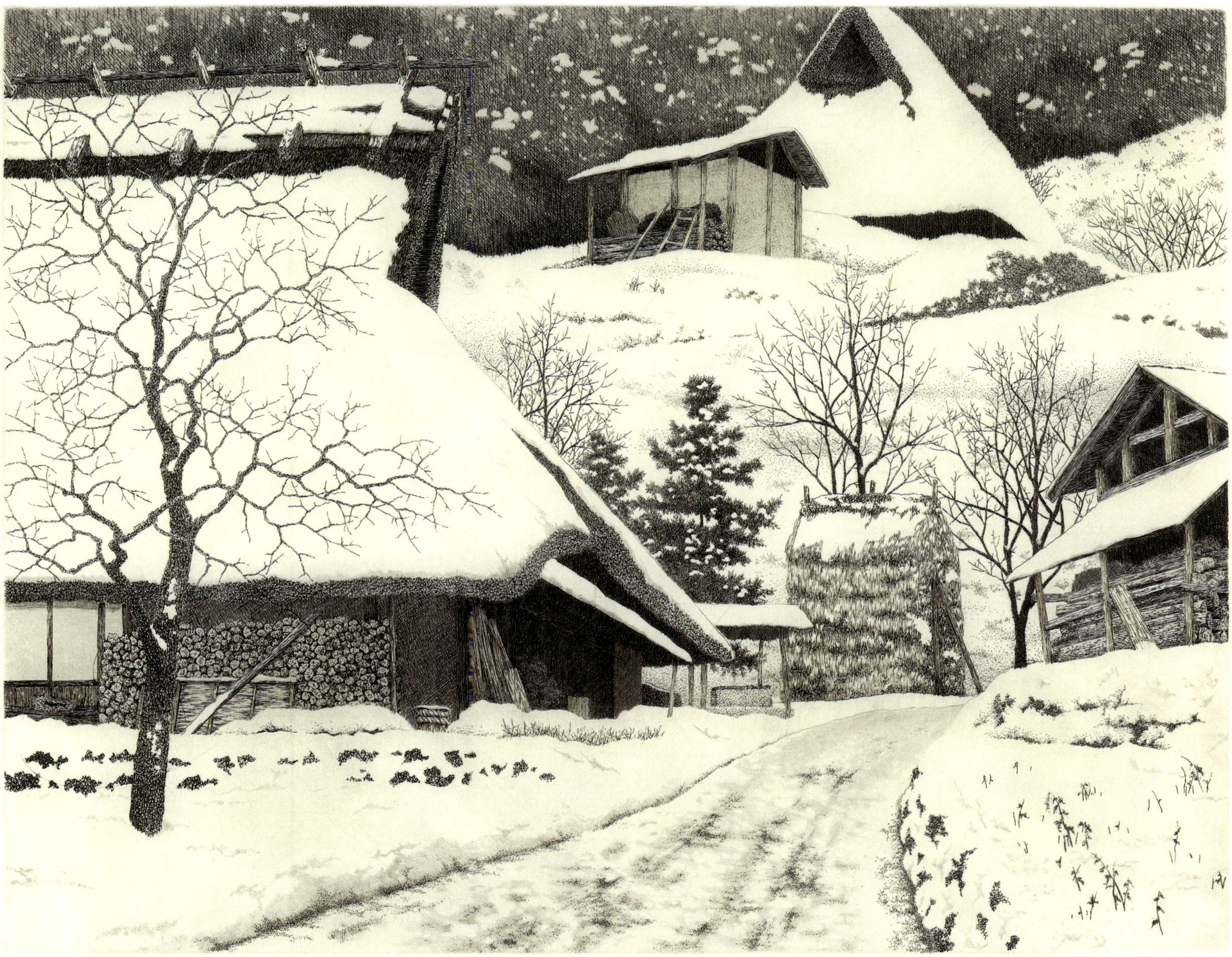

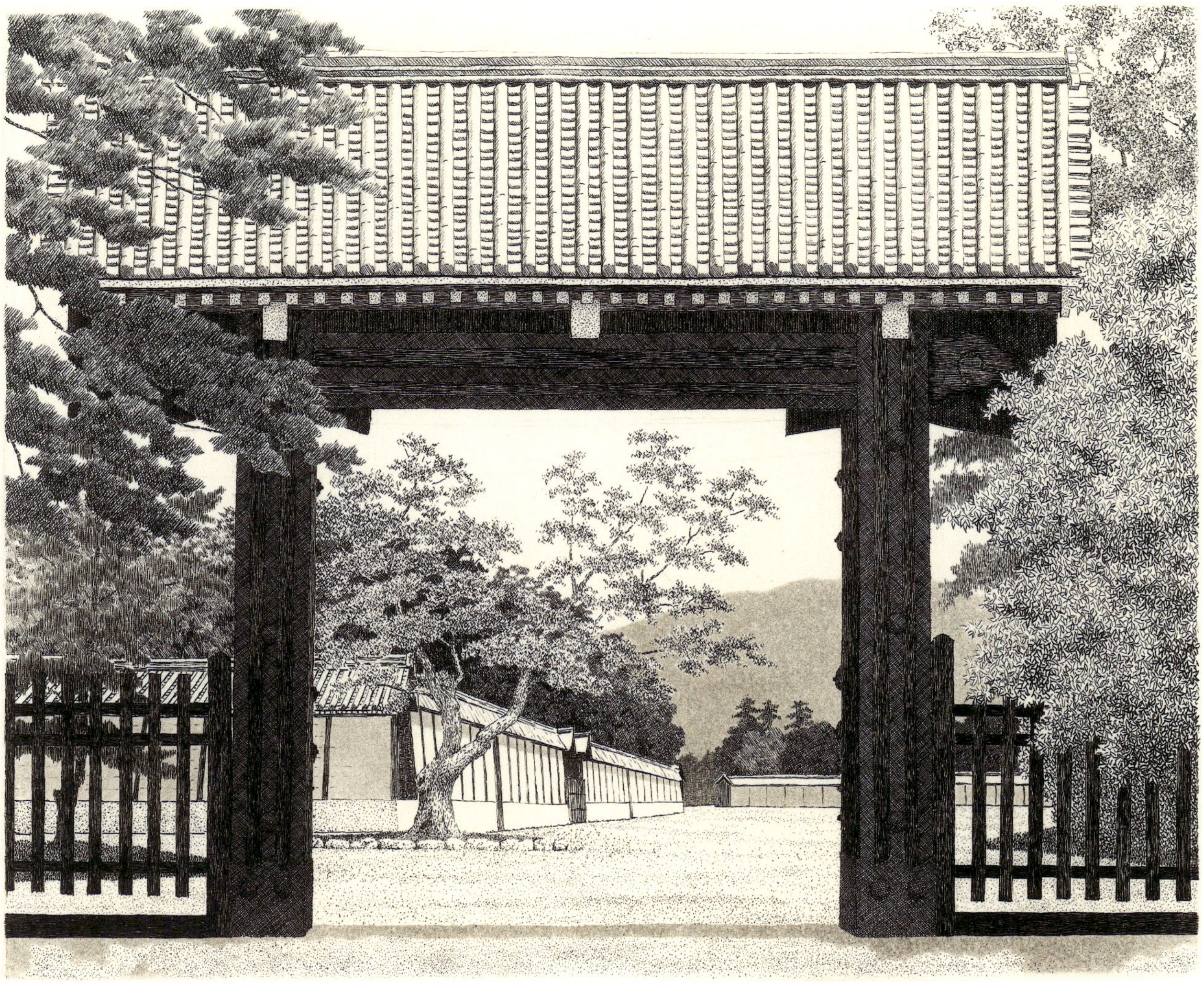

131 ^ KAISERLICHER PALAST, HAMAGURI-TOR 御所, 蛤御門
Radierung und Aquatinta / 17 × 21 cm / 1995
Auflage: 150 / TR 560

Dies ist das erste Blatt einer Bilderserie mit berühmten Sehenswürdigkeiten in Kyoto, die Tanaka im späten Frühjahr 1995 begann. Sein Skizzenbuch aus der Zeit enthält für das vorliegende Motiv zwei einfache, vor Ort angefertigte Skizzen (Abb. 131a). Sie veranschaulichen die Leichtigkeit, mit der der Künstler ein Bild komponierte und „erfand", indem er zentrale Elemente aus verschiedenen Skizzen und Zeichnungen kombinierte. Bei Anfertigung der ersten Skizze stand er außerhalb des Tores und blickte von der Karasuma-Straße auf die Palastanlage, bei der anderen befand er sich unter eben jenem Tor.

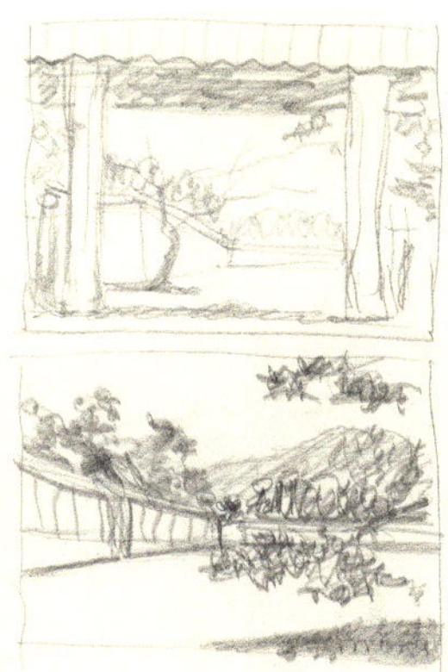

131a Tanaka Ryōhei
Skizzen für: *Kaiserlicher Palast, Hamaguri-Tor*. Oben: Außerhalb vom Tor (Karasuma Straße). Unten: Das Gelände des kaiserlichen Palastes
Bleistift auf Papier, jeweils ca. 9 × 12 cm. Aus einem Skizzenbuch von 1995. Sammlung des Autors
Für die Radierung TR 560 wurden beide Skizzen kombiniert.

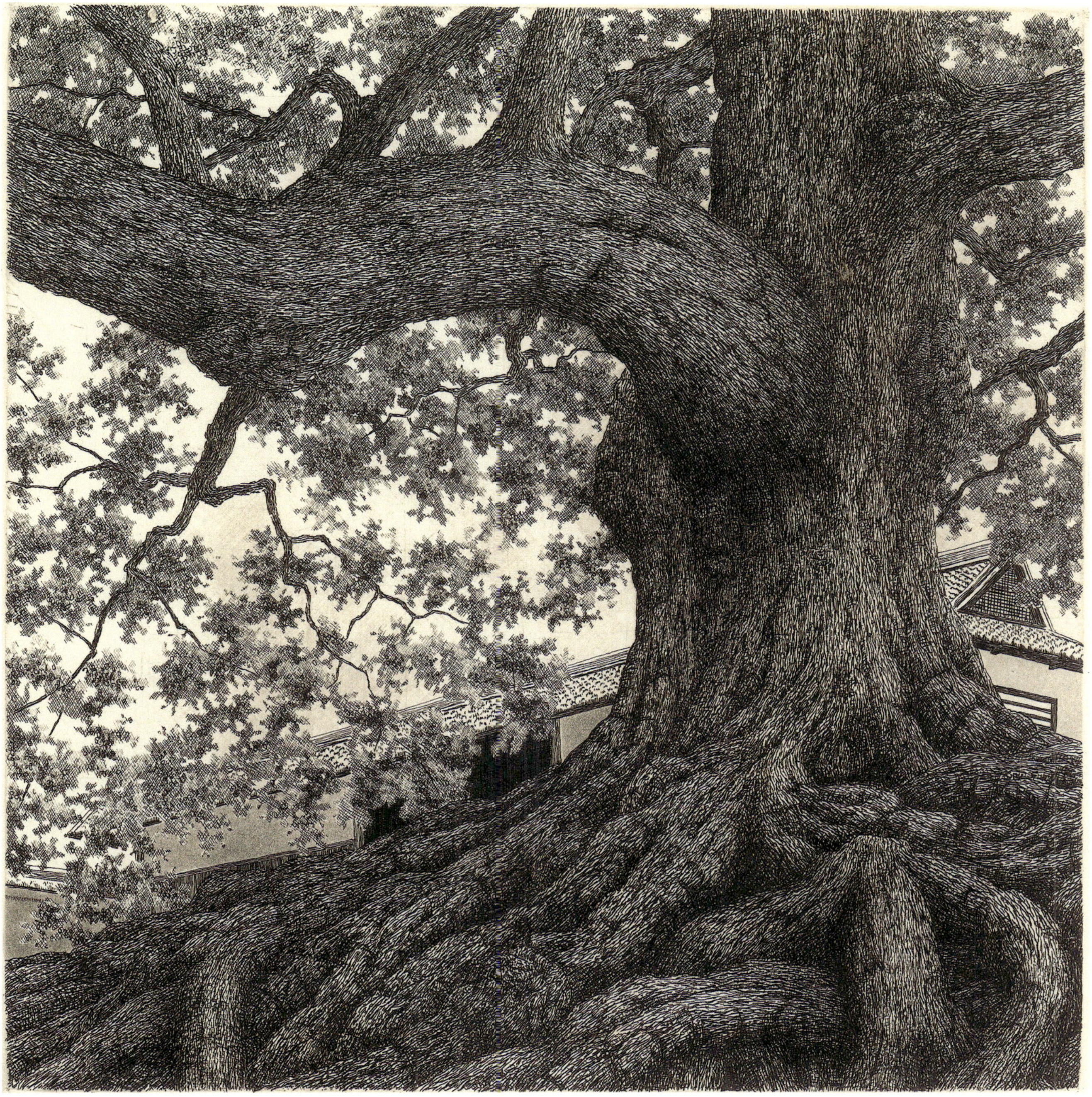

132 ^ SHŌREN-IN 青蓮院
Radierung und Aquatinta / 19 × 19 cm / 1995
Auflage: 150 / TR 563

Für die dritte Radierung seiner Kyoto-Serie kam Tanaka noch einmal auf den alten Baum außerhalb des Shōren-in-Tempelgeländes (vgl. Abb. 132a) zurück. Er bediente sich hier jedoch einer völlig anderen Technik als in der Version von 1974 (TR 131, Kat.-Nr. 23). Anders als damals verwendete er keine Kreuzschraffuren, sondern folgte dem Stamm, den Wurzeln und Ästen mit kurzen welligen Linien, die er beim stufenweisen Ätzen „ausfüllte". Diese Vorgehensweise, die er auch stets für Reetdächer anwendete, lässt die Rinde sehr realistisch und konkret wirken.

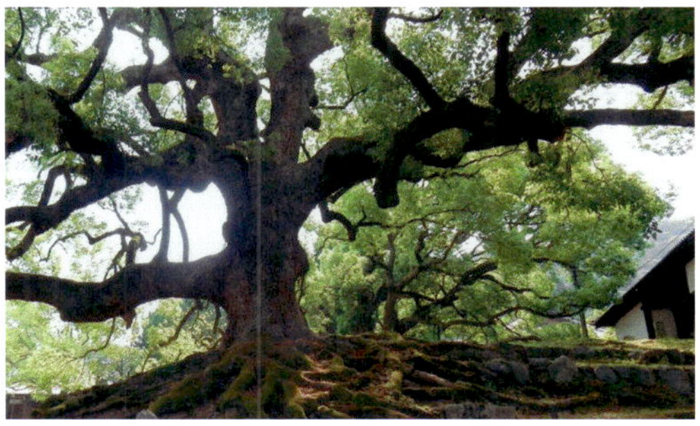

132a Der Baum außerhalb des Shōren-in-Tempelkomplexes im Jahr 2018. Vor einigen Jahren wurde das sichtbare Wurzelsystem mit Sand bedeckt, um die weitere Zersetzung des Baumes hinauszuzögern. Fotografie des Autors

133 ∨ SENNYŪ-JI 泉涌寺
Radierung und Aquatinta / 21 × 17 cm / 1995
Auflage: 150 / TR 569

Das Gelände des Sennyū-ji-Tempels an den Hängen der östlich von Kyoto gelegenen Berge, in der Nähe des Tōfuki-ji-Tempels, südöstlich vom Bahnhof der Stadt. Das Bild zeigt das von der Sonne beschienene Gebäude der Haupthalle, die Butsuden- oder Buddha-Halle. Die Schatten auf dem Kies sind kurz – es ist Hochsommer und entsprechend heiß. Es sind keine Besucher zu sehen. Vergleicht man die erste grobe Skizze, die Tanaka vor Ort anfertigte, mit der ausgewogenen und detaillierteren Vorzeichnung, die für die Übertragung der Umrisse auf die Kupferplatte Verwendung fand (vgl. Abb. 133a und b), kann man nur über seine Fähigkeit staunen, aus höchst rudimentären visuellen Informationen komplexe Kompositionen zu entwickeln.

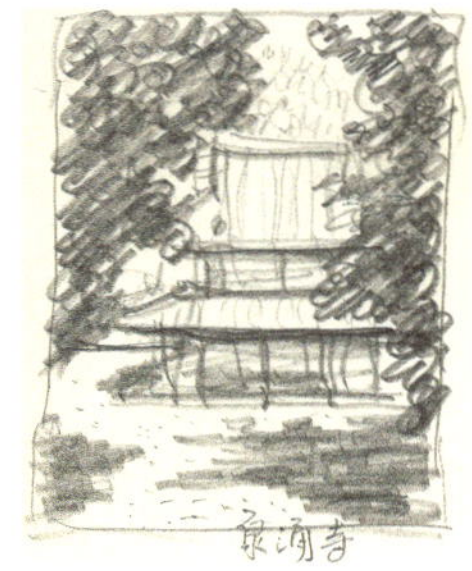

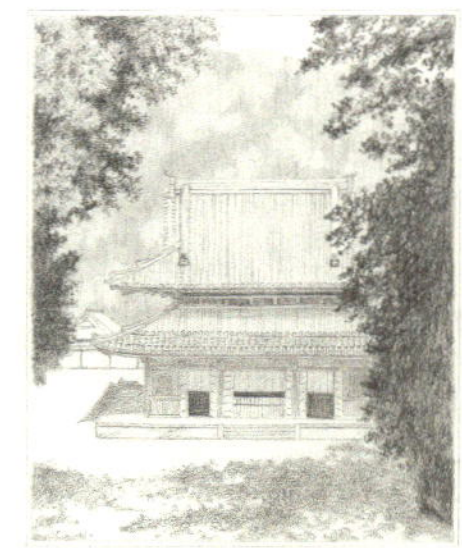

133a und b Tanaka Ryōhei
Links: Vor Ort angefertigte Skizze, 1995. Bleistift auf Papier. 10,5 × 8 cm
Rechts: Vorzeichnung, 1995. Bleistift auf Papier. 21 × 17 cm
Sammlung des Autors

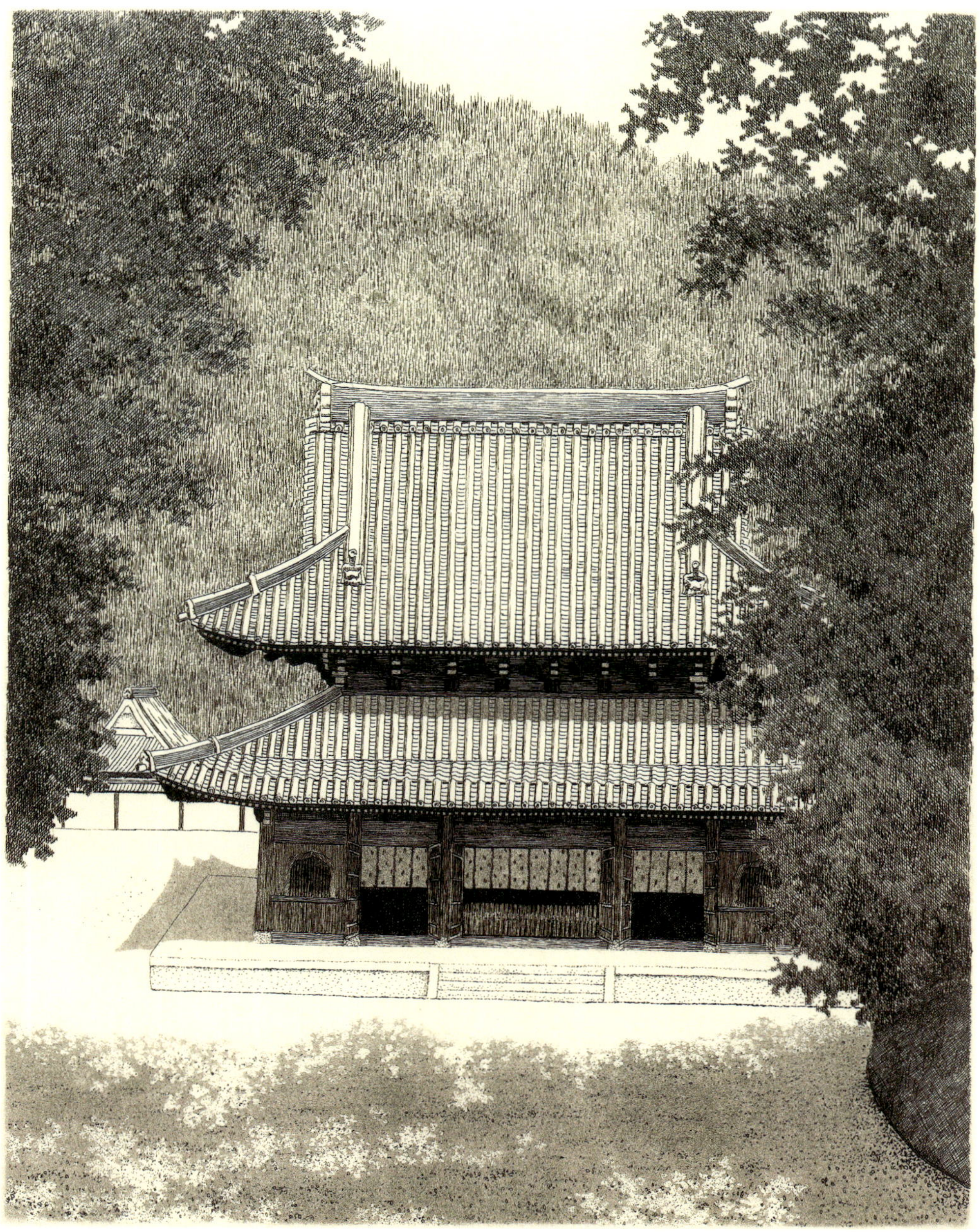

134 > AZEKURA 校倉
Radierung und Roulette / 40 × 31 cm / 1996
Auflage: 120 / TR 572

Ein detailliert wiedergegebenes Eckstück einer alten japanischen Holzkonstruktion, deren Stil und Bauweise als *Azekura-zukuri* bekannt ist und vom Beginn der Yayoi-Zeit (um 300 v. u. Z.) bis zum 7. Jahrhundert üblich war. Das Hauptmerkmal dieser Konstruktionsform, die zumeist mit japanischem Zypressenholz verwirklicht wurde, ist die Verzahnung dreieckig zugeschnittener Rundhölzer. Eines der wenigen erhaltenen Gebäude dieser Art ist das Shōsō-in, das Schatzhaus des Tōdai-ji-Komplexes in der ehemaligen Hauptstadt Nara.
Diese Radierung hat eine fast plastische Wirkung – eine dreidimensionale Ergänzung zu Tanakas abstrakt-realistischen Werken wie *Holzwandkomposition* und *Wand Nr. 4* (TR 335 und TR 336, Kat.-Nr. 82 und 83). Anstatt die einander überkreuzenden Balken nach oben hin konvergieren zu lassen, zeigt der Künstler, dem tatsächlichen Erscheinungsbild des Shōsō-in entsprechend, die nach oben leicht zunehmende Länge der Hölzer, was leicht verwirrend wirken mag – wie man es zuweilen beim Hinaufblicken erlebt –, genau wie in *Straße am Kamo* (TR 543, Kat.-Nr. 128).

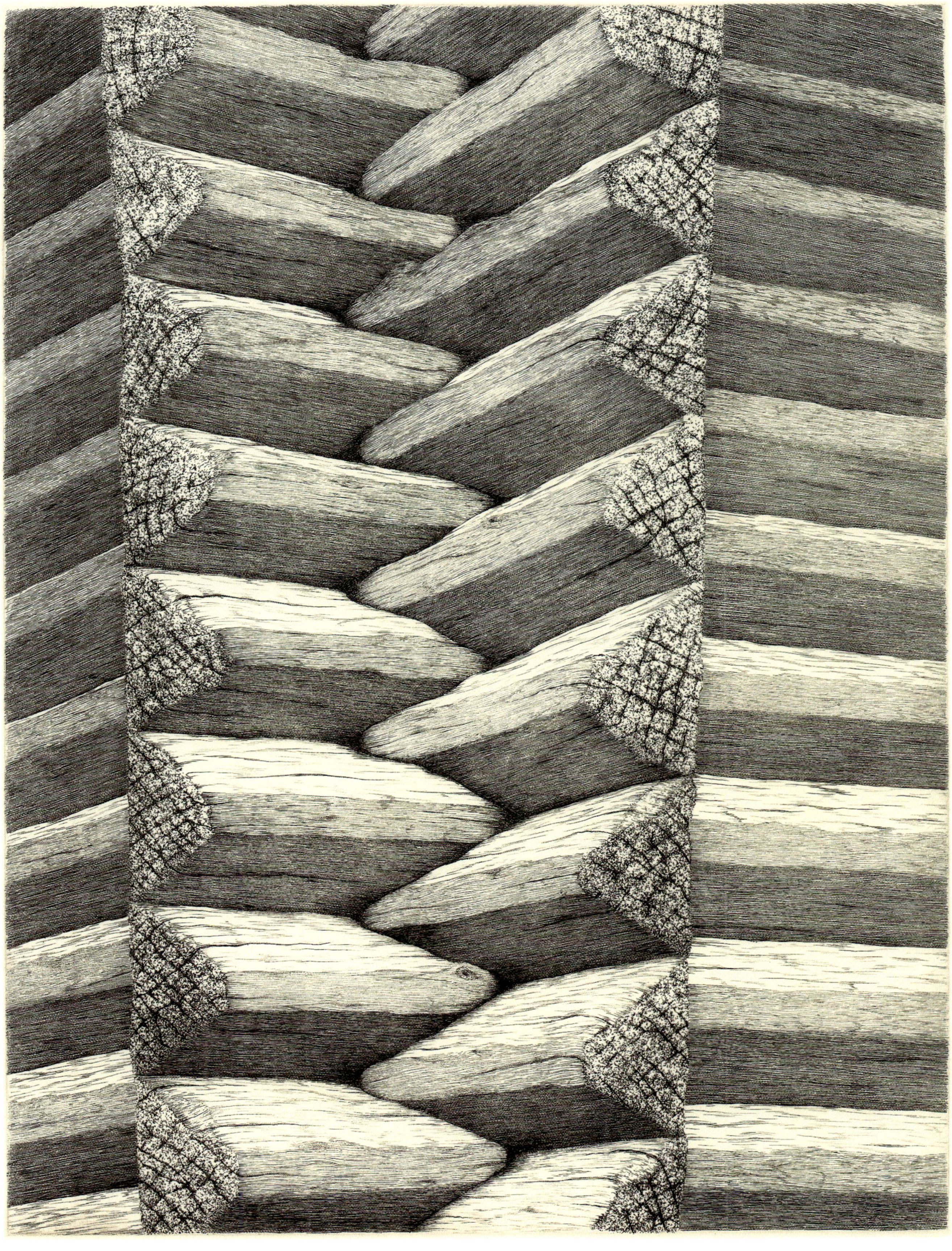

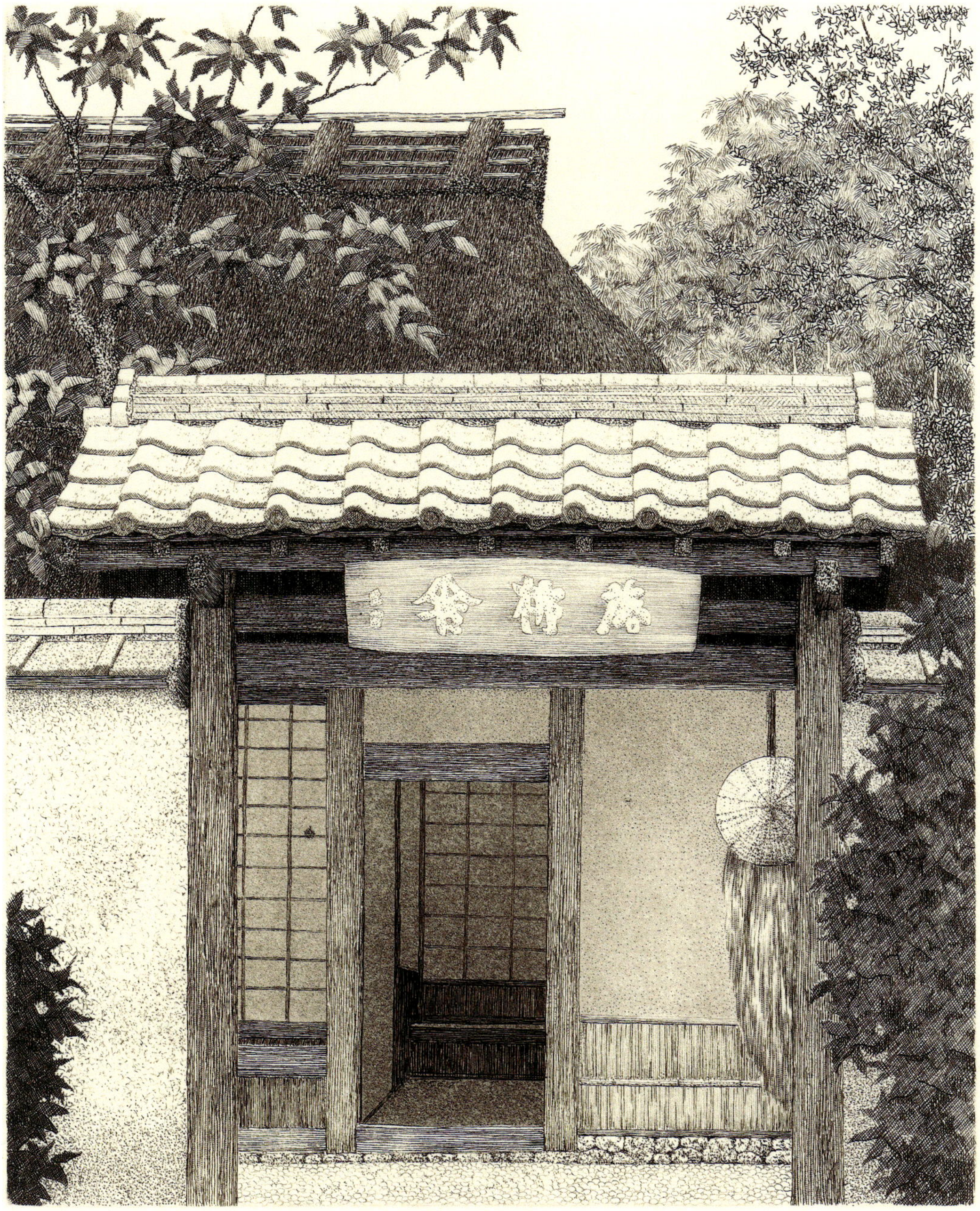

135 ^ RAKUSHISHA 落柿舎
Radierung und Aquatinta / 21 × 17 cm / 1997
Auflage: 150 / TR 597

Rakushisha ist eine ländliche Klause im einst bäuerlichen Distrikt Arashiyama westlich von Kyoto. Sie wurde von dem Haiku-Dichter und Einsiedler Mukai Kyorai (1651–1704), einem herausragenden Schüler des berühmten Haiku-Poeten Matsuo Bashō (1644–1694), erbaut. Rakushisha bedeutet ‚Hütte der heruntergefallenen Kakis'. Kyorai gab seiner Behausung diesen Namen, als er nach einer stürmischen Nacht aufwachte und feststellen musste, dass fast alle Kakifrüchte in seinem Garten abgefallen waren. Auch Bashō verbrachte einige Zeit in Rakushisha und soll sein berühmtes Saga-Tagebuch *(Saga nikki)* dort geschrieben haben. Strohhut und Regenumhang neben dem Eingang weisen darauf hin, dass der Bewohner zu Hause ist.

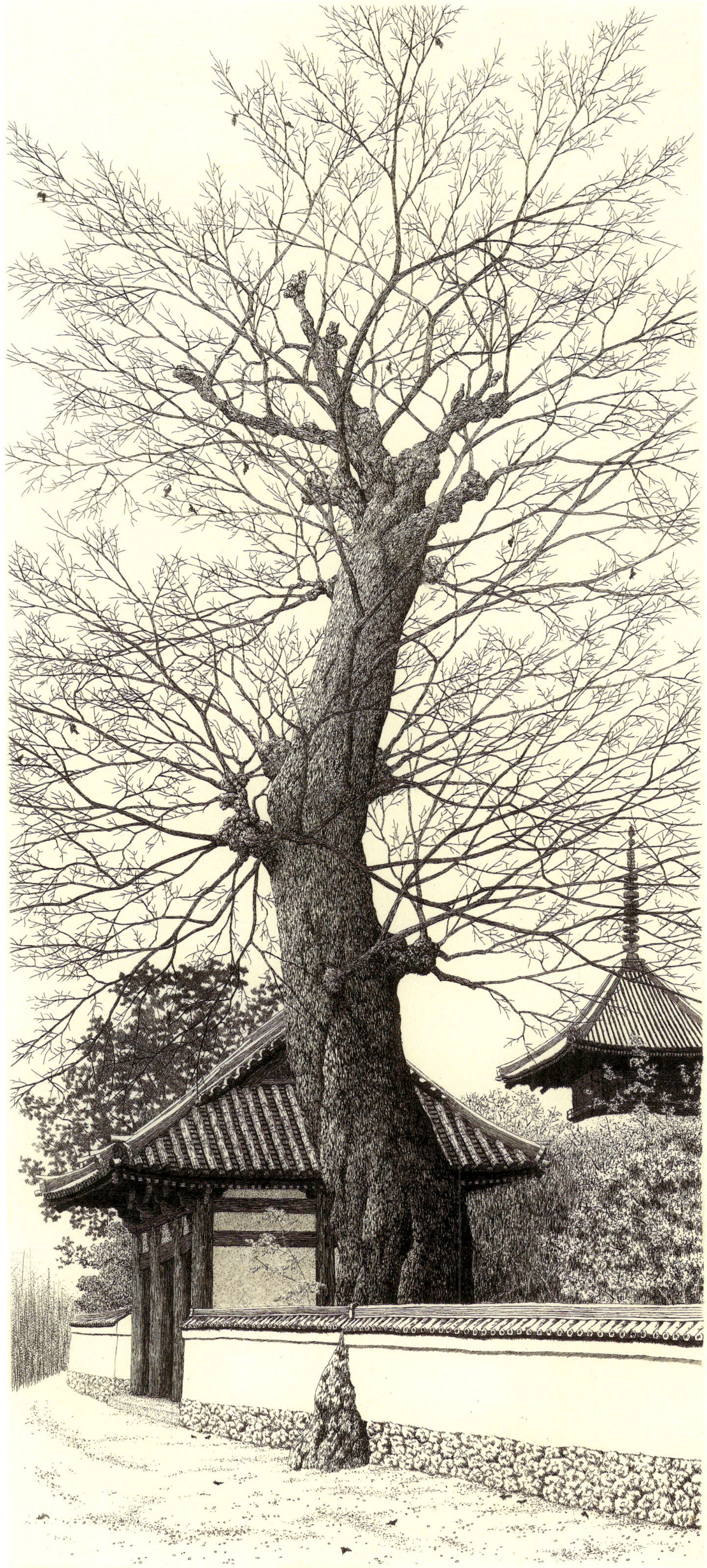

136 > ANAO-JI NR. 1 穴太寺 NO- 1

Radierung und Aquatinta / 52 × 23,5 cm / 1997

Auflage: 120 / TR 598

Dieser riesige Baum steht neben dem Eingangstor von Anao-ji. Der Winter geht zu Ende und die ersten Pflaumenblüten leuchten vor dem dunkleren Bereich des Turmes auf. Anao-ji ist ein bedeutender buddhistischer Tempel in der Stadt Kameoka westlich von Kyoto. Es handelt sich um die 21. von 33 Stationen des Saigoku-Kannon-Pilgerweges, der in den ‚westlichen Landen' verläuft. Jeder Ort ist einer der 33 Erscheinungsformen von Kannon, der Bodhisattva des Mitgefühls, gewidmet.

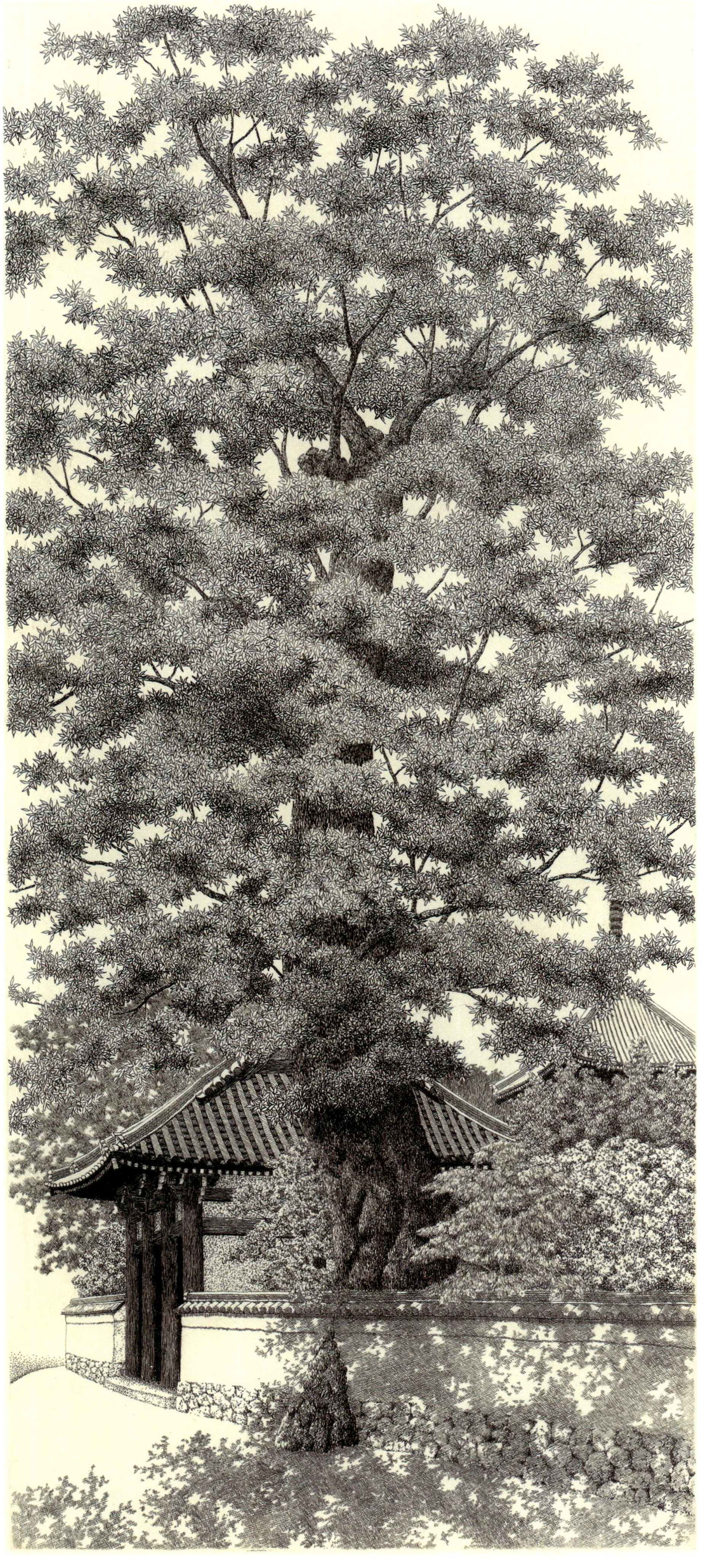

137 < ANAO-JI NR. 2 穴太寺 NO. 2
Etching / 52 × 23,5 cm / 2001 / Auflage: 120 / TR 656

Der alte Baum, dessen Stamm teilweise außerhalb der Geländeeinfriedung hervortritt, scheint Tanaka beeindruckt zu haben. Mit dieser Radierung kommt er vier Jahre später mit einer für sein Werk einzigartigen Sommerversion eines früheren Winterbildes auf dieses Thema zurück. Anders als die erste Darstellung von Anao-ji, auf der es einen kleinen in Aquatinta ausgeführten Bereich gibt, ist das vorliegende große Blatt zur Gänze als Strichätzung hergestellt.

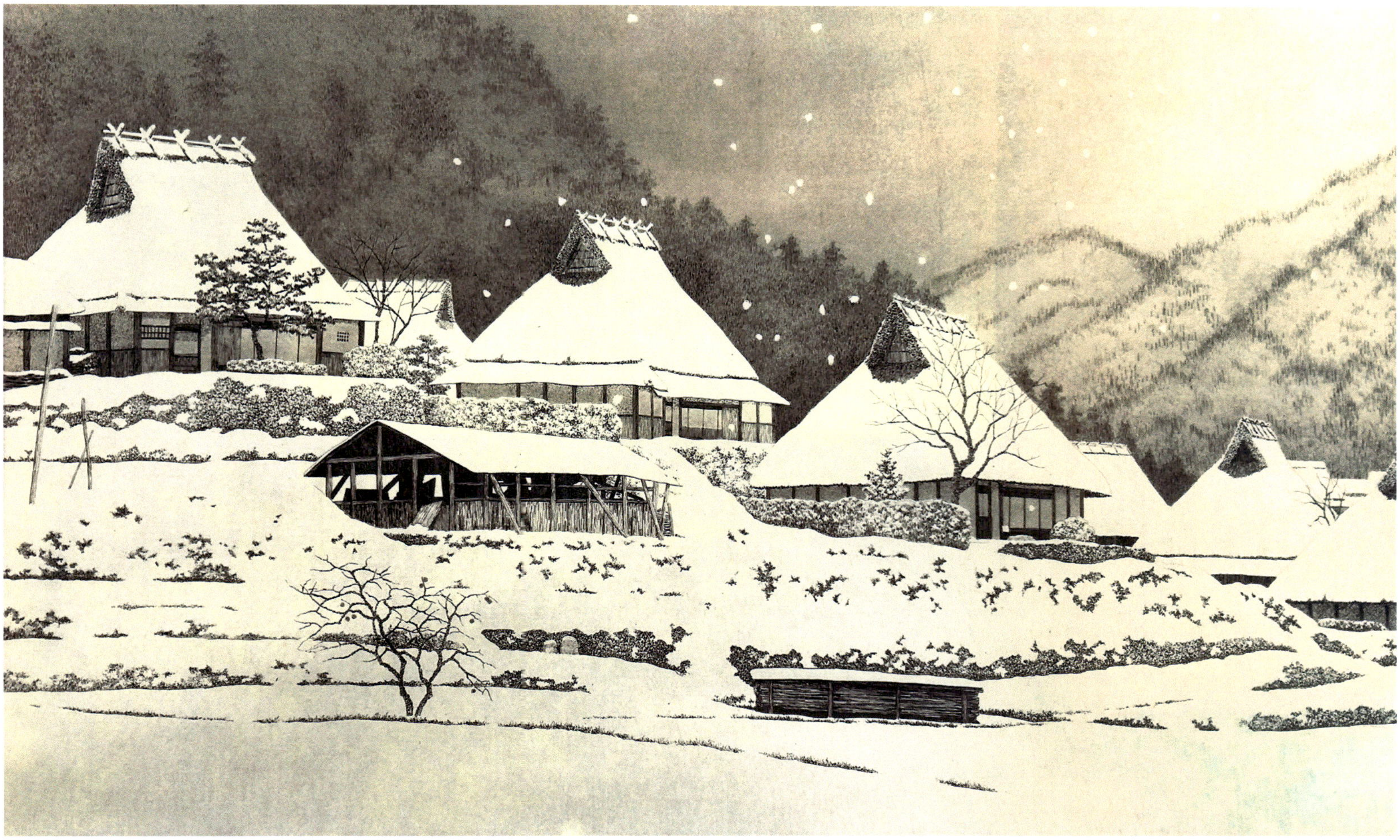

138 ^ DORF IM SCHNEE NR. 7 雪の村 NO. 7
Radierung und Aquatintɛ / 28 × 47 cm / 1998
Auflage: 120 / TR 610

Motive im Schnee gehörten zu ‾anakas favorisierten Themen, und er probierte häufig neue Ansätze aus. Die fernen Bərge und die dicht bewaldeten Berge hinter dem Dörfchen entstanden mittels einer geschiːkten Kombination aus Strichätzung und Aquatinta. Auch der Himmel ist mit einer leichteˀ Aquatinta gestaltet und seine Düsternis deutet an, dass es noch mehr Schnee geben wiˉd. Zu dieser Zeit druckte Tanaka manchmal einige Abzüge direkt auf Gampi-Papier und exɔerimentierte mit den verschiedenen erhältlichen Tönungen dieser alten japanischen Papierꜱorte. In Ausstellungen ließ er diese Drucke auf feinem Papier gelegentlich auf Hängerᴄllen anbringen. Mit normalem Radierpapier wäre dies nicht möglich. Die hier abgebildete Radierung ist ein nicht für den Verkauf bestimmter Druck (hors de commerce) auf bläulichem Gampi.

139 ∨ DIE HAUPTHALLE DES TŌ-JI 東寺金堂

Radierung und Aquatinta / 30 × 30 cm / 1999

Auflage: 100 / TR 626

Die Haupthalle des Tō-ji-Tempels ist eines von vielen UNESCO-Weltkulturerbe-Monumenten in Kyoto. Die heutige Haupthalle wurde im 15. Jahrhundert errichtet, nachdem das ursprüngliche Gebäude, das auf das späte 9. Jahrhundert zurückging, einem Feuer zum Opfer gefallen war. Auf Tanakas Bild wirkt der Bau, als würde man ihn durch ein Teleobjektiv betrachten. Die Dramatik der verkürzten Ansicht wird durch die Repoussoirmotive der auf beiden Seiten stehenden Bäume und der großen steinernen Laterne im Vordergrund betont. Für den Druck wurden zwei Platten hergestellt, eine schwarz eingefärbte Hauptplatte und eine weitere mit drei Aquatintapartien, auf die Ocker, Grün und Hellrot *à la Poupée* aufgetragen wurden.

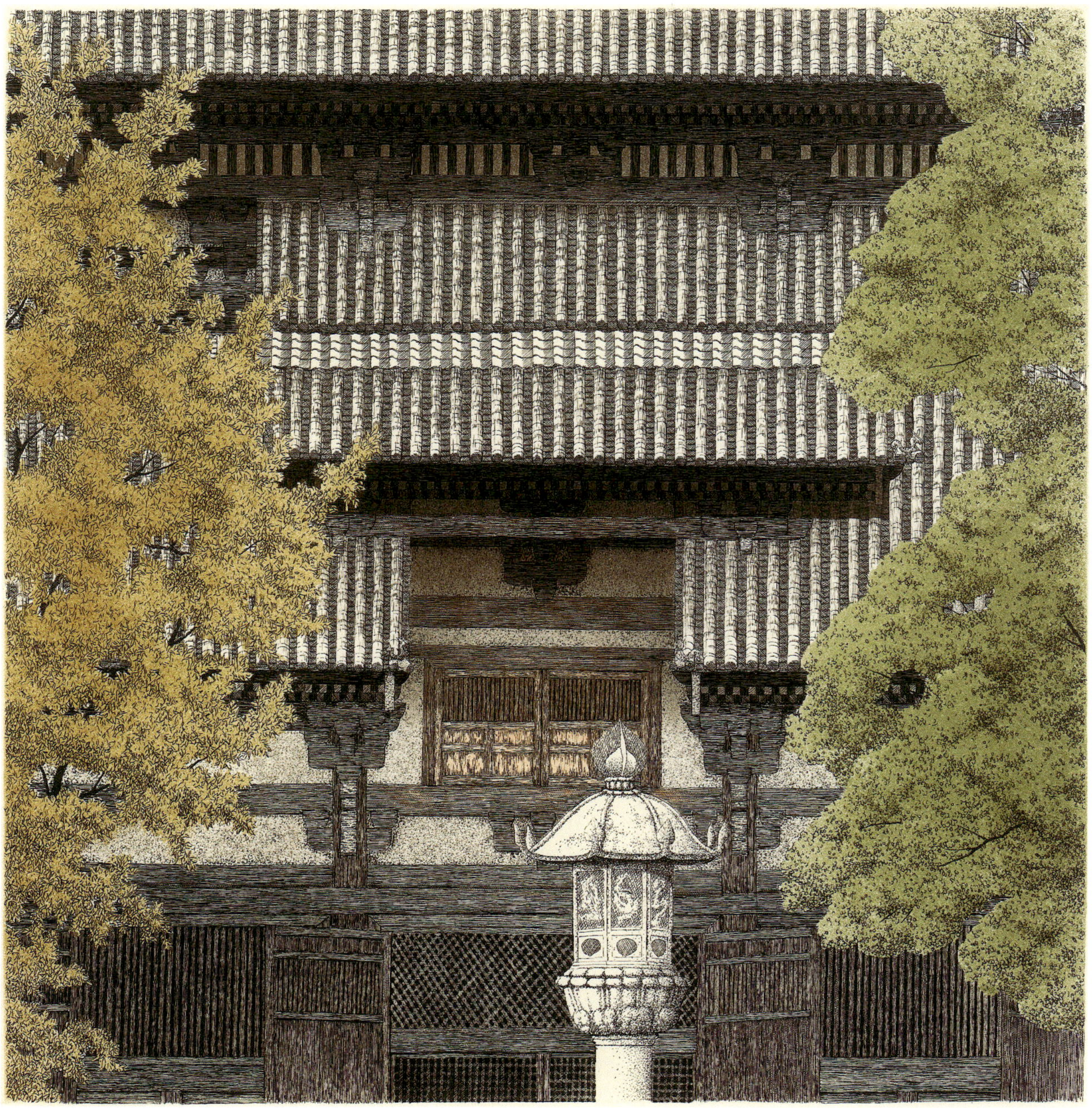

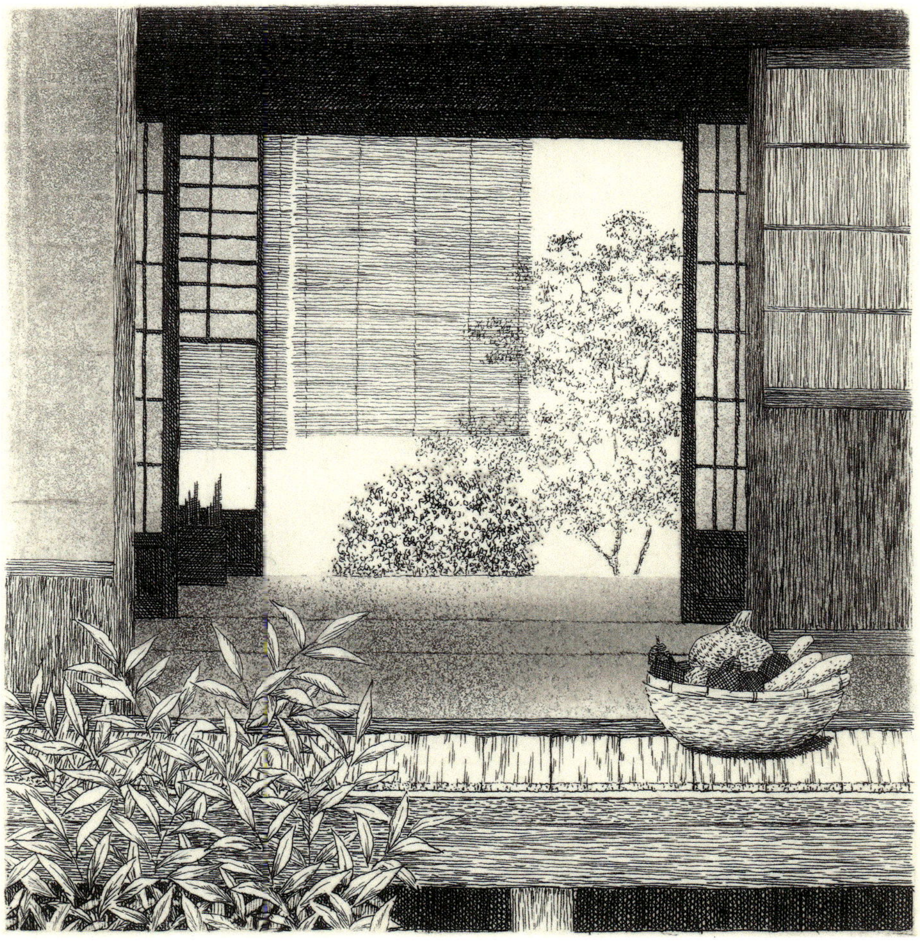

140 ^ SOMMERZIMMER NR. 2 夏の部屋 NO. 2
Radierung und Aquatinta / 10,5 × 10,5 cm / 1999
Edition 150 / TR 633

Bei diesem Blatt handelt es sich um eine Miniaturversion der sehr viel größeren mehrfarbigen Radierung *Sommerzimmer (Sepia)* von 1986 (Kat.-Nr. 95). Der Betrachter befindet sich in einem Garten und hat eine perspektivisch verkürzte Ansicht einer Veranda vor sich, mit einem Stillleben aus Sommergemüse in einem Korb. Der Blick geht weiter durch den Hauptwohnraum eines Bauernhauses zu den Bambusvorhängen im Hintergrund und in das flirrende Sommerlicht außerhalb. Sowohl die äußeren als auch die inneren *shōji*-Türen sind offen. Das Gegenlicht lässt die Konturen der Türen und der oberen Träger sehr dunkel erscheinen. Japanische Bauernhäuser sind so konstruiert, dass man sie auf den gegenüberliegenden Seiten öffnen kann und die so entstehende Luftbewegung im Sommer zu einer natürlichen Klimaregulierung führt.

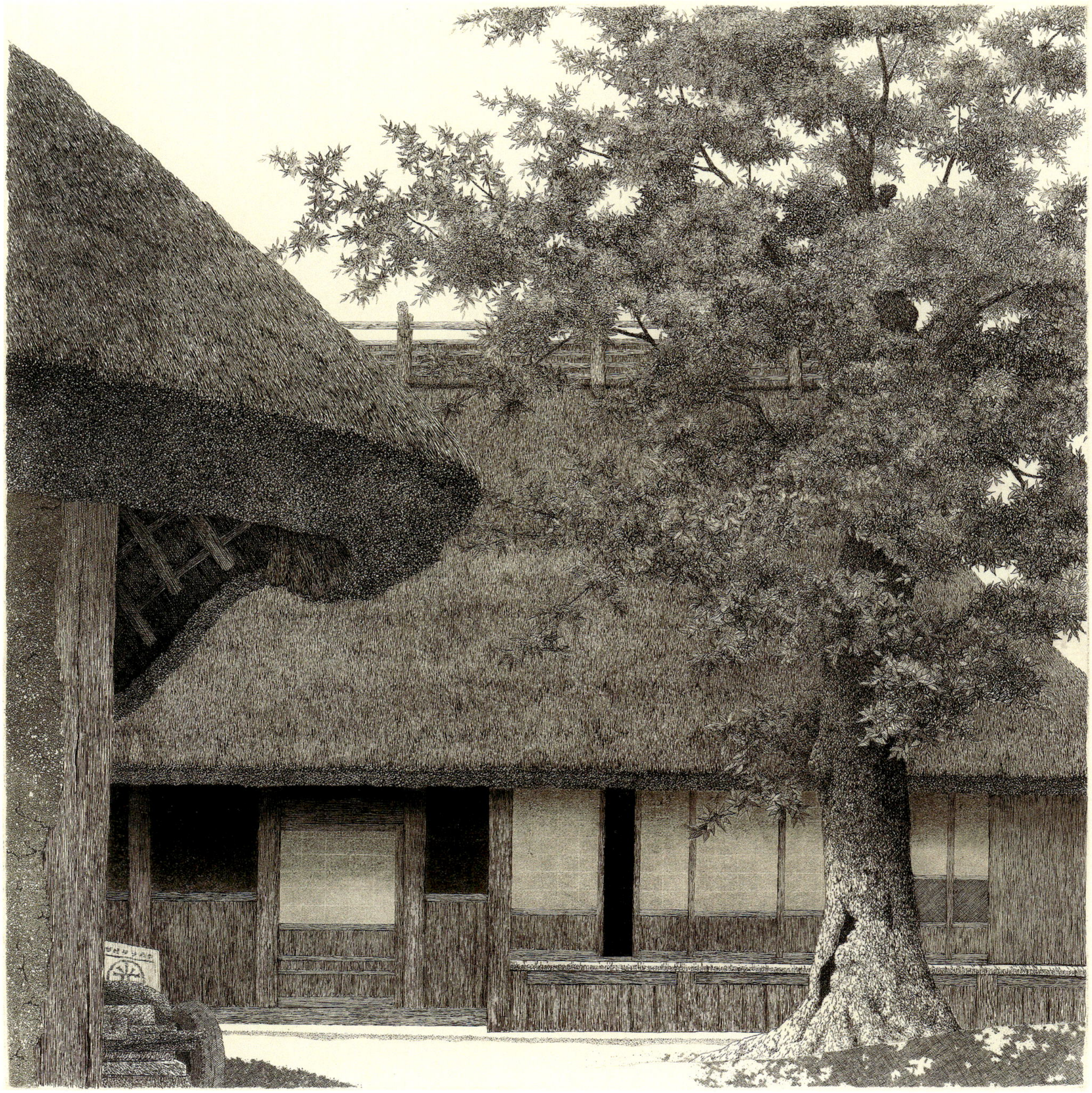

141 ^ GROSSER BAUM IM GARTEN 庭の大樹
Radierung und Aquatinta / 36,5 × 36,5 cm / 1999
Auflage: 100 / TR 634

1999 entstand eine Reihe kleinerer Werke; Ausnahmen sind eine große Farbradierung von der Haupthalle des Tō-ji (TR 626, Kat.-Nr. 139) und das vorliegende Blatt. Es zeigt eindrucksvoll, dass der Künstler keine seiner künstlerischen und technischen Fähigkeiten verloren hatte und immer noch in der Lage war, die Gesamtauflage von 100 Exemplaren von dieser großen Platte zu drucken. Obwohl der Hof dieses Bauernhauses verlassen aussieht, ist die Atmosphäre anheimelnd und der Betrachter fühlt sich willkommen geheißen.

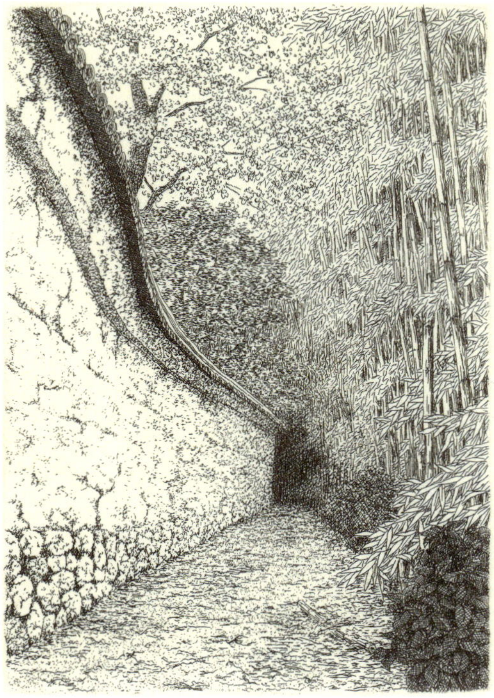

142 < RÜCKWÄRTIGER PFAD 裏路
Radierung / 12,5 × 9 cm / 2000 / Auflage: 100 / TR 652

Der niedrige Blickwinkel und die streng diagonal angelegte Komposition geben diesem kleinen Werk mit seinem schlichten Thema eine überraschend großzügige Dimension und Tiefe. Der Fluchtpunkt ist hinter dem Ende der Mauer verbogen, irgendwo in dem geheimnisvollen Dickicht aus Bambusblättern und anderem Laub.

143 ∨ NAGAYAMON NR. 2 長屋門 NO. 2
Radierung und Aquatinta auf Chine collé / 23,5 × 52 cm / 2001
Auflage: 100 / TR 660

Tanaka hatte in seiner langen Karriere nur drei Mal zuvor ein Querformat dieser Größe geschaffen. Die Auflage des vorliegenden Werks wurde auf Chine collé gedruckt – ein mühsamer und zeitraubender Vorgang. Die radikal horizontale Ansicht der langen Einfriedung mit ihrem Tor basiert auf Skizzen desselben Ortes für ein viel älteres Werk, *Tor Nr. 1*, TR 70 (vgl. Abb. 143a). In jener kleineren Version des Motivs erhaschen wir durch ein offenes Tor einen Blick auf einen dahinter liegenden Garten. In der größeren Darstellung von 2001 ist der Eingang geschlossen und wir können uns nur in unserer Vorstellung ein Bild von dem parkähnlichen Gelände machen, dessen Bäume gerade eben über das ziegelgedeckte Dach hinaus ragen.

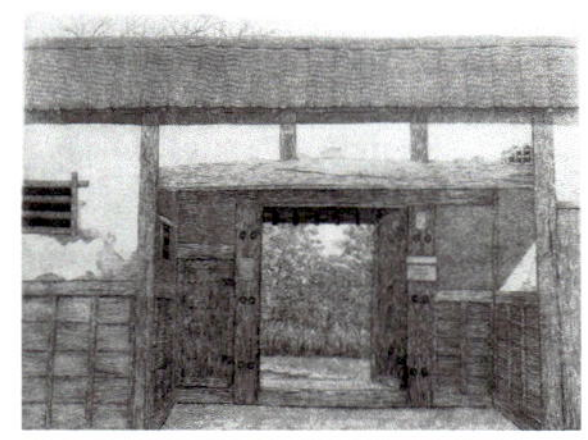

143a Tanaka Ryōhei
Tor Nr. 1, 1970. TR 70. Radierung und Aquatinta. 10 × 13 cm

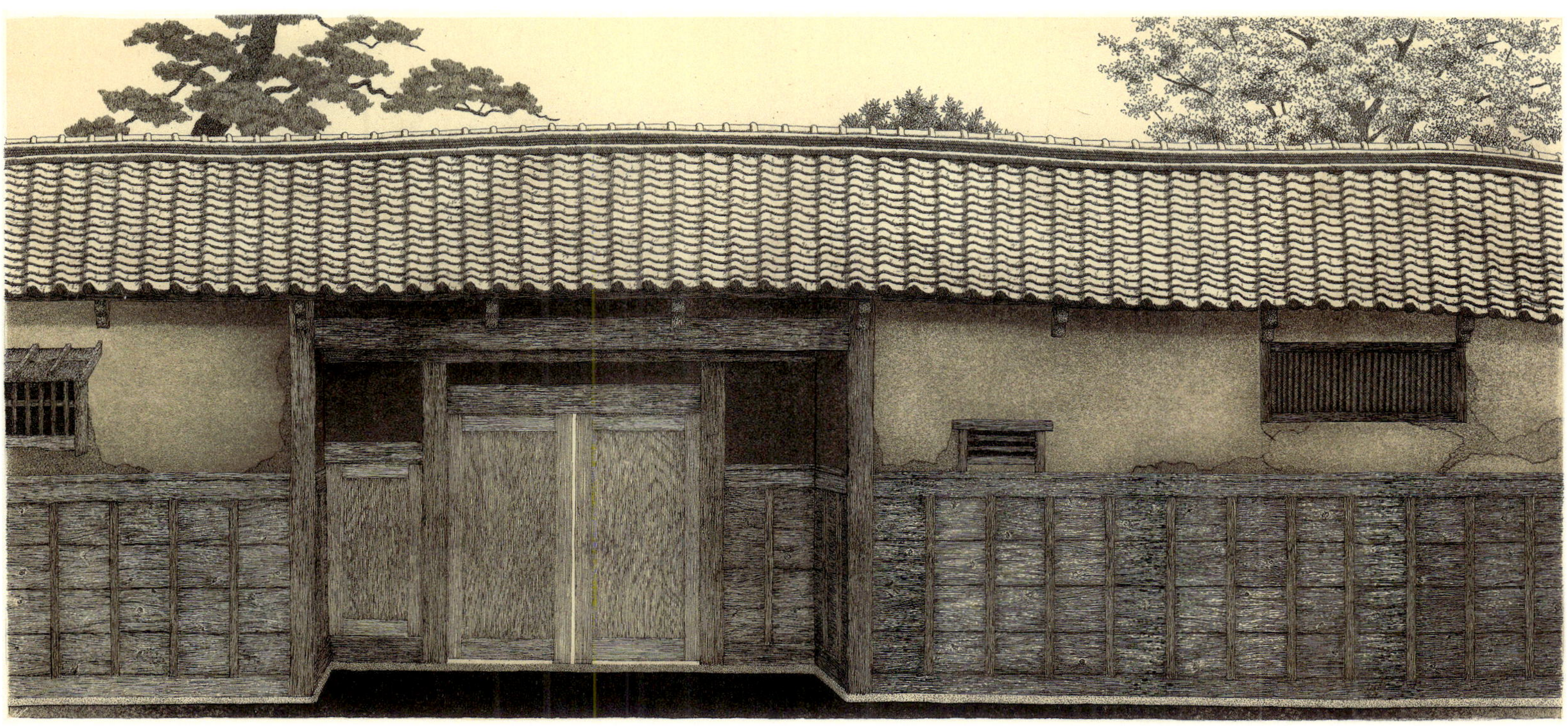

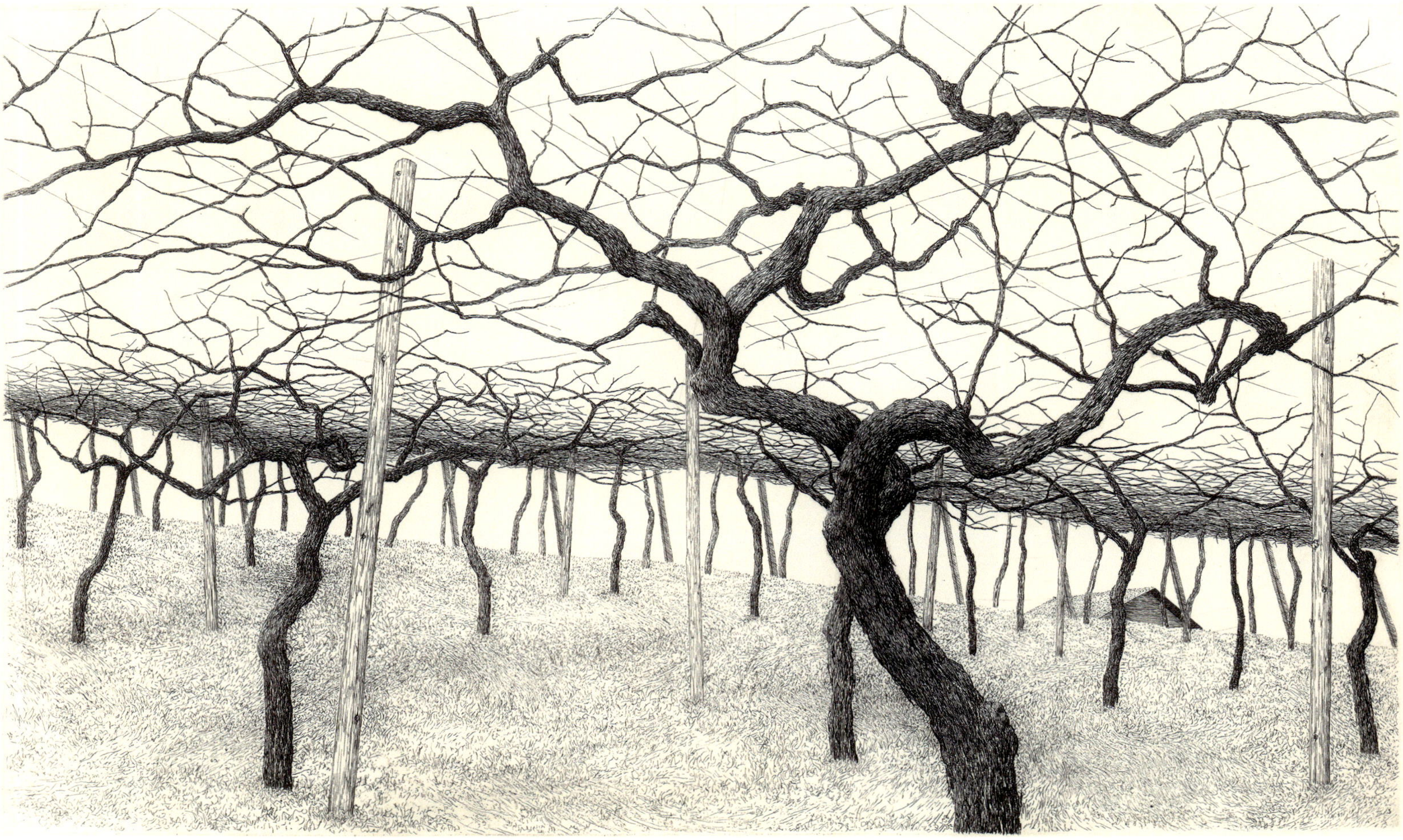

144 ^ WEINBERG IM WINTER 冬のブドウ畑
Radierung / 28 × 47 cm / 2001 / Auflage: 100 / TR 667

1974 schuf Tanaka eine große und sehr aufwendig geätzte Radierung: *Bäume Nr. 3* (樹 No. 3) (vgl. Kat.-Nr. 25). Das Werk war sehr beliebt und Yamada verkaufte die Auflage von 100 Abzügen innerhalb eines Jahres. Der Künstler widerstand jeglichem Druck, eine ‚neue Version' dieser Komposition auszuarbeiten. 2001, fast 27 Jahre später, fand er aber ein geeignetes Motiv und ließ sich dazu anregen, das vorliegende Blatt, *Weinberg im Winter,* zu gestalten und dafür dieselben Maße wie bei *Bäume Nr. 3* zu verwenden.
Die Komposition ist weniger kleinteilig als bei dem älteren Werk und lässt sich – vom Künstler wahrscheinlich nicht beabsichtigt – vor allem in der oberen Bildhälfte mit Piet Mondrians frühesten Abstraktionsversuchen vergleichen, wie sie bei dessen Darstellungen von Bäumen und Ästen zu sehen sind. Die fast minimalistische Wiedergabe von wirbelndem und sich bewegendem Gras und Unkraut im unteren Drittel des Bildes erinnert stark an die wohl großartigsten grafischen Arbeiten Vincent van Goghs, seine Federzeichnungen, die er bei seinem letzten folgenschweren Aufenthalt in der Anstalt in Arles schuf. Die Nahansichten der gekrümmten Weinstöcke wurden nicht konturiert, sondern geätzt und organisch ausgeformt.
Es ist erwähnenswert, dass unsere Augen vom Kontrast der ineinandergreifenden Zweige in der Mitte des Drucks angezogen werden, der den Eindruck erweckt, als befände sich der Himmel darunter stärker im Gegenlicht als der Himmel oberhalb der skizzenhaft erscheinenden oberen Äste – eine optische Täuschung.

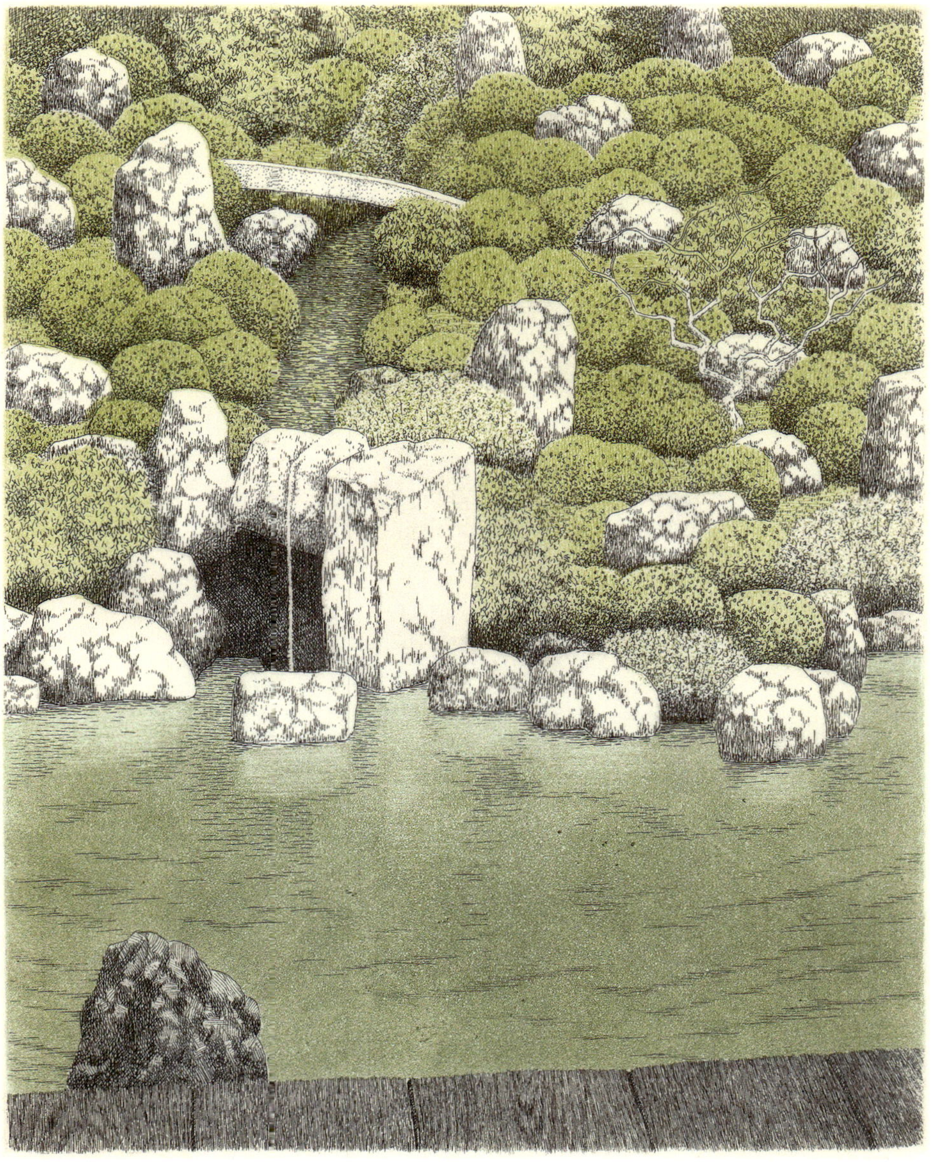

145 ^ CHISHAKU-IN 智積院
Radierung und Aquatinta / 21 × 17 cm / 2002
Auflage: 150 / TR 672

Der Garten dieses Tempels in den Hügeln östlich von Kyoto ist berühmt für die spektakuläre Blüte seiner unzähligen gut gepflegten Azaleen, die sich am Osthang oberhalb des Teiches befinden. Sie blühen ab Ende Mai bis Ende Juni, aber Tanaka entschied sich dafür, die Felsen und die Azaleen – von der hölzernen Veranda aus – im Winter darzustellen, wenn die Vegetation überwiegend von gedämpftem Grün geprägt ist. Er nutzte den begrenzten Farbumfang, den zwei Kupferplatten (in diesem Fall schwarz bzw. grün eingefärbt) im Rahmen der Passgenauigkeit sich überlagernder Druckvorgänge bieten können, effektiv aus. Er polierte die in Aquatinta wiedergegebenen Partien unter den Gesteinsbrocken auf der Haupt- und der Farbplatte, um die Reflexionen der Felsen im Wasser darzustellen.

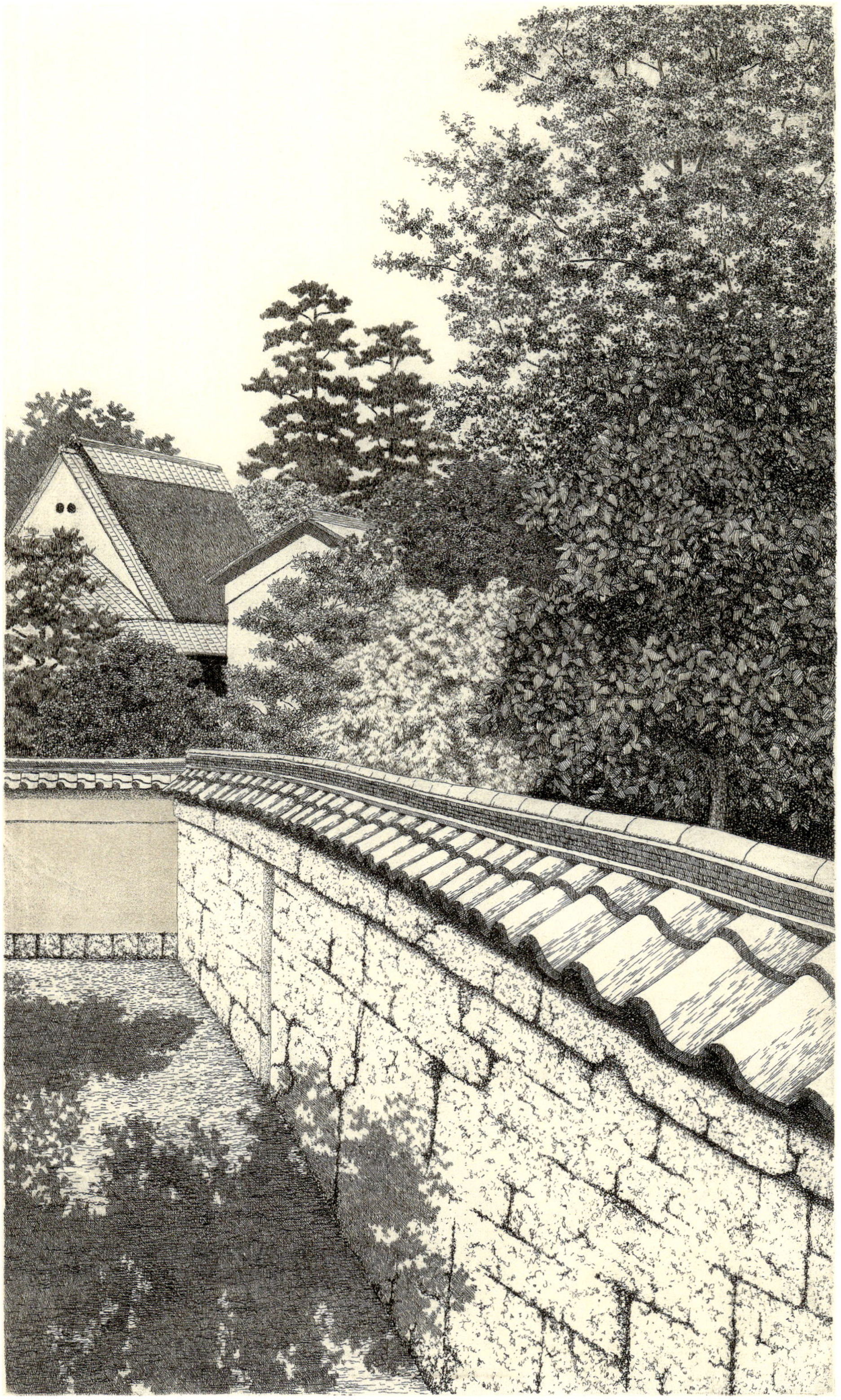

146 < ENGE GASSE NR. 4 細い道 NO. 4
Radierung und Aquatinta / 40 × 24 cm / 2003
Auflage: 100 / TR 684

Tanaka wollte für dieses große Werk ursprünglich nur die Radiernadel verwenden – sogar für die Schatten auf der Lehmwand. Nach der Anfertigung eines Probedrucks von der geätzten Platte entschied er sich aber, an der hinteren Wand ein kleines Quadrat in Aquatinta anzulegen. Für die Komposition reiste er noch einmal in die Yamato-Ebene, die sich südwestlich von Kyoto befindet. In kleinen Dörfern versteckt, gibt es dort noch Bauernhäuser, die im sogenannten *takahei-zukuri*-Stil (wörtl.: Hochwandkonstruktion), der auch als *yamato-zukuri* bekannt ist, errichtet wurden. Tanaka hatte diese Dachform bereits 1965 (TR 17) und danach immer wieder einmal abgebildet (vgl. TR 81, Kat.-Nr. 10). Die verputzten Giebelwände dieser traditionellen Bauform wurden als Feuersperre konzipiert. Die Ziegelabdeckung auf dem First schützt das Reet vor Regen und Wind.

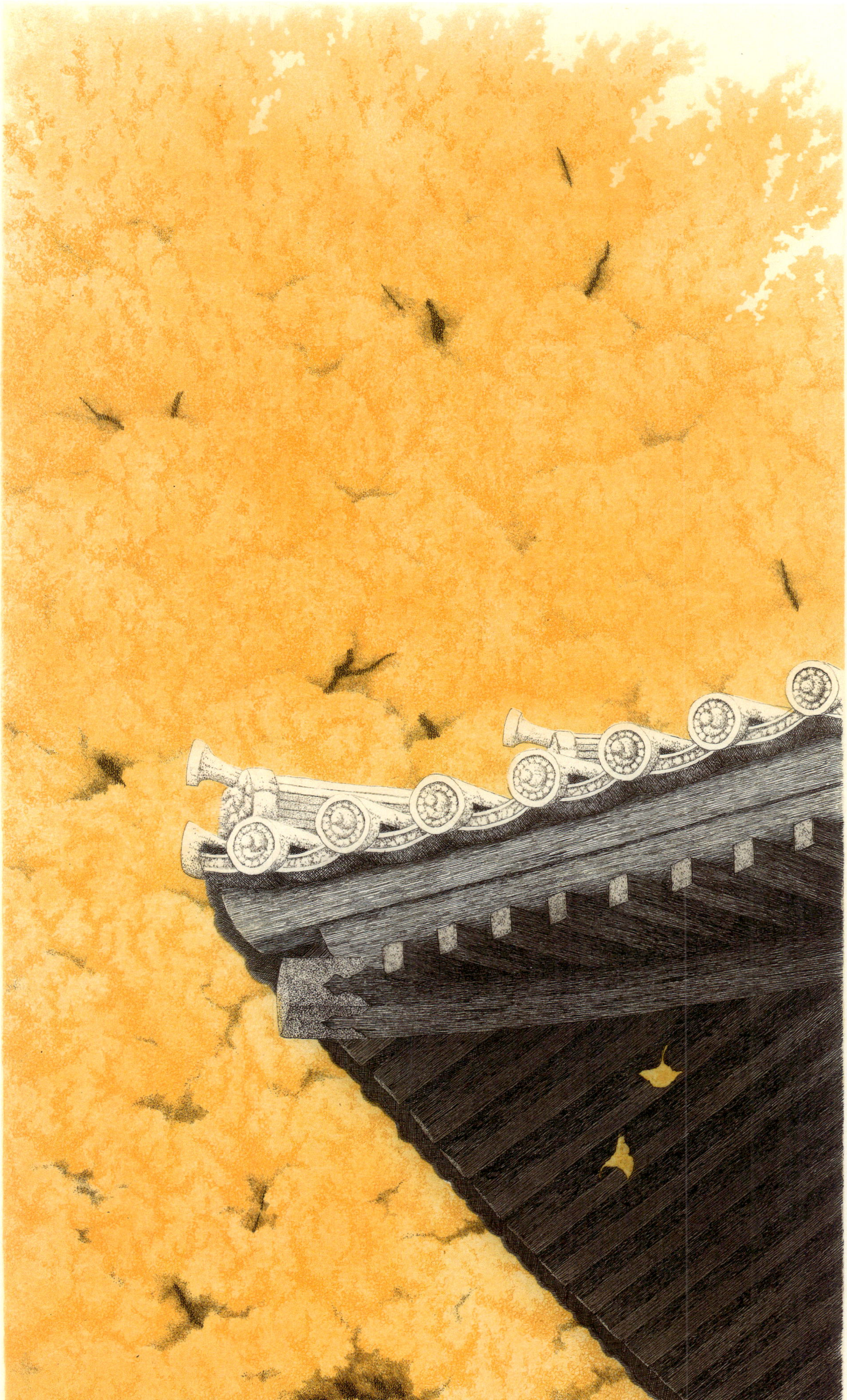

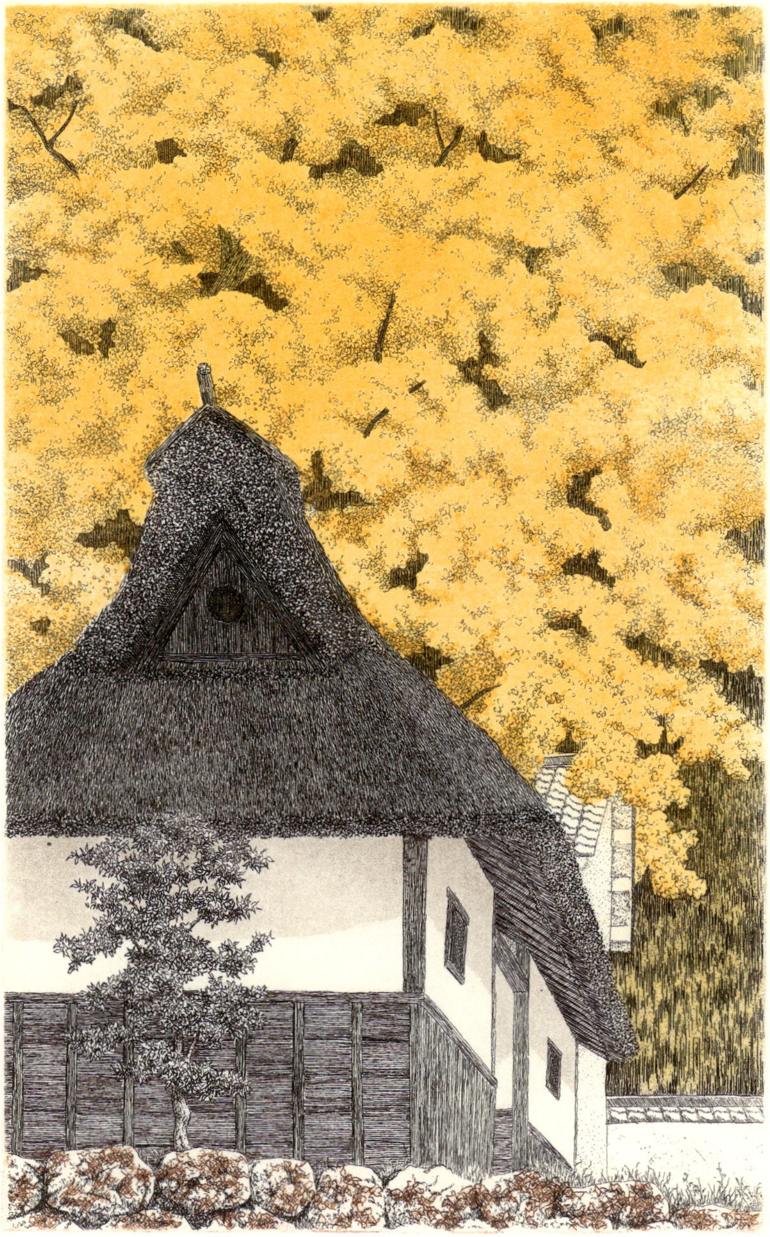

147 < GROSSER GINGKO-BAUM NR. 2 銀杏大樹 NO. 2
Radierung und Aquatinta / 40 × 24 cm / 2004
Auflage: 100 / TR 690

Unser Blick wird nach oben auf den Dachvorsprung einer Pagode oder eines Tempels gelenkt, hinter dem sich ein mächtiger Gingko-Baum in voller herbstlicher Pracht erhebt. Der Blickwinkel ruft die gleichermaßen eindrucksvolle Radierung *Stille Momente Nr. 2* (TR 315, Kat.-Nr. 74) von 1983 in Erinnerung. Der Künstler arbeitete die Äste und Schatten, die beim Druckvorgang im reichen Blattwerk des Gingko-Baums versanken, auf der Hauptplatte aus. Abgesehen vom stark geätzten, tiefgelben Bereich des Baums ist in der Holzstruktur unter dem Dach eine auf der „gelben Platte" angelegte leicht geätzte Aquatintapartie zu erkennen, die ihr eine organische Note verleiht und zwischen dem reinen Schwarz des Daches und dem Gelb des Baums vermittelt.

148 ^ DER GINGKO-BAUM VON KOSHIHATA 越畑の銀杏
Radierung und Aquatinta / 24 × 15 cm / 2004
Auflage: 100 / TR 695

Kurz nach dem durchschlagenden Erfolg von *Großer Gingko-Baum Nr. 2* (TR 690, Kat Nr. 147) fertigte Tanaka die vorliegende Farbradierung eines ähnlichen Motivs an. In diesem Fall steht der riesige Gingko-Baum auf dem eingefriedeten Gelände einer alleinstehenden Villa am Rand des Dorfes Koshihata in den Bergen nordwestlich von Kyoto. Das Gebäude stammt aus dem frühen 18. Jahrhundert und hatte 50 Jahre lang leer gestanden, bevor es in den 1970er-Jahren von dem amerikanischen Keramiker Doug Lawrie (geb. 1933) in alter Pracht wiederhergestellt wurde. Lawrie lebte hier viele Jahre mit seiner Frau, der Textilkünstlerin Joelle. Das Paar war mit Tanaka gut bekannt. Bei dem abgebildeten Reetdachhaus handelt es sich um das äußere Tor der Villa. Haus und Umgebung wurden mehrfach als Drehort für Historienfilme genutzt

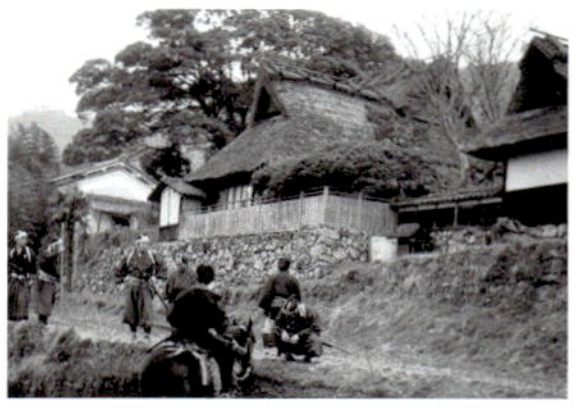

148a Koshihata, rechts das Dach des Torhauses, das in TR 695 zu sehen ist. Standbild aus einem unbekannten Film

149 ∨ LEHMMAUER NR. 4 土塀 NO. 4
Radierung / 31 × 40 cm / 2005 / Auflage: 100 / TR 698

Die Arbeit ist eine der wenigen Radierungen Tanakas, für die er die Platte nicht bis zum Rand bearbeitete, sondern die Umrisse der Komposition auslaufen ließ. Dies mildert die Rigidität des rechteckigen Formats und vermittelt uns den Eindruck eines natürlichen zentralen Fokus (vgl. TR 263, Kat.-Nr. 58 und TR 331, Kat.-Nr. 81). Die auf der Mauer erscheinenden sanften Schatten des Blattwerks wurden mit der Radiernadel als unterschiedlich ausgerichtete Kreuzschraffuren angelegt, wodurch der Anschein einer flirrenden Bewegung entsteht. Dieses Werk ist eine erfolgreiche und sehr viel größere Version der *Lehmmauer* von 1994 (vgl. TR 540, Kat.-Nr. 126).

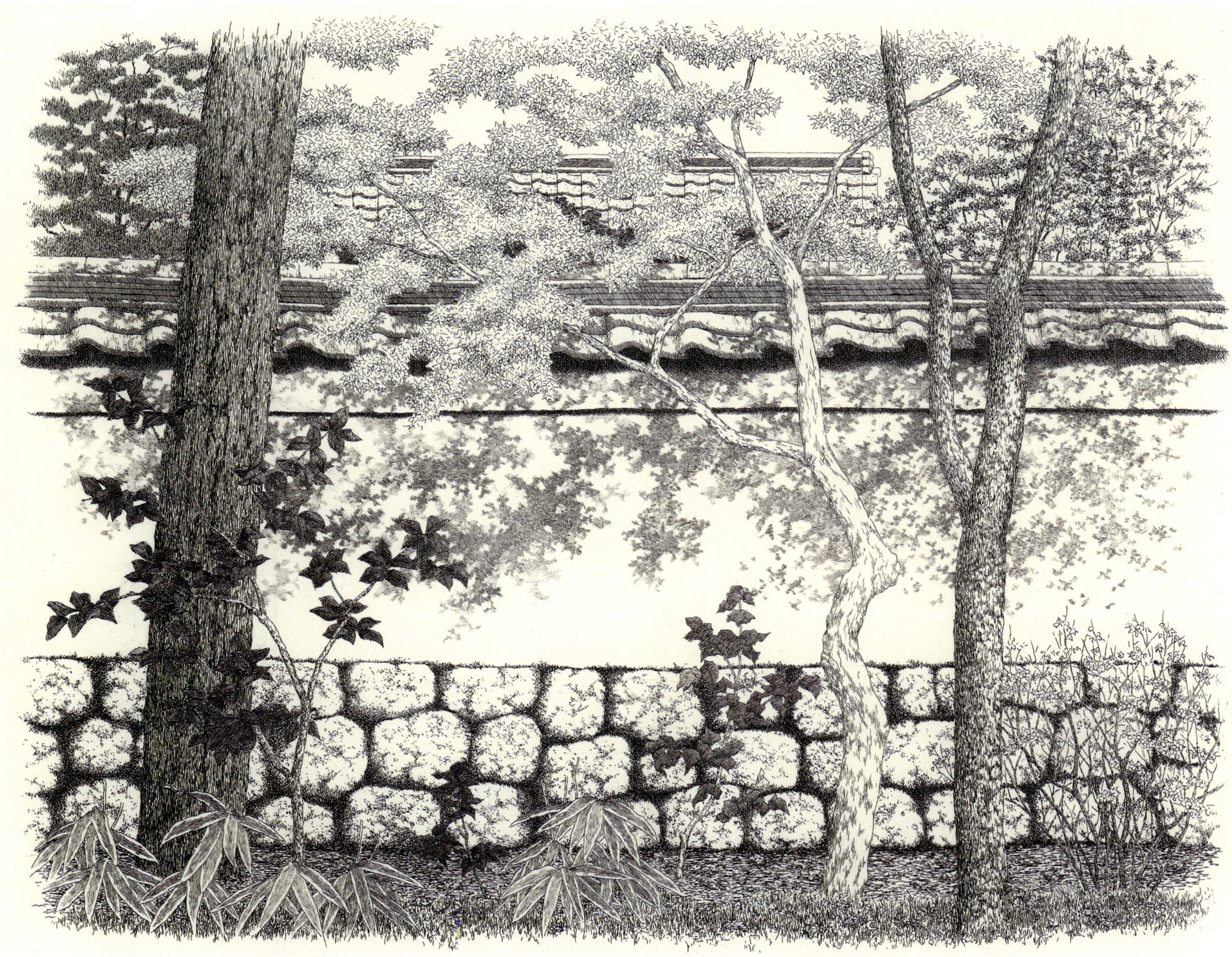

150 ∨ ÜBRIG GEBLIEBENE KAKIS 長屋門
Radierung und Aquatinta / 35 × 27 cm / 2005
Auflage: 100 / TR 703

Tanaka war inzwischen über 70 Jahre alt, schuf aber weiterhin große Radierungen, manchmal mit einer zusätzlichen Farbplatte. Die mit der Radiernadel gezeichneten Linien werden kraftvoller und sind nur leicht geätzt, was zu einem gleichsam frischen Gesamteindruck des Bildes beiträgt. Für dieses Werk, dessen Auflage von 100 Abzügen plus zehn Künstlerexemplaren – alle makellos blankgewischt und gedruckt – er wie immer selbst druckte, verwendete Tanaka eine zweite Platte für das Orangerot der Kakis. Die bedeutet, dass er zwei ziemlich große Platten 220 Mal einfärben, wischen und in perfekter Passung durch die Presse schicken musste.

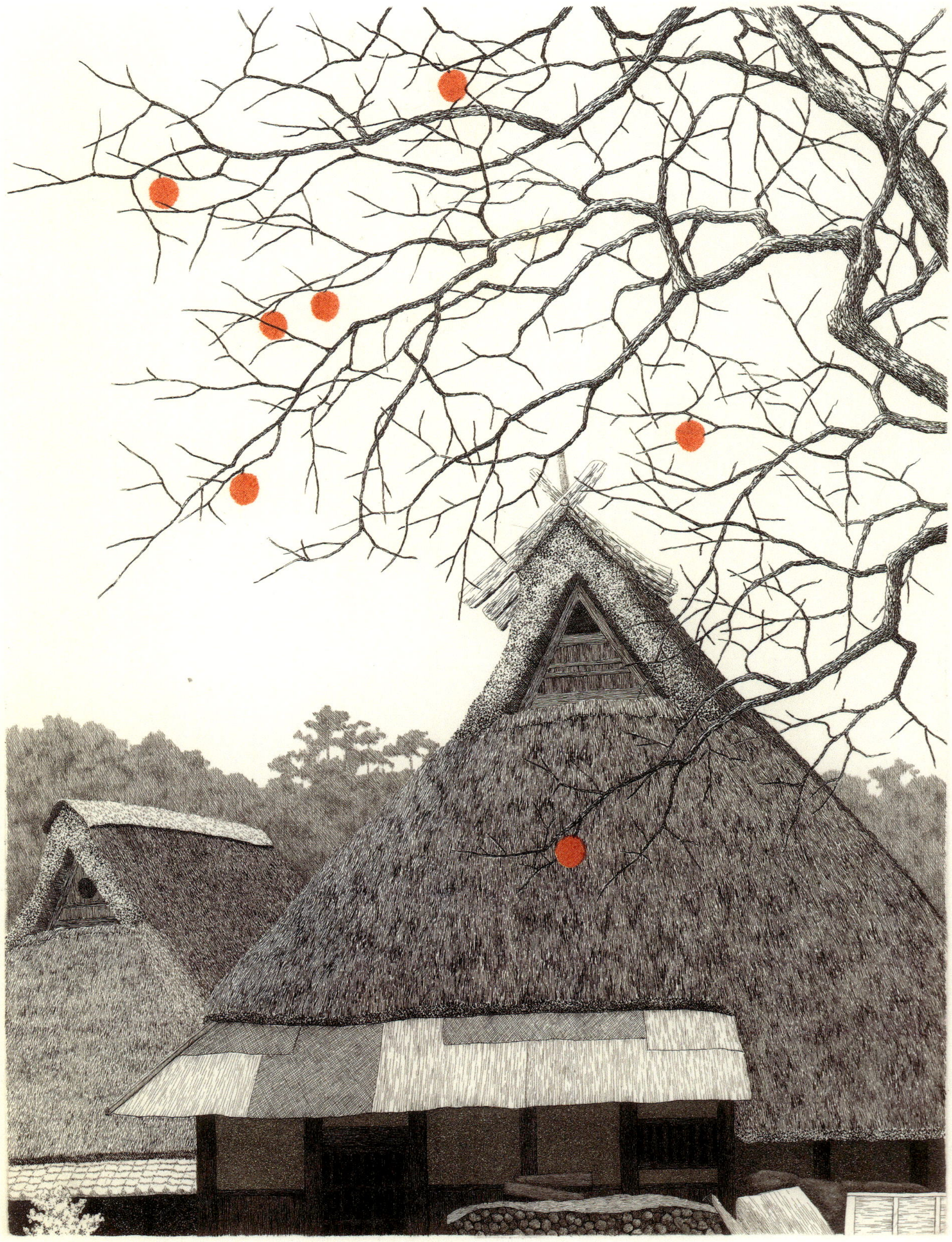

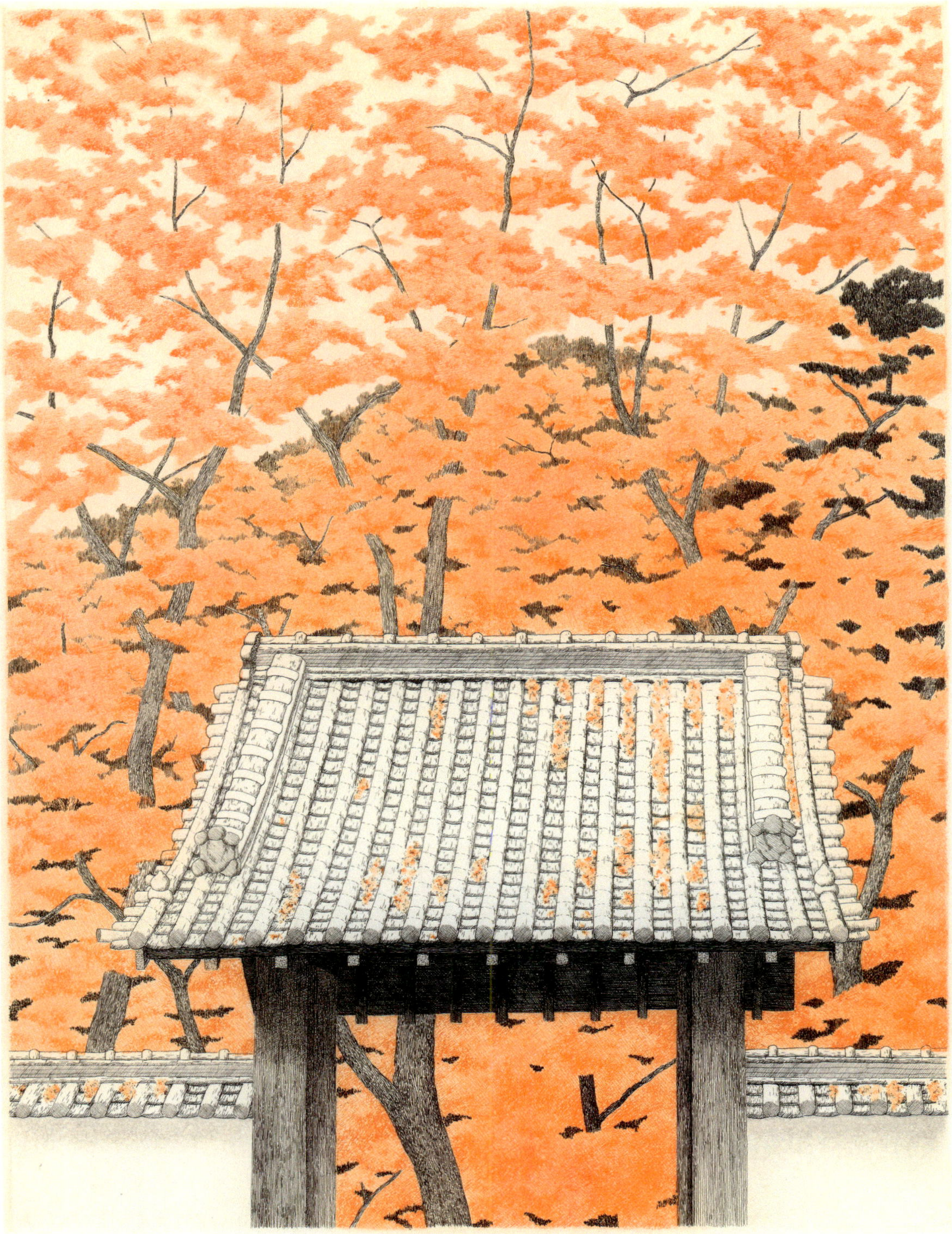

151 ^ MOMIJI DAIMON-JI 長屋門
Radierung und Aquatinta / 36 × 27 cm / 2007
Auflage: 100 / TR 726

Daimon-Ji ist ein berühmter alter Tempel der Shingon-Buddhismus in Ibaraki in der Präfektur Osaka und liegt in der Nähe von Tanakas Wohnort. Der Künstler war bereits 74 Jahre alt, als er die beiden Platten dieser großen Radierung ätzte und die gesamte Auflage auch selbst druckte. Die bedeutendste Skulptur in dem Tempel ist die Bosatsu Sho Nyoirin Kanzeon Bodhisattva, die in der Heian-Zeit (794–1185) geschnitzt wurde und als wichtiges nationales Kulturgut gilt.
Der Tempelkomplex ist über ein kleines Tor am oberen Ende einer steilen zehnstufigen Steintreppe erreichbar; im Herbst lässt sich der Farbreichtum rotblättriger Ahornbäume bewundern. Tanaka erlaubte sich hier eine gewisse künstlerische Freiheit und ließ die alte Holztür weg, die sich links vom Durchgang in der Mauer befindet, da sie die Ausgewogenheit des Bildes gestört hätte. Der hier in Hiragana phonetisch wiedergegebene Teil des Titels kann auch 紅葉 geschrieben werden, was ideografisch ‚rote Blätter' bedeutet, aber ebenfalls ‚momiji' ausgesprochen wird.

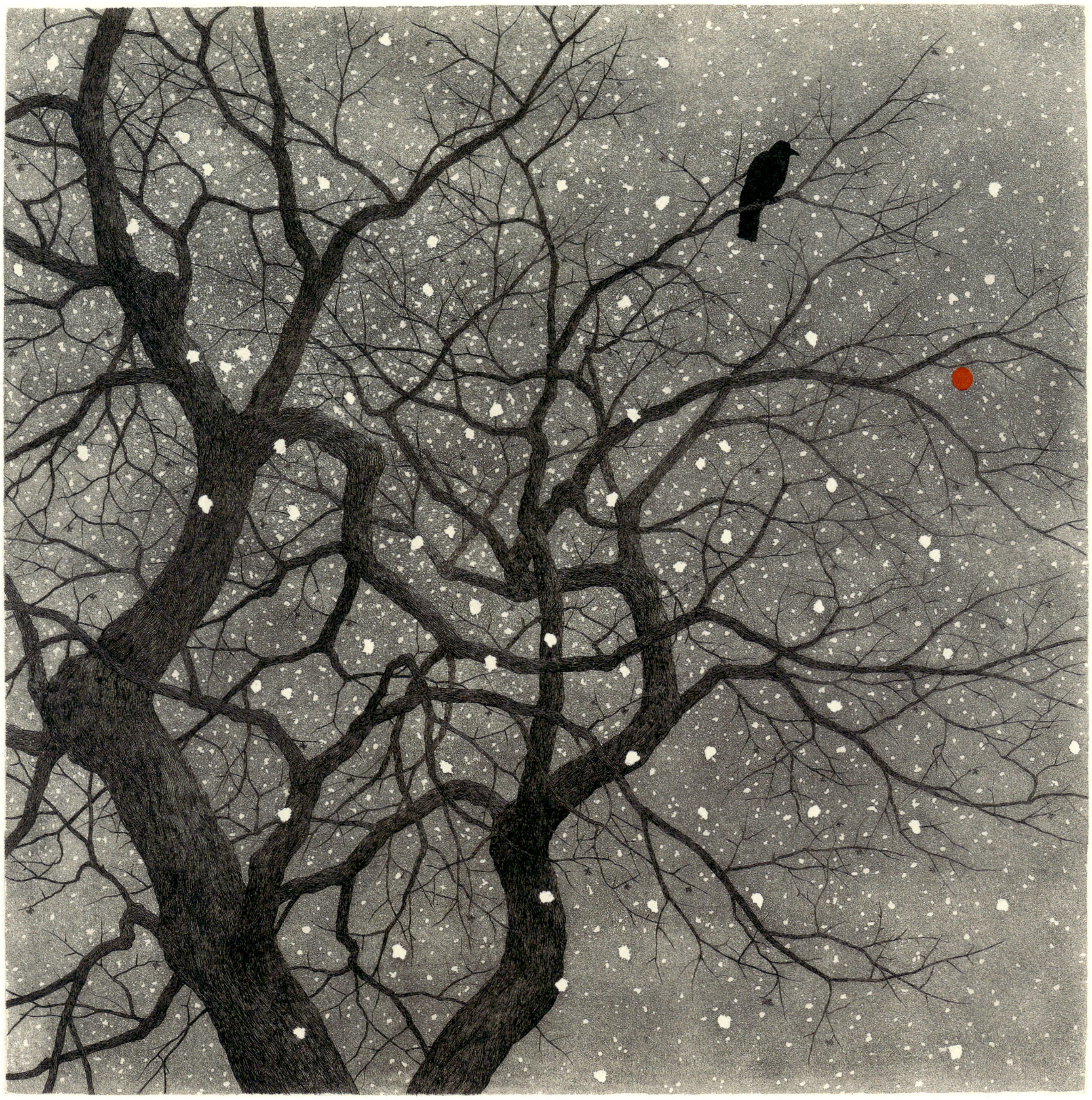

152 ^ SCHNEEVOGEL 雪鳥
Radierung und Aquatinta / 36 × 36 cm / 2008
Auflage: 100 / TR 728

Tanaka war 75 Jahre alt, als er diesen beeindruckenden Druck schuf. Eine einsame Krähe erduldet den heftigen Schneefall, ohne irgendein Interesse an der letzten, überreifen Kaki zu zeigen, die einem Brauch zufolge am Baum gelassen wurde (siehe Kat.-Nr. 45). Das Blatt erweckt den Eindruck, als wären zwei Platten verwendet worden– eine schwarz druckende Platte mit den dicht gezeichneten Ästen sowie eine in Aquatinta ausgeführte, die grau eingefärbt wurde. Das gesamte Blatt wurde jedoch von einer einzigen Platte gedruckt. Der Künstler mischte vier verschiedene Farben, um für das tiefere Gehölz des als Silhouette erscheinenden Baums und für die Krähe ein intensives Schwarz und für den in Aquatinta angelegten, leicht geätzten Himmel einen warmen Grauton zu erhalten. Die Kaki wurde mit der Hand gemalt. Diese große Radierung entstand, kurz bevor sich der Gesundheitszustand des Künstlers verschlechterte.

153 ∨ TEMPEL IM HERBST 秋の寺

Radierung und Aquatinta / 30 × 30 cm / 2008

Auflage: 100 / TR 733

Außer der schwarz eingefärbten Hauptplatte verwendete Tanaka eine zweite Platte für die Farben, die er *à la Poupée* auftrug. Bei diesem Verfahren färbt man die Platte mit mehreren Farben ein und wischt dann alles Überschüssige ab. Auf diese Weise können dem Druck zwei oder mehr Farben hinzugefügt werden, obwohl nur eine zusätzliche Platte eingesetzt wird. Der Künstler war mit dieser Methode vertraut und brachte die drei farbigen Bereiche, die auf die zweite Platte geätzt wurden, klugerweise weit genug voneinander entfernt an, wodurch das Abwischen weniger schwierig wurde. Zwischen dem Blattwerk des Ahorns ätzte er die Dachziegel sehr sorgfältig in kleinen Abschnitten, um sie gut sichtbar zu machen und einen Abstand zwischen Baum und Dach zu erzeugen. Das Drucken der Auflage von 100 Abzügen plus zehn Künstlerexemplaren muss sehr zeitaufwendig gewesen sein.

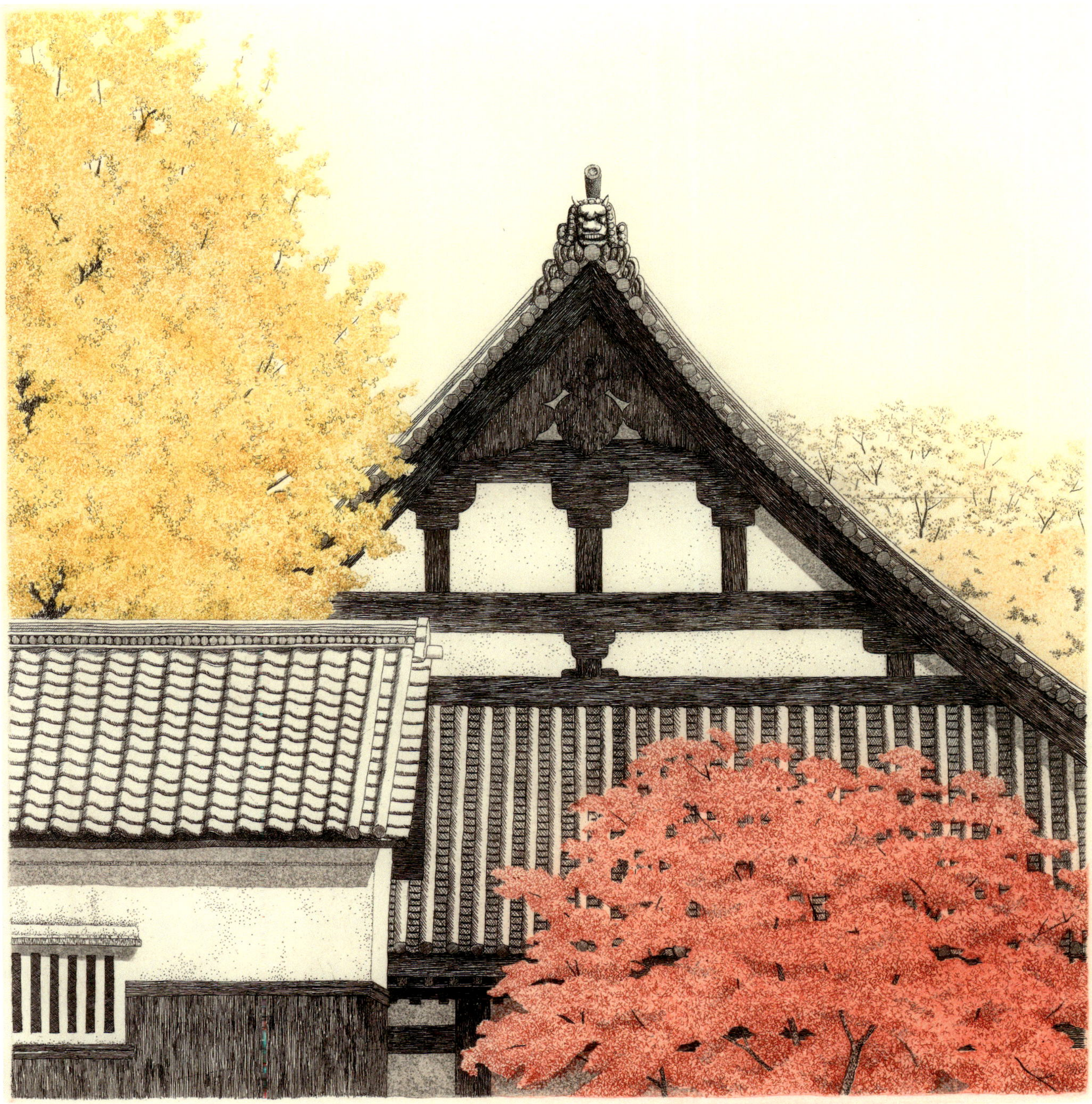

154 ∨ ŌNO 大野

Radierung / 20 × 36 cm / 2012 / Auflage: 50 / TR 763

Inzwischen 79 Jahre alt, hatte Tanaka die Auflagen seiner mittelgroßen bis großen Drucke auf 50 Abzüge beschränkt. Es war nicht so sehr der Radierprozess als die Anstrengung beim Drucken, die den Meister zu fordern begann. Ōno ist durchgehend als Strichätzung angefertigt. Es handelt sich um eine schlichte Komposition mit der Darstellung eines zweiteiligen Bauernhauses in dem gleichnamigen Dorf. Sowohl im Hinblick auf die Komposition als auch auf die Ausführung strahlt diese Radierung insofern Selbstvertrauen aus, als sie zeigt, dass der Künstler seine selbstentwickelten Techniken auch in diesem späten Stadium noch vollständig beherrschte und in der Lage war, die organischen Strukturen eines seiner Lieblingsmotive wiederzugeben.

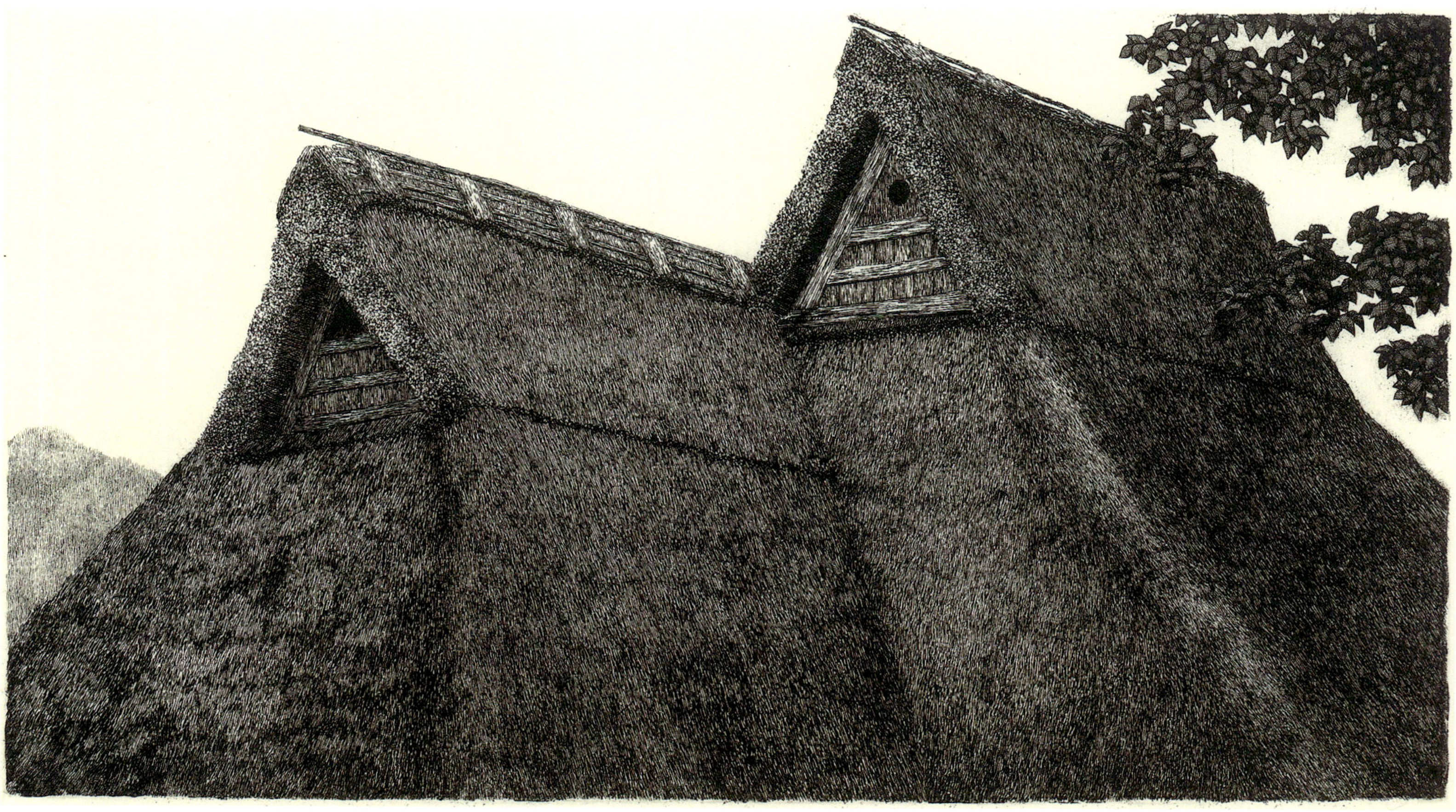

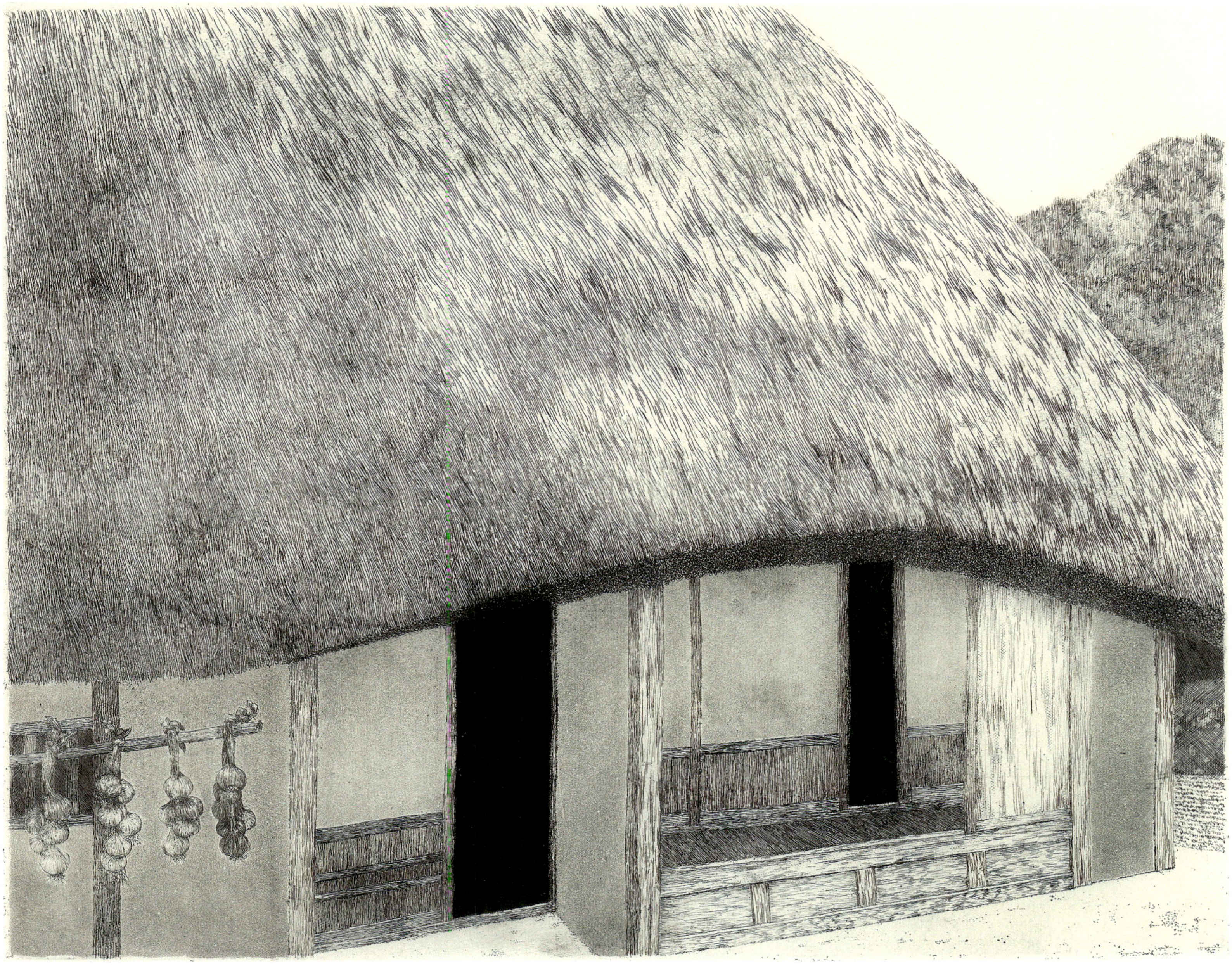

155 ^ BAUERNHAUS IN DER SONNE 日差しの中の民家
Radierung und Aquatinta / 31 × 40 cm / 2013
Auflage: 50 / TR 770

Nachdem er 765 Radierungen geschaffen und jeweils die gesamten Auflagen selbst gedruckt hatte, ahnte Tanaka schließlich im Frühjahr 2013, das ihm die Kraft für weitere Arbeiten fehlte. Im Sommer desselben Jahres fertigte er dann plötzlich kurz nacheinander fünf Radierungen an: von TR 766 bis zu seinem letzten Werk, dem großen Blatt *Bauernhaus in der Sonne* (TR 770). Er war zu dem Zeitpunkt 80 Jahre alt und es ging ihm gesundheitlich nicht gut, aber es gelang ihm, die gesamte Auflage dieses Werks – 50 Abzüge plus 5 Künstlerexemplare – selbst zu drucken.
Der Blickwinkel ist auf charmante Weise ungewöhnlich, aber in dem Bild findet sich eine Kombination vieler Elemente, wie wir sie aus seinem Œuvre kennen. Das Motiv ist fiktiv, etwas traumartig, sogar märchenhaft, aber auf bemerkenswerte Weise im Einklang mit Gemälden seiner *nihonga*-Zeitgenossen. Die radierten Linien im Reet des Daches wirken skizzenhaft und unbekümmert, als wären sie eine finale, aber freudige Zugabe für das Publikum in aller Welt, das sein Werk jahrzehntelang bewundert hatte.

Seite 175: TR 363, Kat.-Nr. 89

CHRONOLOGIE

LITERATUR UND REFERENZEN

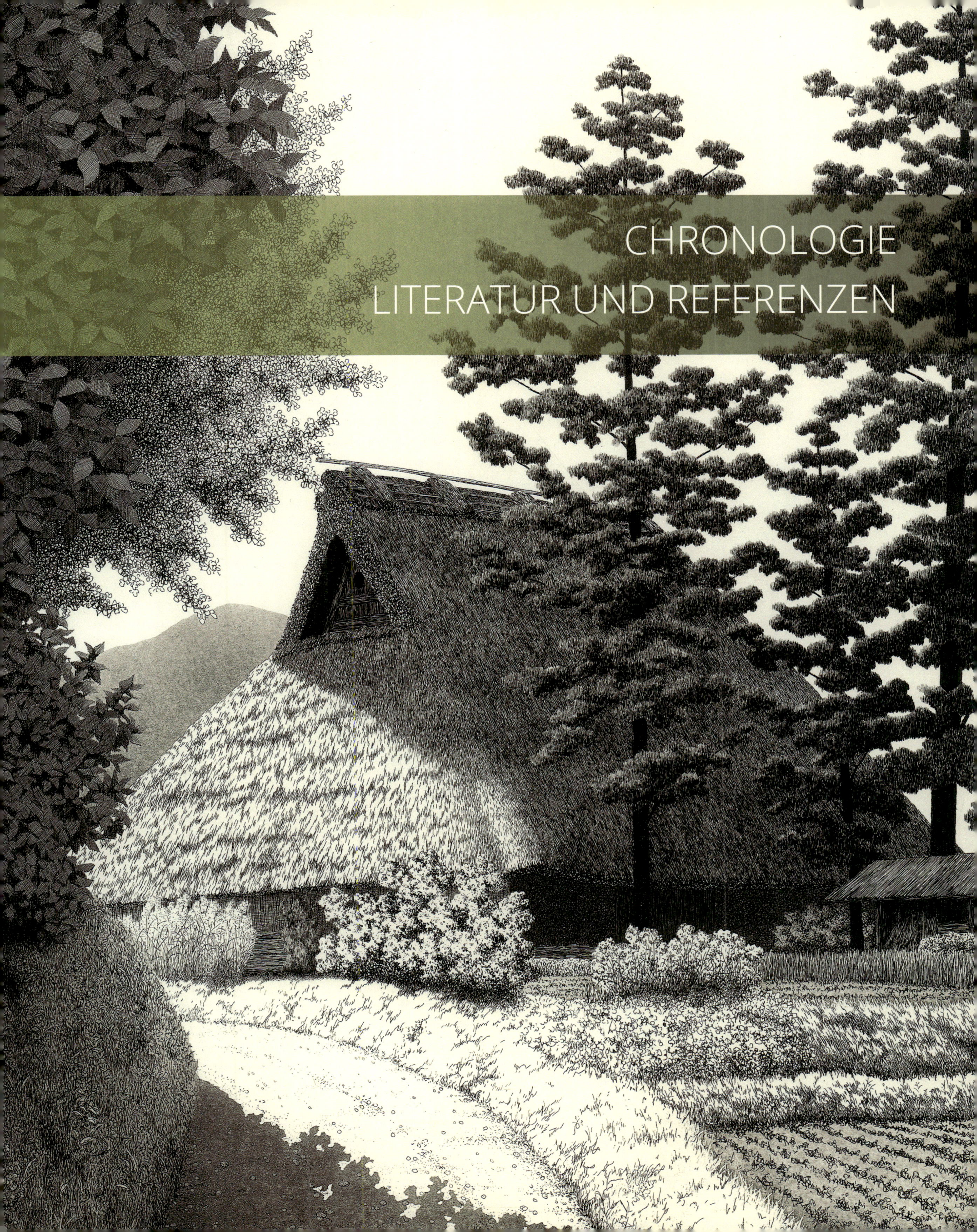

CHRONOLOGIE

1933 Tanaka Ryōhei wird am 28. Mai in Takatsuki in der Präfektur Osaka geboren.

1943 Tanaka Ryūzō, Ryōheis Vater, der als Zivilist in Myanmar lebt, wird in die japanische Armee eingezogen und fällt im Kampf in Myanmar.

1953 Um seine Mutter, zwei Schwestern und einen Bruder zu unterstützen, arbeitet Tanaka in der Druckerei seines Onkels in Kyoto.

1960 Wird im Sakakibara Design Institute als Kimonodesigner angestellt.

1963 Besucht die Abend- und Wochenendkurse des Künstlers Furuno Yoshio (1909–1978), einem Schullehrer, der nebenberuflich als Dozent an der Kunstakademie Kyoto unterrichtet.

1964 Wird Mitglied der von Furuno gegründeten Radierer-Vereinigung Kyoto. Bei der ersten Ausstellung der Vereinigung werden seine Radierungen von dem Kunsthändler Yamada Tetsuo (1924–1998) entdeckt, der de facto zu seinem Verleger wird.

1965 Die International Graphic Art Society of New York beauftragt Tanaka für ihre Mitglieder mit einer kompletten Edition einer seiner Radierungen.

1966 Seine Arbeiten werden für die Ausstellung der Japan Printmaker Association in Tokio ausgewählt. Er wird die folgenden fünfzig Jahre an deren jährlicher Ausstellung teilnehmen.
Wird eingeladen bei der jährlichen Schau der College Women's Association of Japan (CWAJ) in Tokio auszustellen.

1967 Einzelausstellung in Chicago (Mori Gallery) und Teilnahme an der im Rahmen der Städtepartnerschaft mit Kyoto in Boston stattfindenden Ausstellung.

1968 Im Rahmen der Ausstellung der Konwa Association in Kyoto erhält er den Kunstpreis der Konwa Association.
Wird Junior-Mitglied der Japan Printmaker Association.
Stellt bei der ersten Internazionale di Incisione in Italien aus.
Heiratet Hosokawa Takiko aus Kyoto.
Veröffentlichung von Cid Cormans Gedicht-Anthologie *Hearth,* mit drei Original-Radierungen von Tanaka Ryōhei.

1969 Einzelausstellung in der Pymble Gallery, Sydney, Australien.
Stellt mit der CWAJ im Flint Institute of Arts in Michigan aus.
Geburt des ältesten Sohnes Yōhei.

1970 Publikation von Lane Dunlops englischer Übersetzung von Akutagawa Ryūnosukes *A Fools Life*, illustriert mit Radierungen von Tanaka Ryōhei, durch die North Point Press in New York.
Erste Einzelausstellung (von 20) in der Gallery Import, Lakeville Connecticut.
Geburt des zweiten Sohnes Ryōta.

1971 Ausstellung *Vier Radierer* im Kyoto Prefectural Insho-Domoto Museum of Fine Arts.
Gewinner des Preises für neue Talente bei der Ausstellung der Kansai-Kokuga-Gruppe.
Einzelausstellung in der Galerie Yoseido in Tokio.

1972 Wird eingeladen, im Zuge der Olympischen Winterspiele an der Ausstellung moderner japanischer Druckgrafik in Sapporo teilzunehmen.
Nimmt an der 17. Jährlichen Grafikausstellung der CWAJ in Tokio teil, die anschließend in Naha, Okinawa und Sydney zu sehen ist.
Geburt der Tochter Tae.

1973 Wird Senior-Mitglied der Japan Printmaker Association.
Wird Junior-Mitglied der Kansai National Painting Group.

1974 Einzelausstellungen in der Yamada Art Gallery, der Yoseido Gallery (Tokio), der Art Asia Gallery (Massachusetts, genauer Ort unbekannt), und der Hendricks Gallery (Bethesda, Maryland).

1975 Erhält den *Purchase Prize* bei der Ljubljana-Biennale für grafische Kunst, Jugoslawien.
Einzelausstellungen in New York (Japan Gallery), Nagoya (Maki Gallery) und Tokushima (Suiho Gallery).
Fuji Yoshiyuki veröffentlicht einen Artikel zu Tanakas Radierungen in *Hanga geijitsu*, Nr. 9.

1976 Wird eingeladen, an der 5. Internationalen Ausstellung für Zeichnungen, Jugoslawien, der 4. Internationalen Graphik-Triennale Frechen, Deutschland, und der International Print Competition des San Francisco Museum of Fine Art teilzunehmen.
Einzelausstellungen in Amsterdam, Niederlande (Galerie Balans), und Kyoto (Yamada Art Gallery).

1977 Einladung zur Ausstellung moderner japanischer Druckgrafik in Belgien.
Doppelausstellung in der Galerie Suzuki Graphics in New York.
Einzelausstellungen in der Yamato House Gallery (Massachusetts, genauer Ort unbekannt), der Hendricks Gallery (Bethesda, Maryland) und den Davidson Galleries (Seattle, Washington).
Erhält eine Einladung, an der Japan and Canada Print Show im Japan-Canada Cultural Centre, Toronto, Kanada, teilzunehmen.
Stellt in der Galerie Brusberg, Hannover, aus.
Einzelausstellung in der Yoseido Gallery, Tokio.
Für eine bibliophile Edition eines Essays von Mizuno Ryū (geb. 1936), *Hana naru yuki, sei naru kawa,* erhält Tanaka den Auftrag für eine gesamte Auflage einer Originalradierung.

1978 Er wird eingeladen, an der Contemporary Japanese Print Show im Hong Kong Art Centre teilzunehmen.

1979 Einzelausstellung als Teil der Schau *Japan Today* in Boston, USA.
Teilnahme an der Ausstellung moderner japanischer Druckgrafik in Peking und Shanghai, China.

1980 Nimmt an der Ausstellung moderner japanischer Druckgrafik in Qingdao, China, teil.
Retrospektive Einzelausstellung auf Einladung der Asahi Press im Asahi Pressegebäude in Kyoto.
Einzelausstellungen in Seattle (Azuma Gallery) und der Gallery East, Hawaii.

1981 Einzelausstellungen in New York (Gallery Surrounding), Tokio (Yoseido Gallery), Kobe (Gallery Tapies) und Kyoto (Yamada Art Gallery).

1983 Einzelausstellungen in New York (Ronin Gallery) und Tokio (Yoseido Gallery).

1984 Einzelausstellung in Philadelphia (Gallery Gilbert Luber).
Teilnahme an der Ausstellung japanischer Druckgrafik in Peking und Chongqing, China.

1985 Einzelausstellung an der Seattle University.
Doppelausstellung (mit Satō Nobuo) in der Galerie des Kaufhauses Odakyu, Tokio.
Teilnahme an der Ausstellung moderner japanischer Malerei in Neu Delhi, Indien.
William und Elizabeth Spurgeon von der Gallery Import, Lakeville, CT, USA, veröffentlichen einen Katalog ihrer Sammlung, *Tanaka Ryōhei, A Retrospective. Etchings Selected from the Years 1964–1984*.
Von 1985 bis 2014 jährliche Einzelausstellungen in der Tolman Collection, Tokio.

1986 Veröffentlichung von *A Late Chrysanthemum. Twenty-one Stories from the Japanese*, übersetzt von Lane Dunlop, illustriert mit 12 reproduzierten Radierungen von Tanaka, North Point Press, San Francisco.
Der amerikanische Präsident Ronald Reagan erwirbt Tanakas Radierung *Takahatsu no. 2*.

1987 Einzelausstellungen in San Francisco (Kabutoya Gallery), Seattle (Azuma Gallery) und Portland, Oregon (Carter Arcand Gallery).

1988 Teilnahme an der Ausstellung der internationalen Ljubljana Biennale of Graphic Arts in Japan, in Sakaide und Kawasaki.
Ausstellung in der Intaglio Printmakers Gallery in Melbourne, Australien.

1989 Vertrag mit *Japan Quarterly* (Asahi Press) über die Nutzung seiner Radierungen auf dem Titelblatt in acht aufeinanderfolgenden Jahren.
Teilnahme an der Ausstellung moderner japanischer Druckgrafik im Portland Museum of Art, Maine.

1990 Einzelausstellungen in Tokio (Yoseido Gallery) und Yonago (Yano Bijitsu).
Teilnahme an der Ausstellung moderner japanischer Druckgrafik im Retretti Art Centre, Punkaharju, Finnland.

1992 Einzelausstellungen in Kyoto (Yamada Art Gallery), Seattle (Azuma Gallery), Bodega Bay, Kalifornien (Ren Brown Collection), Cleveland, Ohio (Verne Gallery).

1993 Einzelausstellung in Tokio (Yoseido Gallery).

1997 Einzelausstellung in Seattle (Azuma Gallery).
Einzelausstellung in Bodega Bay, Kalifornien (Ren Brown Collection).
Einzelausstellung in der Tolman Collection, Singapur.

1998 Einzelausstellung in Kobe (Nantenso Gallery).

1999 Einzelausstellung in Tokio (Yoseido Gallery).

2000 Teilnahme an der Ausstellung *Kyoto Print 2000* im Kyoto Municipal Museum of Art Annex.
Einzelausstellung in Kyoto (Art Shop Ezoshi).

2001 Einzelausstellungen in Kyoto (Kyoto Hotel, Heian Gallery), Seattle (Azuma Gallery) und Bodega Bay, Kalifornien (Ren Brown Collection).

2002 Teilnahme an der Japan and China International Print Exhibition, Xian und Nanjing, China.
Doppelausstellung in Kyoto (Art Shop Ezoshi).

2003 Einzelausstellung in Kyoto (Kato Gallery).
Teilnahme an der Japan and Bulgaria Print Exhibition in Kyoto und Tokushima.

2004 Einzelausstellungen in Kobe (Art Gallery Tapies) und Kyoto (Heian Gallery).
Teilnahme an einer Gruppenausstellung in Thailand mit Mitgliedern der Japanischen Druckgrafikvereinigung.

2005 Teilnahme an der Japan and Bulgaria International Printmakers Exhibition in Sofia, Bulgarien.
Teilnahme an der Japan and Thailand International Print Exhibition in Kyoto und Fukuoka.

2006 Einzelausstellungen in Seattle (Azuma Gallery), Bodega Bay, Kalifornien (Ren Brown Collection), Eugene, Oregon (White Lotus Gallery) und Kyoto (Art Shop Ezoshi).

2007 Teilnahme an der Ausstellung *On the Cutting Edge, Contemporary Japanese Prints from the 50th CWAJ Print Show*, Library of Congress, Washington, D.C.

2013 Tanaka Ryōhei stellt die Produktion von Radierungen ein. Auf vielfachen Wunsch und auf Nachfrage des Vorstandes der CWAJ Print Show werden seine Arbeiten bis 2015 in deren alljährlichen Ausstellungen gezeigt. Die Japan Print Association zeigt seine Arbeiten bis 2016. Seine Werke sind 2018 auch Teil der 86. Ausstellung der Japanischen Druckgrafikvereinigung im Tokyo Metropolitan Art Museum.

2019 Tanaka Ryōhei stirbt im Alter von 86 Jahren.

Tanakas Arbeiten finden sich in öffentlichen Sammlungen in Asien, Großbritannien und den Vereinigten Staaten, oft in beträchtlicher Anzahl.

- Museum of Fine Arts, Boston
- Cincinnati Art Museum, Cincinnati
- The Achenbach Foundation, San Francisco
- Museum of Fine Arts, San Francisco
- The Indianapolis Museum of Art, Indianapolis
- Joseph H. Hirschhorn Museum, Washington, D.C.
- The Metropolitan Museum of Art, New York
- Honolulu Academy of Arts, Hawaii
- Morikami Museum of Japanese Culture, Florida
- Springfield Museums, Massachusetts
- Portland Museum of Art, Maine
- David Rockefeller Collection, New York
- Cleveland Museum of Art, Ohio
- The Art Institute of Chicago
- Los Angeles County Museum of Art
- Singapore National Museum, Singapur
- British Museum, London
- University of Maryland, College Partk, Maryland
- Indiana University Eskanazi Museum of Art, Indianapolis
- Indianapolis Museum of Fine Art
- Philadelphia Museum of Art
- Asian Art Museum San Francisco
- Spencer Museum of Art, University of Kansas, Lawrence
- Portland Museum of Art, Oregon
- Seattle Art Museum
- McGill University Visual Art Collection, Montreal
- Minneapolis Institute of Art
- Brooklyn Museum, New York
- Harvard Art Museum, Arthur Sackler Museum
- Nora Eccles Harrison Museum of Art, Utah State University
- Museum für Ostasiatische Kunst, Köln

LITERATUR UND REFERENZEN

AUSGEWÄHLTE LITERATUR

Asahigraph, Bd. 2., Nr. 1, 1976. Sonderausgabe: Okumura Togyū

Asahigraph, Bd. 3., Nr. 3, 1977. Sonderausgabe: Yamaguchi Kayo

Chiaki Ajioka, *Hanga. Japanese Creative Prints,* Ausst.-Kat. Art Gallery of New South Wales, Sydney 2000

John T. Carpenter, *Designing Nature. The Rinpa Aesthetic in Japanese Art,* Ausst.-Kat. The Metropolitan Museum of Art, New York 2012

John Clark, *Modernities of Japanese Art,* Leiden/Boston 2013

John Clark und Timothy Clark, „Japanese Nineteenth-Century Copperplate Prints", in: *British Museum Occasional Papers* 84, London 1994

Calvin L. French, *Shiba Kōkan. Artist, innovator, and Pioneer in the Westernization of Japan,* New York 1974

Fuchū Art Museum (Hrsg.), *Aōdō Denzen no jidai /The Age of Aodo Denzen,* Ausst.Kat. Fuchū Art Museum, Tokio 2006

Shizuya Fujikake, *Japanese Wood-BlockPprints,* Tokio 1949

Yoshio Furuno, *Dohanga shū,* Kyoto 1981

Robert W. Gray (Hrsg.), *Textures of Influence: 20th Century Japanese Prints in the Collection of the University of Maryland University College,* Adelphi, MD, 2003

Michiaki Kawakita, *Contemporary Japanese Prints,* Tokio 1967

Michiaki Kawakita, *Modern Currents in Japanese Art,* New York/Tokio 1974

Yuko Kikuchi, *Japanese Modernization and Mingei Theory,* London und New York 2004

Theo Laurentius, *Rembrandt's Etchings in a New Light.* Ausst.-Kat. Machida City Museum of Graphic Arts, Machida 1993

Fons van der Linden, *De Grafische Technieken,* De Bilt 1979

J. Arthur MacLean und Dorothy Blair, *Modern Japanese Prints: The Toledo Museum of Art,* Ausst.-Kat. The Toledo Museum of Art, Toledo 1997. Reprint der Kataloge des Toledo Museum of Art von 1930 und 1936

Andreas Marks, u. a., *Seven Masters: 20th-Century Woodblock Prints from the Wells Collection,* Ausst.-Kat. Minneapolis Institute of Arts, Minneapolis 2015

Alexandra Murphy, u. a., *Return to Nature, J. F. Millet, the Barbizon Artists, and the Renewal of the Rural Tradition,* Ausst.-Kat. Yamanashi Prefectural Museum of Art, Yamanashi 1998

Amy Reigle Newland, (Hrsg.), *Printed to perfection: Twentieth-century Japanese Prints from the Robert O. Muller Collection,* Leiden 2004

Amy Newland, Chris Uhlenbeck und Maureen de Vries (Hrsg.), *Waves of Renewal. Modern Japanese Prints,* Leiden/Boston 2016

Hiromi Okamoto und Henry D. Smith II, „Ukiyo-e for modern Japan: the legacy of Watanabe Shōzaburō", in: Amy Reigle Stephens, *The New Wave. Twentieth-century Japanese prints from the Robert O. Muller Collection,* London und Leiden 1993, S. 27–40

Robert Parthesius und Kris Schiermeier, *Japanese Amazement. Shiba Kōkan 1747–1818,* Ausst.-Kat. Amsterdams Historisch Museum, Amsterdam 2000

Heinrich Wiegand Petzet, *Heinrich Vogeler. Zeichnungen,* Köln 1976

Carolyn M. Putney, Kendall H. Brown, Koyama Shūko und Paul Binnie, *Fresh Impressions: Early Modern Japanese Prints,* Ausst. Kat. Toledo Museum of Art, Toledo 2013

Erin Schoneveld, *Shirakaba and Japanese Modernism: Art Magazines, Artistic Collectives, and the Early Avant-garde,* Leiden/Boston 2019.

Timon Screech, *The Lens within the Heart: The Western Scientific Gaze and Popular Imagery in Later Edo Japan,* Honolulu 2002

Yukiko Shirahara (Hrsg.), *Japan Envisions the West. 16–19th Century Japanese Art from Kobe City Museum,* Ausst.-Kat. Seattle Art Museum, Seattle 2007

Lawrence Smith, *Contemporary Japanese Prints. Symbols of a Society in Transition,* London 1985

Lawrence Smith, *Japanese Prints During the Allied Occupation 1945–1952,* London 2002

William und Elizabeth Spurgeon, *Tanaka Ryōhei. A Retrospective: Etchings Selected from the Years 1964–1984,* Lakeville 1985

Oliver Statler, *Modern Japanese Prints: An Art Reborn,* Tokio 1956

Amy Reigle Stephens, *The New Wave. Twentieth-century Japanese prints from the Robert O. Muller Collectio,* London/Leiden 1993

John D. Szostak, *Painting Circles, Tsuchida Bakusen and Nihonga Collectives in Early 20th-Century Japan,* Leiden/Boston 2013

Tokyo Metropolitan Edo Tokyo Museum (Hrsg.), *Yomigaeru ukiyo-e – uruwashiki taishō shin hanga ten / Beautiful Shin hanga – Revitalization of Ukiyo-e,* Ausst.-Kat. Tokyo Metropolitan Edo Tokyo Museum, Tokio 2009

Chris Uhlenbeck, „The *shin hanga* publisher Watanabe Shōzaburō: an interview with Watanabe Shōichirō", in: Amy Newland, Chris Uhlenbeck und Maureen de Vries (Hrsg.), *Waves of Renewal. Modern Japanese Prints,* Leiden/Boston 2016

Tetsuo Yamada, *Tanaka Ryohei, Etchings, 1964–1971*, Kyoto 1971

Tetsuo Yamada, *Tanaka Ryohei, Etchings, 1972–1973,* Kyoto 1973

Tetsuo Yamada, *Tanaka Ryohei, Etchings, 1974–1975,* Kyoto 1975

Tetsuo Yamada, *Tanaka Ryohei Catalogue Raisonné 1963–1984,* Kyoto 1985

Tetsuo Yamada, *Tanaka Ryohei Catalogue Raisonné 1963–1990,* Kyoto 1991

Yamanashi Prefectural Museum of Art (Hrsg.), *The Painters of Barbizon and Japan,* Ausst.-Kat. Yamanashi Prefectural Museum of Art, Yamanashi 1993

Tsuyoshi Yamao, *Tanaka Ryohei Catalogue Raisonné 1990–2000,* Kyoto 2000
Tsuyoshi Yamao, *Tanaka Ryohei Catalogue Raisonné 2000–2006,* Kyoto 2006

AUSGEWÄHLTE REFERENZEN ZU EINZELARBEITEN

(Referenzen sind chronologisch angeordnet. **Gewöhnlich gedruckte** TR-Nummern beziehen sich auf Arbeiten, die in dieser Publikation gezeigt werden.)

1968 Cid Corman, *Hearth*, mit drei Original-Lithografien von Tanaka Ryōhei, Kyoto 1968. Entwurf Titelblatt von Yamada Tetsuo. **TR 43, TR 44, TR 45**.

1970 Akutagawa Ryūnosuke, *A Fool's Life*, übersetzt von Will Petersen, mit Radierungen von Tanaka Ryōhei, New York/Tokio 1970. *TR 42, TR 24, TR 33, TR 35, TR 37, TR 49,* **TR 13**, *TR 47,* **TR 32**, *TR 8, TR 36, TR 9.*

1971 Yamada Tetsuo, *Tanaka Ryohei, Etchings, 1964–1971,* Kyoto 1971. Ausgewählte Arbeiten von *TR 3–TR 91.*

1972 Sapporo Olympic Official Art Exhibi,t *Art Prints of Japan*. Modern Japanese Prints Gallery, 1972. *TR 5, TR 11, TR 16, TR 17, TR 37, TR 49, TR 71, TR 65,* **TR 70**, **TR 81.**

1973 Yamada Tetsuo, *Tanaka Ryohei, Etchings, 1972–1973,* Kyoto 1973. Ausgewählte Arbeiten von *TR 93–TR 126.*
Beaux-Arts, Tokio 1973, Beaux-arts Shuppan Kabushiki Kaisha, Tokio, S. 63. **TR 112**.
This week on Okinawa, November 1973. Ryukyuan Advertising Co., Naha, Okinawa. Tanaka Ausstellung von Radierungen.

1974 Musée d'Art Moderne de la Ville de Paris (Hrsg.), *La Jeune Gravure Contemporaire, Taille Douce en Noir et Blanc,* Ausst. Kat. Musée d'Art Moderne de la Ville de Paris, Paris 1974. *TR 216, TR 247, TR 248.*

1975 Yamada Tetsuo, *Tanaka Ryohei, Etchings, 1974–1975,* Kyoto 1975.
Fuji Yoshiyuki, „Tanaka Ryōhei gashū", in: *Hanga Geijitsu*, Nr, 9 Frühjahrsausgabe, S. 177–184. **TR 83, TR 96,** *TR 116, TR 123,* **TR 129, TR 130**, *TR 131, TR 137,* **TR 138.**
Frances Blakemore, *Who is Who in Modern Japanese Prints,* New York/Tokio 1975, S. 202–204. **TR 96, TR 138, TR 115.**
11. Bienniale für grafische Kunst in Jugoslawien, Ljubljana, Jugoslawien, Zoran Kržišnik / Moderna Galerija, Ljubljana, Slowenien, Razstava 1975. *TR 130.*
Hasegawa Kimiyuki (Hrsg.), *Gendai hanga zuroku,* Tokio 1975, S 138 f. *TR 148, TR 130.*

1976 Katalog der 4ten International Grafik Biennale, Frechen, Deutschland, 1976, S. 88. **TR 174**.
Ukiyo-e Art, Nr. 50. Zeitschrift der Japan Ukiyo-e Society, Tokio 1976. **TR 151, TR 166, TR 172, TR 173, TR 174.**

1977 *Brusberg Berichte*, Nr. 23. Die Edition der Galerie Brusberg: Grafik und Kleinplastik, Hannover, Deutschland, 1977. *TR 154, TR 156, TR 161.*
Mizuno Takashi, *Hana naru yuki, sei naru kawa*, mit einer Radierung von Tanaka Ryōhei, Tokio 1977. **TR 208.**

1978 *This week on Okinawa*, 1.10.1978. Ryukyuan Advertising Co., Naha, Okinawa. Titel *TR 216* (Detail).

1979 *This week on Okinawa*, 21.10.1979. Ryukyuan Advertising Co., Naha, Okinawa. Titel *TR 247* (Detail).
Modern Japanese Painting, Peking/Shanghai 1979. **TR 174**.

1984 Takahashi Shinshi, *Nengajō hangashū*, s.l. Asuka Shobo, 1984, S. 55, *TR .92.*

1985 *Tanaka Ryohei, A Retrospective. Etchings Selected from the Years 1964–1984,* Lakeville, CT, 1985. **TR 4**, *TR 5,* **TR 13**, *TR 16, TR 24, TR 30, TR 37, TR 41, TR 42, TR 50, TR 60,* **TR 81, TR 83, TR 85,** *TR 87,* **TR 95, TR 96,** *TR 99, TR 103, TR 109*, *TR 111,* **TR 115,** *TR 130, TR 131*, **TR 138,** *TR 142, TR 148, TR 149,* **TR 153, TR 170, TR 172, TR 173, TR 174, TR 176,** *TR 178, TR 180, TR 195,* **TR 196,** *TR 218,* **TR 238,** *TR 239, TR 243, TR 251, TR 254,* **TR 259,** *TR 263,* **TR 273,** *TR 278, TR 288, TR 291,* **TR 298, TR 300, TR 304, TR 306, TR 315, TR 317, TR 325, TR 331, TR 335, TR 336.**
Yamada Tetsuo, *Tanaka Ryohei Catalogue Raisonné 1963–1984,* Kyoto, 1985. *TR 350.*
Ikebana International, Ausgabe Nr. 74, Tokio 1985. Titelnblatt *TR 361.*
National Gallery of Modern Art New Delhi (Hrsg.), *Japanese contemporary paintings,* Ausst.-Kat. National Gallery of Modern Art, Neu Delhi 1985. *TR 346.*
Cahiers du Japon, Nr. 25 Herbst 1985, S. 57. *TR 301.*
Cahiers du Japon, Nr. 26 Winter, 1985, S. 32. **TR 325**.

1986 *Modern prints in Kyoto from Okyo Maruyama to the present day,* Ausst.-Kat. Kyoto Municipal Museum of Fine Arts und Osaka Asahi Shimbun Kikakubu 1986. **TR 336.**
Lane Dunlop (Übers.), *A late Chrysanthemum, Twenty-one Stories from the Japanese,* mit Radierungen von Tanaka Ryōhei, San Francisco 1986. *TR 56, TR 2, TR 175, TR 66,* **TR 163**, *TR 285, TR 84.*
Sogo Museum of Art (Hrsg.), *Za messeji, contemporary prints by 83 Japanese printmakers,* Ausst.-Kat. Sogo Museum of Art, Yokohama 1986. *TR 346.*

1989 *International Biennial of Graphic Art Ljubljana in Japan,* Kawasaki 1989. *TR 131.*

1990 Cincinnati Art Museum Annual Report. 1989–1990, S. 45. Ankaufliste von 34 Radierungen von Tanaka Ryōhei. **TR 4, TR 7,** *TR 14,* **TR 29,** *TR 35 (?), TR 36, TR 38, TR 39, TR 54, TR 61, TR 65,* **TR 67, TR 114,** *TR 132, TR 149, TR 190,* **TR 218,** *TR 239,* **TR 259,** *TR 288, TR 343, TR 344, TR 346, TR 364, TR 365, TR 393,* **TR 394,** *TR 408,* **TR 413, TR 429, TR 437** (plus drei nicht eindeutig identifizierte Arbeiten).
Yamada Tetsuo, *Tanaka Ryohei, Catalogue Raisonné 1963–1990,* Kyoto 1991. *TR 1–TR 460.*
Kristin L. Spangenberg, *Innovation and Tradition, 20th Century Japanese Prints from the Howard and Caroline Parker Collection,* Ausst.-Kat. Cincinnati Art Museum, Cincinnati 1990. *TR 288.*
21st Century Prints, Ausgabe November 1990, S. 82. *TR 451.*
Jouku Heinonen, u. a., *Japanin Taide / Japanese Art,* Ausst-Kat. Retretti Art Center, Punkaharju 1990. **TR 336.**
Kokoro no kagaku, Nr. 32, 1990. Titelillustration **TR 282.**
Kokoro no kagaku, Nr. 34, 1990. Titelillustration *TR 348.*

1991 Unbekannter Verfasser, „Fukei to tome ni fukei wo ekaku", in: *Gekkan bijutsu*, Band 5, 1991, S. 19–20. *TR 414, TR 455, TR 480 ,* **TR 481.**
Kyoto Etchers Association 30th Anniversary Edition, Kyoto 1991, S. 30. *TR 455.*
Kokoro no kagaku, Nr. 36, 1991. Titelillustration *TR 346.*

1994 Unbekannter Verfasser, *Sino-Japanese Printmaking*, Ausst.-Kat., Xian 1994, S. 50. **TR 532.**

1996 Igor Draksler, Bogdan Petric, Stane Žerko, u. a., *Razstava članov Japonskega grafičnega združenja* [Mitglieder der Ausstellung der japanischen Druckgrafikvereinigung], Škofja Loka, Ljubljana 1996. **TR 555.**

1997 *Sōsaku ichiba*, Nr. 5, Kyoto 1997, S. 200–221. **TR 336,** *TR 391b, TR 455,* **TR 563.**
Cahiers du Japon. 16e année, Nr. 61, Herbst 1997, S. 74. **TR 325.**

1998 Julia Cassim, *Into the Light/Hikari no naka e,* Tokio 1998, S. 136. **TR 572.**

1999 *Nordisk-Japansk litteraturtidskrifft* 1/1999, Band 5, S. 27. *TR 606.*

2000 Yamao Tsuyoshi, *Tanaka Ryohei, Catalogue Raisonné 1990–2000,* Kyoto 2000. *TR 461–TR 651.*

2003 The Yoseido Gallery, Katalog anlässlich des 50-jährigen Bestehens, 2003, Nr. 185. *TR 592.*

2006 Yamao Tsuyoshi, *Tanaka Ryohei, Catalogue Raisonné 2000–2006,* Kyoto 2006. **TR 652**–*TR 709.*

2007 *On the Cutting Edge: Contemporary Japanese Prints from the 50th College Women's Association of Japan Print Show*, Library of Congress, Washington DC, 2007, **TR 698.**

2015 Lindy Kerr, Ohki Hiroko, Noda Noriko, u. a. (Hrsg.), *CWAJ Print Show, A 60-year Journey, 1956–2015*, Ausst.-Kat. College Women's Association of Japan, 2015, S. 60. **TR 96.**

Siehe zudem:
The Yoseido Gallery, jährlicher Katalog der Druckgrafik, 1967–2009.
Japan Quarterly, Asahi Shimbun, 1989–2000. 48 Titelillustrationen, darunter *TR 558, TR 571.*
Kataloge der CWAJ Druckgrafikausstellungen, 1966–2015.
Jährliche Kataloge der japanischen Druckgrafikvereinigung, 1968–2018.

ÜBER DEN AUTOR

Nach seinem Abschluss in Japanologie an der Universität Leiden (1975) erhielt Chris van Otterloo ein Postgraduierten-Stipendium, um seine Studien an der Universität Kyoto fortsetzen zu können (1975/76). 1975 wurde er Schüler des Druckgrafikers Tanaka Ryōhei, bei dem er drei Jahre lang lernte und arbeitete. Er war der einzige Schüler, den dieser Meister der Radierung jemals ausbildete. Mit einem Stipendium der japanischen Regierung studierte van Otterloo schließlich von 1977 bis 1979 japanische Malerei an der Kunstakademie Kyoto. Van Otterloos berufliche Karriere als Kunstberater führte ihn auch seit den frühen 1980er-Jahren viele Male nach Japan. Er war als Kurator und europäischer Vertreter für das Hida Takayama Museum of Art in Takayama tätig. Zudem verfasste er Texte zu verschiedenen japanischen und europäischen Künstler*innen, u. a. zu Kainosho Tadaoto (1894–1978), und war 1993 Initiator und Gastkurator der Ausstellung *Rembrandt's Etchings in a New Light* im Machida City Museum of Graphic Art, Machida, Tokio, und dem Kawamura Memorial Museum of Art, Sakura. Van Otterloos eigene Arbeiten finden sich unter anderem in den Sammlungen des Rijksmuseums Amsterdam, des Kunstmuseums Den Haag, der Art Gallery of New South Wales (Sydney) und der National Gallery of Australia (Canberra).